生存与发展：西部地区传统产业生态化发展研究

——以造纸产业为例

王海刚　杨　玮　著

西北工业大学出版社

西　安

图书在版编目(CIP)数据

生存与发展：西部地区传统产业生态化发展研究：以造纸产业为例 / 王海刚，杨玮著. —西安：西北工业大学出版社，2022.6
　ISBN 978-7-5612-8110-9

　Ⅰ.①生… Ⅱ.①王…②杨… Ⅲ.①造纸工业-生态化-研究-中国 Ⅳ.①F426.83

中国版本图书馆 CIP 数据核字(2022)第 040188 号

SHENGCUN YU FAZHAN：XIBU DIQU CHUANTONG CHANYE SHENGTAIHUA FAZHAN YANJIU——YI ZAOZHI CHANYE WEI LI

生存与发展：西部地区传统产业生态化发展研究——以造纸产业为例
王海刚　杨玮　著

责任编辑：胡莉巾	策划编辑：胡莉巾
责任校对：王玉玲	装帧设计：李　飞

出版发行：西北工业大学出版社
通信地址：西安市友谊西路 127 号　　邮编：710072
电　　话：(029)88491757，88493844
网　　址：www.nwpup.com
印 刷 者：广东虎彩云印刷有限公司
开　　本：787 mm×1 092 mm　　1/16
印　　张：15.75
字　　数：413 千字
版　　次：2022 年 6 月第 1 版　　2022 年 6 月第 1 次印刷
书　　号：ISBN 978-7-5612-8110-9
定　　价：78.00 元

如有印装问题请与出版社联系调换

前　言

　　传统产业是西部地区的重要支柱产业,将在很长时间仍然是西部地区经济发展的重要支撑。然而,西部地区目前部分传统产业产能过剩、结构不合理、经营模式落后,且环境污染问题已经严重制约了西部地区经济发展和传统产业发展,探索研究西部地区传统产业生态化发展及其发展战略显得非常必要和紧迫。

　　本书以传统产业的典型代表——造纸产业为切入点,以点带面对传统产业生态化发展进行系统研究。全书分为12章:第一章绪论;第二章西部地区传统产业生态化发展综述;第三章传统产业生态化的理论基础;第四章西部地区传统产业生态化发展的有效路径;第五章造纸生态工业园发展现状及存在的问题;第六章西部地区传统产业生态工业园的类型及构建;第七章西部地区传统产业生态化发展的组织模式;第八章西部地区传统产业生态化发展的逆向物流问题;第九章西部地区传统产业生态效率评价;第十章低碳背景下传统企业的竞争力研究;第十一章西部地区传统产业生态化发展战略;第十二章西部地区传统产业生态化发展的实践、启示与展望。本书重点从传统产业生态化发展的有效路径、发展类型、组织模式、传统产业逆向物流、传统产业生态化发展的生态效率、低碳背景下传统企业的竞争力、传统产业生态化发展战略等方面开展研究。

　　本书在系统总结国内外传统产业生态化发展类型的基础上,根据目前西部传统产业生态化发展的实际和特点,对当前西部地区传统产业生态化发展类型进行系统梳理和分类,提出适合西部地区传统产业生态化发展的模式;同时,借鉴国外传统产业生态化发展组织形态,对西部传统产业生态化发展的组织形态进行分析研究,研究结果证明,构建纵横向兼顾、适宜西部地区传统产业生态化发展的产业组织形态是十分必要的。

　　传统产业生态化发展必须实施全产业链的循环经济,在实施循环经济的全产业链中必须实现资源的减量化、再利用、再循环,以提高资源利用率,减少废弃物排放量。在循环经济的全产业链的物流系统中,逆向物流是提高资源利用率、减少废弃物排放量的关键,对传统产业生态化发展有着极其重要的支撑作用;传统产业生态化发展必须建立与生态效率相应的指标体系,对传统产业发展的生态效率做出有效评价,并探讨相关评价方法的有效性。

　　传统产业由传统企业构成,传统企业的竞争力是企业生存和发展的前提,传统企业不仅要专注于培养企业的核心竞争力,还必须考虑环境效益和社会效益。因此,应考虑在低碳背景下全面、综合地评价传统企业的核心竞争力。

　　传统产业大多数属于资金密集型、技术密集型和劳动密集型产业。传统产业之间关联度较大,往往一个产业的发展会涉及许多行业和工业部门,对上下游产业的发展都有一定拉动作用。西部地区传统产业生态化发展战略可从产业集群发展战略、产业一体化发展战略、大企业集团战略等方面着手,借鉴典型企业的先进经验,探索适宜西部地区传统产业生态化发展的战略。

传统产业生态化发展将有效改造传统产业发展模式,西部地区传统产业的生存迫切需要生态化发展,生态化发展是可持续发展的必由之路;发展传统产业生态工业园是西部地区传统产业生态化发展的有效途径;对传统产业发展的生态效率进行评价是传统产业生态化发展的有益探索;西部地区传统产业生态化发展战略需适应西部地区传统产业发展的现状和传统产业生态化发展的规律。

西部地区面对资源约束、环境污染、生态系统退化的严峻形势,必须将生态文明建设融入工业发展战略之中,积极推进西部地区传统产业生态化,构建适宜西部地区传统产业生态化发展的生态工业园类型、组织模式形态、逆向物流体系,提升低碳背景下传统企业的竞争力,实施适宜传统产业生态化发展的战略,从源头上扭转西部地区生态环境恶化趋势,切实转变经济增长方式。

本书得到了国家社会科学基金西部项目(项目编号:14XJY007)的资助,依托前期研究成果及项目相关子课题先后培养了7位硕士研究生。研究生周一瑄、邹鹏、程旭、陈钢、李兴庭、王永强、衡希、曹丹等在本研究中做出了重要贡献,本课题组教师也为本研究进展做了大量工作。本研究还得到了中国轻工业联合会党委副书记、副会长王世成教授的指导和支持,得到了宜宾天原集团股份有限公司劳谦益女士等的大力支持和帮助。在此,向他们表示衷心感谢!

写作本书曾参阅了相关文献、资料,在此,谨向其作者深表谢意。

由于水平有限,书中难免存在不足之处,恳请广大读者批评、指正。

著 者

2021年9月

目 录

第一章 绪论 ··· 1
  1.1 研究意义 ··· 1
  1.2 研究内容与研究方法 ··· 2
  1.3 研究创新之处 ··· 4

第二章 西部地区传统产业生态化发展综述 ·· 5
  2.1 传统产业生态化发展研究综述 ··· 5
  2.2 西部地区传统产业发展概述 ·· 17
  2.3 西部地区传统产业生态化发展探析 ·· 19

第三章 传统产业生态化发展的理论基础 ··· 23
  3.1 可持续发展理论 ·· 23
  3.2 循环经济理论 ··· 25
  3.3 工业生态学理论 ·· 28

第四章 西部地区传统产业生态化发展的有效路径 ·································· 33
  4.1 传统产业生态化产业集群 ··· 33
  4.2 传统产业生态工业园 ·· 42
  4.3 产业集群与生态工业园的关系 ··· 48

第五章 造纸生态工业园发展现状及存在的问题 ····································· 53
  5.1 我国造纸生态工业园发展概况、现状及典型试点项目 ·················· 53
  5.2 发展造纸生态工业园的驱动因素 ·· 54
  5.3 国外发展造纸生态工业园的经验借鉴 ······································ 55
  5.4 我国造纸生态工业园发展面临的问题 ······································ 57

第六章 西部地区传统产业生态工业园的类型及构建 ······························ 59
  6.1 传统产业生态工业园的主要类型 ·· 59
  6.2 传统产业生态工业园构建 ·· 65
  6.3 生态工业园评价指标体系构建 ·· 70
  6.4 基于物质流的生态工业园评价 ·· 79
  6.5 推进传统产业生态工业园区发展建设的对策及措施 ····················· 96

第七章 西部地区传统产业生态化发展的组织模式 ……… 100

7.1 产业组织概述 ……… 100
7.2 产业组织的基本理论 ……… 105
7.3 西部地区传统产业组织模式存在的问题 ……… 108
7.4 西部地区传统产业生态化发展组织模式分析 ……… 110

第八章 西部地区传统产业生态化发展的逆向物流问题 ……… 114

8.1 逆向物流概述 ……… 114
8.2 我国造纸产业逆向物流发展概况 ……… 120
8.3 我国造纸企业发展逆向物流面临的问题 ……… 123
8.4 我国造纸企业的逆向物流运营模式 ……… 126
8.5 我国造纸企业逆向物流成本与效益分析 ……… 136
8.6 我国造纸企业实施逆向物流的措施、路径及推进策略 ……… 141

第九章 西部地区传统产业生态效率评价 ……… 145

9.1 生态效率及效率测量方法 ……… 145
9.2 我国造纸工业环境污染状况 ……… 150
9.3 我国造纸工业效率研究及测度 ……… 153
9.4 主要结论与政策建议 ……… 170

第十章 低碳背景下传统企业的竞争力研究 ……… 173

10.1 低碳经济及企业核心竞争力的相关研究 ……… 173
10.2 影响我国造纸企业核心竞争力的问题 ……… 185
10.3 低碳经济背景下我国造纸企业核心竞争力的特征 ……… 187
10.4 低碳经济对我国造纸企业核心竞争力的影响 ……… 188
10.5 低碳经济背景下我国造纸企业核心竞争力评价体系的构建和评价方法 ……… 189
10.6 低碳背景下我国造纸企业核心竞争力实证评价与分析 ……… 199
10.7 低碳背景下提升我国造纸企业核心竞争力的建议 ……… 206

第十一章 西部地区传统产业生态化发展战略 ……… 209

11.1 传统产业集群生态化发展战略 ……… 209
11.2 产业一体化发展战略 ……… 215
11.3 传统产业大企业集团战略 ……… 218

第十二章 西部地区传统产业生态化发展的实践、启示与展望 ……… 222

12.1 西部地区传统产业生态化发展实践案例 ……… 222
12.2 西部地区传统产业生态化发展的启示与展望 ……… 230

参考文献 ……… 233

第一章 绪 论

1.1 研究意义

西部地区传统产业面临着生存与发展的严峻形势,面对资源约束和环境污染,以及生态系统退化的局面,必须实施传统产业生态化发展,将生态文明建设融入传统产业发展战略中,从传统产业源头上扭转西部地区生态环境恶化趋势,实施西部地区传统产业可持续发展。《中华人民共和国可持续发展国家报告》(2012)明确指出把改造升级传统产业作为实现工业可持续发展的主要途径之一,提出大力发展循环经济,推行清洁生产,进一步提高资源能源的利用效率。党的十八大报告进一步明确提出要加快传统产业的转型升级。西部地区目前承接东部传统产业转移,这对西部经济发展起到了带动作用,而西部地区传统产业生态化发展是改造升级传统产业的关键,关系到西部地区传统产业的生存与发展,对于西部地区经济发展来说十分紧迫和必要。

西部地区传统产业占经济结构的90%左右,仍然是整个西部经济发展的基础。西部地区传统产业生态化发展对于西部地区传统产业的生存与发展有着十分重要的意义。党的十八大报告从战略高度提出了"积极推进西部大开发,促进区域经济协调发展"的战略构想,西部地区加快传统产业生态化发展有利于更好地处理西部地区传统产业与生态系统之间的矛盾,有利于构建符合西部地区传统产业发展的工业生态系统,有利于实现西部地区传统产业可持续发展。

西部地区自然生态系统组成较复杂,区域差异较大,是中国生态环境最为脆弱的地区。当前西部地区面临水资源匮乏、干旱灾害严重、水土流失严重、风沙灾害蔓延、森林遭到破坏、草场质量退化等生态环境问题,加上荒漠化、沙漠化不断蔓延,生物多样性减少,地震灾害较多,等等,西部地区生态环境不容乐观。伴随着西部地区的工业化进程,其经济发展取得了巨大成就,与此同时,资源紧缺和环境约束的双重压力也日益增大。传统产业是西部地区经济发展的主导,西部地区在相当长时期内是不能摆脱传统产业的,仍然需要依靠传统产业发展。西部地区正处于工业化加速发展过程中,重化工等传统产业仍然是西部地区投资发展的重点,煤炭、钢铁、化工、冶金等传统产业发展,带来产能释放和废弃物的排放,势必会对生态环境造成巨大破坏,如何遏制西部地区生态环境恶化,让传统产业焕发出新活力,也是西部地区经济发展过程中急需解决的问题。

西部地区生态环境相对恶劣,但却拥有我国大部分自然资源和能源,如矿产储量有161种,占全国已探明储量的50.45%,天然气储量约占全国总储量的64.5%,水力资源蕴藏量约占全国的82.5%。西部地区资源和能源储备很高,在较长时期内中国经济发展在很大程度上仍将依赖于西部地区丰富的资源和能源,保护西部地区生态环境,维持其系统稳定性,也是中国经济可持续发展的内在需求。

西部地区正加快承接东部传统产业的转移,在承接东部传统产业转移的进程中,既要发挥传统产业对西部地区经济发展的主导性作用,又要促进西部地区传统产业的生态化发展,实现传统产业转型升级,改变传统产业发展势必造成环境污染的格局。西部地区传统产业面对生存与发展的战略选择,实施传统产业生态化发展是实现传统产业可持续发展的必由之路,在传统产业生态化发展过程中,逐步遏制生态环境的恶化趋势,形成资源节约和环境保护的良性经济发展局面。西部地区传统产业生态化发展有利于解决西部地区传统产业与生态系统之间的矛盾,有利于构建与环境和谐发展的西部地区传统产业的生态系统,实现西部地区传统产业可持续发展。

1.2 研究内容与研究方法

1.2.1 研究内容

本书重点从传统产业生态化发展类型、组织形态、逆向物流系统、传统产业生态化发展的生态效率、低碳背景下传统企业的竞争力、传统产业生态化发展战略等方面开展研究。

(1)对传统产业生态化发展类型进行研究。在系统总结国内外传统产业生态化发展类型的基础上,根据目前西部传统产业生态化发展的实际和特点,对当前西部地区传统产业生态化发展类型进行系统梳理和分类,提出适合西部地区传统产业生态化发展模式。

(2)对传统产业生态化发展组织形态进行分析。在借鉴国外传统产业生态化发展组织形态的基础上,对西部地区传统产业生态化发展的组织形态进行分析研究。根据产业生态化发展、产业协作关系密切程度以及产业链上下游关系,其组织形态可分为纵向一体化组织形态和横向一体化组织形态。纵向一体化主要通过产业链上下游的兼并和收购,促进产业链的延展,达到产业一体化发展的目标。横向一体化主要发生在具有互补关系或具有竞争合作关系的企业之间,促进产业链的横向拓展,达到产业生态化发展。构建纵向、横向兼顾且适宜西部地区传统产业生态化发展的产业组织形态。

(3)对传统产业逆向物流系统进行研究。传统产业要实现生态化发展必须实施产业间与产业内循环经济,循环经济必须实现产业间与产业内物料闭环流动,通过对产业链系统中资源的减量化、再利用、再循环,实现资源充分再利用以及废弃物排放最小化。在闭环物流系统中,逆向物流是废旧物品高效率、低成本回收和再利用的关键,对实现传统产业生态化发展具有极其重要的支撑作用。

(4)对传统产业生态化发展的生态效率进行评价。运用物质流分析(Material Flow Analysis,MFA)方法等对传统产业发展的生态效率进行评价,建立相应的指标体系,能够依据传统产业的生产运作规律,对其生态效率做出有效评价(MFA评价的基础是对物质的投入和产出进行量化分析)。同时,探讨其他评价方法对传统产业发展的生态效率进行评价的有效性。

(5)对低碳背景下传统企业竞争力进行研究。随着国际竞争越来越激烈,国家采取越来越严格的环境法规。传统产业由传统企业构成,传统企业的竞争力是企业生存和发展的前提,传统企业不仅要专注于培养企业的核心竞争力,还必须考虑企业的环境效益和社会效益。传统经济模式下的企业利润最大化是评价企业竞争力的核心要素,但在资源环境约束条件下,这种评价方式已不能满足时代的新要求,因此,对于传统企业核心竞争力的评价除了考虑经济效益,还需要考虑环境效益和社会效益,应考虑在低碳背景下全面、综合评价传统企业核心竞争力。

(6)对传统产业生态化发展战略进行研究。传统产业大多数属于资金密集型、技术密集型和劳动密集型产业。传统产业之间关联度较大,往往一个产业的发展会涉及许多行业和工业部门,对上下游产业的经济均有一定拉动作用。西部地区传统产业生态化发展战略可从产业集群发展战略、产业一体化发展战略、大企业集团战略等方面着手,探索寻求适宜西部地区传统产业生态化发展的战略,为西部传统产业的生态化发展提供可借鉴的战略发展方向。

1.2.2 基本观点

传统产业发展模式对自然生态系统造成了巨大危害,传统产业生态化发展将有效改造传统产业发展模式,西部地区传统产业的生存也迫切需要生态化发展,西部地区传统产业生态化发展是西部地区传统产业可持续发展的必由之路;发展传统产业生态工业园(Eco-Industry Park,EIP)是西部地区传统产业生态化发展的有效途径;运用 MFA 方法对传统产业发展的生态效率进行评价,是对传统产业生态化发展有效性评价的一种探索;西部地区传统产业生态化发展战略需适应西部地区传统产业发展的现状和传统产业生态化发展的规律。

1.2.3 研究思路

造纸产业是典型的传统产业,对上下游产业有一定拉动作用,具有一定的代表性,我国造纸产业仍面临着资源和环境的约束,存在诸多问题,随着这些问题的解决,造纸产业在国民经济中的作用将日益突出。以传统造纸产业作为研究切入点,为其他传统产业生态化发展积累经验,提供借鉴。在对西部传统产业生态化发展特点归纳、总结的基础上,对西部地区传统产业生态化发展类型进行系统分类,提出适合西部地区传统产业生态化发展模式;在对西部传统产业生态化发展组织形态进行分析研究的基础上,根据产业生态化发展、产业协作关系密切程度以及产业链上下游关系,确定适合西部地区传统产业生态化发展的组织形态,促进传统产业生态化发展有序推进;基于对传统产业生态化发展物质投入和产出的量化分析,运用物质流分析(MFA)等方法对传统产业发展生态效率做出有效评价;探索适宜西部地区传统产业生态化发展战略。

1.2.4 研究方法

本书以生态经济学、产业经济学、区域经济学、公共政策学等学科理论为指导,重点采用规范分析和实证研究相结合的研究方法。研究路径见图 1-1。

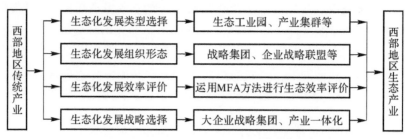

图 1-1　西部传统产业生态化发展路径示意图

1.2.5　研究范围

本书的研究范围原限定在我国西部地区,以国家西部大开发战略所包括的范围为基础,包括陕西省、内蒙古自治区、甘肃省、宁夏回族自治区、青海省、新疆维吾尔自治区、云南省、贵州省、四川省、西藏自治区、广西壮族自治区和重庆市等 12 个省、自治区、直辖市。本研究以传统工业为研究对象,不涉及传统农业和传统服务业的范畴。在研究过程中进一步发现,由于国家有关造纸产业政策的实施,西部造纸产业发展受到了一定制约,原限定研究范围也进一步拓展到非西部地区的江苏、浙江等造纸产业较发达的省份,希望通过对造纸产业生态化发展进行分析,为西部传统产业生态化发展提供借鉴和支撑。

1.3　研究创新之处

本研究主要以传统产业中具有代表性的造纸产业为切入点,剖析西部地区传统产业生态化发展的路径,构建以龙头企业为核心的西部地区传统产业生态工业园;分析探讨西部地区传统产业生态化发展的组织形态和促进循环经济发展的逆向物流问题,以及在低碳背景下传统企业竞争力问题;对西部地区传统产业发展的生态效率进行评价,建立相应的指标体系;探寻适宜西部地区传统产业生态化发展的战略,为西部传统产业的生态化发展提供可借鉴的战略发展方向。

第二章 西部地区传统产业生态化发展综述

2.1 传统产业生态化发展研究综述

2.1.1 传统产业的界定

传统产业主要是指那些发展时间较长,生产技术已基本成熟,经过了高速增长后,发展速度已开始趋缓,对国民经济的贡献度逐步开始下降,资源利用率和环保水平比较低的产业。也有人称传统产业为传统行业,一般是指那些劳动力密集型、以制造加工为主的行业。传统产业大多为劳动密集型、资本密集型产业,资源、能源等生产要素在其生产过程中消耗较大。西方经济学家多称之为传统工业(也有人称夕阳工业)。传统工业主要指传统的重工业和传统的轻工业,这些传统的重工业和轻工业部门在国民经济中的地位有逐渐下降的趋势,主要还是一些传统的基础制造工业部门及其附属工业部门。传统产业大多在工业革命后,随着机器大工业发展而达到鼎盛。20世纪70年代后,西方国家的经济危机发生日益频繁,导致许多传统的产业部门相继衰落,开工严重不足,产品市场萎缩,使传统产业在整个社会生产中的比重不断下降,在新兴产业的巨大冲击下,工业产业自然会出现结构优化调整,一些传统产业的衰退也就不可避免地发生了。

在发展中国家,传统产业依然处于兴起、兴盛时期,尚需要大力发展。我国国民经济体系中占主体地位的仍然是传统产业,主要包括农业、能源、交通运输业、建筑业、制造业、邮政业、商贸流通业等7大支柱产业。传统产业从时间序列来看是一个相对的概念,既有其传统性,又有其相对性。今天的传统产业在产业不断发展的进程中,也曾经是新兴产业,今天的新兴产业也会随着技术不断进步逐渐沦为传统产业,正确认识传统产业在经济发展过程中的地位和作用十分必要。传统产业通过生态化发展依然可以重新焕发活力,这就有效延长了传统产业的生命周期,在相当长的经济发展阶段,传统产业仍将是西部地区经济发展的重要支柱产业。

2.1.2 传统产业的分类

1935年新西兰经济学家费歇尔首次系统地提出了三次产业分类法,依据主导产品的同质性将从事生产活动的基层单位划分为若干个产业部门,将传统产业依据产业部门的发展顺序进行了划分,即把产业门类划分为第一、第二和第三产业。费歇尔将经济发展分为三个发展阶段,第一产业是处于第一阶段的产业,第二产业是处于第二阶段的产业,第三产业是处于第三阶段的产业。这种对三次产业的分类充分考虑了产业结构的变化与经济发展的关系,符合经济发展的内在逻辑,得到学术界广泛的认同。这种传统产业分类方法一直沿用至今,并对传统产业经济理论产生了重要影响。

三次产业分类法将传统产业分为第一产业,即农业,包括种植业、林业、牧业、副业和渔业;第二产业,即工业,包括重工业和轻工业(涵盖采掘业、制造业,电力、煤气及水的生产和供应业等),以及建筑业(涵盖建筑安装业、为建筑安装业工程服务的地质勘探和勘察设计等);第三产业,即除第一、第二产业以外的其他各业,包括交通运输业、邮电业、通信业、商品流通与仓储业、餐饮业以及其他服务业等。

2.1.3 传统产业的主要特征

美国哈佛大学教授费农(Vernon)在1966年提出了产品生命周期理论,指出产品生命与人的生命是一样的,也经历不同的发展阶段,由形成、成长、成熟、衰退等阶段构成产品生命周期。借用费农的产品生命周期理论,传统产业根据其产生和发展的进程,也有其自身的生命周期,同样可以分成形成、成长、成熟、衰退等生命周期阶段。在经历了较为漫长的成长发展阶段,传统产业已进入了生命周期的成熟期,也形成了较为明显的产业发展特征,主要表现在以下几方面。

(1)成长发展进程较长。传统产业通常在工业化过程中存在较长的发展时期,当经历过高速成长后,已进入了生命周期的成熟期阶段。由于在这个阶段,传统产业已经历了较长时间的成长发展,所以不论技术、产品和市场都较为成熟和稳定。

(2)工艺技术较为稳定。传统产业的工艺技术已基本成熟,其生产技术以传统技术为基础,生产工艺也大多是利用传统的工艺手段。传统产业成熟的工艺技术决定其工艺技术的稳定性,这也就决定了传统产业所生产的产品需求弹性较小,附加值较低。

(3)生产要素依赖性较强。传统产业对生产要素依赖性较强。特别是对自然资源和劳动力等生产要素依赖性较强,绝大多数传统产业表现出资源依赖型或劳动密集型的产业发展特征。传统产业往往通过大量投入自然资源和劳动力等生产要素扩大生产规模,同时,传统产业集约化程度较低,生产模式粗放,造成劳动生产率、资源利用率和废物回收率普遍较低。

(4)供需处于不平衡状态。传统产业提供的产品绝大多数属于成熟期产品,产品的改动和变化不大,具有消费驱动型特征,市场呈现刚性需求态势。从市场供需状况看,传统产业的产品大多呈现出供过于求的市场状态,传统产业明显呈现出产能过剩现象,淘汰传统产业落后产能是当前以及今后一段时间需要着重解决的问题,加强供给侧改革,提供消费者满意的商品,是传统产业高质量发展急需解决的问题。

(5)产品附加值较低。传统产业的产品绝大多数已进入成熟期,技术较为成熟,技术含量不高,产品附加值较低。要延长传统产业的产品生命周期,必须改变传统产业的生产方式,积极运用新技术、新工艺,开发新产品,提高产品附加值,实现传统产业的转型升级。

(6)成长性趋缓。传统产业与战略性新兴产业相比,由于进入成熟期,其成长性逐渐趋缓。主要体现在传统产业占国内生产总值的比重以及对经济增长的贡献率等趋于下降,这也是传统产业进入成熟期后所表现出的较为明显特征。

(7)具有动态相对性。传统产业与高新技术产业相比,其技术相对落后,产品附加值低,但传统产业也可以融入高新技术,如传统装备制造产业融入高新技术就可以转化为先进装备制造产业,传统中医药产业融入现代医药技术和生物技术就可以转化为现代生物医药产业,等等。传统产业具有相对性,是动态发展变化的,原来的新兴产业会随着时间推移,当技术落后时就逐渐沦为传统产业,传统产业融入高新技术后,也会转型升级,延长生命周期,重新焕发生机,转型成为新兴产业。

(8)可转型升级。传统产业有其生命周期,也有其自身兴盛和衰退的发展阶段,有其自身的发展规律。随着互联网技术和信息化技术的广泛应用,传统产业被赋予了新的活力,互联网+传统产业,信息化和传统产业的深度融合,将有力支撑传统产业的转型升级,促进传统产业走新型工业化发展道路,同时,传统产业生态化发展也为传统产业的可持续发展提供了有效路径。

(9)地域性较强。传统产业发展往往有一定地域性,由于地区经济发展水平的差距,不同地区存在一定的产业梯度,传统产业一般聚集在经济较为落后的区域。由于资源和劳动力成本等因素制约,经济发达区域会将"边际产业"转移到经济较为落后的地区,形成新的产业聚集。小岛清在边际产业扩张理论中将那些在本国已经失去比较优势,而在东道国具有比较优势的产业称为"边际产业"。将跨国公司投资理论中的概念引入国内区域经济发展研究中,这里的"边际产业"往往就是传统产业。

2.1.4 传统产业在经济发展中的地位和作用

从发达国家产业发展进程看,传统产业并非是完全的夕阳产业,经过新技术提升和生态化改造发展,传统产业仍然充满了活力,在经济发展中占重要的基础地位。即使是在新经济高速增长的美国,传统产业仍然是其经济增长的重要推动力。发达国家的产业经济发展显示,新兴产业具有超常增长潜力,而传统产业仍能够发挥自己的优势,传统产业为新兴产业的发展提供了广阔的市场空间,而新兴产业也为改造传统产业转型升级提供了动力。

我国传统产业在国民经济体系中仍然占较高的产业地位,在一些省份传统产业还成为支柱产业。我国还是发展中国家,传统产业在社会经济发展中有着更加重要的地位和作用,其在我国国内生产总值构成中也占相当大的比重。根据国家统计局相关数据统计,2019年国内生产总值GDP为990 865亿元,其中第一产业对GDP的贡献率为7.1%,第二产业对GDP的贡献率为39.0%,第三产业对GDP的贡献率为53.9%。如我国经济发达的江苏省,其高新技术产业的比重也只有44%,而传统产业的比重高达50%以上。传统产业大部分企业是劳动密集型、资金密集型和技术密集型企业,在我国有着庞大的经济规模和雄厚的工业基础,创造了我国绝大部分的国内生产总值,贡献了巨大的利税,同时提供了大量的就业机会。社会生产和人民生活所需的大量生产资料和生活资料需要依靠传统产业提供,由此可见,传统产业对我国国民经济发展的贡献和作用是十分巨大的(见表2-1和表2-2),在相当长的历史发展阶段,传统产业仍将是推动经济和社会发展的重要力量。

表2-1 传统产业(传统工业)增长情况(2018年与2019年比较)

项目名称	增加值/亿元		增长率/(%)
	2018年	2019年	
第一产业	64 745	70 467	3.1
第二产业	364 835	386 165	5.7

(数据来源:国家统计局网站 http://www.stats.gov.cn)

表 2-2　传统产业(第一、二产业)在国民经济中的占比情况(2019 年)

占 GDP 增加值的比重	占固定资产投资比重	占国内生产总值的比重	占就业人数的比重
37.80%	31.9%	46.08%	52.6%

(数据来源:国家统计局网站 http://www.stats.gov.cn,人力资源和社会保障部网站 http://www.mohrss.gov.cn)

造纸产业是典型的传统产业,以造纸产业为例分析其地位和作用,对认识传统产业在经济发展中的地位和作用有着重要借鉴。随着我国国民经济和科学技术迅猛发展,特别是物流快递业的迅速发展,人们对纸和纸板的需求量并没有显著降低,反而在一定程度上不断增长,造纸产业也得到快速发展。造纸产业与人民的日常文化生活休戚相关,也与工业、农业、国防、科技等相关部门有着密切联系,涉及林业、农业、机械制造、化工、电气自动化、交通运输、环保等多个产业,对上下游相关产业的经济发展都有很大的拉动作用。造纸产品总量中的 80% 以上是新闻、出版、印刷、商品包装和其他工业领域的生产资料,20% 用于人们直接消费。我国造纸产业仍面临着资源和环境等多方面约束,只有实现造纸产业生态化发展,造纸产业在国民经济中的作用才会日益突出。

(1)造纸产业在国民经济中的地位。造纸产业是我国的基础性原材料产业,在国民经济中占据重要地位,在国际上,一个国家或地区的造纸产业的发展水平代表了这个国家或地区科技与经济的发展水平。在一些发达国家,造纸产业已发展成为国民经济的重要支柱产业,产业地位十分突出。我国造纸产业虽然起步较晚,但新中国成立后造纸产业发展迅速,经历了从成长期到成熟期的发展,也经历了从高速发展逐步到中高速发展的转变。

相比发达国家,我国目前还存在造纸企业规模整体偏小,主营业务收入不高的问题。我国造纸工业总产值虽有所递增,但其占全国轻工业总产值的比例并未出现显著变化。根据 2019 年发布的中国企业 500 强企业数据统计,造纸行业只有 6 家企业进入中国企业 500 强。我国造纸产业还正处于成长成熟的发展阶段,未来发展空间还较大,发展前景良好。

造纸产业是为数不多的需求不断扩张的产业,纸和纸板生产量和消费量都显著增长。我国 2009 年纸和纸板的生产量和消费量首次超过美国,均居世界首位,造纸产业得到快速发展。但由于我国经济发展增速整体放缓,造纸产业纸和纸板的生产和消费总量趋于平稳。据中国造纸协会调查资料,2010—2019 年,纸及纸板生产量年均增长率为 1.68%,消费量年均增长率为 1.73%。

2000 年中国的纸张消费中人均占有量还不足世界平均水平的一半。2009 年我国纸品人均消费量为 64.4 kg,超过世界平均水平。但这一比例只相当于同一时期比利时的 1/5,美国的 1/4,日本的 3/10,与美国、日本、加拿大、芬兰等发达国家还有一定差距。从总体来看,2019 年世界纸与纸板消费量为 4.036 亿 t,中国纸与纸板消费量(见图 2-1)为 10 704 万 t,约占世界总量的 26.5%,居世界首位。但应注意的是,从 2007 年开始,我国纸和纸板生产量开始大于消费量,说明我国产能增长速度超过需求增长速度,呈现出产能过剩的倾向,应注意造纸产业向规模化和集约化发展。

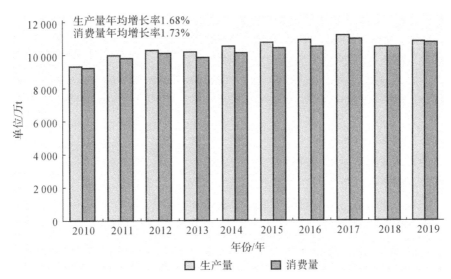

图 2-1 2010—2019 年纸及纸板生产和消费情况
（数据来源：中国造纸协会，《中国造纸工业 2019 年度报告》）

我国造纸技术虽然已有 2 000 多年历史，但新中国建立之初，2/3 的纸张仍需从国外进口。之后，随着造纸工业技术的发展以及造纸产业政策的不断跟进，尤其是在改革开放后，造纸工业适应了国民经济发展的需要，而且近年来纸及纸板进口量持续下降（见表 2-3）。从 2007 年开始，我国纸和纸板的出口量开始大于进口量，从净进口国转变为净出口国。到 2019 年，纸及纸板进口 625 万 t，较上年增长 9.72%；出口 686 万 t，较上年增长 11.00%（见表 2-3）。这些数据说明我国造纸工业产品在国际上已经具有较强影响力和竞争力，造纸产品也逐渐走出国门为世界所接受。

表 2-3 2010—2019 年中国纸浆、废纸、纸及纸板、纸制品进出口情况

年 份	纸浆/万 t		废纸/万 t		纸和纸板/万 t		纸制品/万 t	
	进口	出口	进口	出口	进口	出口	进口	出口
2010	1 137	8.1	2 435	0.08	336	433	18	228
2011	1 445	9.91	2 728	0.36	331	509	17	243
2012	1 647	7.99	3 007	0.24	311	513	14	245
2013	1 685	8.31	2 924	0.1	283	611	13	255
2014	1 797	9.75	2 752	0.07	282	681	13	276
2015	1 984	10.20	2 928	0.07	287	645	12	284
2016	2 106	9.57	2 850	0.23	297	733	12	291
2017	2 372	9.87	2 572	0.15	466	699	19	307
2018	2 479	9.99	1 703	0.06	622	618	18	323
2019	2 720	11.60	1 036	0.08	625	686	12	345

（数据来源：中国造纸协会，中国造纸工业 2010—2019 历年年度报告）

(2)造纸产业对国民经济发展的贡献。

1)对于文化传承的贡献。造纸产业与人类文明发展密切相关。纸和造纸技术是中华民族为推动人类文明进步做出的重大贡献。中国早在公元前1—2世纪的西汉就已经有了造纸术。从4世纪中叶开始,造纸术传入朝鲜和日本,7世纪造纸术通过阿拉伯人、波斯人等辗转传入欧洲,欧洲人第一次学会造纸已到1150年以后了。造纸术的发明与传播使文字载体的成本大幅度下降,知识在平民中得到迅速普及,极大地推动了世界科技、经济的发展。长期以来,纸的主要用途在于文化方面,如印刷、教育、出版、办公、邮政等,对于文化传播起着相当重要的作用。纸产品是日常生活中最常用的日用工业品,并且在工业、农业和国防工业生产中,纸和纸板也是重要的基础原料。进入信息化时代,互联网承载了大量的信息,但纸质书本仍然有其独特的魅力。纸在交流思想、传播文化、发展科学技术和生产方面,是不可替代的工具和原材料。

2)对就业方面的贡献。截止到2019年9月底,制浆造纸及纸制品企业数量已达到6 641家。随着纸的用途越来越广,对纸制品的需求量也越来越大。造纸企业是典型的技术密集型和劳动密集型企业,能够吸纳大量就业人口。绝大多数造纸企业实行全天24 h不间断连续生产,并且多为流水线、大批量生产。整个生产过程的监控与组织协调、产品质量的在线控制、生产过程废弃物的回收和资源化循环利用、外排废弃物的无害化处理、连续生产线的高效运行和维护,都要求工人具有较高的技术装备操作水平。从高校毕业的造纸、化工、机械、电气、管理等专业人才能够参与生产经营过程的运作,并进一步提高生产水平,改进生产理念。同时,劳动密集型特征也能够带动就业。林纸一体化战略是中国造纸产业发展方向。我国林业企业和造纸企业多属于劳动密集型企业,我国劳动力成本较低,与发达国家相比,约为他们的1/20,构成了较为明显的成本竞争优势,这为我国林业和林产工业的发展提供了劳动力保障,为农村剩余劳动力提供了大量的就业机会。我国造纸产业与其他产业关联度较强,涉及林业、农业、机械制造、化工、电力、交通、环保等多个产业,承担着文化、印刷、包装、装潢、通信、生活用纸、工农业技术等方面庞大的纸和纸板供应任务,其劳动密集特征较为明显。这种关联性使造纸产业链不断拉长,也充分延伸了就业链,从高层次人才到普通技工,还包括当地农民,都能获得就业机会,这对于紧迫的就业压力能够起到很大的缓解作用。

3)促进国民经济可持续发展。造纸产业关联度强,市场发展潜力大,是国民经济增长的重要力量。我国经济增长的40%是靠消费品出口拉动,而消费品包装绝大多数是纸板包装,这对消费品出口起到了重要支撑作用。据不完全统计,我国6 000万t纸品中,将近2 000万t都以包装用纸形式随出口消费品出口到国外。近年来,由于造纸工业产品结构不断调整,以及为保护环境对污染物排放进行的监督和控制,非木浆使用比例逐渐降低。纸和纸板生产所需的纸浆原料,主要是依赖进口木浆和进口废纸,造纸原料对外依存度较高。林纸一体化战略的实施,可有效降低对木浆原料进口的需求,节省大量外汇。造纸原料是木材、芦苇等植物纤维和废纸再生纤维等,这些可再生原料生产的纸产品可部分替代以塑料、钢铁、有色金属等不可再生资源为原料的产品。造纸产业适合开展循环经济,生产中废弃物可回收再利用,提高了能源资源利用率,是具有可持续发展特点的重要产业。

(3)进一步提升造纸产业的地位和作用。

1)加大环境保护力度。我国纸浆消耗结构比例近年有所变化,非木浆比例显著下降,而废纸浆和木浆比例显著上升。非木浆制浆对环境污染较为严重,非木浆比例减少说明造纸产业环保理念增强。发达国家造纸非木浆、废纸浆和木浆比例是3%,34%和63%,我国纸浆结构中木浆占比仍较低,需优化纸浆比例结构,改良制浆工艺,减少污染物排放。造纸制浆废水中的烧碱、纤维等物质若直接排到河中,就会污染环境,而重新提取回用则可变废为宝。造纸产业发展应以大型综合纸厂发展为主。

2) 发展循环经济,实施生态化发展。造纸产业生态化发展必须认清规律,摈弃传统的"高生产→高消费→高废弃"粗放型生产模式,转向以"原料→产品→废弃物→再生产品"的反馈闭环为核心、把废弃物最大限度地利用为再生原料的循环经济模式。造纸产业具有实施循环经济良好客观条件,基于循环经济的造纸产业集群、造纸生态工业园发展能够有效延伸产业链和产品链,提高产品附加值,扩大生产规模。建立造纸生态工业园是造纸产业生态化发展的必然趋势,它将具有关联关系的企业聚集在一起,使造纸产业实现生态化发展。实现企业产生的废物能够充分利用,通过"废弃物"向"原材料"的转变,使得企业间按供应链的顺序形成一个高效率的闭环系统,从而能量能够在这样的闭环系统中实现梯级利用,不仅提高能源的使用率,而且对"三废"的治理也会更加有效。造纸生态工业园既改良了生产方式,降低了生产成本,又从根本上改善了生态环境,是造纸产业发展的必然选择。

3) 强化技术创新。要实施造纸产业生态化发展,必须强化技术创新,构建造纸产业的技术创新体系,提升自主创新能力。解决制浆造纸木材原料不足的问题,也需要林业技术的有机融合,如加快速生丰产林的基地建设,推进林纸一体化工程;推动清洁生产技术与装备的研发能够有效解决非木材原料制浆对环境的污染问题,需要建立非木材原料制浆清洁生产技术与装备的创新体系;制浆造纸机械装备的国产化率还比较低,需要建立现代高速造纸机科技创新体系;由于废纸浆一直是造纸原料中的最大组成部分,我国对废纸浆进口逐年攀升,废纸回收率较低,要使行业得到稳固发展,必须建立废纸回收管理机制及废纸制浆科技创新体系,提高回收率,节省造纸原料资源且节省外汇。

2.1.5 传统产业发展存在的问题及制约因素

传统产业发展的制约不仅仅来自经济危机、环境等外部因素制约,更多的是传统产业内部因素的制约,如生产经营模式落后、产业结构不合理、产品陈旧、产能过剩等,这些内部因素才是制约传统产业发展的关键。因此,当外部的制约因素影响显著时,这些制约传统产业发展的内部因素也凸显出来,严重制约传统产业的生存与发展。

造纸产业属于传统产业中的轻工业,具有传统产业的一般特性,以造纸产业为例能较清晰反映当前传统产业发展存在的问题,当然不同传统产业之间也存在产业间差异。西部地区造纸产业发展水平较低,由于受到造纸产业政策的影响,其发展不具有代表性。为了说明问题,这里以国内造纸产业发达的江苏省的情况为例加以说明。江苏省造纸产业一直处于较为领先的地位,江苏省造纸产业发展状况从某种程度上能够更全面地反映当前我国造纸产业的实际状况。2019年江苏省造纸产业生产能力接近1 500万t,居全国同行业前列,但江苏省造纸产业在生态化发展方面与国际先进水平比还有很大差距。

(1) 企业规模和技术水平需进一步提升。江苏省造纸产业中外资企业占主导地位,这些外资造纸企业,不论是企业规模还是技术装备都处于世界先进水平。其中的七家外资企业的工业总产值和销售收入均占全省的80%以上,原料也是100%的进口木浆。而内资企业不论是规模还是技术装备都需要进一步提升,提高产业集中度和技术水平是发展造纸产业的当务之急。

(2) 原料结构合理性有待进一步优化。江苏省造纸产业原料结构为：木浆 61.27%，废纸 32.43%，其他原料 6.3%，而全国造纸产业原料结构相应为 21%，47% 和 32%。由此可见，江苏省在原料结构中废纸利用率相对较低。在广东和浙江，原料结构中废纸利用率分别为 60% 和 76%。而我国国内废纸回收率为 27%，大大低于世界平均水平（43.7%）。可见，我国造纸产业的循环经济与国外相比还存在差距，废纸利用率还有较大提升空间。

(3) 产品结构还需优化调整。江苏省产品结构中低档纸比重仍然较高，产业布局较为分散，产品结构仍然以生活用纸、文化用纸和包装纸板为主，产量达到了全国总产量的 30% 左右。由于国内大多数纸产品的进口关税大幅下调，特别是特种用纸和包装用纸，对国内纸产品市场冲击较大，优化产品结构是当务之急。

(4) 污染控制工作仍需加强。一直以来，造纸产业的污染问题广为国人所诟病。江苏省造纸业在全国污染控制方面走在前面，但在江苏省废水 COD（化学需氧量）排放量仍然是第三位，约占全省工业废水 COD 排放总量的 15.14%。此外，废气达标排放率为 92.19%，烟尘去除率为 87%，SO_2 去除率为 24%。尽管江苏省造纸业所有指标都较全国平均水平好，但所有指标与发达国家还有较大的差距。

(5) 管理水平还需要进一步提高。江苏省造纸产业发展基本符合国家造纸产业政策。但并没有形成具体的产业生态化发展的政策法规体系，一些产业生态化发展的关键性技术还有待研究。江苏省外商投资造纸企业大都开始实施林纸一体化，建立了覆盖采购—生产—销售的一体化信息系统，实施了 ISO 14000 环境管理体系认证，具有较高的企业管理水平。在林纸一体化实施工程中，注重树木的伐种平衡，全过程关注环境保护。

传统产业必须适应信息技术快速发展变化，适应市场需求和环境保护要求，加快推进传统产业生态化发展是传统产业生存与发展的必由之路。传统产业生态化发展一方面应该进一步强化市场需求导向，以龙头企业为核心形成纵横兼顾网状产业链，加快产业集中，形成大企业集团。另一方面，政府和行业协会应大力推动传统产业生态化发展，建立有利于传统产业生态化发展和技术创新发展的良好外部环境，引导企业建立生态化发展战略，不断创新管理模式，提升企业技术创新能力，增强环保意识和能力。传统产业在一个较长时期内仍然是我国经济发展的重要支撑，相信经过产业转型升级、生态化发展，传统产业仍然能焕发新活力，为我国经济发展做出新的贡献。

2.1.6 传统产业生态化发展的必要性

传统产业生态化发展就是以生态经济学为理论基础，合理运用经济学、生态学以及系统工程等相关的理论与方法对传统产业实施改造转型升级，使传统产业能够实现社会效益和经济效益最大化，资源得到高效循环利用，生态环境得到有效保护的目标，更好地使传统产业得到可持续生存与生态化发展。其基本要求就是按照生态经济规律，以循环经济理念，充分利用现代科学技术，使传统产业在经济、生态和环境方面协调发展，促进传统产业形成与自然环境和谐共生的生态工业系统，传统产业生态化发展是探索和实现新型工业发展模式的重要途径。

(1) 经济发展阶段需要传统产业生态化发展。当今全球已进入一个技术创新密集和战略新兴产业快速发展的时代，经济发展阶段要求传统产业的发展模式由依赖生产要素、资源消耗转变为依靠科学技术和科学管理的创新发展。长期以来,我国传统产业一直是高速度、粗放型发展,传统产业中的绝大多数企业是劳动密集型、资本密集型和资源密集型企业,曾经高度集中的计划经济体制和单一的所有制结构导致产权不明晰,个人和组织的积极性没有得到充分发挥,企业运营效率低下,并没有对资源节约和环境保护给予高度的重视。片面追求产值的粗放型增长方式导致资源消耗高、产品质量差、环境污染严重等问题。在经济发展的新形势下,将生态文明建设放在突出地位,融入经济建设、政治建设、文化建设和社会建设各方面和全过程,我国传统产业高质量生态化发展显得非常必要和迫切。

(2)经济全球化需要传统产业生态化发展。随着经济全球化的加快,国际市场竞争日益激烈,国内市场也日益国际化。传统的劳动密集型企业的竞争优势,随着劳动力成本的逐步提高而丧失,传统产业的竞争优势也逐步丧失。我国东南沿海的部分传统产业开始逐步向中西部地区或东南亚、非洲等区域转移。经济发展的不平衡、不充分日益凸显,而传统产业发展的不平衡、不充分体现在产业结构的不合理、东西部发展的差距过大上,传统产业不能很好适应新时期经济发展的新要求,而这种新要求就是要将生态文明建设融入传统产业发展。因此,传统产业生态化发展是产业转型升级的有效途径,是适应经济全球化的需要。

(3)传统产业自身的生存需要生态化发展。我国工业现代化进程如何走出一条新型工业化道路是摆在我们面前的急需解决的问题,传统产业生态化发展是走新型工业化道路的有效路径。目前我国工业现代化进程还处在工业化发展的中期,制造业等传统产业在我国经济中仍占有举足轻重的地位。传统产业生态化发展需要充分利用信息技术等高新技术改造传统产业,实现产业结构优化升级。实现传统产业生态化发展,才能实现传统产业的生存和发展,才能实现区域经济的协调发展和可持续发展。传统产业生态化发展具有极其重大而深远的意义。

2.1.7 传统产业生态化发展评述

(1)关于产业生态化内涵。20世纪80年代,国外学者就产业生态化的内涵进行了相关阐述。1989年9月,通用汽车公司的Robert Frosch与Nicolas Gallopoulos在《科学美国人》上发表了《制造业发展战略》一文,认为生产方式的革新减少了工业活动对环境的不利影响,提出产业生态学思想,奠定了产业生态学理论的基础。此后,学者们分别从各自研究领域出发,对产业生态学进行了较为系统的阐释,Braden R. Allenby和Thomas Graedel研究企业组织与生物组织相似性,以产业组织的视角,提出了产业生态学在于探索产业生态系统中企业与环境的协调发展问题;Paul Hawken认为产业生态学提供了一种系统整合的管理工具来设计产业系统基础结构,以系统的思想阐释了产业生态系统是与自然生态系统密切联系的人工生态系统;S. Erkman认为产业生态学主要研究产业系统运作及与生物圈的相互作用,调整产业系统与自然生态系统协调运行,协调二者关系至关重要;Micah D. Lowenthal认为产业生态学将自然生态学的原则用于产业系统的研究,使人们对产业系统有了更清晰的认识。纵观国外学者的观点,虽然研究角度不同,但都体现出产业生态化要求企业生产运营和生态环境协调发展,在产业生态化发展过程中要以自然生态系统发展规律为借鉴,构建出资源高效循环利用和环境友好的动态平衡工业生态系统。

20世纪90年代初,产业生态学理论引入国内,国内学者也对相关问题进行了大量研究。

马世骏等(1984)从系统的角度分析,以"社会－经济－自然复合生态系统"的观点为出发点,提出了产业生态学是集生产代谢、组织管理、动力学、控制论方法及其与生命支持系统相关关系于一体的系统科学;刘则渊等(1994)认为实现产业生态化是经济可持续发展的一项战略选择,在相当程度上推动了国内产业生态学的研究和发展。此后,国内学者分别从不同角度对产业生态化给予阐释。厉无畏(2003)认为产业生态化就是依据自然生态系统有机循环的原理建立起来的产业生态化发展模式;彭少麟等(2004)从多学科的角度认为,产业生态学是一门探讨产业系统与经济系统以及它们同自然系统相互关系的跨学科领域,为产业生态学的跨学科领域研究提供了新的思路;樊海林等(2004)从仿自然生态系统角度提出,产业生态化是在操作层面上的可持续发展理念的延伸,认为广义层面是为了"优化资源生产率",狭义层面主要指模仿自然生态的产业生态系统,从不同层面对产业生态系统进行了研究;袁增伟等(2006)认为,产业生态化是运用生态经济学原理和系统工程的相关方法来经营和管理传统产业。也有学者认为产业生态学倡导了一种新的经济规范。陈晓峰(2010)提出产业生态化要以新经济规范和行为规则倡导从生产到消费的各个环节实施"减量化、再利用、再循环"。吕明元等(2015)提出产业结构生态化是从粗放型产业结构向生态型产业结构演进的过程,可通过不同生态绩效水平产业的交替发展、产业间生态关联程度和协调能力的提高,促进生态要素在产业间的合理配置与流动,提高生态要素生产率及其增长率。陈洪波(2018)提出产业生态化和生态产业化既有各自独立的含义,又相互联系、互为前提,并阐述了产业生态化和生态产业化各自的实施范围。赵普(2019)对重污染行业产业生态化的环境成本进行研究,指出其分担机制构建的关键在于理清政府与重污染行业企业间的治污关系、政府对企业环境成本控制的干预、企业内部管理的环境成本控制以及企业环境成本分担的组织模式创新四方面。

总体而言,20世纪90年代关于产业生态化的研究大多从分析产业生态系统与自然生态系统关系入手,仿照自然生态系统运行规律来设计、构建产业生态系统,促进两者协调发展。虽然在有关产业生态、产业生态系统以及产业生态学等相关概念上并未达成共识,但这些研究成果为产业生态学进一步研究提供了方向,对产业生态学理论推广和发展起到了积极作用。传统产业生态化发展是在产业生态学理论指导下传统产业发展的高级形态,它是可持续发展理论在传统产业发展的具体体现。

(2)关于产业生态化路径。随着产业生态化内涵逐渐丰富,理论日趋完善,近年来对产业生态学的研究也由理论研究转到对实践的研究。产业生态化的有效路径是建立有效的产业共生系统和生态工业园,实现产业系统内资源循环利用和副产品交换。1988年,美国的 R. U. Ayres 以物质平衡原理为基础,提出了产业代谢理论,对产业活动过程中原料与能量流动对环境的影响进行研究,对企业和生物个体进行类比,对产业系统与生物系统进行类比,运用物质流分析方法探讨了工业系统对社会、经济以及环境的影响。此外,一些学者还就生态产业共生系统进行了研究,提出生态产业共生系统是由不同企业在社会、经济和环境方面形成合作,构成协调统一的网络系统,企业间的协调统一产业共生关系,提高资源利用效率和生态效率;20世纪70年代丹麦卡伦堡工业共生的发展,为产业生态理论提供了有力的支撑。Braden R. Allenby(2005)对产业生态系统进行层级划分,提出了三级进化理论:一级产业生态系统是从无限资源到无限废料;二级是从有限资源到有限废料,系统内部资源和废物的进出量受到环境容量和资源数量的制约;三级是一个封闭循环系统,实现代谢物的资源化,是理想的产业生态系统。美国康奈尔大学学者20世纪90年代初提出生态工业园(EIP)是工业共生的主要表现形式,这一观点也越来越得到学者们的认可。

国内对产业生态化的路径研究也相对丰富,主要集中在产业集群建设和建立生态工业园方面。就产业集群建设,成娟、张克让(2006)提出产业生态化要采用产业集群的发展方式,遵循规模定额化、结构柔性化、技术绿色化、目标函数多元化原则,他们对产业集群生态化的社会驱动因素也进行了分析;武春友等(2009)对产业集群生态链进行了分析,并提出平等型和依托型两种产业集群生态化模式;蒋云霞(2010)认为建立从"自然资源—产品—再生资源"的新经济发展模式是产业集群生态化的重要表现形式,通过企业间的物质、能量和信息交换,建立"工业食物链"和"工业食物网",形成互利共生网络;胡孝权(2011)认为实现产业集群生态化的关键是构建生态产业链,提出应从产品、企业、产业三个层次来实现产业集群生态化。邱跃华(2015)系统分析了产业生态化理论在实施过程中面临的困境和误区,从研究视角创新、研究内容创新等方面对产业生态化理论创新的出路进行了思考。张治栋等(2018)从全球价值角度,对世界级产业集群建设进行了分析,认为在产业集群建设进程中会受到外生性风险和内生性风险的双重制约与阻挠,应构建全方位、多层次的化解路径来有效规避上述风险。

关于建立生态工业园,厉无畏等(2002)指出簇群化、融合化、生态化国际产业发展的三种趋势,生态化始终是贯穿其中的主线。王兆华(2003)对生态工业园中集中产业共生系统运作模式进行了分析,包括依托型产业共生网络、平等型产业共生网络、嵌套型产业共生网络和虚拟型产业共生网络等,并对广西贵糖(集团)和鲁北化工企业集团,丹麦卡伦堡工业共生体,加拿大波恩赛德工业园等几种典型的生态工业园进行了分析对比;郭莉等(2004)提出产业生态化实践正在沿着生态工业园(EIP)和区域范围的副产品交换这两个路径发展;袁增伟等(2004)提出生态工业园区建设不应过分强调废物资源的闭路循环,而忽视了生态工业园区复合生态系统自身结构和功能的优化,提出了社会、环境、经济和资源四位一体生态工业园区复合生态系统的球体模型;冯薇(2006)认为产业生态化应以循环经济的"3R"为原则,运用循环经济发展方式引导产业集聚,按照生产者、消费者和分解者的功能构成资源循环链,对于欠发达区域,可在重、化工产业方面优先发展建设生态工业园,形成以资源开发型产业为主的产业集群;朱玉林等(2007)认为生态工业园是产业集群生态化最理想的载体和实现路径,提出了网络耦合式、关联共生式和混合式生态等三种生态工业园区建设模式;赵涛等(2008)认为生态工业园建设应根据资源条件和产业布局,延长和拓展产业链条,促进企业间的共生,关键是打破企业组织机构和企业间单项式线性生产方式。曹磊等(2012)通过总结中国循环经济和生态工业园的发展状况、特征及建设经验,分析了制约中国工业生态化转型的政策、体制和组织等问题,并从多角度提出了促进生态工业园健康发展的建议。刘业业等(2015)提出从生态环境、生态经济、生态人居、生态管理4个方面建立工业园区生态文明建设水平评价指标体系,并对影响园区生态文明建设的核心要素及驱动力进行了分析。韦欣等(2017)认为循环经济的实施蕴含着一定的风险,应通过对循环经济风险的识别和评估,采取一系列相关措施来进行风险控制,保护和引导循环经济的健康发展。杜真等(2019)对我国生态工业园建设的政策变迁进行了总结,提出工业园区生态化应注重政策目标、政策工具和评价体系,同时加强生态工业园的能力建设。

对于产业生态化的路径研究主要集中在:①技术措施研究,包括清洁生产、优化生产工艺流程、优化产业链、资源能源节约、物质减量化、减少环境污染等;②工业系统集成优化研究,包括物质集成、能量集成、信息集成等优化方法;③生态工业建设制度研究,主要是将生态理念贯穿于市场运行、公司内部建设、行业制度、法律法规等生态工业建设制度整个过程中。我国对产业集群和生态工业园区建设的理论研究处于起步阶段,研究成果主要集中在对国外理论和经验的介绍,及借鉴国外产业生态化实践成功经验方面。

(3)关于产业生态化评价。1992年,世界工商企业可持续发展理事会(WBCSD)提出生态效率(Eco-efficiency)概念,又称为生态效益,是指以生态为前提的效率,要求企业生产实现物质和能量的循环利用,以此降低污染排放,是产业生态化的重要衡量标准。近些年物质流分析方法在产业生态化评价中得到广泛运用。MFA评价是基于对物质的投入和产出的量化分析,运用物质流分析(Material Flow Analysis,MFA)方法能够依据传统产业的生产运作规律,对其生态效率做出有效评价。

陆根尧、盛龙、唐辰华等(2012)对产业生态化水平综合评价指标体系进行了分析,运用因子分析与聚类分析相结合的分析方法,对我国各省区的产业生态化水平进行静态和动态评价;商华、武春友(2007)用生态效率方法定量地评价生态工业园的可持续发展水平,一是建立评价指标体系并确定指标权重系数,二是进行指标量化并计算总分值的两个评价步骤;张培(2010)将物质流分析的方法引入生态效率评价,将工业园的生态效率评价分为经济发展、物质资源消耗和环境压力三部分。赵武等(2013)对区域产业生态理论的历史发展演进进行了梳理,分析了区域产业生态化的要素构成、特点以及动力机制,总结对比区域产业生态的评价方法,指出实现区域产业生态化是解决日趋严重环境问题的关键途径。刘淑茹等(2017)认为产业生态化是破解我国西部地区经济生态化发展中资源环境等多重制约的必然选择,并以陕西省为例,对经济社会发展系统与生态环境系统之间的耦合性及产业生态化的主要影响因子进行了探究,提出了促进西部地区产业生态化发展的对策建议。秦曼等(2018)构建海洋产业生态化理论模型,提出海洋产业结构生态化、海洋产业组织生态化、产业生产方式生态化及海洋产业技术生态化四个方面的综合评价指标体系。

产业生态化的评价方法主要还有模糊综合评价法、因子分析法、灰色聚类评价法以及能值分析法等数据分析方法,这类分析对数据的完备性和精确度要求较高。此外,还有物流平衡分析、产品或过程的生命周期分析与评价、工业生态指标体系建立等。国内学者在研究评价指标过程中,更注重结果和绩效,对评价方法高效易行和发展潜力的研究还有待进一步深入。

(4)关于产业生态化对企业竞争力影响。产业生态化对企业竞争力有着重要影响。Tale认为美国经历十多年贸易赤字的根本原因在于实施了环境管制,造成了成本增加,降低了企业的国际竞争力;Michael Poter和Class Linder等认为产业生态化能够促使企业内部或外部完善价值链,发现和探索增加附加值或降低成本的途径;Andre J. F.认为产业生态化有助于企业优化资源生产效率,提升企业的竞争力;Forbes L. C.认为企业生态化发展应注重环境伦理与生态经济效益的协调。我国学者樊海林、程远(2004)分析了资源生产效率和企业竞争力之间的关系,认为产业生态化有利于提高产品附加值,反之市场产品结构的优化又能够促进产业生态化实践;许林军、钱丹丹(2009)认为产业生态化在宏观、中观以及微观三个层次上的推行,能够改进企业经营环境,提高企业竞争力。

产业生态化对企业竞争力的影响还处在起步阶段,学者们认为实行生态化转型将有利于企业提高市场竞争力、品牌影响力和消费者信任,实现环境友好、政府支持和群众信赖。对于产业生态化转型升级过程中制度建设、成本控制、质量监控等研究还需要进一步深入。

2.2 西部地区传统产业发展概述

传统产业生态化发展就是依据生态经济学原理,运用生态、经济规律和系统工程的方法来发展传统产业,以实现传统产业资源优化配置、产业结构合理、产业组织关联共生和产业生产低碳循环,进而实现传统产业健康、协调、可持续发展的过程。

2.2.1 西部地区传统产业概况

中国西部地区是西部大开发战略发展的重点区域,自然资源丰富,急需经济快速发展,以改变相对落后的状况。但西部地区自然生态环境地域差异显著,生态环境脆弱,生态问题突出,主要表现有:水土流失严重,草场质量退化,风沙灾害蔓延,雾霾天气频发,地震灾害较多,等等。中国西部地区经济发展迅速,长期不合理利用资源和粗犷式发展,使得各种生态问题不断凸显,环境恶化进一步加重。面临资源紧缺和环境约束的双重压力,西部地区产业以传统产业为主,其发展必须融入生态文明建设,积极推进传统产业生态化发展,实现传统产业的高质量发展。西部地区传统产业发展模式仍然对自然生态系统造成危害,改造传统产业发展模式迫在眉睫。传统产业的生态化改造,必须适应自然生态系统,使西部地区传统产业与自然生态系统协调发展,这是我国西部地区传统产业发展迫切需要解决的问题。

根据对西部地区和传统产业的分别界定及分类,西部地区传统产业主要包括装备制造业、汽车业、化工产业、材料业、有色金属业、建筑业、煤炭业、轻纺工业(见表2-4)等。这和西部地区的资源禀赋及其固有的历史生产模式有关。对于少数民族人口较多的云南、广西、西藏、新疆、内蒙古等地区,民族手工业以及传统医药业也较为突出,有一定的发展潜力。

表 2-4 西部地区主要传统产业分布情况

地 区	主要传统产业
重庆	汽车摩托车产业、装备制造业、化工产业、材料产业、轻纺产业等
四川	装备制造、油气化工、汽车制造、饮料食品、现代中药、建材、冶金、轻工、纺织等
贵州	煤炭工业、电力产业、重要资源深加工(化工、有色、冶金、建材等)
云南	现代农业、烟、糖产业、重化工业等
广西	现代农业、制糖、铝业、锰业、石化、建材等
陕西	现代能源化工产业、装备制造业、钢铁、有色金属业、建材、煤炭等
甘肃	大型能源基地建设、石化基地建设、先进装备制造业、冶金、有色金属业、建材业、轻工纺织业等
青海	盐湖化工业、有色金属业、油气化工产业、煤化工产业、轻纺业等
宁夏	化工、冶金、汽车、建材、特色农产品加工、纺织等
西藏	能源、石油天然气、水利、高原特色农畜产品加工、绿色饮品业、建材业、藏医药产业、民族手工业、矿产业等

续表

地　区	主要传统产业
新疆	石油天然气、煤炭工业和煤化工产业、矿产资源勘探、农牧产品加工、纺织业、钢铁、建材、化工和轻工业等
内蒙古	能源、钢铁建材、农畜产品加工业、新型煤化工、有色金属加工、装备制造业、工业建筑业等

西部地区产业结构仍以传统产业为主(达到90%左右),在传统产业中,主要分两类:一类是以煤炭、石化等产业为代表的重工产业,另一类则是以造纸、食品、轻纺等为主的轻工产业。由于产业发展和历史沿袭等原因,传统重化工产业和轻工产业仍然是西部地区投资发展的重点,如果仍采取传统粗放的经济增长模式,环境污染和废弃物排放将使生态环境不堪重负。西部地区传统产业必须加快生态化改造,实现高质量可持续发展。

改造西部地区传统产业发展模式,实现传统产业生态化发展,是传统产业可持续发展的有效途径。发展循环经济,推行清洁生产,提高资源、能源利用率,降低碳排放等是西部地区经济可持续发展的必由之路。传统的经济运行模式为"资源—产品—废物"单向线性模式,向自然界排放大量废弃物,造成资源枯竭、环境污染,危及人类健康,阻碍社会可持续发展。传统产业生态化转型,使"废物"转化为有用资源,实现产业生态系统对外污染零排放,充分利用有限资源,形成"资源—产品—再生资源—产品"的资源循环再利用模式,遵循减量化、再利用和再循环的3R(减量化Reduce、再使用Reuse、再循环Recycle)原则,合理改进工业流程,将一道工序产生的"废物"转化为另一道工序的"原材料",促进产业集群和产业共生,实现产业集约式发展。

我国西部地区传统产业生态化发展的实践还处于探索阶段,包括建立产业合作示范区、产业集群、生态工业示范园多种形式等。但多数生态化改造都还未能真正实现产业生态共生,还处在较低水平的建设发展阶段,只是将某些环节废弃物经简单处理投入生产低级产品的再循环生产。结合西部地区经济发展实际,引入先进地区技术和管理经验,将西部地区传统产业进行生态化改造,不仅能够实现资源的高效利用,更可以实现产业内和产业间的生态循环,促进传统产业向生态型产业转型发展,推动西部地区传统产业生态化发展。

2.2.2　西部地区传统产业需要生态化发展

(1)生态化发展是西部地区传统产业转型的必由之路。产业生态化观点认为自然资源是有限的,工业产业发展应模拟自然生态循环,实现工业产业循环发展,使产业内部资源和能源高效利用,实现外部废弃物排放最小化。企业在获取经济利益的同时,必须兼顾环境效益和社会效益,肩负企业的社会责任。西部传统产业生态化改造对实现物质流的良性循环、能量流的高效转化、信息流的迅速传递意义重大,促进西部传统产业系统高度协调,实现价值流的合理增值,使整个西部传统产业获得最佳收益。传统产业是西部地区经济发展的基础,在相当长的时期内传统产业还将是西部地区经济发展的根基,生态化发展是西部地区经济转型的集中体现,是西部地区经济可持续发展的必由之路。西部地区加快传统产业生态化发展,有利于解决传统产业发展与生态系统健康生存之间的矛盾,对西部地区经济可持续发展具有重大现实意义和深远历史意义。

(2) 生态化发展可实现西部地区资源高效利用和生态环境保护。西部地区传统产业具有资源能源消耗水平高、产品附加值低、环境危害相对严重的特点,随着政府大力推行生态文明建设和相关产业政策的出台,大量落后产能遭到淘汰,环境污染严重的企业被关停整改,生态产业、循环经济、清洁生产已成为现代传统产业的发展方向。西部地区积极进行传统产业生态化改造,能够有效提高资源利用率,将废物循环利用,又可以推动生态环境保护,化解资源和环境约束的矛盾,促进西部地区资源高效利用和生态环境保护。

(3) 生态化发展可实现西部地区传统产业可持续发展。西部地区传统产业生态化发展,必须依据生态经济学原理,合理运用生态、经济规律以及系统工程的方法,促进传统产业资源优化配置,实现产业组织关联共生,达到资源高效利用、生态环境损害最小和废弃物多层次利用的目标,使西部地区经济稳定、协调、有序发展。西部地区传统产业生态化发展,将优化西部地区产业结构,有利于承接中东部地区产业转移,维持生态环境系统稳定,促进西部区域经济发展,提高居民生活质量,同时构建西部地区传统产业的生态系统,实现西部地区经济可持续发展,将有力推进西部地区生态文明建设。

2.3 西部地区传统产业生态化发展探析

2.3.1 西部地区传统产业生态化发展体系

西部地区传统产业生态化发展同样像自然生态物种间那样存在共生共存关系,西部地区传统产业生态化体系也如同自然生态系统,子系统相对独立,彼此之间又紧密联系,形成一个有机生态化的传统产业整体,大致可以分为单独企业内生态化发展、相同产业内生态化发展、异同产业间生态化发展以及区域间产业生态化发展等四种类型。这四种产业生态化子系统构成了传统产业生态化体系,彼此之间又相互作用,层层递进,最终形成区域大范围循环经济,如图2-2所示。

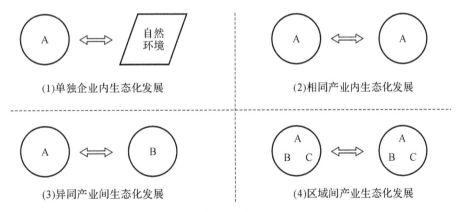

图 2-2 西部地区传统产业生态化发展体系

(1) 单独企业内生态化发展。产业是经济社会的物质生产部门,单个企业是产业生态化发展的基本单位,单个企业内部生态化建设是整个工业生态化建设的基础。西部地区产业以传统产业为主,相比东部发达地区,经济增长方式还存在简单、粗放、产业结构不够合理、技术滞后、劳动者素质相对较低、产业经济效益较低、污染环境严重、生态急剧恶化等问题。单个企业作为生产主体,要优化其生产工艺流程,包括从原材料到产成品的各个环节和细节,引进先进技术和管理经验,向机械化和自动化过渡,提高生产效率,做好工业三废的回收和综合利用。此外,在产品整个生命周期中,推行清洁生产,将整体预防的环境战略持续应用于产品生产过程、产品流通过程和产品服务过程中,从源头上解决对环境造成的污染,使整个生产流程都不影响生态环境,采用清洁能源,节约资源和能源,使生产流程高效化、清洁化,避免产品使用和服务过程中污染物的产生和排放。通过优化生产工艺流程和采用清洁生产,使得单独一个企业内部实现生态化改造,和周围环境协调发展,促进单独企业内生态化发展。西部一些传统企业已开始做出了有益的尝试。

(2) 相同产业内生态化发展。西部地区地域辽阔,部分地区尤其是偏远地区居民集聚度低、分布零乱,而交通、通信、物流发展相对落后,西部地区产业分布也相对零散、规模等级差距较大、地域差异明显。对于相同产业不同企业之间,由于设备生产能力、工人熟练程度、技术进步、管理方式等不同,即使是生产同一种产品,不同企业的制作流程也不尽相同,产品质量和标准也存有差异,造成资源能源的极大浪费和整体生产率下降,不利于整个产业和谐发展。对于相同产业,西部地区应积极进行产业集聚建设,将众多生产相同产品却又分布零散的企业以及相关上下游产业和组织等高度聚集起来,共享基础设施和公用信息,形成规模经济,使生产产品标准化,提高生产效率,降低制度成本,有利于实现资源节约和环境优化,提高西部地区传统产业综合竞争力,树立区域品牌,促成产业集群的形成。与此同时,西部地区还应加大基础配套设施建设,重点发展现代物流,使产品流通顺畅。通过产业集群实现产业集聚,实现规模经济效应、产业集约化发展,促成相同产业内生态化发展。

(3) 异同产业间生态化发展。西部地区产业以传统产业为主,发展不均衡,煤炭、石化等重工业偏"重",造纸、食品、纺织等轻工业偏"轻",主要表现在轻工业发展相对落后。传统观念认为不同产业之间应自行发展、互不牵扯,这种错误观念阻碍了经济发展,更对生态环境造成了严重损害。西部地区传统产业应重点发展产业集群和生态工业园区。产业集群可将西部地区不同产业通过产业共生紧密联系起来,构成一种新型空间经济体。产业集群需要整合相关产业链,确定一个或者几个主导产业,优化产业间关系,形成产业共生网络。西部地区传统产业应加快建设生态工业园区,以循环经济理念和工业生态学原理进行设计,实现资源共享,使污染负效益转化为资源正效益。通过产业集群和建立生态工业园区,西部地区传统产业间将和谐共生,实现传统产业生态化转型。

(4) 区域间产业生态化发展。西部地区域间差异显著,包括地形、气候、资源禀赋、人员素质等,区域间产业发展各具特色。在区域间生态系统中,以循环经济和生态经济理论为依据,在产业经济活动中融入物质和能量的生态流动,构成区域间大循环经济体系。西部地区传统产业生态化发展,要加强区域间合作,倡导生态文明理念,发展循环经济,形成区域产业生态化协作体。此外,西部地区还要积极承接东部地区产业转移,与发达地区开展产业生态化合作,引进先进技术,学习先进管理经验,实现整个西部地区传统产业的生态化转型。

2.3.2　西部地区传统产业生态化发展模式

根据国内外产业生态化发展实践,结合西部地区传统产业发展体系,西部地区传统产业应以不同的生态化发展方式、方法进行生态化改造。以清洁生产、优化生产工艺流程等方式、方法实施单独企业内的生态化发展;以产业集聚、规模化发展实施相同产业内的传统产业生态化发展;以产业集群、生态工业园等形式实施异同产业间的传统产业生态化发展;以区域大范围循环经济、产业转移等形式实施不同区域间的传统产业生态化发展。将单独企业、相同产业、产业之间以及区域之间产业共同发展,同时进行产业生态化转型升级,实现西部地区产业可持续发展,传统产业间相互协调,共建生态文明,实现西部地区传统产业生态化发展,如图2-3所示。

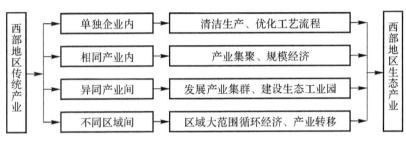

图2-3　西部地区传统产业生态化发展模式

2.3.3　西部地区传统产业生态化发展探索

西部地区传统产业生态化发展是改造传统产业发展模式的有效途径,也是西部地区生态文明建设的重要途径。产业生态化实质是经济、环境和社会各个方面形成一个产业有机融合的系统,可以跨越地理空间,以实体或虚拟形式存在。在国家积极开展生态文明建设和实施西部大开发战略背景下,西部地区应以其独有的地理条件和产业历史发展,积极推进传统产业生态化发展。西部地区传统产业生态化发展要坚持以科学发展观为指导方针,坚持国际化和本土化相结合的原则,完善生态补偿机制,探寻西部地区产业生态化发展战略,形成符合西部地区实际的传统产业生态化发展模式。

(1)坚持科学发展观。科学发展观第一要义是发展,核心是以人为本,基本要求是全面协调可持续,根本方法是统筹兼顾。西部地区面对资源约束、环境污染、生态系统退化的严峻形势,必须将生态文明建设融入传统产业发展战略之中,积极推进传统产业生态化发展,从源头上扭转生态环境恶化趋势,形成节约资源和保护环境的发展局面。以科学发展观为指导思想,把握产业发展规律,创新发展理念,转变经济增长方式,在保证经济高质量发展的前提下,促进资源节约和环境保护。通过优化传统生产工艺流程和产业链,促进清洁生产、产业集聚、产业集群发展,推动建设生态工业园,统筹兼顾企业经济发展和产业集群发展、短期物质发展和长远利益发展、局部产业发展和整体产业发展的关系,逐步实现传统产业与生态融合共生,实现西部地区传统产业可持续发展。

(2)坚持国际化和本土化。全球范围内居民对蓝天和绿色环境的呼声都越来越高,生态系统为全球共有,需要世界各个地区通力合作,合理配置有限资源,使资源利用最大化,废物排放最小化。西部地区传统产业发展既要坚持国际化又要坚持本土化,特别是应充分利用"西部大开发"机遇以及"一带一路"经济带发展的区位优势。坚持国际化就是西部地区传统产业生态化发展要借鉴国外发达地区关于产业生态化的先进技术和管理经验,学习其生态化发展的前沿理论,进行交流和合作,跟上国际化步伐,促进西部地区产业生态化发展。坚持本土化就是西部地区应根据其独有的地理位置、资源优势和文化特色,结合自身产业发展实际,借鉴我国中东部发达地区经验,一方面将引进来的设备、技术、管理等本土化,另一方面增强自主研发,提高科技创新,创造性地优化产业链,建立具有我国西部地区特色的生态工业园区,如在少数民族地区发展传统手工业工业园,在贵州等地建立中草药生态工业园等,特别是充分利用西部区位优势发挥西部传统产业在"西部大开发"和"一带一路"经济带中的重要作用。

(3)完善生态补偿机制。党的十八届三中全会明确提出实行生态补偿制度。生态补偿机制根据"谁保护谁受益,谁受益谁付费"的生态补偿原则,以保护生态环境、促进人与自然和谐发展。当前,西部地区生态脆弱,生态补偿制度和方法都不健全,监督管理也存在诸多缺陷。西部地区应结合自身实际,通过财政转移支付、完善生态税收机制、建立生态保护基金和重大生态保护计划、鼓励社会资金投入生态建设、探索区域间生态补偿机制、支持欠发达地区传统产业生态化建设等方式,完善生态补偿机制,并加强生态立法和监督管理,促进纵向和横向生态补偿制度交织协同发展,使西部地区传统产业生态补偿顺利进行。

(4)探寻符合西部地区实际的产业生态化发展战略。西部地区传统产业迫切需要生态化发展,传统产业生态化发展是西部地区传统产业可持续发展的必由之路。传统产业大多数属于资金密集型、技术密集型和劳动密集型产业。传统产业之间的关联度一般也较大,往往一个产业的发展涉及许多行业和工业部门,如传统的造纸产业涉及林业、农业、机械制造、化工、热电、交通运输、环保、包装等产业,对上下游产业的经济均有一定拉动作用。西部地区传统产业生态化发展战略需适应西部地区传统产业发展的现状,可从产业集群发展战略、产业一体化发展战略、大企业集团战略等方面着手,寻求适宜西部地区的传统产业生态化发展战略。

第三章 传统产业生态化发展的理论基础

3.1 可持续发展理论

3.1.1 可持续发展理论的形成

20世纪60年代是可持续发展思想十分活跃的时期,1962年美国莱切尔·卡逊(Rachel Carson)的《寂静的春天》一书出版标志着可持续发展理论初步形成。他提出了人类与自然界和谐共处,与其他生物共享地球的思想。1972年,"罗马俱乐部"撰写的报告《增长的极限》提出了人类存在"增长的极限"的危机,阐述了人口和资源之间的关系,以及保持良好自然环境的极端重要性。20世纪80年代可持续发展思想逐渐形成,并逐步、广泛地扩散,得到了人们普遍认可。1984年美国爱迪·B.维思(Edith Brown Weiss)在社会选择和分配公平理论基础上,系统提出了代际公平理论,该理论成为可持续发展的重要理论基石。1987年,联合国世界环境与发展委员会(WCED)在题为《我们共同的未来》的报告中阐述了可持续发展模式,以及可持续发展的概念及定义。1992年,在联合国环境与发展大会上,来自178个国家和地区的领导人签署通过了《21世纪议程》等一系列文件,全球开始将可持续发展战略付诸行动,许多国家相继制定了本国的可持续发展战略。1994年的世界人口与发展大会和1995年的社会发展大会,更加突出了人口、环境、资源、经济、社会的相互关系,可持续发展进入了一个新的发展阶段。

可持续发展是既要满足当代人的需要,又不对后代人的生存与发展构成危害,这一观念被广泛认可,人们开始从不同角度对可持续发展阐述各自的观点。如:从人类生存角度,人类首先要保证生存,其次才是持续发展,人类应支持和促进经济的发展和物质基础免遭破坏;从人类与社会协调发展的角度,社会经济发展应保证资源节约和环境友好,应与环境协调发展;从资源有效利用角度,资源应保证可被持续利用,既要保证当代人的合理需求,又要保证后代人的生存和发展,使资源在代际之间合理分配使用。

3.1.2 可持续发展的定义与内涵

20世纪80年代,可持续发展概念(sustainable development)一经提出,便引起全球范围广泛关注和重视。1980年,世界自然保护同盟(IUCN)在《世界保护战略》中最早提出了可持续发展概念,1987年,国际环境和发展委员会进一步阐述了可持续发展的概念,将环境保护视为与经济发展同等重要的战略目标。

各国际组织及专家、学者从不同角度对可持续发展的概念进行了概括,归纳起来,主要有以下几种:①从自然属性定义。寻求一种最佳的生态系统以支持生态完整性,以不超越环境系统更新能力的发展。②从社会属性定义。在生存不超出维持生态系统承载能力的情况下,改善人类的社会生活品质。③从经济属性定义。经济发展是在不降低环境质量和不破坏世界自然资源基础上的经济发展。④从科技属性定义。用更清洁、更有效的技术,尽量减少能源及其他自然资源的消耗,尽量减少污染,以保护环境质量,建立极少产生废料和污染物的工艺和技术系统。

可持续发展理论的基本观点包括以下几种:①生存观认为,人类首先是保证生存,然后才是发展。发展就是扩大人类生存空间,改善人类生存条件和质量。人类既要保证现有生存基础免遭破坏,又要促进经济持续发展。②协调观认为,人类应与自然界和谐共生,社会经济发展应保证资源节约和环境友好,经济发展应与环境保护协调发展。③资源观认为:资源应可持续利用,既要保证当代人生存和发展需求,又要为后代人创造生存和发展条件;既要考虑资源均衡分配,又要解决资源浪费问题。

可持续发展归根结底是要发展,是经济、社会和环境的协调发展,既要发展经济,满足人类生存需求,又要保护人类赖以生存的环境,使后代生存和发展的条件不至于受到损害。西部传统产业生态化发展就是要改变传统产业的生产经营模式,改变传统产业发展对环境的破坏,形成传统产业发展与自然环境和谐共生,促进西部地区传统产业的可持续发展。

3.1.3 可持续发展的特征

可持续发展主要有经济可持续发展、生态可持续发展和社会可持续发展三个方面。这三个方面即相互关联,又彼此促进。不能只谋求经济可持续发展,这样势必不顾生态环境,导致生态环境受到损害,最终影响经济发展;单纯只讲生态可持续发展,经济得不到发展,生态环境也很难治理;经济可持续发展,生态可持续发展,都是为了社会可持续发展。三者必须统筹综合考虑,生态可持续发展是前提,经济可持续发展是基础,社会可持续发展是目标。可持续发展最终达到人类与自然和谐共生的局面。

(1)经济可持续发展。经济的持续发展是人类生存和发展的动力。经济可持续发展才能带动人类社会可持续发展,经济可持续发展一方面是经济的增长,另一方面是经济增长方式更加注重节约各类资源,更加注重各类资源的可循环和再利用,更加注重实施清洁生产,更加注重绿色消费。

(2)生态可持续发展。生态可持续发展是在注重经济增长的同时,更加关注自然环境的保护与发展,生态可持续发展是以保护自然环境为前提,注重自然资源的合理利用和循环利用,注重环境对经济发展的承载能力,在注重经济发展的同时,注重环境保护和改善生态系统,保护生物多样性,保持生态系统完整性,充分利用再生资源,达到生态可持续发展。

(3)社会可持续发展。社会可持续发展是以社会的不断发展为目标的,社会可持续发展是人类为更好生存与发展而不断追求的目标,社会可持续发展就是不断改善人类生活质量,提高人类健康水平,并创造有利于人类生存与发展的和谐社会环境。

3.1.4 可持续发展的原则

(1)公平性原则。公平性就是人类当代或代际之间具有平等的生存与发展机会。一方面是人类当代间具有生存与发展的平等权利,另一方面是人类代际之间具有生存与发展的平等权利。可持续发展就是要实现当代人之间以及当代人与后代人之间生存与发展的公平。这种公平性对当代人提出了更高的要求,明确了当代人的历史责任,即当代人既要考虑自身的生存与发展权利,又要兼顾后代人的生存与发展权利。

(2)可持续性原则。可持续性是指人类的生存与发展不能够超越自然资源和环境的有限承载力。自然资源和环境是人类生存与发展的基础条件,保持和保护自然资源和环境就是巩固人类生存与发展的根基,人类必须在自然资源和环境的有限承载力范围内谋求生存与发展,保护人类赖以生存的生态环境,降低各种资源的消耗。

(3)和谐性原则。可持续发展是人类与自然和谐共生的发展。促进人类与自然之间的和谐发展就是人类生存质量不断得到改善,自然环境质量不断得到改善,人类与自然之间是互惠共生的关系,人类不断改善自然环境,人类自身的生存条件也得到不断提升。

(4)需求性原则。可持续发展就是要满足人类的生存与发展的需求,人类需求是人类各种需求的统一体,人类各种需求相互作用和相互联系,并且不断呈现出动态变化,人类的需求变化就是在新需求不断驱使下出现更替,这种需求不断变化也是持续发生的。

(5)高效性原则。可持续发展的高效性既是人类基本需求得到了高效满足,也是经济发展的高效,更是人类社会整体发展的高效。

(6)阶段性原则。可持续发展是由低层次向高层次发展的过程,具有一定的阶段性。这种阶段性体现在当代人和后代人的需求有所不同,不同代际间需求内容和层次也有所不同,不断发展变化的需求,使得可持续发展呈现阶段性。

3.2 循环经济理论

3.2.1 循环经济的形成与发展

循环经济的产生与发展有着早期的思想基础,生态学理论为其提供了思想源泉。18 世纪初,现代生态学先驱英国的吉尔·怀特认为一切都是一个有机整体的组成部分。此后,"生态学""生态系统""食物链"以及"生态平衡"概念被相继提出,对循环经济形成与发展产生了重要影响。18 世纪,产业革命之后,西方工业化形成了传统经济增长模式,这种经济增长模式的基本特征具有单向线性和不可逆性,忽视了经济结构内部产业间的有机联系和产业相互间的共生关系。

1962 年,美国的鲍尔丁提出宇宙飞船理论假说,形成了循环经济思想萌芽。1969 年,鲍尔丁在《一门科学——生态经济学》中提出循环经济思想。20 世纪 70 年代的石油危机使循环经济得到了广泛关注,这次石油危机使人们开始思考地球现有资源能否支撑经济的无限增长。

1987年,在联合国世界环境与发展委员会的报告《我们共同的未来》中,时任挪威首相布伦特兰夫人将可持续发展定义为"既要满足当代人所需,又不危害后代人满足其需要能力的发展",这一提法被全球广泛接受。20世纪80年代,西方部分发达国家的工业领域开始探索循环经济模式,并产生显著成效。1990年,英国环境经济学家珀斯和特纳第一次正式使用"循环经济"(circular economy)概念。2000年,美、日、德等国家相继建立了相关循环经济的法律法规,为循环经济发展提供了法律支撑和保障。

科技进步使循环经济在工业生产体系中实施成为可能,工业生态系统研究也逐步在工业生产体系中应用,促进了循环经济发展。越来越多的西方发达国家学者开始研究循环经济,循环经济的研究成果也得到了社会关注和应用。具体包括以下三方面:①生产方式方面。清洁生产在西方发达国家工业生产体系中得到应用,受到联合国相关组织重点关注,清洁生产得到了较好的推广和执行。②法律法规方面。有关循环经济的法律法规研究及实施方案在德国、日本等国家有了很大程度进展。20世纪90年代末,德国通过了有关循环经济及环境保护的相关法案,率先开始实施循环经济;2000年,日本通过了《促进形成循环社会基本法》,也开始了循环经济探索与尝试。③生态系统研究方面。有关生态系统平衡与管理的研究,以及对特定生态系统资源利用效率情况的分析研究等也在美国等国家进一步开展。

发达国家用了将近200年时间完成了工业化进程,而我国要缩短到20多年时间完成工业化,必然在快速工业化和城市化进程中对生态和环境产生严重影响,这是需要加快解决的问题,实施循环经济是传统产业生存和发展的必由之路。20世纪90年代我国引入了循环经济思想。1998年确立以"3R"(减量化 Reduce、再使用 Reuse、再循环 Recycle)为中心发展循环经济。1999年,把可持续发展导入循环经济发展模式中。2002年,以新兴工业化视角理解循环经济的内涵。2003年,十届全国人大一次会议的政府工作报告中提出大力发展"循环经济",同年,循环经济被列入科学发展观。2004年,提出从不同空间规模发展循环经济。2005年10月,党的十六届五中全会把发展循环经济上升到基本国策。此后,开展对循环经济的理论研究和实践活动不断深入进行。

在我国,越来越多的学者开始关注循环经济,这一研究领域取得了丰硕的科研成果,在实践方面也做出了突出成绩。如循环经济理论与评价方法应用在相关学科领域,包括工业生态学、区域经济学及社会学学科领域。此外,在循环经济理论研究的基础上,学者们也将生态学领域的研究成果应用于工业生产体系。在生态工业园研究方面也取得了许多重要成果,并不断在实践方面加以运用,取得了可喜的进展,为我国走新型工业化道路奠定了基础。

3.2.2 循环经济的定义与内涵

循环经济(circular economy)是对经济系统的物质循环和能量转换方式进行重新构造,形成闭环流动的物质流形式,使之形成类似自然生态系统的经济发展模式。循环经济的关键就是最大限度地高效循环利用各类资源,最大限度地减少各类资源的浪费,形成物质闭环的循环流动方式,与此同时,在工业生产过程中最大限度减少污染排放,降低生产对自然环境的污染损害。

循环经济是对传统经济发展模式的改造,是一种新的经济发展模式,以高效循环的现代工业生产模式替代了粗放的工业生产方式,极大提高了各类资源的有效利用,将人类生存和发展过程中对自然环境的影响降到了最低。

在循环经济的现代工业生产流程中,物质流和能量流中几乎没有废弃物,只有资源循环再利用。"零排放"在现实世界很难实现,最大限度降低废弃物排放,经过努力是可以做到的。发展循环经济是以经济发展为主导,循环只是一种合理的方式,经济发展才是真正目的,没有经济效益的循环步履维艰。由于自然生态系统有自净能力,而在工业生产系统中一定要实现"零排放",在经济上就需要付出巨大代价,在一个生产体系中,只要投入资源在该体系所在生态系统的承载能力之内,排出的废弃物在该体系所在空间的环境容量之内,并且可控制、可利用,最大限度降低排放,就是一个可以接受的良性循环生产体系。人类必须实现生产方式从传统工业经济模式向循环经济模式转变,生活方式从过度消费向有限消费转变,组织方式从单线型社会向循环型社会转变,思维方式从人类中心主义向生态中心主义的重大转变。

传统工业经济模式与循环经济模式如图 3-1 所示。

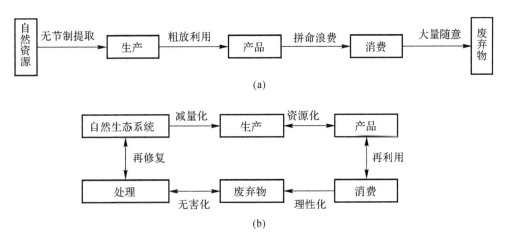

图 3-1 传统工业经济模式与循环经济模式比较
(a)传统工业经济模式; (b)循环经济模式

传统经济模式"资源→产品→废弃物"的发展是一个单向线性开放式的过程,对自然资源无限制地索取,进行简单粗放生产,产品消费后产生大量废弃物,未考虑环境的承载和自净能力,公众环保意识较差。虽然企业开始关注环保,开始进行生产末端污染治理,但避免不了走先污染后治理的老路,且污染治理成本高、难度大,这种传统经济模式必须加以改进。

循环经济是一种遵循生态学原理的全新模式,使得物质和能量良性循环,变废为宝,经济效益稳步增加,人们的消费观也得以改善,能够实现经济发展的生态化。循环经济的核心内涵就是"3R"原则,"3R"原则已普遍被人们所接受,即:减量化(Reduce),就是在生产和消费中,尽可能节约各种资源,减少物质使用,降低能源消耗,减少污染排放;再使用(Reuse),就是充分提高产品及废弃物的使用效率,尽可能使材料反复多次循环使用,减少一次性用品的使用及产生的废弃物;再循环(Recycle),再次将废弃物变成资源,循环利用以减少废弃物产生。"3R"原则就是首先减少对自然资源的索取量,其次是高效利用工业废弃物,再次是实现工业原材料的反复循环利用。

3.2.3 循环经济的基本特征

循环经济构建出了全新的工业系统观,人、自然资源、科学技术等构成了这个系统的要素。循环经济将人自身融入这个大系统,在考虑生产和消费时,不置身于系统之外,而是从整个大系统来研究经济发展规律,按照整个系统的可持续发展要求来进行生产和消费。同时,循环经济还是一种新的经济发展理念,循环经济改变了传统的经济发展模式,将"资源→产品→废弃物"传统的线性经济发展模式转变成为"资源→产品→废弃物→再生资源"的循环经济发展模式,将人们传统的生产方式、生活方式和思维方式彻底扭转。此外,循环经济还是一种新的消费观,循环经济提倡走出传统工业经济高消费以促进生产的消费误区,倡导适度消费,回归极简生活,提倡节俭环保的新型消费观。循环经济还是一种新的资源观,建立循环生产,将废弃物资源化,尽可能减少不可再生资源为原料的一次性产品的生产和消费,降低各种资源的损耗,倡导新型的资源观。

(1)经济发展与环境保护相协调。循环经济就是为解决传统工业生产模式所带来的环境污染问题,而将环境保护与经济发展相协调的一种经济发展模式,经济发展与环境保护相协调有效降低了各类资源的损耗,达到了环境保护的目的,循环经济是一种新型发展观和资源观。通过循环经济在工业生产中实施,各类资源得到有效利用,废弃物减少,并被合理回收进行再利用,解决了经济发展过程中的资源短缺、环境污染等急需要解决的问题,实现资源节约、环境保护,促进了经济可持续发展,实现了经济增长与环境保护的协调统一。

(2)经济效益与环境效益相协调。在工业生产中实施循环经济,不但会带来经济效益,更会带来良好的环境效益,为经济的可持续发展创造条件。如有的化工企业以原来生产硫酸的废弃物磷石膏生产水泥制品,废弃物得到了循环生产利用,总成本下降了40%。传统产业实施循环经济,实现了经济效益与环境效益相协调。

(3)循环经济促进传统产业生态化发展。循环经济将传统的工业生产模式从线性发展模式转变为生态循环的发展模式,是新型工业化的高级形式,促进了传统产业的转型升级。循环经济的推广促进了人们生产、生活方式和理念的改变,将有利于促进经济可持续发展,是传统产业生态化发展的有效路径。

3.3 工业生态学理论

3.3.1 工业生态学的产生与发展

工业生态学起源可以追溯到20世纪60年代,那时环境问题越来越严重,已影响到人类的生存与发展,因此这也越来越受到学者们的普遍关注,学者们开始运用系统思想研究和解决环境问题。1966年Boulding创立了"宇宙飞船理论",第一次将地球作为一个整体进行系统研究,将地球比喻成一艘宇宙飞船,只有地球不断提供所需资源,地球这艘飞船才能够持续飞行;1968年,Daly指出经济系统规模受到地球这个封闭系统的限制,需要在自然与经济结合的整个系统内对经济系统进行研究;1969年,Ayres认为经济行为与环境有着极其密切的关系,加强经济领域物流管理至关重要;20世纪70年代,能源危机对各国经济产生了巨大影响,各国环境法规也变得越来越严格,许多生产企业开始优化生产工艺流程,提高生产效率,降低能源消耗和废弃物排放。一批工业生态化发展的技术和方法应运而生,如生命周期评价(Life Cycle Assessment,LCA)等也被大家逐步掌握,并在环境规划、能源利用以及区域污染承载力测算等方面进行运用,这些都为工业生态学产生奠定了基础。

20世纪80年代末,工业生态学真正开始建立发展。R. Frosch等人开始了"工业代谢"研究,试图建立类似自然界生物新陈代谢的工业生态系统,实现循环再生的"工业代谢"过程。1980年,随着各国一系列环境法律法规的制定与实施,人们更加关注系统思想在工业生产中的运用,一方面规避各种环境法律法规,加强对工业生产末端环境污染控制,另一方面采用对污染物总量控制、排污权交易等更加灵活的方式、方法降低工业污染,达到工业污染治理和环境保护的目标。

1989年9月,Frosch和Gallopoulos发表了《可持续工业发展战略》,首次提出了工业生态系统概念,提出应对在工业流通过程中的废弃物加以循环综合利用,在工业生态系统中减少工业废弃物,降低对环境的污染。人们开始对工业生态学广泛关注,学者们认为污染和废物的治理方法无法满足日益严重的全球性污染治理的需要,提出工业系统中的物质、能源、信息的流动并不是简单、孤立的叠加,而应把整个工业系统作为一个生态系统对待,即一个企业产生的废物用作另一个企业的资源,使工业系统中的物质、能源、信息流动和储存也能相互依赖、相互作用、相互影响,循环运行,形成一个工业网络生态系统,这样可大幅减少原材料的开采和投入,降低工业生产对生态环境的影响,减少垃圾处理过程中的各种消耗。

1990年美国国家科学院与贝尔实验室共同组织了首届工业生态学学术会议,对工业生态学的基本理论框架进行了研讨,对工业生态学的基本概念、相关内容及方法进行了概括总结,并对工业生态学发展进行了展望。1992年,美国学者进一步对工业生态学进行广泛深入的研究,并对工业过程中的物流、能流和污染预防政策等进行全面综合研究,工业生态学研究开始迅速普及。1995年Graedel和Allenby出版了第一本工业生态学教材。1996年,生态工业园在世界范围内开始逐步建立。此后,关于工业生态学的理念研究与实践活动日益增多,尤其是在可持续发展思想的日益推广和指导下,工业界、环境学界、生态学界纷纷开展产业生态学理论、方法及实践的研究。

我国工业生态学研究从学习西方,到结合我国工业发展的实际开展工业生态学研究,取得了一批重要研究成果。在西方研究成果的基础上,我国在工业生态系统理论研究方面也取得了重要进展。周哲等(2001)对煤炭利用过程进行了工业代谢分析,提出了模型改进,丰富了工业代谢分析手段。王子彦等(2002)对工业生态系统的内容和基本特征等进行了分析,提出了构建工业生态系统的基本原则及对策措施,对构建工业生态系统框架进行了分析研究。王兆华等(2002)对工业生态系统进行了经济学交易理论分析,研究了工业系统共生机理。胡山鹰等(2003)对工业生态系统集成问题进行了研究,就工业生态系统集成的有效方法和途径进行了有益的研究。陈定江等(2004)对工业生态学的系统分析方法与实践进行了研究,提出工业生态学具有分析和实践功能,需要在技术、制度和教育三个维度上进行变革以支持传统的工业经济体系向生态工业体系演进。章桂琴(2010)以废物再资源化对粮油豆油生产进行优化组合,以环式流程建立工业生态体系。方晓辉等(2012)以物质循环和能量流动为重点,从相似性、相异性两个方面对工业生态体系进行了分析比较。苗泽华等(2012)提出工业企业共生机制的构建既要考虑共生单元、共生模式、共生环境之间的内在联系,又要通过政策、法规、制度,促进企业共生机制作用的发挥,从而实现企业生态系统的可持续发展。曹永辉(2013)提出以工业生态学为理论基础建立生态工业园,是实现我国工业可持续发展的有效途径;对生态工业园中最具代表性的四种工业共生网络运作模式进行了分析比较,并提出应该兼顾各种模式的优点与不足,使参与企业在获取经济效益的情况下,提高资源使用效率。项国鹏等(2016)利用引文空间分析工具CitespaceⅡ,通过绘制工业生态学知识图谱,以定量与定性结合的方法,系统地梳理了国内外工业生态学研究成果,挖掘了工业生态学的知识基础、发展脉络和研究热点。林恩惠等(2019)基于中国知网和Web of Science的1 403篇期刊论文,利用文献计量法从文献的外部特征和内容特征出发,分析生态效率的国内外研究动态和研究热点,并提出中英文文献在研究层次、理论基础和研究方法上有明显差异。

我国工业生态系统研究从简单到复杂的过程,有了很大进展,既有定性研究,又有定性和定量相结合的研究,既有理论研究,又有理论与实践相结合的研究。对工业生态系统的评价方面、产业链构建方面以及物质和能量的循环流动等方面的研究也取得了一定成绩。学者们也将理论运用到实践,如薛东峰(2003)以南海生态工业园为例,对工业生态系统进行了规划设计,为构建生态工业园工业生态系统提供了借鉴。傅沂等(2006)提出了产业生态学是生态管理范式的理论与实践基础,产业生态学的产生与发展是环境管理范式向生态管理范式转换的关键所在。蒋衔武等(2010)基于系统动力学建立了煤矿工业生态系统仿真模型,并以徐州矿务集团为例对所模拟的4种行为模式进行分析研究。在我国,一方面在生态工业系统的理论研究取得了重要进展,另一方面学者们将生态工业学理论与实践结合开展研究卓有成效,进一步丰富了具有中国特色的工业生态学研究。

3.3.2　工业生态学的定义与内涵

工业生态学是模仿自然生态学建立起来的一门学科,其试图模仿自然界的物质循环,通过企业间的系统耦合,使产业链具备生态链的性质,实现物质循环利用和能量的多级传递、梯级使用、高效产出以及资源的循环永续利用。

工业生态系统并不是照搬自然生态系统,简单模仿自然生态系统,而是借鉴自然生态系统,并将工业生态学理论和方法应用到工业生态体系的设计与规划中,将工业生产过程设计成一个封闭的工业生态体系,工业生产中的副产品或废弃物,都会是其他生产环节的原料或辅料。可以看出,工业生态学是着眼于人类的长期生存问题的研究。工业生态学的发展与完善为传统工业的发展与未来指明了方向,将极大推动传统工业的可持续发展。

当前,在学术界尚无被普遍接受的工业生态学定义,学者们从不同角度对工业生态学进行了阐述,主要有以下几种观点:

(1)工业生态学是涉及多学科的综合性学科。工业生态学涉及多学科,包括系统科学、生态学、环境科学、工业工程、技术科学、管理学、经济学、法学以及社会科学等学科,是典型的交叉学科。工业生态学是一门研究工业生产与生态环境关系的综合性学科,是对工业生产体系与经济系统、自然系统关系进行多学科研究的学科。

(2)工业生态学贯穿着系统思想和方法。工业生态学是一门利用系统方法对工业有机体与其环境关系进行跨学科研究的科学,它采用系统思想研究工业系统物质和能量的使用以及工业生产对生态环境影响,工业生产体系贯穿系统思想和方法。工业生态学强调系统思想,运用系统思想解决工业系统与生态环境关系问题,以建立各个单元之间输入-输出的耦合关系。

(3)工业生态学是实现可持续发展的有效途径。工业生态学为工业生产建立起了工业生态体系,为经济可持续发展提供了科学理论依据和技术支撑,为工业生态发展和生态环境管理提供了有效方法,实施工业生态发展是实现经济可持续发展的有效途径。

(4)工业生态学是工业生产的生态化过程。工业生态学就是在工业生产过程中改进生产工艺流程,达到降低各种原料消耗和能源消耗,使工业废弃物循环可以再利用,最终达到保护生态环境的目标,实现工业生产过程生态化,并对自然环境产生生态化影响。

综上,工业生态学尚未形成统一的、可普遍接受的定义,学科关系及学科地位也还不是太清晰,学者们对是否将工业生态学作为生态学分支学科也未有统一定论。但可以这样说,工业生态学是一门运用系统思想,指导工业生产体系提高各类原料和能量的使用效率,降低各种原料消耗和能源消耗,使工业废弃物循环再利用,解决工业系统与生态环境之间相互关系的应用生态学。

3.3.3 工业生态学的特征及发展趋势

工业生态学体现了全过程管理的生态系统观,即在原材料采掘、原材料生产、产品制造、产品使用和产品用后处理的整个产品生命周期内都以生态系统的思想思考和处理问题,避免生产经营活动对环境及生态系统造成不良影响;其以生态学的理论观点关注工业代谢的全过程,注重产品取自环境到返回环境的整个物质转化流程,在调整和改进当前工业生态链结构的基础上建立新的闭路循环,使工业生态系统与自然生态环境系统互相兼容,并可持续生存下去。

工业生态学主要研究工业生态系统,工业生态系统的主要特征也就成为工业生态学的主要特征:

(1)整体性。工业生态系统本身就是一个联系工业生产各个环节的有机整体,系统内部形成了互联共生的工业生态链关系,工业生产各环节的生态链接使工业生态系统整体达到经济与环境效应最优。工业生态学具有跨学科性和综合性,涉及多学科的知识,就是要运用多学科知识从工业生态系统整体性角度研究各组成单元间的共生关系,使其和谐共生,达到工业生态系统整体最优。

(2)生态性。工业生态系统内部各单元之间是一个有机生态网链,就像自然生态系统中物质的循环共生一样,各单元之间实现物质流、能量流与信息流的不断交换,一个单元的"废物"可以作为另一个单元的"原料"加以充分利用,系统内部的物质与能量实现最大限度循环利用,整个系统对外界趋于零排放。工业生态学就是对工业生态系统所形成的生态网链进行研究,使其各组成单元间的物质、能量的生态化"代谢"顺利完成,最大限度地使工业生产过程的物质、能量循环利用,使整个工业生态系统与自然生态系统和谐共生。

(3)层次性。工业生态系统也有层次性,一般可划分为宏观、中观和微观三个层次。宏观层次主要指全国或全球范围内产业部门及其生产环境所构成的工业生态系统。中观层次指区域范围内所有的产业部门及其生产环境所构成的区域范围内的工业生态系统。微观层次指单个生产单位及其生产环境所构成的单个生产部门的工业生态系统。工业生态学从不同层次研究工业生产过程中的物质、能量的循环利用,促进工业生产生态化。这种层次划分也是工业生态学的演进趋势,便于人们从不同层次对工业生态学进行研究。

(4)开放性。工业生态系统与其他任何系统一样,开放性是基本要求。开放性是工业生态系统适应外界环境变化的必然要求。工业生态系统的这种开放性,要求系统内部生产单位、系统与外部环境之间纷繁复杂的网状链接关系,保持其物质、能量有序循环,以及外部环境物质、能量循环交换。

(5)动态性。工业生态系统也存在逐步发展和动态变化的过程,从简单的工业生态系统逐步发展变化到较为复杂,再到高级的工业生态系统,其中,简单的工业生产过程中的各种原料和能量的流动呈线性,较为复杂工业生产过程中的各种原料和能量的流动就呈现封闭循环重复利用形式,更高级理想的工业生产过程中的各种原料和能量的流动目标就会趋于向自然界"零索取"和"零排放"。可见,工业生态系统也是一个从低级向高级动态发展变化的过程,呈现动态性,工业生态学的最终目标就是要使生态系统达到高级层次,实现工业生态系统与自然系统的和谐共生。

随着生态化工业进程的不断推进,工业生态学的研究也呈现出新的特征和发展趋势:

(1)工业生态学研究领域进一步扩大。工业生态学研究领域进一步扩大:①以研究物质流分析(Material Flow Analysis,MFA)为核心,提供发展 MFA 分析方法的框架基础,促进 MFA 分析方法在战略及策略决策中的运用;②专注于生态工业发展研究,主要通过一些方式推进工业发展的生态化进行,这些方式主要包括废弃物最小化、副产品交换、生态化设计、产品生命周期全过程分析、技术创新、替代性资源使用及建立企业之间的系统网络。

(2)工业生态学应用性研究不断加强。工业生态学应用性研究与实践性探索不断加强,如生态工业园、城市代谢、节能减排等,都是工业生态学应用型研究的热点课题,在不断推动优化理论构建的同时,以工业生态项目为主导,不断强化工业生态学应用实践,实现了理论与实践的相互结合、相互促进。

(3)环境政策对工业生态化影响的研究受到重视。环境政策对工业生态化进程有一定影响,对工业生态化产生制约或促进作用。工业生态化进程很大程度受到环境政策影响,重视环境政策与工业生态化的相互关系研究:①从生态技术的开发、生态技术的应用以及生态技术的影响评价等方面开展研究;②从环境政策对工业生态化的影响、环境政策对全球的影响、环境政策的实施以及监测等方面开展研究,这些都反映了环境政策对工业生态化影响的研究更加受到重视。

第四章 西部地区传统产业生态化发展的有效路径

4.1 传统产业生态化产业集群

产业集群的概念在1990年由迈克尔·波特在《国家竞争优势》中正式提出,是指以某个主导产业为主的某个空间区域内,聚集大量与主导产业紧密相关的企业和相关服务机构,产生具有强大竞争优势的产业集聚状态。

4.1.1 生态化产业集群的主要特征

与传统产业集群模式相比,生态化产业集群的主要特征表现在以下方面:

(1)生态性。在生态化产业集群系统中,能量和物质由低级到高级,又由高级到低级循环传递,这样的互联互动、循环往复和周而复始,维持了产业集群中各种物质间的动态生态平衡,保证了产业集群系统持续不断地运行。生态化产业集群正是基于自然系统的这种特性和运动规律,形成了符合生态规律的产业链组织结构,其组织过程和运行结果都表现出生态自然系统的属性。

(2)循环性。与一般意义上的产业集群相比,生态化产业集群主要以资源的循环利用为纽带,通过前向关联、后向关联和侧向关联,形成产业集群网络。在生产过程中,各产业主体以"3R"为原则,通过管理技术的改进,尽量减少进入生产和消费过程的物质和能量流量,并且使各环节的生产以上游产业的废物和半成品为投入要素,通过对"废物"的再加工处理使其再生,又作为新资源制成新产品,再次进入市场或生产过程。

(3)经济性。由于生态经济强调的是资源的最优化利用,从长远来看,以市场为导向的生态化产业集群内所有企业都将从中获取经济上的更大回报,从而使生态化产业集群能够持续生存与发展。

4.1.2 以循环经济促进传统产业集群生态化改造

传统产业集群的结构特征为循环经济发展打下了坚实基础。以产业集群为空间组织形式发展循环经济的实质就是在原有专业化分工基础上引入新的分工角色,在产业集群中相互关联的企业进行生产者、消费者、分解者的专业化分工,使相互关联的企业间在物质、信息、能量传递方面更加便利,企业间的合作共生延伸了互动链条,以循环经济促进传统产业集群生态化升级。

1. 传统产业集群生态化改造的作用

(1)有利于资源节约。企业将回收利用废弃物及副产品产生的费用与直接购买新的原料对废弃物较简便地处理产生的费用对比,若实施循环技术增加了成本投资,即便循环技术可用,企业也不愿积极使用此技术。除非政府给予补贴和税后优惠或者优先采购,或者调高自然资源的价格,对企业利润形成挤压,实现从耗费资源技术到节约资源技术来支持工业竞争力的转变。

(2)有利于污染治理。企业将自身治污产生的费用与治污外包共同治理产生的费用相比较,若外包治污价格过高,集群内仅有少数的企业会将污染物外包给治污企业来回收处理;当外包治污价格下降时,愿意通过外包方式治污的企业将增多;治污企业在进入集群的开始阶段需要政府的支持和推动,当治污市场上了一定规模时,集群中的治污与制造业互利共生,形成新的平衡状态。若有污染排放的企业能够通过购买其他低污或无污染排放企业的部分排污权来减少企业自身治污成本,同样能推动集群生态化发展。

(3)有利于提升产业竞争力。加入世界贸易组织后,我国传统产业面临国内市场国际化的局面,新一轮竞争不仅是强对弱的竞争,还是强对强的竞争。我国传统产业大多数企业规模小,生产能力低;技术改造迟缓,装备落后。如我国传统造纸产业生产的纸产品结构配置不当,中低档产品比例大;人力资源投入不足,专业技术人才短缺;缺乏行业组织统一领导,产品雷同且竞争无序。面对这些问题,我国传统产业要想有立足之地,必须有效提升产业竞争力。造纸产业若想有更大的发展空间,需要从原料、技术、管理等方面进行整合,拉长产业链,林纸一体化发展。造纸、加工、治废"一条龙",走大市场、大品牌、大企业之路。以循环经济促进传统产业生态化集群,这是实现我国传统产业结构升级的必然要求。

(4)有利于实现龙头企业带动作用。产业集群使大量相关产业集聚在特定的区域内形成块状经济,积少成多,聚弱成强。如造纸产业集群就是以造纸产业为中心,进行横向和纵向规模的产业拓展,实现产业间的密切关联和良性发展。造纸产业集群与第一、第二、第三产业相伴;为取得造纸原料木浆,与林业联系,涉及第一产业;造纸工艺与第二产业工业相联系,造纸过程中各个工艺环节紧密相扣,发挥成本优势;废纸的回收和进口涉及第三产业中的物流工业。行业协会对行业健康发展起着积极的推动作用,只有形成了产业集群才能真正建立起行业协会,增进行业合力。打造产业大品牌,仅靠分散的中小企业是不够的,"集群"品牌效应功不可没。例如浙江的富阳造纸产业集群就是以"富阳造纸"这一品牌来凸显区域特色,为人们所熟知的。产业集群也为循环经济的运行提供了可行的平台,有利于产业龙头企业发挥带动引领作用,产业集群化发展是传统产业发展的必然趋势。

(5)有利于避免末端治理的弊端。很多传统企业采取的是末端治理,节能减排、清洁生产、淘汰落后产能已成为传统产业污染治理的必然选择,循环经济模式可实现从"末端治理"到"源头预防"再到"全过程控制"的污染治理。末端治理将环境保护和经济发展分离,只注重事后的处理,表面上缓解了部分环境压力,但企业成本高了,效益低了,不能有效地协调成本收益与污染控制之间的关系。

末端治理的主要弊端如下:

1)末端治理是污染危害产生后的被动补救,不能从根源上防止污染发生;
2)末端治理对污染物排放标准只考虑浓度而忽略了总量的控制;
3)末端治理随着污染物浓度降低,治理难度和成本增加,经济收益下降;

4)末端治理使企业被动遵守环境法规,而没有主动开发治污新技术和新方法;

5)末端治理容易加深环境与发展之间的矛盾以及各领域间的隔阂;

6)由于经济和技术的差异,末端治理阻碍发展中国家直接使用更为现代化的经济生产方式,加大了对发达国家的依赖程度。

循环经济能有效避免末端治理的缺陷,主要表现在以下方面:

1)循环经济将"资源→产品→污染物"的传统线性模式转为"资源→产品→再生资源"的反馈式循环模式,把污染排放转化为再生资源,有效防污;

2)循环经济在污染物排放标准上同时关注浓度控制和总量控制,环境对污染物的容量是有限的,从源头到过程再到源头的"三废"治理模式有效解决容量问题;

3)循环经济属于"经济"范畴,就具备"经济"属性,不是盲目地推行环保,而是实现"资源"和"资本"的双重循环,在传统产业中,污染向资源转换产生既环保又经济的综合效益,相对环保高效益排污费是可接受的;

4)循环经济以遵守环保法规为最低标准,积极承担社会责任,提高技术装备水平,健全配套各种资源回收系统,传统产业取得循环经济效益,社会普遍认可;

5)循环经济提高了传统产业的环境意识,促进生态产业集群形成,集群中各个领域联系密切,环境与发展相生相息;

6)循环经济在借鉴发达国家技术和发展模式的同时,因地制宜,自主创新,减少对发达国家的依赖,运用新思路,与发达国家相关企业相互合作,互惠共赢。

只有建立起从企业源头清洁生产到百姓绿色消费,再到末端控制污染"一条龙"的循环经济模式,传统产业的生存与发展问题才能够有效解决。

2. 传统产业集群生态化改造原则

已形成的传统产业集群面临着集中污染的环境压力,同时对资源集中利用产生资源紧缺问题。企业范围的发展属于小循环经济,产业集群范围的发展属于中循环经济,国家或区域范围的发展属于大循环经济,减轻传统产业集群环境压力需要各循环经济体的协同作用。以循环经济促进传统产业集群生态化改造应从减量化、再利用和再循环三大原则着手。

(1)减量化。减量化就是要减少进入生产和消费过程中能源和物质流量。以传统造纸产业发展所需的原料为例,我国森林覆盖率和人均占有森林面积仅为世界平均水平的61%和1/5。而提高造纸木浆原料比例是造纸工业发展的趋势,林纸一体化顺应此势,缓解森林资源的不足。2002年,原中冶美利纸业集团在宁夏、甘肃、内蒙古三省区沿腾格里沙漠边缘造林17.4万 km^2,有效地治理荒漠的同时,增加了造纸木材原料,减少了原料的进口压力,提升了环境效益和经济效益。

单个造纸企业需要配备几台燃煤锅炉,热效率低,烟尘大,不利于节能环保。造纸产业集群统一规划,因地制宜,实行热电联产,引导造纸企业建立公用热电厂连片供热,实现能耗减量化。造纸产业集群清洁生产技术的推广实现了水耗和污染减量化,以浙江富阳造纸产业集群的永泰集团为例,采用清洁生产技术吨纸耗水量平均下降了20%,废水回收利用率达到70%。

(2)再利用。再利用就是提倡多种方式、多次使用物品和能源,以防物品和能源过早废弃。循环经济提示人们在生活中将自己不需要的旧书、旧报刊捐献出来,便于他人再次使用。在不涉及危害身体健康的情况下,一些外包装尽可能重复利用,如环保手提布袋、纸制周转箱等。

单个造纸企业规模小,污水处理投入不足,造纸产业集群内企业专业化分工与协作,采取统一规划,集中治污的方式,能改善"水"的生态环境。富阳造纸产业集群处理恰当,八一污水处理厂日处理污水能力达 15 万 t,能接纳周边 40 家造纸企业排污,二级处理后每天能产生 10 万 t 高质量水回送给企业,且确保污水排放达标。生产过程的制浆用水 100% 取自造纸车间的废水,传统认为造纸用水越清洁越好,实际并非如此,造纸车间出来的废水富含纤维成分和化工填充料,用这部分水制浆比直接用清水更加有效,是一个很合适的再利用。

(3)再循环。再循环就是将废弃物转化成资源,最终废弃物处理量下降。我国 2007 年 12 月 31 日下达"限塑令",许多物品包装都改为纸质包装,塑料袋逐渐被纸质环保袋取代,纸袋和纸包装的回收,比塑料袋作为垃圾焚烧填埋要更加低碳、清洁。回收 1 t 废纸能节约 50% 以上的造纸能源,减少 35% 的水污染,少砍 17 棵大树,生产出 0.8 t 新纸。我国目前废纸回收率仅为 30.5%,日本和德国分别为 78% 和 83% 以上,而芬兰城市里的旧报纸、杂志回收率几乎为 100%。循环经济就是提倡对废纸进行分类回收,制定统一标准,提高废纸回收率。

4.1.3 生态化产业集群规模

生态化产业集群的规模与循环经济的实施之间的联系,实施循环经济对于产业集群生态化改造的效果,这两个问题都与阈值理论有关。生态阈值的客观存在是循环经济的基本前提之一,循环经济范式着重强调在生态阈值范围内合理利用资源,从只重视劳动生产率的提高转为注重资源生产率的提高,以达到经济发展和环境保护双赢的目的。

1. 阈值与阈值理论

"阈"这个字在《礼记》《后汉书》《论语》等古代名篇中都曾出现,意思是"门槛",在现代语中的意思是"界限"。阈值(threshold value)指的就是"界限值",用来界定不同性质或类型事物,也可用来界定事物不同阶段。阈值应用于生态学、经济学、生物学、数学、机械工程学等各学科领域。循环经济和产业集群之间需要建立联系、必须借助经济阈值和生态阈值进行研究。

(1)经济阈值(Economic Threshold,ET),是在 20 世纪 50 年代由 Stern 第一次正式提出,即为防止害虫达到经济危害水平的害虫密度,或为导致经济损失的最小虫口密度。许多学者对 ET 做了深入的探讨,认为经济阈值是一个动态、多维的经济生态学参数,其理论值难以获知,实际确定时只能逼近,但会造成由实验问题或计算问题引起的误差。经济阈值的应用非常广泛。在价格管理方面,企业定价过程与消费者感知的价格阈值有关,消费者的价格感知受绝对价格阈值和差异化阈值的影响,绝对价格阈值为消费者可接受价格的上、下端,差异化阈值为消费者可接受的两个价格之间存在的差异值;在贸易环境管制方面,环境管制阈值是指贸易与环境矛盾运动过程中由一系列数量关系所表现的内部质变的临界点。在研究基于循环经济的传统产业集群经济阈值时,我们需要联系生态阈值来共同讨论。

(2)生态阈值指的是环境容量,即一个环境范围内对人类活动产生影响的最大承载量。越界就会打破生态平衡,也就是说生态阈值就是生态系统自我修复能力的极限。生态系统愈成熟,其种类愈多,结构愈复杂,稳定性愈强,即阈值愈高;反之,一个简易的人工生态系统阈值则很低。在一定限度内,发展是为了更好的生存,但超过此限度,发展就会威胁生存。以造纸产业为例,林纸一体化中速生林的砍伐数量和时间有阈值,能源的消耗在循环经济的作用下有阈值,"三废"的排放也有阈值,都应在环境的承受范围之内。对于造纸生态产业集群,需要考虑自身经济规模的阈值,还需要考虑各种资源、能源利用的生态阈值,使资源利用达到最佳的经济规模。

2. 产业集群阈值界定

一个资源经济系统的生态经济阈值包括规模阈和配比阈。规模阈是资源生态系统能承受生态经济要素数量的界限,如可再生资源再生能力限制阈,指人类开发这类资源时采伐量的界限;配比阈指一个资源生态系统中,生态和经济要素之间存在的比例界限,逾越了这个界限就会引起系统结构和功能的质变。配比阈可以引申到集群阈值的界定,只有确定了阈值才能得出集群规模与实施循环经济的关系。产业集群是一个社会系统,包括社会生态系统的阈值和经济上的阈值,确定统一阈值是十分必要的。

(1)生态阈值计算。自然资源有两种类型,即再生资源和非再生资源。再生资源的有效使用率的阈值下限为再生率的1/2,上限为再生率,比下限低说明使用资源较粗放,高于上限表明超出了资源与环境的收容量;非再生资源本身有自净能力,为其阈值下限,低于此限说明使用资源获取收益处在较低的水平,阈值上限的经济效益等于环境成本,比上限高表明要取得经济效益必会付出环境代价。只有在阈值范围内对自然资源进行开发才合情理。

(2)经济阈值计算。自然资源利用的适度和适量范围要服从最适资源投入规模以及最大经济产出。资源投入下限为边际收益的最高点,低于此限为资源投入递增区,也是报酬的递增阶段,而因为投入资源很少,经济效益不明显。阈值范围内为投入资源的最优区域,其中包括资源利用的最佳规模,这一点的确定与集群的社会、经济、技术等因素有关。总收入与总成本相等时为经济上资源投入的上限,资源投入达峰值后,不宜再追加。

(3)生态阈值与经济阈值的一致性。生态是经济的基础,循环经济就是要让生态上的适度适量和经济上的适度适量相统一。而经济系统与生态系统不同质,生态系统由于自然资源有限而需要稳定、经济系统由于要创造效益而需要增长,因此需要综合两者来确定一个适宜的数值。

如图4-1所示,S_1和S_2分别表示经济阈值的下限和上限,P_1和P_2分别表示生态阈值的下限和上限。当$S_2<P_1$时,经济阈值的上限远小于生态阈值的下限,这种情况下考虑组织结构和技术的改变促使组织积极开发利用资源扩大生产规模,使得经济阈值上限扩大;当$S_1<P_1<S_2<P_2$时,经济阈值的上限大于生态阈值的上限,仍然应该改变组织的内外部因素来使系统的经济阈值上限尽可能增大;当$S_1<P_1<P_2<S_2$时,经济阈值的上、下限分别大于生态阈值的上、下限,需要在生态阈值P_1,P_2范围内寻求最佳经济规模;当$P_1<S_1<P_2<S_2$时,资源利用的适度在生态阈值的上限,在S_1和P_2之间存在最佳经济规模;当$P_1<S_1<S_2<P_2$时,资源的开发利用在生态允许范围之内可以获得最大收益;当$P_2<S_1$时,资源利用已经超出环境承载能力,应该停止资源的开发利用。

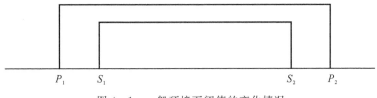

图4-1 一般环境下阈值的变化情况

(4)产业集群环境下生态阈值和经济阈值的关系。通过讨论一般环境下阈值的变化情况,为实现资源开放和利用在生态允许的范围之内获取最大的利益,即为上述的 $P_1 < S_1 < S_2 < P_2$ 时的状态,实质是要了解基于集群环境下经济阈值的变化情况。

假定原状态下是由一个企业完成的单位产量为 Q_0,固定成本为 F_0,在产业集群环境下有 n 个企业,这些企业都有专门的专业化分工,每个企业的固定成本为 F_i,每个企业的产量为 Q_i。由于产业集群的形成,专业化分工造成生产率的提高以及成本的降低,使得资源的经济阈值增大。如图 4-2 所示,总固定成本 F 降低,区域总产量 Q 上升,使得总产量曲线和总成本曲线有变动,可表示为

$$\sum_{i=1}^{n} F_i \leqslant F_0, \quad \sum_{i=1}^{n} Q_i \leqslant Q_0 \quad (4-1)$$

新的曲线最小经济阈值变小了,最大经济阈值变大了。最小经济阈值变小表示在资源利用较少的情况下仍能够取得较好的经济效益,在集群环境下消耗较少的资源能够发挥一般环境下所不具备的竞争优势。以造纸产业为例,造纸产业面临着造纸原料的稀缺,形成造纸产业集群后,在循环经济的前提下,采用优化的产业结构、先进的技术,能源和资源高效循环使用,能改变单个造纸厂在全部流程的低效率、低产出、低效益、高消耗的不利模式。最大经济阈值变大指在一定的自然资源环境下,集群比非集群更有能力去开发利用资源,获取更大的经济规模,造纸产业集群并不只局限于造纸,产业从横向和纵向衍生到相关的产业链,与第一、第二、第三产业都有着密切联系。

Q_m 反映的是在集群规模作用下,资源利用达到的最佳经济规模产生的经济效益将大幅提高。实质上就是拉动 S_1 和 S_2 分别向 S'_1 和 S'_2 靠拢(见图 4-3),经过分析可知:通过降低固定成本和提高产量能够增大 Q_m。在产业集群环境下,既能降低固定成本又能降低变动成本。

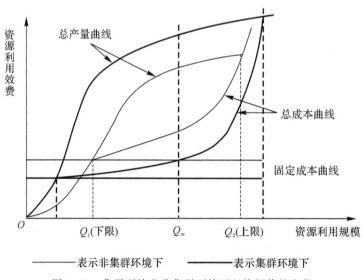

图 4-2 集群环境和非集群环境下经济阈值的变化

(5) 得出最优阈值范围。通过以上的分析我们了解了集群环境下生态阈值和经济阈值的关系,进而要确定集群的生态阈值和经济阈值,以此得出满足集群生态阈值的最优经济阈值。造纸产业集群属于传统制造业集群,在生产过程中会影响生态环境,集群的生态阈值与集群制

造规模对应的环境成本相等。经济上资源投入的下限为总产量(总收益)不小于固定成本,上限为总收入等于总成本,这里的上、下限即为集群的生产规模。在集群经济阈值确定之后,需要考虑满足集群生态阈值条件下的最优经济阈值,经济阈值的上、下限 S_1 和 S_2 以及生态阈值的上、下限 P_1 和 P_2 进行优化后才能确定。

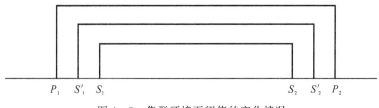

图 4-3 集群环境下阈值的变化情况

3. 产业集群规模概述

没有一定规模的企业集聚还不能成为产业集群,产业集群规模扩张意味着产业集群发展进行着量变。产业集群规模是反映产业集群能够控制和使用的资源总量,分为生产规模、市场占有量和产业相关企业数量等。产业集群中成员企业的数量越多,生产要素就越集中,产业集群的大小体现了产业集群的发展能力。产业集群规模包括横向规模和纵向规模,它们共同决定了产业集群规模。

(1)产业集群横向规模。产业集群横向规模指产业集群内生产相同或相关产品的企业数量。产业集群并非同类企业简单集聚,而是各种类型企业在专业化和社会化分工协作基础上形成互利共生的生态企业群。企业既是独立生存的生产组织,又是需要围绕产业共同发展的利益共同体成员,企业间功能互补都有发展空间。产业集群横向规模还与交易费用有关,生产同种产品的企业聚集,带动了相关产品企业聚集,大大降低了获取相关产品成本。产业集群所在区域应是行业数据信息中心,便于获取市场动态渠道,采购和销售成本大幅降低。经常性商业联系使成员企业间建立了长久信任,长期协作,形成了约定俗成的惯例,专用性资产服务所有成员,避免了随意要高价的行为。产业集群的区域集聚作用,大大降低了物流成本。

(2)产业集群纵向规模。产业集群纵向规模指产业集群内的产业链。在一定区域内,以某产业中有竞争力的企业为核心,以资本、产品、技术等为桥梁,与相关企业形成价值增值关系链。产业集群的形成和发展中,由于市场规模扩大,分工愈加明朗,原属一家企业的很多生产、服务环节被剥离出去成为单个独立企业。产品市场愈发达,产业集群的一体化程度愈高,产业集群规模随之扩大,产业纵向分工愈加深化、细化和专业化。产业集群纵向规模的大小在于产业分工的程度。把各个过程分离开来,每个环节作为一个新的产业分工,能大幅提高效率。如治污厂与循环经济结合,采用先进技术,降低了单个造纸企业承担治污过程产生费用。

(3)产业集群规模的类型。产业集群的横向规模和纵向规模分属不同的概念,横向涉及分工,纵向涉及交易费用。产业集群规模根据横向和纵向规模的大小可组合出四种不同类型,即横向规模大且一体化程度高的集群、横向规模小且一体化程度高的集群、横向规模大且一体化程度低的集群、一体化程度低且横向规模小的集群。如图4-4所示,"大"和"小"指的是产业集群内生产相同或者相关产品的企业数量,"全"和"专"是指产业集群内部一体化的程度。

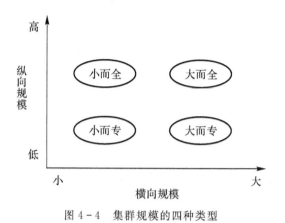

图 4-4　集群规模的四种类型

4. 实施循环经济对产业集群规模的影响

产业集群规模能反映集群利用资源的状况。产业集群规模扩大依赖于特定的资源,产业聚集过度时群内企业为争夺有限的资源而恶性竞争,抑制集群的生存和发展。如造纸产业集群在未引入循环经济之前,虽是以造纸为核心,相关产业在区域中集聚,但并未形成体系。造纸产业如果不实施生态化发展,就会形成重污染产业,仅让一系列相同相关产业的企业在区域中进行集聚,这样的产业集群不能减轻环境压力,反而环境压力会进一步加大。一方面,资源需求量随着产业集群规模扩大而增加,废纸、木材等制浆原料以进口渠道为主,企业形式化集聚,没有合理规划,产业集群形同虚设;另一方面,能源回收率较低、处理成本高,没有形成系统化、规模化的供应和回收,"三废"未能全面、有效处理。这些都是我国现有造纸产业集群的弊端所在,现有产业集群横向联系较多,纵向联系少,而循环经济正是提升纵向规模的有效切入点。

循环经济的理念与产业集群演进的生态特征一致,循环经济对产业集群优化发展有着非常重要的现实意义。产业集群要可持续发展,需考虑集群规模阈值和最适范围,保证资源耗用和废弃物排放在集群环境容量内。以循环经济为基础发展产业集群将减轻环境负荷,增大产业集群最佳规模的环境容量,能更加有效地控制和利用资源,达到最佳收益和代价比。如将循环经济引入造纸产业集群,扩大了造纸产业纵向规模,实现了林业、纸业一体化发展,将有效改善造纸产业纵向联系薄弱环节。造纸生态产业集群纵向实施林纸一体化发展,有效解决了造纸原料短缺问题,促进了林纸业共同发展;生态化产业集群实施集中供能,集中排污和治污,形成产业集群中的环保产业;生态化产业集群能源的循环使用,"三废"的再循环再利用,节约了能源,降低了治理成本;同时,以再生资源为主构建生态景观,将延展到第三产业的旅游服务。产业集群纵向规模的不断完善,将使产业集群中横向产业更具市场发展潜力。

4.1.4　传统产业集群生态化改造效果

(1)废弃资源有效再利用。发展循环经济需要政府实施配套政策,鼓励企业自行研发适应循环经济发展的技术。浙江富伦纸业使用滚筒分离技术,把难以处置的废弃牛奶盒分解用来造纸,还能提取铝箔、塑料等资源,是我国造纸产业环保技术的创新。牛奶盒由废弃物变为造纸原料,提高了废纸的利用率和再生率,推进了生态造纸工程的发展。如富伦纸业每月从市场回收废弃牛奶盒150 t,从牛奶盒生产企业回收边角料150 t,即每月处理牛奶盒300 t,按照循环经济要求对工艺进行推广。牛奶盒的主要分解流程如图4-5所示。

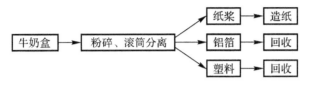

图4-5 牛奶盒的分解流程图

　　循环经济的特征是资源节约和循环利用,基于循环经济的造纸产业集群就是构造一个新循环经济体系,目标之一就是对资源进行循环再利用,以减轻环境负担。

　　(2)增强了产业集群的稳定性。引入循环经济能更加完善产业集群生态化分工,增强集群企业的稳定性,集群个体间通过物质、能量、信息的流通使产业集群形成一个相互依存的生态化系统。在产业集群内企业间,通过贸易或合作方式把上游企业的废弃物或副产品转化为下游企业的原材料,同时能源也在各个环节中流动运转,周而复始地循环运作。企业对产业集群产生依赖,享有集群带来的积极效应,集群内企业间、企业与相关机构间有着更加稳固的合作关系,培育出集体生存的集群文化,增强了产业集群稳定性。

　　造纸产业集群面临规模不合理、原料缺口大、资源消耗高、污染防治任务艰巨等重大问题,要解决这些问题必须走循环经济之路。造纸产业具有实施循坏经济的前提条件,主要包括以下几方面:

　　1)其主要原料木材和非木材纤维都属可再生植物,木材资源只要培育得当就不至于枯竭。

　　2)大部分纸及纸制品都能回用作造纸原料,能减少固体废物处理压力,节省大量植物纤维。

　　3)浆纸业耗电、热、汽量大但均衡,宜自建热电站,进行热电联产,减少能耗。

　　4)碱回收系统能够达到碱回收、治污、节能的作用。

　　5)制浆造纸企业耗水多,若运用先进设备使生产用水循环回用,能大幅减少使用原水量。

　　6)能源回收能提高企业环境和经济效益,一些现代化制浆企业有高效的能源回收系统,自给有余。集群企业使循环经济各环节分工专业化,实施循环经济是造纸生态化产业集群生存之基。

　　(3)生态化改造产生综合效益。以造纸龙头企业为核心,热电站、碱回收、污水处理厂、肥料厂、速生林基地、废纸回收机构等为主要结构建立生态化造纸产业集群。如图4-6所示,热电站给造纸厂等供电、汽,热电站和造纸厂排出的污水进入碱回收系统,处理后得到的碱可以作为造纸原料再次进入造纸厂,提取碱后得到的中段水("中水")进入污水处理厂,从中水中提取生化污泥作为有机复合肥,肥料施给速生林,速生林提供木料用于造纸;中段水处理后得到的达标废水中含有大量有利于治污吸收的有机质和速效氮、磷、钾等含养成分,中冶美利纸业实施废水混配黄河水来灌溉林木,促进了林木的生长、沃化了土壤、改善了生态环境。然而,废纸在造纸原料中的比例占60%以上,废纸的回收任务较为艰巨。

　　以循环经济对造纸产业集群进行生态化改造带来的经济、社会和生态效益是有据可依的,中冶美利纸业造纸废水综合处理林基地灌溉应用技术使企业所获得的经济效益有:每年可实现直接经济效益 1 196 万元(减少排污费 800 万元＋节省灌溉水资源费 396 万元);混配水和城市处理污水浇灌 10 万亩[①]林木,区内一年可增加 10 万 m^3 的木材原料;5 年内 10 万亩沙质荒土通过灌溉、补充养分,全部改造成良田,增强了企业价值。社会效益包括:减少黄泥沙量,改善黄河流域的生态环境;带动相关产业,发展区域经济;起典型示范作用。生态环境效益包括:防风固沙;净化空气,调节气候;改良土壤;生物多样性及景观效益。把不同产业联结起来,实现良性循环,有效地增强了集群企业的稳定性。

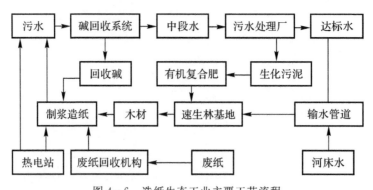

图 4-6 造纸生态工业主要工艺流程

4.2 传统产业生态工业园

4.2.1 生态工业园概述

1. 生态工业园的内涵

生态工业园(Ecological Industrial Park,EIP)尚无统一的定义,但内容实质相似。可认为是一种在工业生态学原理和循环经济理论基础上形成的新型工业组织形态。成员企业间进行副产品和废物的交换利用、废水与能源的逐级使用,尽量减少废物,最终实现园区废物在环境自净范围外的"零排放"目标。

生态工业园是指在一定区域范围内对具有相关联系企业进行协调统一管理,形成若干产业链,所有企业及服务部门相互配合,以实现经济效益和环境效益最优化的工业园区,是一种新型工业化组织形式。其依据循环经济和工业生态学原理进行设计,并按照"3R"原则规划建立,通过生态工业园区不同企业间生产原料、工业废弃物的贸易交换机制循环利用,建成园区内物质代谢共生的产业链,从而达到资源高效利用、生态环境保护、区域内产业协调发展的目标。生态工业园是一种先进的工业生产体系产业集群,它将模拟自然生态系统改造传统工业生产体系,使之形成闭环的循环经济系统。

生态工业园要求一定区域范围内相关联系企业以及企业与服务部门,能够与自然生态系

---

① 1 亩＝666.7 m^2。

统间形成各类资源和能源的循环流动,以达到内部资源高效利用、外部废弃物排放最小化的目的。因此,生态工业园构建及发展既可以提高资源利用效率,又能增加经济效益和社会效益,保护和优化生态环境,生态工业园是实现传统产业循环经济的有效途径。

1992年,美国Lowe教授首次提出了生态工业园的概念,他认为生态工业园是由多部门构成的一种产业集群形式,包括生产制造体系、后勤服务体系等,其内部的物质、能量、信息的循环流动和利用实现了对工业生产的生态化改造,生产过程中产生的废弃物可反复循环使用,通过清洁生产方式,有效降低废弃物排放。20世纪70年代初,逐步形成了一种新的体系——"工业共生体",丹麦的卡伦堡(Kalundborg)工业共生体被认为是早期的生态工业园。学者们普遍认为生态工业园是在一定区域范围内相关联的不同工业企业间、工业企业与服务部门以及与自然生态系统间进行各类资源和能源的交换、循环流动及高效利用,最大限度降低废弃物排放的工业融合体。

生态工业园是一种新型的工业园区,与传统工业园区相比,生态工业园模拟自然环境系统形成了网状产业链,最大限度地合理利用了各类资源和能源,减少了工业生产过程中的各类污染排放,实现了清洁生产。生态工业园以循环经济为基础,改变传统工业生产模式,使各类资源和能源的有效利用率大大提高,将工业生产活动对自然环境的影响降到最低,最终实现向自然环境系统"零索取""零排放"的目标。

综上,生态工业园是追求资源循环利用、环境持续优化、社会协调发展的工业融合体,而不是仅追求经济效益的企业群落。生态工业园的构建需要多方协作、合作和共同努力;另外,在地理区位上可以跨越地理限制,以虚拟形式存在。将生态工业园模式应用于传统产业,将有利于传统产业生态化发展,降低传统产业各类污染排放,达到传统产业经济效益和环境效益最大化,是传统产业生态化发展的有效路径。

2. 生态工业园的产生与发展

1992年,美国Indigo发展研究所主任Ernest Lowe教授最早提出生态工业园(Eco-Industrial Parks,EIPs)这一概念,其将EIP定义为:由制造企业和服务企业构成,通过环境管理和资源管理,实现对能源、水和原材料的有效控制,达到经济环境的双重优化,同时协调企业群落的发展,以寻求比单个公司个体效益之和还要大得多的群体效益。

Lowe教授之后,不少工业生态学家也从各自的研究重点出发,从多个角度对这一概念进行总结概括:1995年,Cote和Hall在《类似生态系统的工业园》中,从EIP的运作目标出发,将其定义为一个保存自然资源和经济资源的产业体系,在这个产业体系中,不仅可以降低生产成本、材料成本、能源成本及处理成本,还能有效提高园区的运营效率、企业质量、工人健康和公众形象,同时也为生产过程中产生的废弃物提供循环利用和销售获益的机会。

1996年,美国总统可持续发展理事会(PCSD)进一步明确了生态工业园的涵义,认为商业社团和当地社区通过相互合作,实现资源的高效共享,这些资源包括信息、材料、水、能源、基础设施和自然栖息地等,以改善企业和地区的经济效率,提高环境质量,促使人力资源的公平发挥;构建规划材料和能量交换的工业系统,以寻求将能源和原材料的使用量减到最少,将生产中的废弃物排放降到最低,建成可持续的经济、社会和生态关系。

2001年,美国共生协会沿用工业共生概念,将生态工业园看作是一种工业共生形态,是不同产业之间为了共同经济利益和环境效益而进行的合作;Chertow也从协作共生角度阐述了生态工业园获益方式,即通过有形的物质、能量、水和副产品交换,促使传统的产业分离转变为行业合作,以获得竞争优势。

2002 年,Chertow 及 Portlock 等进一步发展上述观点,认为生态工业园也可以是虚拟园区,即各组织可不受空间地理位置制约,在空间上对生态工业园的认识发生了扩展,不再局限于园区内企业间能量、物质等交换和利用,而以能否实现相互协作作为构建生态工业园企业群体的标准。这一观点使生态工业园概念在空间范围内得到扩展。

2004 年,Chertow 和 Ashton 等对工业共生概念做出更全面的阐述,同时也认为生态工业园的构建需要一系列努力来实现。一个企业产生的废弃物要在短时间内成为另一家企业生产所需的原材料,不仅依赖于设计者对园区工业生态链进行良好规划及工程技术人员的长期合作,还需要生态学家采用多样化的环境净化手段,并由企业管理者完整实施,同时关注园区对经济发展的影响。

有关生态工业园的研究主要集中于下述几方面:

(1)技术层面。主要从技术层面实现园区生态化的目的,如采用绿色工艺、原材料节约工艺及物质替代、物质减量化等减轻工业对环境的污染。

(2)生态工业园过程分析、监控及评价。通过分析物质流动及工业代谢过程,形成对产品或过程生命周期的分析框架,并建立指标体系对生态工业园进行生态效益的评价。

(3)工业系统集成方法研究。主要是对园区各个集成系统进行研究及对其数学模型进行优化。

(4)生态工业园制度研究。研究重点在于将市场规律、财务制度、法律法规等因素贯穿于生态工业园整个构建过程中。

国外在生态工业园实践方面也取得了重要进展。位于丹麦的卡伦堡(Kalundborg)工业共生体是生态工业园由理论走向实践的开端,该生态工业园区主体由 5 家企业及市政当局构成,园区的不同企业按照经济利益优化原则,以生产过程中的废物和副产品为纽带,将园区企业紧密联系在一起,形成工业共生链条,实现企业间的互惠互利和资源的高效利用。

20 世纪 90 年代中期,北美、欧洲等工业发达国家率先进行生态工业园实践项目的探索,其中以美国开展最为迅速:1993 年,美国采用市政当局与大公司合作规划的方式在 20 个城市构建生态工业园;为了实现对生态工业园的实践应用研究,1995 年美国总统可持续发展理事会(PCSD)指定了四个生态工业示范区,截至 1996 年,美国已发展了十几个生态工业园;同年 10 月,PDSC 召开生态工业园专门工作会议,对生态工业园的关键概念进行了研究和规范,其中包括生态工业园的定义、建设原则、发展模式及实践情况等。

此外,欧洲各国也纷纷投入到生态工业园的实践中,如建立了英国柴郡的克鲁绿色商业区、意大利托斯卡纳区的封闭式工程项目、德国的卡尔斯鲁厄生态工业园区、奥地利的施蒂利亚回收网络、荷兰鹿特丹海港工业生态项目、瑞典斯德哥尔摩环境科学工业园、芬兰的奥卢生态园、丹麦研究可再生能源的福克中心等。生态工业园已经成为欧美工业生态发展的新形态。

生态工业园在亚洲也受到广泛关注,日本是最早关注产业生态发展的国家之一,其生态城镇项目也是发展最成功的项目之一,目前日本已建成 10 多个生态城镇,通过这种生态城镇的建立,区域内实现了各种资源的循环利用,达到对城镇外的零废物排放。除此之外,亚洲的印度尼西亚、菲律宾、印度等国也积极开展生态工业园建设项目。

生态工业园可使社会经济、环境和人类需求三者达到平衡,是工业生态学的一个重要研究领域,我国众多学者在关注理论研究的同时,对生态工业园的实践发展高度重视。国家环保总局在《生态工业示范区规划指南(试行)》中对生态工业园给予了明确的定义,指出生态工业园是一种新型工业园区,其设计构建围绕清洁生产、循环经济及工业生态学的原则和要求,建立循环生态产业链,通过物流或能流传递连接起园区内的工厂或企业,实现副产品的互相交换及资源的充分共享,寻求物质闭环循环、能量多级利用和废弃最小化。

国内众多学者也从不同角度对生态工业园及相关概念做出了描述。周宏春、刘燕华(2005)认为企业不但需要获得商业上的最大成功,还要将环境作为生产力进步的主要驱动力,实现商业和环境绩效的连续改善;石建平(2006)认为实现企业间共生就必须对生态工业园区中的园区工业生态网络、基础设施和支持服务进行设计规划,从规划、政策、市场、行政、法律等方面对园区的构建及运行予以全方位的激励和约束;胥树凡(2007)认为生态工业园是基于工业生态原理,利用企业间副产品交换网络进行产业链接,并建立起园区企业生态平衡关系的新型工业发展形式;陈帆、祝秀莲(2007)进行了生态工业园对于我国造纸工业可持续发展的适用性研究,从我国造纸工业发展的现状及当前我国传统工业处理形式的局限出发,论证了构建造纸生态工业园对于造纸产业发展的推助作用。吴福骞也对造纸生态园的建设提出了具体建议,认为造纸生态工业园的建设和运营,要使园区内企业、单位和居民享受效益,使大部分相关利益体从园区经营中获得利益,从而提高各方建设生态工业园区的积极性,实现工业的可持续发展;赵涛、徐凤君(2008)认为生态工业园建设关键是打要破企业"大而全""小而全"的组织机构,改变企业间单向线性的生产方式,根据基础条件和产业布局,拓展产业链条,促进企业间的合作共生;鲍健强、黄海凤(2009)在《循环经济概论》一书中阐述了生态工业园的特征,认为生态工业园是以材料、能源为纽带,通过工业代谢网络构成不同行业或企业之间的互动关系,形成工业生态链或生态网络,逐步实现物质和能量在产业生态链中的闭路循环,不向系统外排放废弃物,并指出EIP不是地理上的概念,而是多个产业(企业)之间的关联概念;何尧军、单胜道(2009)从原始基础角度、产业结构角度和空间组织方式角度对生态工业园区的类型进行了详尽分析,为不同类型生态工业园的建设提供了可行性建议,进一步推进了生态工业园由理论向实际建设的进程。

由于我国对生态工业园的理论研究起步较晚,主要研究成果更多集中在对国外理论和经验的介绍、生态工业园的环境设计及开发设计方面。生态工业园的构建及支撑体系方面的研究还有待进一步深入。

我国从1999年开始启动生态工业园示范区建设试点工作,探讨和发展生态工业园这一新型工业发展模式,到2008年9月,以广西贵港国家生态工业(制糖)示范园区为代表,经国家环保总局论证通过和批准在建的生态工业园区共计30个。

其他生态工业园项目如广东省南海国家生态工业示范园区、新疆石河子国家生态工业(造纸)示范园区、山西潞城煤炭生态工业园项目、大连环保工业园项目、温州化工生态工业园项目、海南环保工业园项目和江苏宜兴环境科技生态工业园项目等已经取得了很大进展。

与造纸产业相关的生态工业园项目也发展迅速:2003年,由新疆石河子科委组织、以新疆天宏纸业集团为主体的国家级星火计划在石河子垦区全面启动,该项目是利用城市废水灌溉芨芨草,并以种植系统为核心,构建以芨芨草为原料的国家级生态(造纸)工业园;2008年,哈尔滨市正式批复了对现有造纸企业进行整合的哈尔滨东北再生纸生态工业园项目,该项目预期将建成覆盖全东北的再生纸企业集群。一些造纸龙头企业也积极参与到造纸生态工业园的规划建设中,如:以胜达双灯纸业为核心构建的双灯造纸生态工业园;以宁夏新源纸业有限公司为龙头,整合三个纸业公司共同组建的金积工业园生态造纸基地;由中冶集团美利纸业承建管理,以造纸企业为核心带动相关产业发展的宁夏美利造纸生态工业园。

我国生态工业园建设实践才刚刚起步,许多生态工业园还无法脱离传统意义上的产业集群范畴,这些工业园和新兴产业园中,企业间更多的是一种经济利益或技术上的共生关系,生态产业链还没有完全建立起来,规模也因企业间的地理位置受到了制约。

以贵港国家生态工业(制糖)示范园区为例,围绕制糖工业,园区内形成了多条产业链,且产业链的各环节间、各产业链之间也充分实现了资源共享,但经国外权威专家鉴定认为,虽然园区内的固体废弃物实现了循环利用,但能源和水资源梯级使用及消除环境负面影响还有待进一步改进和完善,也就是说生态工业园的效率还未能真正发挥,其生态产业链还有待进一步优化,同时,生态工业园区的建筑节能和环保材料的选择还需改进。可见,我国生态工业园实践还有待进一步探索。

3. 生态工业园的构建原则

生态工业园是实施循环经济的重要途径,生态工业园同样应当遵循循环经济的"3R"原则,即"减量化""再使用""再循环",生态工业园构建要能够减少进入生产和消费环节的物质及能量流动,延长产品和服务的可利用时间,同时将废弃物再次变成资源,充分利用,达到废弃物减排,甚至零排放的目标。

生态工业园需要进行统筹规划设计,对园区内企业进行宏观规划、安排和管理,既要考虑各具体企业利益,更要注重生态工业园整体潜力的激发与利用;此外还要遵循绿色化管理、市场化运作,以市场利益驱动企业间联合,促使企业自愿、积极加入,并自觉遵守园区管理,避免个别企业的投机行为;尽可能使用高科技及可再生资源,以利于实现生态工业园可持续发展。

4.2.2 生态工业园的特点

生态工业园比传统工业园具有更加明显的竞争优势,主要有以下特点:

(1)具有循环闭环性。以循环经济和工业生态学为理论基础,生态工业园的物质流、能量流和信息流在生产过程中形成了全封闭的循环流动,改变了传统的线性经济生产经营方式,形成了新型循环高效的循环经济生产经营模式,各类资源和能源的利用效率大大提高,生产经营活动对自然环境的影响降到最低,生态工业园形成了资源和能源高效利用、废弃物低排放的封闭循环体系。

(2)复杂的生态系统。生态工业园是由具有产业关联的企业,以及服务部门构成的,各个企业与相关部门在完成自己任务的同时,也需要兼顾协作企业或相关部门,生产经营的组织形式和结构特点都有别于传统工业生产体系,是较为复杂的生态系统,能够较为稳定地进行生产经营活动,有效避免外部环境的干扰。

(3)生态化循环系统。生态工业园模拟自然生态系统运行,工业生态系统将生产过程中产生的废弃物进行多级循环利用,最大限度地减少各类资源和能源的消耗,提高了生态工业园各类资源和能源的利用效率,减少了对自然环境的损害,实现了工业生产的生态化,促进了循环经济发展。

4.2.3 生态工业园的目标

生态工业园就是要模拟自然生态系统,使生态工业园在生产过程中产生的废弃物或副产品能够循环再利用,形成闭环的循环经济体系(见图4-7),从而实现在生态工业园的生产体系中建立"生产者—消费者—分解者"的闭环循环途径的目标。企业在生产产品的同时,也生产出副产品,与传统的"副产品等于废弃物"不同,这些副产品可以成为园区内其他企业的原材料或能源,进入到下一个生产环节,通过园区的合理规划,实现封闭的经济循环。生态工业园最理想的目标是实现对园区外的零排放,即使不能完全达到这一目标,生态工业园建立也将推进资源利用率的提高、清洁生产的进行、环保产业的发展,并有助于实现建设资源节约型、环境友好型社会的目标。

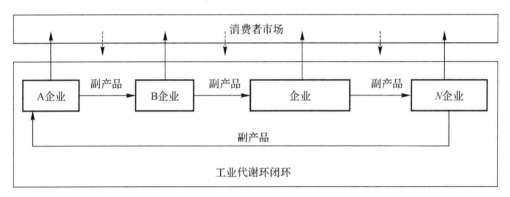

图4-7 生态工业园闭环循环

4.2.4 生态工业园的效益

通过分析生态工业园的构建目标,一个真正意义上的生态工业园应当可以达到多重效益,这些效益不仅体现在环境效益方面,还有经济效益及社会效益。

(1)经济效益。通过建立生态工业园,园区的企业可以实现能源或资源共享,提高材料和能源使用效率。以水资源利用为例,原先水资源使用路径可能只是简单的输入、输出,还未得到充分利用就被作为污水排放至环境中,而生态工业园区就可以保证企业通过园区水资源系统实现水资源的梯级使用,要求高的传输给要求低的,层层使用后经过污水处理系统再排放入环境中,这样水资源的使用费用就由原先的单个企业承担变为众多企业分摊;与此同时,企业还可以通过资源交换,更方便实现废弃物再生利用,降低企业使用原材料成本,经济利益纽带使企业间合作更为紧密和稳固。

(2)环境效益。通过园区的良好规划,企业间形成了工业代谢闭环循环,一个企业所产生的副产品作为下一企业的原材料使用,有效减少了园区外废弃物的排放,实现了资源、能源的层级利用;同时,由于资源的充分利用,企业对自然资源的需求也降低了,从源头上减少了污染物产生及废弃物排放的可能性,实现了良好生态效益。

(3)社会效益。单个企业的社会影响力有限,即使有意实施产业生态化发展,有时也较难吸引补链企业消化副产品,而生态工业园区则可以发挥更好的产业集群效应,利用整体的营销及管理力量吸引更多效益良好的企业加入。同时,生态工业园区的良好运转不仅需要工业企业的加入,还需要其他产业相关企业的参与及配合,因此,生态工业园区也能为新企业或本地企业提供良好的创业场所和商业契机,在增加本地就业的同时提高政府税收。

4.3 产业集群与生态工业园的关系

4.3.1 产业集群与生态工业园的差异

产业集群对于社会经济发展的作用不可小视,产业集群是工业化发展到一定阶段而形成的一种重要组织形式,但环境污染和资源枯竭,严重阻碍了传统产业集群进一步发展。传统产业集群必须生态化发展,才能够继续生存,而向生态工业园转型和发展可以说是传统产业集群生态化发展的必然趋势。传统产业集群与生态工业园的主要差异见表4-1。

表4-1 产业集群和生态工业园的差异

名称	产生背景	形成动力	衡量标准
产业集群	多为自然而生,一般而言,优秀的产业集群并非人工设计,形成往往有历史原因	产业集群的持续发展是由于加入集群的企业能够获得不加入所没有的经济效益,这些经济效益源于资源集聚、企业间分工合作和知识(技术)共享	偏重经济效益
生态工业园	多为人造而生,一般而言,优秀的生态工业园是经过人工精心设计的	生态工业园能持续发展是由于加入园区的企业能获得不加入所没有的生态效益,此生态效益源于"3R"原则的实施、人们世界观的转变及社会压力的减轻	经济效益、社会效益双重标准

可以看出,产业集群和生态工业园的产生背景、形成动力和衡量标准都有所不同。产业集群往往是传统企业的简单集聚,并没有对其生态化运行方式进行科学的设计规划,企业间更多是为了共享资源,分工协作,是一种较低级的产业集聚工业化组织形式。而生态工业园则是一种新型工业化组织形式,整个园区在建设之初就经过人工精心设计,依据循环经济和工业生态学原理进行规划建设,进入园区的传统企业不仅共享资源、分工协作,更重要的是不同传统企业间生产原料、工业废弃物进行贸易交换,并再次作为原料加以循环利用,形成了生态工业园区内物质代谢的产业共生链,从而达到资源高效利用、生态环境保护、区域内产业协调发展的目标。

产业集群随着企业大规模集聚,对资源需求利用数量越来越大,产业聚集过度时,产业集群内的企业为争夺有限的资源就会出现恶性竞争,将抑制产业集群的生存和发展。传统的造纸产业集群在未进行生态化改造之前,虽是以造纸为核心,相关产业在区域中集聚,但并未形成产业共生体系。在这种简单产业集聚状态下,传统造纸企业的制浆过程往往是重污染生产环节,如果产业集群没有统一的碱回收等防污治污系统,这种一系列相同或相关的传统企业在区域中自立门户集聚,不但不能给产业集群减轻环境压力,反而会造成更大的环境污染。一方面,资源需求量随着集群规模的扩大而增加,废纸、木材等制浆原料只有进口贸易这一个主流渠道,企业形式上的集聚,没有合理的规划,产业集群形同虚设;另一方面,能源的回收率较低、处理成本高,没有形成系统化、规模化的供应和回收,"三废"未能被全面、有效地处理,对环境污染越来越严重。这些都是我国现有传统产业集群的弊端,现有的传统产业集群横向联系较多,纵向联系较少,而循环经济正是以提升纵向规模为切入点加强产业间的联系。

生态工业园要求工业园区内不同企业间以及企业、居民和生态系统之间形成物流和能流的循环优化,达到园区内部资源高效利用、外部废弃物排放最小化目的。因此,生态工业园构建及发展既可以提高资源利用效率,又能增加经济和社会效益,保护和优化生态环境,是传统产业生态化发展、实现循环经济的重要途径。

产业集群可持续发展需要充分考虑产业集群规模的阈值和最适范围,保证资源耗用和废弃物排放在产业集群环境容量内。以循环经济改造传统产业集群,使其生态化发展,产业集群才能有效减轻环境负荷,增大产业集群最佳规模的环境容量,能更加有效地控制和利用资源,达到最佳收益和代价比。基于循环经济的造纸产业集群中,引入循环经济扩大了纵向规模,改善了纵向联系的薄弱环节。纵向规模的扩展包括:实施林纸一体化,以纸养林、以林促纸;集中供能、集中排污,形成环保产业;能源的循环使用,"三废"的再循环再利用,节约了能源,降低了治理成本,健全了回收机构;生态景观的产生,扩大了第三产业。纵向规模在不断完善的同时,横向产业更具市场潜力。循环经济的理念与产业集群演进的生态特征一致,循环经济对产业集群的优化发展有现实的意义,但产业集群生态化发展方向最终是建立生态工业园。

4.3.2 生态工业园具有产业集群特征

生态工业园实际上是一类由生产型企业和服务型企业在一定范围内共同构成的特殊产业集群,这些企业通过纵横的产业链,相互协作,实现产业集聚效益,具有产业集群特征,同样也就具有生态性、循环性和经济性。

生态工业园与产业集群存在一定关联,生态工业园就是一种经过精心设计的特殊产业集群。在生态工业园中,能量和物质循环传递利用,维持了园区内产业集群中物质能量的动态生态平衡,保证了园区内工业生态系统内共生运行。生态工业园区以资源循环利用为纽带,形成了园区内产业集群共生网络。生态工业园中各企业以"3R"为原则,在生产过程中通过降低各类资源和能量的浪费,并且使各环节的产生的废弃物能够循环再利用,形成物质和能量的再循环。同时,生态工业园区强调资源最优化利用,以市场为导向的生态化发展,为园区内的所有企业获取经济上的更大回报提供服务,从而使传统产业集群能够持续生存与发展。

生态工业园是一种能够实现传统产业生态化发展的产业集群,为传统产业实现产业生态化发展提供了发展路径,生态工业园区中传统企业产生的污染废弃物可集中处理,有效降低废弃物处理成本,生态工业园区内的环保企业可通过园区内的交易实施废弃物处理,使经过处理的废弃物在生产过程中循环再利用。

4.3.3 产业集群对生态工业园区的作用

生态工业园区能够有效实现循环经济,我国生态工业园区发展试点已取得显著成效,西部地区传统产业生态化发展以生态工业园区为重点和突破口推进循环经济,实现传统产业生态化发展,是切实可行的,有着十分重要的战略意义。

(1)有助于资源高效利用。通过生态工业园的循环经济系统,工业园区内的企业可以实现各类资源和能源的共享,提高各类资源和能源的高效利用。以水资源利用为例,传统的生产模式中水资源是简单的输入、输出,未得到充分利用就被作为污水排放到环境中,而在生态工业园区中,生产过程中通过生态工业园水资源处理系统实现水资源的梯级使用,水资源得到最大限度的使用。这种资源的循环利用实现了废弃物的再生利用,降低了生态工业园中各类企业原材料成本,提高了各类资源的利用率。在生态工业园区内,企业不仅仅是简单的集聚,而是形成相互依赖的生态型产业共生关系。

(2)有助于园区内企业信息共享。生态工业园是一个信息化的产业协作系统,必须在庞大的信息系统的支持下才可能实现。在生态工业园内即时、安全、快捷的信息交换系统是维持生态工业园高效运行的基本技术保障,企业之间、企业和科研机构之间的信息交流共享,有助于掌握循环经济生产过程中的物质、水资源、能源在各系统中的利用情况,即时获得并发出各种信息和监控指令,使生态工业园准确、高效地运行,提高生态工业园企业之间的协作,提高产业链运行效率。

(3)有助于提高生态环境保护意识。生态工业园区是在各企业产业集聚的基础上共同发展,形成共同的生态环境保护意识,有利于企业相互信任,形成相互依靠、相互协作的共同理念和合作与竞争关系。生态工业园区各类企业在共同的生态化发展中,进一步推进了生态工业园区产业集群协作与合作,建立了产业共生的环境保护文化,为传统产业的可持续发展提供了生态文化保障。

(4)有利于园区内的技术创新。生态工业园内部来自不同部门和不同企业的技术人才可以充分相互学习和相互交流,并形成相互协作、共同发展的局面,有助于生态工业园在各自企业和整个园区内部产业链进行技术创新,使得生态工业园区在生产建设和发展上始终处于技术领先地位。生态工业园可为工业生产提供人才、资金、技术等方面的有效支撑。

4.3.4 生态工业园区是产业集群生态化发展的方向

生态工业园是循环经济的具体实践,形成了类似于自然生态系统的工业生态系统,生产过程中产生的废弃物可以循环再利用,从而形成多层次相互依存的产业生态共生网络,是一种实现了工业生态系统与自然生态系统协调发展的封闭性产业集群,是高级形态的特殊产业集群形式。产业集群与生态工业园既相互联系,又各自独立。产业集群是产业发展到一定阶段的必然结果,也是一种有效的产业发展的组织形式,有利于共享产业资源、提高生产率以及降低交易成本,有效提升了产业发展的经济效益。生态工业园这种特殊的产业集群形式,循环经济贯穿在整个生态工业园发展始终,是一种生态化的产业集群,可以说生态工业园是产业集群生态化发展的方向。

生态工业园是产业集群生态化发展的重要组织形式,能够有效保证传统产业的生存与发展,是实现西部地区传统产业生态化发展的有效途径。西部地区传统产业生态工业园建设和发展的目标就是在资源和环境约束条件下,最大限度地降低传统产业对环境的污染,使西部地区传统产业能够生存与发展,并可持续发展。西部地区传统产业生态工业园区的尝试和探索实践表明,加快建设西部地区传统产业生态工业园,技术可行且经济合理,能够有效推动传统产业实现产业生态共生,促进西部地区传统产业结构优化,转型升级,走可持续发展的新型工业化道路。生态工业园区是一种新型的工业组织形态,国内外典型例子如丹麦的卡伦堡生态工业园区、广西贵港国家生态工业(制糖)示范园区等都有成功的经验可借鉴。

我国选择现有工业园区实施产业集群生态化改造具有下述有利条件:

(1)政府高度重视为产业集群生态化改造创造了良好条件。党的十六大就提出本世纪头20年全面建设小康社会的奋斗目标,科学发展观已深入人心,形成了经济建设、政治建设、文化建设、社会建设、生态文明建设的五位一体总布局。我国经济发展要走循环经济之路,实现自然生态系统和社会经济系统的良性循环。政府高度重视循环经济发展,为产业集群生态化改造和生态工业园建设创造了良好条件,为生态文明建设奠定了基础。

(2)现有工业园区快速发展为产业集群生态化改造奠定了基础。我国工业园区的建设已经走过了近30年的历程。这些现有工业园区,尤其是国家级工业园区为我国的社会发展和国民经济建设做出了突出的贡献。高新技术产业开发区已成为优化我国国民经济结构的重要力量。虽然我国现有工业园区在发展过程中还存在许多问题,但成功的经验和失败的教训都将成为我国现有工业园区生态化改造和建设的宝贵财富。

(3)国内外成功实践为产业集群生态化改造提供了可借鉴的经验。国内外学者一致认为,生态工业园发展的雏形是丹麦的卡伦堡工业共生体,丹麦卡伦堡工业共生体的经验成为生态工业园建设的经典范例。对丹麦卡伦堡模式的研究受到生态工业园研究的普遍关注,生态工业园建设的实践也在欧美发达国家取得了重要进展。近些年,我国在生态工业园建设实践方面也取得了巨大成就,在国家生态工业示范园区建设和循环经济生态城市试点工作基础上,结合中国特色已初步形成了循环经济示范区和生态工业园区的评价指标和规划指南。国内和国外生态工业园建设发展的实践,为我国西部地区传统产业生态工业园建设提供了有益的借鉴和实践指导。

1)丹麦卡伦堡模式。丹麦卡伦堡工业生态园始建于20世纪60年代初,是世界上最早的工业共生系统,可以说丹麦卡伦堡模式是生态工业园建设发展的重要标志,实现了现代工业生态化发展,各类企业在生态工业园内形成有效的循环经济运行模式。其运行模式是以发电厂、炼油厂、制药厂和石膏制板厂为主体,同时考虑其他成员企业间的利益协调,形成了"纸浆-造纸""肥料-水泥""炼钢-肥料-水泥"等工业联合体,在减少废物产生量和处理费用的同时,产生良好的经济效益。其工业共生仍在不断进化,逐步实现废弃物循环利用和对园区外"零排放"的目标。

阿斯耐斯瓦尔盖热力发电厂是卡伦堡工业生态园的核心企业,对园区的吉普洛克建筑材料厂和斯塔朵尔炼油厂的相关工厂提供发电时产生的蒸汽,使园区的相关工厂得到生产所需的热能,并向周边居民提供所需热能,大大降低各自供热产生的大量烟尘排放;同时,其他副产品也作为建材原料得到了有效利用。水资源也得到了循环使用,生产过程中的废水经过生物净化处理,为电厂提供了冷却水,由于生态园进行了水的循环使用,每年生态园用水量大大降低。图4-8所示为丹麦卡伦堡生态工业园模式。

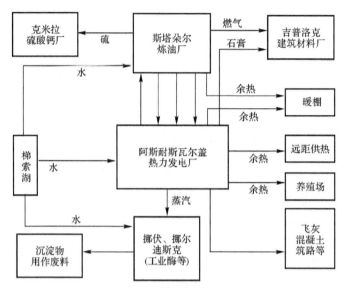

图4-8　丹麦卡伦堡生态工业园模式

2) 广西贵港国家生态工业园。我国广西贵港国家生态工业园，就是在已存工业园的基础上通过技术改造建成的，目前已形成六个工业生态系统和三条工业生态链的格局，生态工业园区得到较快发展，并产生良好经济效益，并处于不断完善与发展中。

贵港生态工业园是我国第一个循环经济试点单位，生态工业园设计了蔗田系统、制糖系统、酒精系统、造纸系统、热电联产系统、环境综合处理系统等6个工业生态系统，形成了甘蔗—制糖—蔗渣造纸生态链、制糖—低聚果糖生态链以及制糖—废糖蜜制酒精—酒精废液制复合肥生态链这3条主要的工业生态链。形成了工业生态系统相互间的耦合关系，实现了各类原料和能源的充分循环利用以及充分的资源共享。生态工业园工业生产实现了工业共生，由过去单纯生产甘蔗加工的单一生产链逐步发展成为制糖、造纸、酒精生产并行生态链，并将由废弃物生产出的甘蔗专用复合肥和热电厂废弃煤灰作为肥料回用于蔗田，实现了工业和农业的生态化结合。图4-9所示为广西贵港国家生态工业园模式。

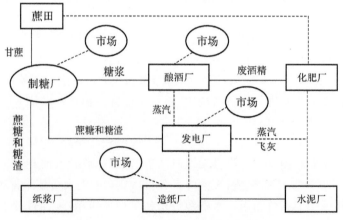

图4-9　广西贵港国家生态工业园模式

第五章　造纸生态工业园发展现状及存在的问题

5.1　我国造纸生态工业园发展概况、现状及典型试点项目

5.1.1　发展概况

造纸生态工业园的构建是实现造纸业规模化、清洁化、节约化生产的重要途径，也是造纸工业实现突破发展的新形式，因此其构建受到国家及区域的重视：2003 年，以上市的新疆天宏纸业集团为依托，全新型国家级（造纸）生态工业园在新疆石河子全面启动；2008 年哈尔滨市批复建设的哈尔滨东北再生纸生态工业园项目，将对哈尔滨市现有的造纸企业进行兼并重组，最终建成覆盖全东北的再生纸生产企业集群。

各地造纸龙头企业也积极参与造纸生态工业园的规划及建设，如：由江苏胜达双灯纸业有限公司为主导的双灯造纸生态工业园，以宁夏新源纸业有限公司为核心，整合三家相关企业，共同组建的金积工业园生态造纸基地，以及由宁夏美利纸业承建管理的宁夏美利造纸生态工业园等。虽然这些初具雏形的工业园并未达到造纸生态工业园的高目标，但企业之间的资源能源共享、副产品交换以及废弃物的减排有力推进了我国造纸生态工业园建设的进程。

5.1.2　发展现状

我国造纸生态工业园构建思路大体分为两类：一种是联合企业型造纸生态工业园，即依托某大型造纸企业，根据生产的各环节实现生态网络的组建，同时完成向生态工业园的过渡或全新构建；另一种是造纸企业集群到一定规模形成造纸生态工业园，即通过造纸企业的整合或兼并重组，优化造纸产业结构，形成造纸企业集群，实现原材料使用和副产品处理的"规模经济"，共同构建以造纸产业为主导的生态工业园。

从严格意义上说，我国现在还未建成真正的造纸生态工业园。新疆石河子（造纸）生态工业园是农业系统、工业系统、服务业系统相集成的综合型生态工业园，其核心是围绕种植系统——芨芨草的种植及综合利用展开，造纸只是其工业系统的一个环节而非主导；部分由造纸龙头企业参与建设的造纸生态工业园还未走出企业"小循环"范畴，系统构建多由造纸龙头企业根据自己需要设立分公司或子部门实现原材料的供应、副产品的再利用及污染的防治减少，未真正通过经济纽带实现企业间的关联共生，达到互利互惠的目标；还有部分名义上的造纸生

态工业园只是造纸企业的简单集聚,由于企业间利益难以平衡,较难实现真正的密切合作,普遍存在过分依赖政策手段和行政命令达到园区建设目标的情况,因此,构建联合企业型造纸生态工业园对造纸生态工业园建设具有重要意义。

5.1.3 典型试点项目分析

2003 年,由新疆石河子科委组织、新疆天宏纸业集团承担的国家级星火计划——利用城市废水灌溉 100 万亩芨芨草种植示范工程暨建设国家级生态(造纸)工业园项目在石河子垦区全面启动。项目立足于石河子垦区的特殊资源,依托造纸上市公司,综合考虑产业间的有机结

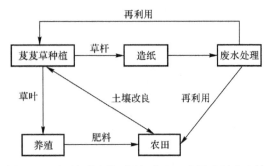

图 5-1 新疆石河子(造纸)生态工业园造纸生态链

合及生态化发展,以在沙地、盐碱地人工种植芨芨草为开端,围绕芨芨草的综合利用构建产业生态链,形成城市废水—芨芨草种植—治沙治碱—造纸的良性循环系统,并由此带动园区其他产业及生态旅游业的共同发展。其中的造纸生态工业链如图 5-1 所示。

新疆石河子(造纸)生态工业园的建设与运行,不仅能够通过芨芨草种植改造沙漠和盐碱地,因地制宜利用自然资源,还能实现地区经济的合理开发,达到生态环境保护与经济协调发展的双重目标。

5.2 发展造纸生态工业园的驱动因素

造纸生态工业园是一种新型的工业发展模式,这种新型工业模式不但有助于实现我国造纸产业生产规模化,提高我国造纸产业整体产能,还有利于实现造纸生产节约化,减少原始资源投入,避免能源浪费。此外,还可实现造纸生产生态化,减少固体废弃物及污染气体排放,实现社会、经济、环境三重效益。

5.2.1 符合国家产业政策

造纸生态工业园建设符合国家建设资源节约型、环境友好型社会的产业政策。传统造纸工业高污染、高能耗、高浆耗、高水耗的"四高"特征,曾一度使造纸工业成为环境保护主要监控行业。随着国家产业政策出台,大量造纸落后产能淘汰,造纸工业防污和治污能力极大加强,清洁生产已经取代"四高"成为现代化造纸产业的新特征。在国家造纸产业政策指导下,建设以大型造纸企业为核心的造纸生态工业园,可以促进造纸工业走向新型工业化道路,实现造纸工业可持续发展。随着林纸一体化项目不断推出和施行,规模化速生林与造纸企业完全对接不仅可以解决我国造纸企业对于原材料的需求,而且可以将造纸、造林、营林、采伐有效结合,形成"以林养林,以林促纸"的良性循环,实现造纸产业真正的规模发展,同时,由于造纸原材料可再生,且再生速度快,也将推动造纸产业实现真正的可持续发展。

5.2.2 推动经济全面发展

造纸生态工业园的建立有助于吸引造纸企业及上下游关联企业的整合,加强造纸产业链的衔接,对造纸企业、造纸生态工业园区以及整个造纸产业都会带来积极的影响。

(1)有助于缓解资源约束矛盾。全球大型造纸企业的成功在于实现了林纸一体化、企业规模化、技术集成化及产品多样化,从而具备强大市场竞争力。造纸生态工业园的建设,实现围绕核心造纸企业的园区一体化、规模化、集成化,有利于缓解资源约束矛盾,推动造纸产业实施循环经济,是实现造纸工业可持续发展的重要途径。

(2)有利于创造商业机会。园区要成功建设并顺利运转,除造纸相关企业外还需要其他多种类型企业加入,涉及上下游企业以及配套的服务、管理、市场营销等众多方面,带来第一、第二、第三产业企业间的密切合作和统筹发展,以及大量的商业契机。

(3)有助于带动区域经济发展。造纸生态工业园的产业集群效应将带来大量投资,带动造纸产业以及相关产业的发展,扩大地区就业,同时增加政府税收,推动产业及经济全面发展。

5.2.3 实现节能减排的迫切需要

造纸生态工业园的建设实现了高效利用资源、从源头减轻污染的目标。传统造纸工业流程中,随着造纸产品的生产,在生产过程中产生的黑液、纤维废渣、二氧化硫等大多成为废弃物,造成对环境的极大污染,而造纸生态工业园的建设将有效改变这一状况。造纸生态工业园中造纸企业所产生的副产品将作为其他企业生产的原料,如化肥厂可将黑液进行木素提取生产出化肥、纤维废渣可以作为焚烧燃料为园区供热、二氧化硫可以经过化工厂的处理成为可再利用的硫化物等,这些曾经的污染源都成为了资源,不但降低企业生产成本,更能实现节能减排,这也符合我国对于未来工业发展的预期及建设环境友好型社会的目标。

综上所述,构建造纸生态工业园区是推进造纸产业可持续发展、实现造纸产业清洁生产的重要途径,也是未来造纸产业的发展方向。

5.3 国外发展造纸生态工业园的经验借鉴

5.3.1 政府部门层面

同众多新兴经济体一样,巴西里约热内卢的工业化发展曾给城市带来巨大财富,而不合理的产业高度集中也带来了严重的环境问题,如生态区域破坏,土壤、空气、水资源高度污染,等等。但在巴西市政研究所及里约热内卢联邦大学的研究支持下,巴西以立法形式明确并界定了三种不同类别的工业园区,并制定了各类工业园的处理方案。此外,政府还创立了经济和社会发展专项基金,对有兴趣参与生态工业园项目的企业给予特殊财政激励;同时,里约热内卢环境保护署与市政府、联邦大学以及工业联合会建立了伙伴关系,在生态工业园的建设或改造过程中统筹园区规划、引导和规范企业行为、强化环境监督管理,将建设生态工业园作为新的工业发展模式,实现巴西生态和经济的可持续发展。

因此,造纸生态工业园建设需要发挥各级政府的支持、引导和督促作用,通过法规、法令及政策等的制定和实施,为其发展创造有利的宏观条件和内在机制。

5.3.2　企业层面

造纸生态工业园的实现需要园区企业增加绿色能源和绿色生产工艺的使用,提高产品循环再利用程度,减少污染物产生。造纸生态园将能减少物质的消耗、能封闭物质流、能减少废物产生的各种技术纳入一个体系或系统,企业通过使用这些技术,降低输入和输出经济系统的物质流,并增加废旧物质的回收、再生和循环使用。

芬兰是纸业强国,其在造纸副产品的利用方面也一直走在世界前列:芬兰造纸企业利用造纸工业中产生的生物淤泥和废木料作燃料,纸浆厂和造纸厂每年产生的废料95%以上被用来生产能源;芬兰造纸企业也较早实现了林纸一体化,其造纸所用的木材都是可再生资源,保证了生产的可持续;同时,芬兰造纸企业也很重视废纸的回收利用,充分利用现有资源,减少新鲜材料的使用。

因此,造纸生态工业园建设需要发挥造纸企业的主体作用,实施造纸产业循环经济,切实将林纸一体化工作有效开展,推动造纸产业的纵向、横向一体化。

5.3.3　园区管理层面

造纸生态工业园应以管理绿色化、运作市场化为原则。生态工业园建成的初期,政府的参与及引导必不可缺,但生态工业园要发挥其真正活力,还需要园区企业间经济性、市场性行为的驱动,也只有这样才能促进企业间自发、长期的合作,形成稳定的工业链;在园区的管理方面,应避免管理机构的重置,通过园区信息系统进行管理部门与各企业间的交流沟通,采用现代化的信息采集、传输、分析和处理手段,加强信息的集成、发布和利用。

丹麦、加拿大发展较好的生态工业园,多是以市场化方式运作,通过市场利益驱动企业间的联合,以可观的经济效益不断吸引新的企业加入。园区管理方面发挥了重要作用,扩大和稳固现有工业链,不断完善生态工业园内的生态网络;建立园区的信息交流平台,实现信息流的高效传递,形成生态工业园系统的高度协调。

因此,造纸生态工业园建设需要发挥政府引导、市场主导的运行机制,使造纸生态工业园建设参与各方都能够实现利益最大化,这样造纸生态工业园才能平稳长久运行。

5.3.4　社会公众层面

社会公众虽处在生态工业园的外部,但也会对生态工业园的建设与发展产生影响。发达国家通过加强环境教育,积极引导公众参与环保,促使公民正确认识人与自然的关系,培养绿色消费观和价值观,为生态工业园的建设与发展奠定了公众基础,同时,环保意识的渗透也为绿色产品奠定了市场基础。

造纸生态工业园需要得到公众支持,一方面是公众对生态造纸的重新认识,通过宣传推广颠覆公众对传统造纸产业"四高"的观念,支持造纸产业生态化发展,推进造纸生态工业园建设;另一方面,增加公众对生态纸产品支持,市场对环保纸产品的认可是促进造纸生态工业园不断改进和完善的经济动力。

造纸生态工业园构建及发展离不开政府、企业、园区及社会公众的共同合作,国外造纸生态工业园发展一方面为我国造纸生态园的构建提供思路,另一方面也让我们看到当中存在的问题。

5.4 我国造纸生态工业园发展面临的问题

我国造纸生态工业园的发展还处于初期阶段,政府、工业企业、社会公众和学术界之间还并没有围绕生态工业园建设问题形成应有的合作关系,造纸生态工业园还未像构想中的成为支持可持续发展的环境战略规划。其原因是多方面的,具体体现在造纸产业发展定位、生态工业园总体规划、政策体系、技术更新等方面还存在不完备、不充分及观念障碍等的制约。

5.4.1 造纸产业定位需进一步明确

芬兰、瑞典等纸业强国将造纸产业定位于与国民经济密切相关的重要基础原材料产业,该产业关联度强,市场容量大,是拉动林业、农业、印刷、包装、机械制造等产业发展的重要力量,这一定位也决定了造纸产业生产经营模式应是集约化、规模化。

根据我国造纸产业实际及国外发展经验,《造纸工业发展"十二五"规划》已再次明确了造纸产业作为国家基础原材料产业的定位,并指出"十二五"期间将严格控制产能过剩纸种的重复建设,加快推进林纸一体化工程建设,加快行业整合速度。但目前,我国造纸工业依然呈现小而散的局面,存在产能分散、规模较小、生产档次及管理方式参差不齐等问题,因此,造纸产业定位需进一步明确,按照定位实施造纸产业发展战略,加快现有企业整合,淘汰落后产能。

5.4.2 缺乏对造纸生态工业园总体规划

生态工业园作为实践可持续发展的新模式受到许多发展中国家以及新兴工业化国家热捧,各国纷纷宣称要依据循环经济的原则规划发展生态工业园,按照工业代谢和共生关系组织园区企业间的产业链条。但在实际招募企业投资加盟时,大多缺乏生态工业园整体规划与设计,有些工业园区为了加快引进项目的速度,彼此之间出现恶性竞争,对企业间形成资源的有效利用及构建生态产业链极为不利;还有一些工业园区仍将引资作为首选因素,最终无法形成工业代谢闭环,违背了生态工业园建设目标,同时由于推进计划不详尽,企业间无法真正形成产业互补关系,很难实施循环经济和实现生态环保目标。

生态工业园的总体规划还不够成熟,这将阻碍真正意义上的生态工业园建设,造纸生态工业园还缺乏具有代表性的示范园区,在造纸生态工业的规划、设计以及实际操作方面以及保证大型造纸企业的核心地位方面还存在较大难度,还需要解决很多困难。

5.4.3 政策体系尚不完备

生态工业园建设对支撑体系要求较高,项目科技研发及前期投入很多,其中不少经营是微利甚至不盈利的,由于整个生态工业园区的良好运转需要较长时间磨合,其投资收益短期内并不明显,需要宏观经济政策、激励性的财税政策、绿色环保产业政策及教育政策等共同支撑。目前,国家对这种新型的工业组织形式积极倡导,也在不同地区规划了工业生态示范园,但以政府为主导的完整支撑体系并没有形成,相关配套政策还有待进一步完善和加强。

5.4.4 技术更新不足

在节能减排、低碳社会理念的指导下,国家加强对环保生态技术的研发,成果显著,部分技术已处于世界前列,这些技术的应用从理论上可以大大减少能源消耗和废弃物排放。实际上不少环保生态高新技术并未真正运用于传统产业生态化改造的实践中,对于造纸产业亦是如此。造纸新技术、新设备的开发可以有效降低浆耗、水耗,但是技术设备更新通常需要大量资金投入,尤其现在代表先进技术的造纸设备主要靠进口,技术更新代价高昂,对于不少造纸企业来说,资金缺乏已成为技术进步的瓶颈,很难做到快速技术升级换代,淘汰落后的技术、工艺、设备。

5.4.5 公众对生态工业园的认识不足

生态工业园区建设与运行需要政府、企业、公众、中介组织等多方参与,共同组成支持项目发展的网络体系,网络成员要以循环经济思想、可持续发展理念规范自身行为,明晰界定各方责任。当前加快建设生态工业园区的环保意识还不够深入人心,生态工业园的网络化特点也并未受到重视,通常没有针对网络成员的教育系统,利益驱使下的投机行为易使共生网络面临潜在危险。

传统造纸产业作为我国重要的基础原材料产业,其发展与人民生活、经济发展息息相关,随着近几年大型造纸企业纷纷出现,造纸生产量及纸品消费量都有了大幅提升,造纸产业绿色化生态化进程也初见成效。但是,原材料短缺、能源消耗大、废弃物污染高等问题始终制约着我国造纸产业的发展,实现规模化、经济化、生态化发展迫在眉睫。因此,发展循环经济,走可持续发展道路将成为我国造纸产业高速发展的必然趋势。造纸生态工业园是实现环境、经济、社会可持续发展的新型工业形式,是造纸产业实施可持续发展,实现造纸产业清洁生产的重要途径。造纸生态工业园建设是用发展的办法解决资源约束和环境污染矛盾,从重视工业发展的数量向重视发展的质量及效益转变,在提高资源利用效率的同时,实现经济发展与环境保护的有机统一。

第六章　西部地区传统产业生态工业园的类型及构建

6.1　传统产业生态工业园的主要类型

6.1.1　国家环保局划分生态工业园的3种类型

2006年9月1日,原国家环境保护总局(现为国家环境保护部)颁布了3种类型的生态工业园区试行标准,即《综合类生态工业园区标准(试行)》、《行业类生态工业园区标准(试行)》和《静脉产业类生态工业园区标准(试行)》,生态工业园也将按照3项标准进行建设、管理和验收。2009年6月23日对《综合类生态工业园区标准》(HJ 274—2009)进行修订并正式颁布实施。3项标准分别规定了国家级和省级生态工业园区验收的基本条件和指标,由经济发展、物质减量与循环、污染控制和园区管理四部分组成,综合类生态工业园区标准设立了总计26个指标,行业类生态工业园区标准设立了总计19个指标,静脉产业类生态工业园区标准设立了总计20个指标。

(1)综合类生态工业园区。《综合类生态工业园区标准》(HJ 274—2009)对综合类生态工业园区进行了界定,明确了综合类生态工业园区是由不同行业企业建成的综合类生态工业园区。一般是指那些在早期高新技术产业开发区或经济技术开发区等原有工业开发园区基础上进行生态化改造而成的生态工业园区。标准从园区执行国家法律法规情况及有无发生环境事故、环境达标情况、园区建设规划、环保机构建设情况及考核机制、通过环境管理体系认证情况、是否主要产业形成产业集群并具备较为显著的工业生态链等方面,明确了设立综合类生态工业园区的基本条件。

标准还明确了综合类生态工业园区验收的相应指标,见表6-1。

表6-1　综合类生态工业园区验收指标

项目	指标	单位	指标值或要求
经济发展	人均工业增加值	万元/人	≥15
物质减量与循环	工业增加值年均增长率	%	≥15

续表

项目	指标	单位	指标值或要求
物质减量与循环	单位工业用地工业增加值	亿元/km²	≥9
	单位工业增加值综合能耗（标煤）	t/万元	≤0.5
	综合能耗弹性系数		<0.6
	单位工业增加值新鲜水耗	m³/万元	≤9
	新鲜水耗弹性系数		<0.55
	单位工业增加值废水产生量	t/万元	≤8
	单位工业增加值固废产生量	t/万元	≤0.1
	工业用水重复利用率	%	≥75
	工业固体废物综合利用率	%	≥85
	中水回用率* 人均水资源年占有量≤1 000 m³	%	≥40
	中水回用率* 1 000 m³＜人均水资源年占有量≤2 000 m³	%	≥25
	中水回用率* 人均水资源年占有量＞2 000 m³	%	≥12
污染控制	单位工业增加值 COD 排放量	kg/万元	≤1
	COD 排放弹性系数		<0.3
	单位工业增加值 SO_2 排放量	kg/万元	≤1
	SO_2 排放弹性系数		<0.2
	危险废物处理处置率	%	100
	生活污水集中处理率	%	≥85
	生活垃圾无害化处理率	%	100
	废物收集和集中处理处置能力		具备
园区管理	环境管理制度与能力		完善
	生态工业信息平台的完善度	%	100
	园区编写环境报告书情况	期/a	1
	重点企业清洁生产审核实施率	%	100
	公众对环境的满意度	%	≥90
	公众对生态工业的认知率	%	≥90

注：* 园区内没有污水集中处理厂的不考核该指标。

标准的数据采集和计算主要以城市统计年鉴、环境保护统计年鉴和国家级经济技术开发区综合统计报表、中国火炬统计年鉴的相应指标数据和计算方法为参考。

（2）行业类生态工业园区。《行业类生态工业园区标准（试行）》(HJ/T 273—2006)对行业类生态工业园区进行了界定，明确了行业类生态工业园区是以某类行业的若干企业为龙头核心企业,通过产业集聚,形成物质和能量的有效集成,在园区范围内使关联企业间建立共生关系而形成生态工业园区。试行标准也对行业类生态工业园区设立明确了基本条件,如:行国家法律法规情况及有无发生环境事故,环境质量是否达到国家或地方规定环境质量标准,园区内污染物达标排放情况,污染物排放总量是否超标,建设规划是否论证,等等。

试行标准也明确了行业类生态工业园区验收指标,见表6-2。

表6-2 行业类生态工业园区验收指标

项目	指标	单位	指标值或要求
经济发展	工业增加值增长率	%	≥12
物质减量与循环	单位工业增加值综合能耗(标煤)	t/万元	达到同行业国际先进水平
	单位工业增加值新鲜水耗	m³/万元	
	单位工业增加值废水产生量	t/万元	
	工业用水重复利用率	%	
	工业固体废物综合利用率	%	
污染控制	单位工业增加值COD排放量	kg/万元	达到同行业国际先进水平
	单位工业增加值SO_2排放量	kg/万元	
	危险废物处理处置率	%	100
	行业特征污染物排放总量[a]		低于总量控制指标
	行业特征污染物排放达标率	%	100
	废物收集系统		具备
	废物集中处理处置设施		具备
	环境管理制度		完善
园区管理	工艺技术水平		达到同行业国内先进水平
	信息平台的完善度	%	100
	园区编写环境报告书情况	期/年	1
	周边社区对园区的满意度	%	≥90
	职工对生态工业的认知率	%	≥90

注:[a] 行业特征污染物指除COD、SO_2等常规监测指标外,行业重点控制的污染物。

试行标准中指标数据采集和计算以行政管理部门相应指标数据和计算方法为准。

(3)静脉产业类生态工业园区。《静脉产业类生态工业园区标准(试行)》(HJ/T 275—2006)对静脉产业(资源再生利用产业)进行了界定,明确静脉产业是运用先进的资源再生利用技术,节约生产过程中各类资源,保护自然环境,使生产和消费过程中产生的废弃物能够实现循环再利用,形成资源再生利用产业,并以资源再生利用产业为主的生态工业园区。试行标准明确了静脉产业类生态工业园区的与前述生态工业园区相类似的基本条件,同样也明确了静脉产业类生态工业园区验收指标,见表6-3。

表 6-3 静脉产业类生态工业园区验收指标

项 目	指 标	单 位	指标值或要求
经济发展	人均工业增加值	万元/人	≥5
	静脉产业对园区工业增加值的贡献率	%	≥70
资源循环与利用	废物处理量	万t/a	≥3
	废旧家电资源化率*	%	≥80
	报废汽车资源化率*	%	≥90
	电子废物资源化率*	%	≥80
	废旧轮胎资源化率*	%	≥90
	废塑料资源化率*	%	≥70
	其他废物资源化率*	/	符合相关规定
污染控制	危险废物安全处置率	%	100
	单位工业增加值废水排放量	t/万元	≤7
	入园企业污染物排放达标率	%	100
	废物集中处理处置设施		具备
	集中式污水处理设施		具备
园区管理	园区环境监管制度		具备
	入园企业的废物拆解和生产加工工艺		达到国际同行业先进水平
	园区绿化覆盖率	%	35
	信息平台的完善度	%	100
	园区旅游观光、参观学习人数	人次/年	≥5 000
	园区编写环境报告书情况	期/年	1

注:带*的指标为选择性指标,根据各园区废物种类进行选择。

试行标准中的数据采集和计算方法也以行政管理部门相应指标数据和计算方法为准。

6.1.2 生态工业园的多角度划分及比较分析

目前有关生态园工业分类的标准,学者们观点各异,依此所形成的建设模式也不尽相同。如:依据企业共生关系建立方式将生态工业园建设模式分为单一共生型、网络共生型及模拟共生型;根据建园的基础将建设模式归类为现有改造型、全新规划性及虚拟型;从原始基础角度、产业结构角度、空间组织方式角度,将其建设模式细化为改造型、全新型、联合企业型、综合园区型、实体型和虚拟型;西方学者更是通过园区建设的不同方法,进一步将其细化至 ex-nihilo 模式(基于绿色区和"无排放"设计生态工业园)、核心企业模式、商业模式、材料/能源模式、商业流模式、再开发模式等。

(1)生态工业园的多角度划分。生态工业园的划分除了原国家环境保护总局的划分方法外,根据不同分类标准还可进行多角度划分,有利于研究和分析比较。如从原始基础、产业结构、空间组织方式等多角度将生态工业园划分为6种类型的方法(见表6-4),既结合了横纵两向综合划分,同时划分得粗细程度适当,可进行相应的借鉴和研究。

表6-4 生态工业园多角度划分类型

角度	类型	概况
原始基础	改造型	对现存工业企业进行技术改造,建立企业间废弃物和能量转换关系
原始基础	全新型	通过良好的规划和设计,建设新的生态工业园过程
产业结构	联合企业型	以联合的大型龙头企业为主体,构建工业生态链和工业生态系统
产业结构	综合园区型	在不同行业、企业间,工业循环共生关系多样化,需考虑利益主体间协调与配合
空间组织方式	实体型	在一定范围内聚集,通过一定途径设施进行成员间物质、能量交换
空间组织方式	虚拟型	由区内、外企业通过网络联系,共同构成更大范围的工业共生体系

(2)生态工业园类型比较分析。各类生态工业园建设都是用可持续发展的理念解决资源约束和环境污染的矛盾,从重视工业发展数量向质量及效益转变,提高资源利用效率,以实现经济发展与环境保护有机统一。对各类生态工业园进行比较分析(见表6-5),将有助于在实践中选择适合的生态工业园类型进行建设,实现生态工业园以改造、过渡、新建等多种路径构建,推动经济全面可持续发展。

表6-5 各类型生态工业园的优劣势

模式	优势	劣势
改造型	具备基础条件,节约土地成本	企业间共生链条建立困难,改造效果无法保证
全新型	规划体系完善,实现良好共生	成本高昂,建设周期较长
联合企业型	实施可能性高	核心企业的甄选过程复杂
综合园区型	具有多样性、带动性	利益群体众多,实现过程繁复
实体型	良好的集群效应	集聚成本较高
虚拟型	灵活性较大	对信息技术要求高,运输费用高昂

1)改造型与全新型。从原始基础角度划分,生态工业园有改造型与全新型。改造型生态工业园对技术要求较高,通常是在现存传统工业园或高新工业园内,通过技术改造,建立现有工业企业间的产业共生关系,实现资源共享或废弃物交换。挑选基础良好且具有工业扩张前景的工业园作为改造对象是这种类型建设的前提,明晰企业间关系及实施生态工业园战略的有利因素是其成功的保证。

全新型生态工业园建设符合生态化发展的基础设施,实现企业间各类资源和能源交换及企业间生态共生。投资一般较大,对入园企业要求较高,因前期良好规划,更易实现企业间合作。广东佛山南海国家生态工业园区就是全新型生态工业园代表,园区位于珠三角腹地,交通便利、物流发达,外向型经济活跃,引入绿色环保优质产业,已形成汽车零部件、精密机械、新材料等低碳产业集群。我国广西贵港生态工业园也具有代表性,是在已有工业园基础上通过技术改造形成共生关系,形成甘蔗—制糖—废糖蜜制酒精—酒精废液制复合肥、甘蔗—制糖—蔗渣造纸—制浆黑液碱回收、制糖滤泥—制水泥并联的生态产业链(见图6-1),园区逐渐实现经济发展及经济效益,并处于不断完善与发展当中。

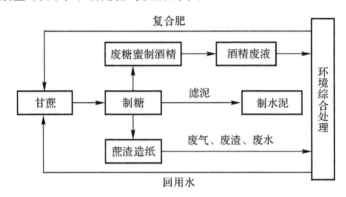

图6-1 广西贵港生态工业园生态产业链

2)联合企业型与综合园区型。从产业结构角度划分,生态工业园有联合企业型与综合园区型。联合企业模式亦称核心企业模式,是通过鉴别已存在和感兴趣的某个大型"核心企业",设计一个为"核心企业"提供材料或使用副产品的网络,建立补充"核心企业"共生链条的生态工业园。其实施的重点就在于鉴别出"核心企业",并通过该企业投入、产出环节分析,确定其共生链条各个环节,并通过相应企业或部门的补充,完成向生态工业园发展和过渡。

位于美国田纳西州的查特怒加(Chattanooga)生态工业园就是以杜邦公司的尼龙线头回收为核心推行企业零排放改革的,其将曾经以污染严重闻名全美的制造业中心过渡发展成生态工业网络逐渐完整的生态工业园区。对传统工业企业的流程进行生态化改造,对废弃物进行循环再利用,降低废弃物排放,为传统企业和传统工业区提供新的发展空间。

综合园区型就是工业园区由不同行业企业构成,不同类型企业为形成多样的循环共生关系提供契机和保障,有效形成园区企业间的合作与分享,构建原材料和能源交换的工业体系。相较而言,综合园区最贴近生态工业园区的理论构想,力求以闭环方式进行生产,形成成员企业间输入和产品相匹配的连续生产流。

丹麦的卡伦堡(Kalundborg)工业共生体是目前构建得最成功的综合园区,园区以发电厂、炼油厂、制药厂和石膏制板厂为主体,同时考虑其他成员企业间的利益协调,形成了"纸浆—造纸""肥料—水泥""炼钢—肥料—水泥"等工业联合体,在减少废物产生量和处理费用的同时,产生良好的经济效益。当前,该工业园的工业共生仍在不断进化,逐步实现废弃物循环利用和对园区外零排放的目标。

3)实体型与虚拟型。从空间组织方式角度划分生态工业园有实体型与虚拟型。实体型生态工业园区是将成员企业在地理区位上聚于同一区域,利用管道设施实现物质、能量交换,利用信息系统实现企业间沟通与交流,并成立管理委员会,对园区实施统一管理。实体型生态工业园集群效应明显、资源共享性高,是目前生态工业园区的主要形式。

虚拟型园区的企业成员不一定聚集在同一区域,可以利用现代信息技术网络模拟建立成员间的物质和能源交换关系,并根据现实具体情况加以实施,使企业打破地域限制,实现更广阔空间内的合作。虚拟型园区避免了复杂的园区建设过程,灵活性较大。美国的布朗斯维尔

(Brownsville)生态工业园采用的就是此类模式,运用虚拟形式增加新成员,为现有园区"补网"。

综合分析以上各类生态工业园,无论采用何种类型构建生态工业园,其均各有利弊。改造型生态工业园可以节约土地成本,但其改造效果无法保证,尤其是企业间共生链条的建立;全新型生态工业园可以依照完善的规划体系实现共生,但其成本高昂且建设周期较长;联合企业型生态工业园围绕"核心企业"构建工业生态链,实施可能性高,且易得到实力雄厚的"核心企业"支持,但核心企业的甄选过程较长;综合园区型生态工业园具有多样性,有助于带动大批相关企业的发展,经济效益显著,但其实现过程繁复,涉及的利益群体众多;实体型生态工业园体现出良好的集群效应,但将成员企业聚于同一区域的成本较高;虚拟型相对具有较大灵活性,但该模式对信息技术要求高,且通常要承担较高昂的运输费用。因此,生态工业园构建模式的选择需综合考虑生态工业园的基础条件、预期目标等相关因素。

6.2 传统产业生态工业园构建

6.2.1 生态工业园构建策略

建设前选择什么类型的生态工业园并没有最优,只有最适合,在进行生态工业园类型选择时需要综合考虑相关因素,包括建设基础、成本投入、周期长短及构建标准,无论是改造型、全新型、联合企业型、综合园区型、实体型还是虚拟型,在施行过程中均有前提、重点与难点,明晰优劣所在及客观环境是制定选择策略的最主要原则。

(1)与建设基础相匹配。建设基础,即生态工业园构建所具备的先期条件。构建改造型生态工业园就需有现存且具发展潜力的工业园作为基础,才能在此基础上运用现代技术加以改造;全新型生态工业园则需有全新区域作为基础,才能在此基础上进行规划与设计;联合企业型生态工业园则需鉴别出"核心企业",并围绕其投入、产出环节展开构建;综合型生态工业园所需的基础则相较更为复杂;实体型生态工业园需要成员企业在地理区域上的集聚,达到这一条件才能实现成员企业间的合作与共享;虚拟型生态工业园的构建完全依靠现代信息技术,完备的信息网络技术不可或缺。各种模式均需要一些必备条件的支撑才能进一步规划与实施,对基础条件的分析是进行模式选择的前提,同时也可以帮助生态工业园实现前期定位,以有助于后期实施策略的制定。

(2)充分考虑成本预算。资金、人力、物力等成本的投入是选择时需要考虑的另一要素。有些模式需要成员企业的集聚或开辟全新区域,其构建成本不仅包括连接成员间的基础设施、信息网络的支出,还需要大量资金用于土地的购置或厂家的搬迁及厂房的新建,并需成立专业的规划项目组对园区进行规划,人力成本投入也较大。而另外一些模式,所需的成本则相对较小:改造型生态工业园因有特定区域及现存企业等实施基础,可以通过沟通环节消除合作障碍,重构成员企业间的工业共生和代谢链条,支出相对较少;虚拟型生态工业园因可免去购地费用及搬迁成本,资金支出的重点在信息网络建设过程中,因而构建成本也相对较少。无论成本支出方是政府还是成员企业,在构建过程中都需以量力而行为原则,考虑充分并做好成本预算,保证生态工业园的顺利构建。

(3)根据周期要求选择。无论采用何种模式,生态工业园的建设都需经历一定周期,生态工业园的构建方可根据周期要求选择适合模式。有些模式因共生关系复杂,涉及利益主体多样,所需周期较长。如全新型生态工业园,其设计实施时既要打破行业和企业间的界限,分析、创造企业间的横向耦合关系,为主、副产品和废弃物找到下游的利用者、分解者、还原者,又要在每个环节充分开发和利用资源,达到废弃物最小化,纵向闭合实现资源的循环利用,还要在园区内形成灵活多样的柔性结构,使成员企业能面对市场及环境变化,因此,其规划设计耗时久,考察、筛选、引进成员企业的过程也较复杂,所需建设周期长。有些模式,只需要在既定基础上补充新成员完善共生链条或运用现代技术实现向生态工业园的过渡即可,相对建设周期短。为实现商业和环境效益的持续改善,建成后生态工业园仍需不断完善,如引进服务企业调节完善共生体系、加入绿色环保产业扩大发展空间等。

(4)以现有建设标准为参照。为指导我国生态工业园的规划建设,国家环保总局于2006年6月1日发布三类生态工业园区试行标准以及后来修订的正式标准,分别是《综合类生态工业园区标准》(HJ 274—2009)、《行业类生态工业园区标准(试行)》(HJ/T273—2006)和《静脉产业类生态工业园区标准(试行)》(HJ/T275—2006),从2006年9月1日起就依照综合类、行业类、静脉类进行建设、管理和验收。

建设标准不同,也在一定程度上决定了选用模式各异:企业布局和交易成本是综合类生态工业园企业链形成的基础,综合园区型、实体型更能符合园区不同利益主体之间的协调与配合;行业类生态工业园以行业龙头企业为主导,联合周边第一、第二、第三产业形成企业间工业代谢及共生关系,因此联合企业型、虚拟型更易建成企业间的物质集成、能量集成和信息集成;静脉类生态工业园致力于资源再生利用,如废旧家电、报废汽车、电子废物、废旧轮胎废塑料等资源化,临近传统工业园或将静脉产业补充入现存工业园更易获得区位优势。

虽然以上对生态工业园构建模式进行了区别分析,但为达到趋利避害、取长补短的目的,也可以综合选择两三种模式。如将改造型与虚拟型结合,由区外企业通过信息网络实现对现存生态园的"补网",不但可以节约建设成本,还可在短期内实现合作网络的建立;再如将联合企业型与全新型结合并逐渐完善成为综合园区型等。

6.2.2 联合企业型造纸生态工业园模拟构建

为了密切联系实际,选取联合企业型生态工业园进行研究,选取适合的造纸核心企业,进行联合企业型造纸生态工业园生态产业链的模拟构建。联合企业型造纸生态工业园就是以有生态发展前景的造纸龙头企业为核心,依据对其投入、产出环节的分析,确定共生链条的各个环节,并通过相应企业或部门的补充、构建,为该企业提供木浆、草浆等原材料,并利用其产生的废水、废渣、废气等副产品进行下一环节生产的企业生态系统,完成由企业"小循环"向园区"中循环"的过渡和完善。

(1)联合企业型造纸生态工业园的规划环节。

1)确定核心企业。联合企业型造纸生态工业园的实施重点首先在于造纸核心企业的鉴别,该核心企业应当是一个大型造纸工业用户,能产生大规模原材料流、能源流、水资源流,并且废物及副产品产出量大,能带动和牵制其他节点企业的发展;同时该企业还应具备生态发前景,欲使用或已采用环保型清洁纸浆造纸生产技术和其他高新技术,有专门的环保投入以降低对环境的影响,主导并引导园区企业进行固体废弃物、废气的再利用及水资源、能量重复利用。

2)选择补链企业。根据核心企业的工业代谢,以其废物及副产品为主要突破点,有针对性地引入补链企业,使核心企业的废物及副产品成为补链企业的原材料,进入下一环节生产。制浆造纸工业对环境影响主要集中在三方面,即废气、废水(液)及废渣。以木浆造纸为例,其生产过程及产生的废弃物见表6-6。欲实现造纸产业生态化,完成向生态工业园的过渡和转化,首先就要实现造纸废弃物及副产品的妥善处理。

表6-6 木浆造纸的生产过程及产生的废弃物

原 料	基本过程	废 气	废水(液)	废 渣
原木	备料	蒸发及挥发性排气	剥皮水及冷却水	树皮、木屑等废料
亚硫酸药液、碱法蒸煮液、中性亚硫酸药液	制浆	小放气及喷放气	脏冷凝水及废液	—
回收化学品粗浆	蒸发、热回收、副产品回收废液回收	溶解槽、石灰窑、回收炉直接蒸发器排放气	脏冷凝水及洗涤水	废渣
白水或回水	筛选	—	稀废液	浆渣
白水或清水	洗涤	排气罩排气	洗涤水	细小纤维
	浓缩		洗涤水	细小纤维
漂白剂清水或白水	漂白	漂白排气	洗涤水	—
胶、矾、填清水或白水	打浆	—	—	废渣
清水或白水	抄造	水蒸气	白水	细小纤维及填料
涂布剂	精整	挥发气	排污废水	废涂料

3)构建园区其他链条。除造纸核心企业和相关补链企业外,要实现造纸生态工业园内部资源循环、能量梯级利用和外部排放最小化,还需要其他链条的构建,主要包括物质循环链、能量梯级利用链、水循环利用链以及实现信息沟通交换的园区信息链。这些链条的构建将有助于优化园区系统内的能流和物流,提高资源利用效率,增加园区的经济和环境效益。

4)系统整合与完善。这一步的重点之一是弥补产业链条中的不足,防止企业数目过少或过于单一而导致生态产业链条缺乏灵活性,同时重视政策、法律、市场及园区管理等支撑服务系统的设计。另外,任何生态工业园的构建都不可能一步到位,即使是发展最早的丹麦卡伦堡生态工业园,其园区生态链及支撑体系仍在不断调整与完善中,因此,也要以发展的观点看待我国造纸生态工业园的建设,不断进行生态产业链网的改造与延伸。

(2)生态产业链模拟构建。核心企业选定。造纸生态产业链的构建是建设联合企业型造纸生态工业园的基础,而依据规划流程,选定恰当的造纸核心企业是其成功构建的开端。研究选取宁夏某纸业股份有限公司为核心企业,进行联合企业型造纸生态工业园生态产业链的模拟构建。选择该企业,主要有以下原因。

1)规模较大、带动性强。企业地处黄河上游的宁夏中卫,经多年发展,1998年在深交所上市,是西北地区第一家纸业上市公司,也是西部地区规模较大的造纸龙头企业,拥有4家控股子公司及2家参股子公司,已建成6条制浆生产线,年制浆能力16万t,造纸生产线23条,年造纸能力30万t,产值达13亿元,造纸生产已成规模,原料、能源、水资源投入量大,副产品产出量也大,具有较强带动性。

2)相关基础设施完善。除造纸相关生产线外,该企业还拥有1条碱回收生产线,3套配套碱炉和3套苛化生产线,年回收碱量达2.19万t。另外,企业还配备1套供水系统和1套污水处理系统,用于企业用水的集中分配和循环再利用。此外,热电联产系统的建成也实现了企业"小循环"内的集中供电、供热,具备了良好的发展基础。

3)良好生态发展前景。2006年,该纸业集团林纸一体化建设项目得到国家发展与改革委员会核准,项目在腾格里沙漠边缘建成专用速生林基地,速生林面积已达50多万亩,进入轮伐期后,每年木材砍伐量约为6万~8万亩,可为企业提供优质原料,还有助于封锁风沙,改善环境;同时企业还铺设了19km管道,将达标废水用于速生林灌溉,实现废水再利用,不再向黄河排放废水,达到了资源节约和环境友好型企业标准,具有良好的生态发展前景。

(3)生态工业链流程确定及网络模拟构建。依据该企业基础条件和生产治理流程,其正实现着造纸—废水处理—管道输送—灌溉—林木生长—速生林原料储备—造纸的横向闭路循环,这也是以该企业为核心的联合型造纸生态工业园园区网络的重要组成部分。而纵向闭路循环,即实现副产品的消化利用则是工业生态链设计的关键,依据造纸工业废水(液)处理流程,纵向设计主要是实现"三废"的循环处理。

1)废水(液)处理工业链。制浆造纸过程中产生的工业废水主要为黑液,其中的有效成分具有一定热值,可制备供锅炉燃烧的水煤浆燃料,实现对外供热;同时黑液中含有大量有机物和无机物,其中的重要成分木素还可以成为化肥生产的原料。而造纸过程中产生的白水等,可经过污水处理中心处理后回用,如浇灌速生林或作为冷却水用于下一梯级企业。造纸工业废水(液)处理链示意图如图6-2所示。

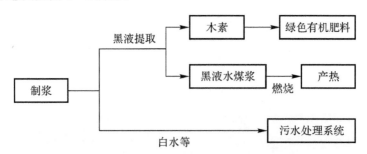

图6-2 造纸工业废水(液)处理链示意图

2)废渣、废气处理工业链。造纸过程中产生的废渣包括纤维废渣、浆渣、污泥等,其中纤维废渣可作为焚烧燃料,以燃烧方式向外界供热,回收的流失浆还可用于纸板的再生产,而经废水处理后的压滤污泥富含氮、磷、钾等有机质,可用于改造现有速生林基地的沙质土壤和开发新速生林。废气主要成分是焚烧产生的二氧化硫和烟尘,其中二氧化硫可以氧化后生产硫酸,也可加氨处理后生产硫酸铵;烟尘亦可作为产热原料,实现燃烧供热。

3)生态工业链网络模拟构建。企业现有的横向闭路循环及引进补链企业形成的纵向闭路循环共同构成了该造纸生态工业园内的生态工业链,其模拟生产及副产品消化流程图如图6-3所示。依据生产流程及产出的副产品,造纸生态工业园内引入了化肥厂、化工厂、热电厂、印刷厂、包装厂来消化产生的废水(液)、废渣、废气等副产品以及生产出的纸产品;同时,为节约资源及能源,园区内设计统一的污水处理中心,实现水资源梯级循环利用,设计热电联产系统为园区内企业供热、供电,实现热电资源统一供应。此外,设计废纸回收系统,利用废纸脱墨技术,实现废纸再利用。

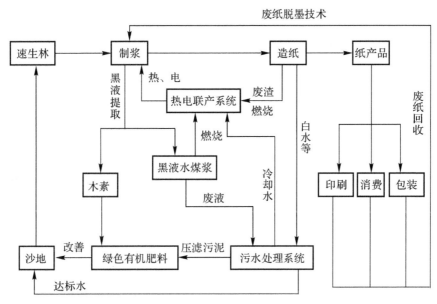

图6-3 生态工业链网络构建图

(4)支持系统模拟构建。除生产体系网络外,造纸生态工业园的良好运转还离不开相关服务系统的支撑,这些配套服务主要包括:供园区内企业信息沟通及园区管理信息发布的信息交换中心,支持造纸相关技术研发及园区其他企业技术创新的技术研发中心,防止机构重设和浪费,实现园区统一管理和营销的"绿色管理"中心,同时,还需有专业法律咨询部门提供顾问服务以及专业金融管理部门实现资金筹集、分配等。服务支持系统如图6-4所示。

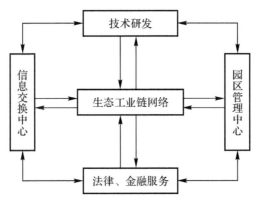

图6-4 服务支持系统示意图

此外，各服务系统间也保持联通，以实现各环节间的无缝合作和密切联系；同时秉承持续发展的理念，不断调整和完善园区现有网络，并不断延伸产业链，引入新的企业构建园区新网络，共同创造园区的经济、环境、社会效益。以造纸龙头企业生产环节为依据，引入副产品消耗企业及服务配套企业，共同构建生态工业网络和服务网络，可以实现造纸企业生产清洁化、资源节约化、产品功能化，还能带动一批中小企业共同发展，促进地区经济发展和环境保护。随着造纸产业落后产能的不断淘汰和企业兼并重组战略的实施，造纸企业规模化是必然趋势，以造纸龙头企业为核心构建联合企业型造纸生态工业园也将成为造纸生态工业园发展的重要模式。

6.3 生态工业园评价指标体系构建

6.3.1 基于循环经济的造纸生态工业园主要评价指标

(1)生产经济指标。生产经济指标是造纸生态工业园为提供给市场消费生产出的成品用纸量，可用若干指标表示。年生产纸量是造纸生态工业园一年时间内生产出的成品纸总量。人均生产纸量是在一年内员工生产出的成品纸总量，表明了造纸生态工业园员工劳动生产率水平。产量年增长率是造纸生态工业园在一年时间内生产总值的比值，表明了造纸生态工业园一年内生产变动趋势。

(2)资源利用指标。资源利用指标是生产过程中各类资源使用量及资源再利用效率。它需要考虑资源节约，又要考虑经济效益，可用以下指标表示，如生产每吨纸耗水量，即造纸生态工业园在生产每吨成品纸所消耗的用水量，该指标是由造纸生态工业园生产规模和技术水平所决定的；生产每吨纸能耗量，即造纸生态工业园在生产每吨成品用纸所消耗的能源总量；生产纸浆消耗总量，即造纸生态工业园生产过程中所需要的造纸原材料需求量，包括了直接纸浆消耗量和回收纸浆利用量。

(3)回收经济指标。回收经济指标是造纸生态工业园各类资源及废弃物的循环利用能力，包括纤维材料使用效率、成品纸使用效率及废纸回收利用率。纤维材料使用效率是造纸生态工业园纤维材料消耗与总产量的比值。成品纸使用效率是造纸生态工业园生产出成品纸除去使用过程中浪费的那部分后与总产量的比值。废纸回收利用率是造纸生态工业园在一年内生产过程中所用废纸总量占总资源使用量的比例。

(4)生产技术指标。造纸生态工业园在生产过程中具有造纸产业生产特点的特有技术使用效率。主要指标包括：碱回收率，是造纸生态工业园生产技术指标之一；碱炉热效率，是碱炉产生蒸汽热减去自身回用热量后与黑液发热量的比值；脱墨渣处理率，是本期脱墨渣处理量比上本期脱墨渣处理量。

6.3.2 造纸生态工业园主要评价方法

当前，对造纸生态工业园的评价主要应用灰色聚类法、层次分析法以及模糊识图法等，在研究方面取得了一定进展,但对造纸生态工业园评价体系研究,还需要进一步研究和探索。

(1)灰色聚类法。聚类分析法是对多变量进行统计分析的方法,以确定分析对象的联系程度,并进行类别整合。灰色聚类法则是在聚类法基础之上,增加相应的白化函数,并进行相似度归类,对代表函数进行统一管理分析,是一种基于白化函数的评价方法,根据已有数据和信息,对未知环境因素进行预测,并分类规划和定量分析。

(2)层次分析法。层次分析法(The Analytic Hicrarhy Process,AHP)是对复杂总指标进行分解,将分解的多指标按不同等级进行排序,并运用数学模型对各等级指标进行评判,再将定性和定量结合进行综合判断。层次分析法已得到广泛应用,是一种可行性较高的评价方法。

(3)模糊识图法。模糊识图法(Fuzzy Cognitive Map,FCM)是在认知图的基础上,进一步发展的一种模糊关系,是应用模糊反馈系统将因果关系、目标、参数及函数等连接起来的因数图。将各个元素的关联度先进行模糊推理,通过模糊网状图的相互作用,进行系统功能推理。

6.3.3 造纸生态工业园循环经济评价模型

(1)构建模糊综合评价模型。构建模糊综合评价模型(见图6-5)是将层次分析法和模糊综合评价进行组合,层次分析是构建模糊综合模型的前提,运用两者组合,共同发挥作用,以提高造纸生态工业园评价体系的稳定性和实用性。运用层次分析法确定层级评价目标及权重,再运用模糊综合分析法对造纸生态工业园进行综合评价。

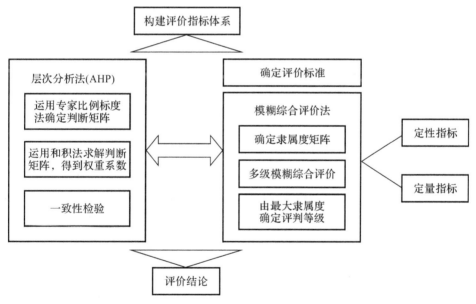

图6-5 模糊综合评价模型示意图

(2)模糊综合评价模型的运行。

1)模糊综合评价模型对造纸生态工业园进行循环经济定性与定量结合的评价,能够有效解决在对造纸生态工业园评价过程中出现的模糊性主观判断问题。

2)运用层次分析法确定评价指标权重,并对评价因素进行分析比较排序,最后确定指标权重值,能够有效将主观性判断和数学分析相结合,使评价更加客观和实用。

3) 使用多级模糊运算能够有效地解决综合各方面意见进行取舍的问题,还可以对出现意见不同等问题定性与定量相结合进行模糊分析,科学处理了可能出现的问题和矛盾。

4) 模糊综合评价模型的不断优化,可有效提高生产控制效率和管理水平,稳步推进造纸生态工业园循环经济发展。

6.3.4 构建造纸生态工业园循环经济评价体系

构建造纸生态工业园循环经济评价体系,同样要遵循生态化发展评价基本原则。对造纸生态工业园循环经济进行有效评价,必须构建有效循环经济评价体系,实现造纸生态工业园的生产过程的实时监控和及时反馈,既要注重数据的科学处理,更要兼顾构建基本原则。

(1)"3R"原则。构建造纸生态工业园循环经济评价体系,循环经济是体系构建的理论基础,那么"3R"原则也就自然成为构建评价指标体系的基本原则。因此,必须遵循降低各类资源消耗量→提高工业废弃物回收利用率→各类生产原料循环再利用顺序实施。

(2)统筹性原则。构建造纸生态工业园循环经济评价体系要坚持统筹性原则,生态工业园涉及方方面面,本身就是复杂的系统工程,其循环经济评价体系同样是复杂的,需要统筹兼顾,在构建评价指标体系的过程中要坚持统筹性的原则。

(3)反馈性原则。构建造纸生态工业园循环经济评价体系是以循环经济为基础的,在实际生产过程中实施循环经济,就必须实现闭环反馈的生产方式,许多数据都必须有不断反馈更新的过程,循环经济指标体系构建必须重视反馈性的原则。

(4)务实性原则。构建造纸生态工业园循环经济评价体系必须对所选取的各项指标和数据进行分析,要有科学合理的依据,最大限度地符合生产实际,运用科学合理的方法进行分析、处理,最后得出符合生产实际的结论判断。

(5)可使用性原则。根据生产实际过程,选取合适的方法以获得各种指标的相关数据,采取定性与定量相结合的方法,使所得结果能够准确地反映现实情况和问题。

6.3.5 选取评价指标的方法

我国造纸工业在生产中是原料消耗、水资源消耗及能量消耗较大的行业。我国纸及纸板市场需求急剧增加,在资源和环境约束条件下,造纸工业原料处于紧缺状态。因此,在对造纸生态工业园循环经济进行评价时,除考虑主要经济指标外,更应关注资源利用和环境保护的相关指标,如平均吨纸用水量、可吸附有机卤素(AOX)、废纸、浆渣和锅炉废渣等的回收利用率等。

主要指标的选取可采用内容分析法并配合问卷调查进行确定。通过内容分析法对相关文献进行分析,选取主要指标35个,依据35个主要指标出现的频率进行重要性排序。初步确定造纸生态工业园循环经济评价体系的主要指标。

初步确定指标后,结合问卷调查,进行综合排序。将问卷调查表发放给企业人员,受调查人员对内容分析依据经验做出判断,并进行打分排序,对两次结果进行综合分析判断,选定最终的指标,并运用等级相关系数法判断排序是否合理。

等级相关系数法是一种基于 Spearman 等级相关的方法,在非正态分布或分布类型不定情况下,对定性采集的数据进行定量化分析研究。造纸生态工业园中有较多指标具有非定量性特点,可以用这种方法对指标进行重要性排序。等级相关系数方法对内容分析法和问卷调查法的结果进行相关性判定,对两种方法结果的一致性提供具有说服力的证明,从而验证选取指标的准确度。计算公式为 $T_r=1-6\sum b^2/(X^3-X)$,其中,T 是两者相关度,b 是一组指标间差异的大小,X 是所有参数的总组数。

6.3.6 评价指标体系设计

依据循环经济理念对评价指标体系进行设计,以层次分析法将造纸生态工业园的评价指标体系分为总体指标、一级指标和二级指标。总体指标是对造纸生态工业园综合评价指标,主要从经济效益、资源利用效率、环境保护效率方面综合考虑,一级指标主要包括生产经济指标、资源利用指标、回收经济指标和生产技术特征指标;二级指标结合相关研究和实际生产经验,选取了能够反映生产实际的具有代表性的指标,见表6-7。

表6-7 造纸生态工业园评价指标表

总体指标	一级指标	二级指标
造纸生态工业园综合评价指标	生产经济指标	年产纸量
		人均纸产量
		造纸产量年增长率
	资源利用指标	平均每吨产纸耗水量
		制浆消耗总量
		每吨产纸能耗量
	回收经济指标	纤维材料使用效率
		废纸回收利用率
		成品纸使用效率
	生产技术特征指标	碱回收率
		碱炉热效应
		脱墨渣处理率

6.3.7 评价指标权重确定

将专家经验的主观赋权方法与客观赋权法相结合进行评价指标权重确定。造纸生态工业园评价指标体系复杂多变且具有分层性,可采用模糊层次分析法进行分析研究,同时为保证专家赋权的准确性,对参与赋权专家也进行准确性确认,可从专家职业关联度、综合素质、行业权威性、评论依据以及评判水准等方面进行考察,最后确定造纸生态工业园评价指标权重。

(1)在确定评价指标,结合有关分析方法,将评价指标体系总体指标、一级指标和二级指标。

(2)进行专家权重赋值分析,得到相关单个权重值。

1)根据专家问卷调查表及赋值情况,分别列出每个专家对各个指标的模糊互补矩阵 $\boldsymbol{A} = \{a_{xy}|x=1,2,3,\cdots,n;y=1,2,3,\cdots,n,\}$,矩阵中每个元素分别是对应二级指标与一级指标比较得出的相关系数表,其具体参数值可依据表6-8取得。

表6-8 相关系数表

取 值	含义解释
0.5	指标间相互对比,两者同等重要
0.6	指标间相互对比,一个比另一个稍微重要
0.7	指标间相互对比,一个比另一个明显重要
0.8	指标间相互对比,一个比另一个强烈重要
0.9	指标间相互对比,一个比另一个极端重要
0.1,0.2,0.3,0.4	是将2个对比指标倒置过来的取值结果

其中某一位专家做的一级指标所形成的模糊互补判断矩阵见表6-9。

表6-9 一级指标模糊互补矩阵表

对 比	生产经济指标	资源利用指标	回收经济指标	生产技术特征指标
生产经济指标	0.5	0.7	0.6	0.8
资源利用指标	0.3	0.5	0.7	0.6
回收经济指标	0.4	0.3	0.5	0.7
生产技术特征指标	0.2	0.3	0.3	0.5

2)建立模糊一致判断矩阵,计算出单个专家的指标权重值。对上述模糊互补矩阵按照下式进行算术平均综合,则有

$$C_{ab} = \frac{1}{n}\sum_{i=1}^{n}(x_{ai}-x_{bi}+0.5) \quad (a、b、i=1,2,\cdots,n) \quad (6-1)$$

得出模糊一致判断矩阵为

$$C = \begin{bmatrix} 0.5 & 0.7 & 0.6 & 0.8 \\ 0.3 & 0.5 & 0.7 & 0.6 \\ 0.4 & 0.3 & 0.5 & 0.7 \\ 0.2 & 0.4 & 0.3 & 0.5 \end{bmatrix}$$

在该矩阵的基础上按以下公式求得每一层次的指标权重值为

$$\delta_i = \frac{1}{m} - \frac{1}{2Z} + \frac{1}{mZ}\times\sum_{b=1}^{n}C_{ab} \quad (6-2)$$

式中,m 是矩阵 C 的阶数,$Z=(m-1)/2$。由式(6-2)得出一级指标权重,即

$$\boldsymbol{\delta} = (\delta_1 \quad \delta_2 \quad \delta_3 \quad \delta_4) = (0.327 \quad 0.247 \quad 0.286 \quad 0.140)$$

(3)综合专家赋值权重,得出最后权重的相对比值。

1) 结合专家评判水准。假设有 M 位专家进行指标权重值确定,就产生一个 $m \times n$ 的判断矩阵,这样可得第 t 位专家规范权重矩阵为

$$T_{ti} = \frac{m_{ti}}{\sum_{i=1}^{n} m_{ti}} \quad (6-3)$$

式中的 m_{ti} 为第 i 个因素的综合赋值大小。再对式(6-3)取最优数值,则有

$$B_i = \frac{\sum_{t=1}^{m} T_{ti}}{m} \quad (6-4)$$

利用式(6-3)计算每个因素赋值误差所占总赋值量误差的相对比率 Z_t,即

$$Z_t = \left(\frac{\sum_{j=1}^{n}(T_{ti}-B_i)^2}{\sum_{i=1}^{m}\sum_{j=1}^{n}(T_{tj}-B_i)^2} \right)^{\frac{1}{2}} \quad (6-5)$$

由此得出第 t 位专家的评判水准为

$$m_t = \frac{\frac{1}{Z_t}}{\sum_{i=1}^{m} \frac{1}{Z_t}} \quad (6-6)$$

综上,可得第 t 位专家赋值准确度 $G_t = a_t b_t c_t d_t m_t$,其中 a_t、b_t、c_t、d_t 分别表示职业关联度、综合素质、行业权威性及评论依据。评判水准由式(6-6)确定,其他 4 项由综合测评表计算得出,综合测评表见表 6-10。

表 6-10 专家综合测评表

准确度要素	评价指标及分值(5、4、3、2)
职业相关度	高度相关、紧密相关、一般性相关
综合素质	优秀、良好、及格、较差
行业权威性	非常高、很高、较高、一般
评论依据	非常充分、很充分、较为充分、不充分

2) 根据专家评判水准分析指标综合权重相对值。结合式(6-6)中判断水准以及赋值准确度公式计算第 t 位专家准确度,则有

$$H_t = \frac{G_t}{\sum_{t=1}^{m} G_t}, \quad t = 1, 2, \cdots, m$$

专家准确度向量为

$$\mathbf{H} = (H_1 \quad H_2 \quad \cdots \quad H_m)。$$

将单专家评价指标综合权重与专家准确度采用加权平均计算,有

$$W_j = \sum_{t=1}^{m} T_{ti} H_t$$

式中,W_j 是加入专家准确度的指标权重值。所有专家标权重值的算术平均值即为最后指标权

重值,其具体数值可以根据各造纸生态工业园实际情况进行修正、确认。

6.3.8 综合评价值的计算

确定造纸生态工业园评价指标权重后,应对造纸生态工业园的经济化、生态化发展状态进行评价,以了解正常生产管理状况,使园区发展状态高效、稳定。模糊评价如下:

(1) 确定评价结果因素集合。从表 6-7 造纸生态工业园评价指标表可以看出,一级指标中的生产经济指标包括了年产纸量、人均产纸量和造纸产量年增长率等 3 个二级指标因素。因此,可以定义生产经济水平的评价因素集合为

$$X=\{C_{11},C_{12},C_{13}\}=\{年产纸量,人均产纸量,造纸产量年增长率\}$$

(2) 确定评价标准集合。对确定评价结果的相关元素,需要依据评价标准对指标进行等计划评价。将专家评价的每个元素进行"完美、卓越、优秀、合格、不合格"5 个等级的评分,形成生产经济水平评价集,即

$$Y=\{完美,卓越,优秀,合格,不合格\}=\{Y_1,Y_2,Y_3,Y_4,Y_5\}$$

以评价标准对评价结果因素集中的每一个元素进行评价,评价结果就构成了模糊评价集合,每个因素便形成了一个单因素模糊评价集合,每个元素隶属度取值为[0,1]。

(3) 构建元素评价矩阵。构建对每个指标评价集合的过程,就是对评价结果因子中的每个因子进行以 Y 标准为基础的专门评价,评价数值平均值作为该因子最终评价数值。其中 $R_i=\{r_{i1},r_{i2},r_{i3},r_{i4},r_{i5}\}$ 为元素评价值集合,R_{ik} 表示第 i 个元素基于评价集 Y 的第 k 个评价等级(其中 $k=1,2,3,4,5$),则有

$$R=\begin{pmatrix}R_1\\R_2\\R_3\end{pmatrix}=\begin{pmatrix}r_{11}&r_{12}&r_{13}&r_{14}&r_{15}\\r_{21}&r_{22}&r_{23}&r_{24}&r_{25}\\r_{31}&r_{32}&r_{33}&r_{34}&r_{35}\end{pmatrix}$$

式中,r_{ik} 表示对第 i 个元素 C_i 进行等级 k 评价,如 r_{11} 说明年产纸量指标达到了完美的标准。

(4) 进行模糊综合评价。根据模糊综合评价原理得到模糊综合评价集,则有

$$B=A\cdot R=(a_1\quad a_2\quad a_3)\begin{pmatrix}r_{11}&r_{12}&r_{13}&r_{14}&r_{15}\\r_{21}&r_{22}&r_{23}&r_{24}&r_{25}\\r_{31}&r_{32}&r_{33}&r_{34}&r_{35}\end{pmatrix}=(b_1\quad b_2\quad b_3\quad b_4\quad b_5)$$

式中,$A=(a_1\quad a_2\quad a_3)$ 是评价指标权重系数。得到一级指标中生产经济指标的评价结果,结果是在综合考虑年产纸量、人均产纸量、造纸产量年增长率前提下得出最终结论。

(5) 根据评价元素结果确定评价对象的水平。对指标元素 X 分析处理后,得到评价数值 B,可采用目前应用最为广泛、可操作性最高的方法对其发展水平高低进行判断,主要方法有以下几种:

1) 最大隶属度法,是只能给出经过主观判断后得出的结论的定性判断方法,这种方法直接选取最大评价标准作为该元素的评价结果。

2) 模糊分布法,是将某指标评价结果在"完美、卓越、优秀、合格、不合格"中进行数学分布处理,得出一个模糊综合值,即为最后评价水平。

3) 加权平均法,是以设立好的标准基础对每一元素的权重比进行分析取舍,得出处理意见,并对已经处理过的元素进行数学运算,得出数值即为最后的参考水平。加权平均法的运算

对象是数量值,而元素评价值 R 是非数量值,处理难度就在于应用定性方法将其数量化后,再加权平均处理,量化标准可根据生态工业园具体标准进行控制。

6.3.9 造纸生态工业园评价体系的实证研究

(1)造纸生态工业园概况。湖北省拍马造纸生态工业园是新建的新型造纸产业园区,虽然不是西部地区的造纸生态工业园,但在全国具有一定的代表性,对其进行实证研究有一定可借鉴性。生态工业园区坐落在荆州市以北 50 km,紧邻多条国道和高速公路,位置优越。拍马造纸生态工业园运用循环经济和工业生态学原理,实施造纸产业生态化发展。园区总面积近 10 万 km^2,生产设施先进齐全,附带速生林约 30 万 km^2,形成林浆纸的生态化一体化发展模式。该工业园采用以造纸产业为主产业链的生态化生产模式,提高了造纸产业生产效率,降低了企业污染排放,提高了废弃物回收再利用率,实现了环境保护的预期目标。造纸产量占到工业园工业总产量的 90%,实现造纸工业产值近 10 亿元以上,利润达到 4 000 万元,造纸产业生态化改造的代表,是具影响力的造纸产业基地。

(2)造纸生态工业园循环经济评价体系构建。

1)指标体系选取。由于拍马造纸生态工业园属于综合性造纸生态工业园,故确定该综合性造纸生态工业园的评价指标,具体参数如图 6-6 所示。

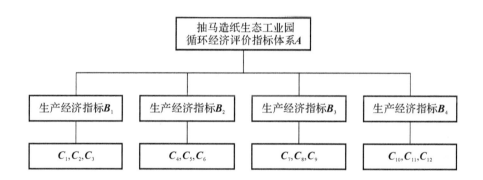

C_1—年产纸量; C_2—人均产纸量; C_3—造纸产量年增长率; C_4—平均每吨产纸耗水量; C_5—纸浆消耗总量; C_6—每吨产纸能耗量; C_7—纤维材料使用率; C_8—废纸回收利用率; C_9—成品纸使用效率; C_{10}—碱回收率; C_{11}—碱炉热效率; C_{12}—脱墨渣处理率

图 6-6 拍马造纸生态工业园循环经济发展综合评价指标体系

2)权重的确定。确定指标权重是专家凭借自身经验进行主观赋权,再结合客观赋权法得出。由于造纸生态工业园的评价指标体系复杂多变且具有分层结构,较为可行的分析方法是采用模糊层次分析法;另外,为了兼顾一些重要专家的观点,对参与赋权的专家进行准确性确认。专家评论的准确性确认可以从他们的职业相关度、综合素质水平、行业权威性、评论依据以及评判水准五个方面进行,然后运用模糊层次分析法,确定基于循环经济造纸生态工业园的评价指标权重。

应用模糊综合评价模型得出拍马造纸生态工业园的综合评价指标体系总表,见表 6-11。

表 6-11　拍马造纸生态工业园的综合评价指标体系总表

总体指标	一级指标	权重	二级指标	权重	修正权重
拍马造纸生态工业园评价指标体系	生产经济指标	0.357	年产纸量	0.095	0.138
			人均产纸量	0.107	0.091
			造纸产量年增长率	0.155	0.128
	资源利用指标	0.264	平均每吨产纸耗水量	0.078	0.086
			纸浆消耗总量	0.106	0.116
			每吨产纸能耗量	0.080	0.062
	回收经济指标	0.279	纤维材料使用效率	0.082	0.083
			废纸回收利用率	0.107	0.119
			成品纸使用效率	0.090	0.077
	生产技术特征指标	0.100	碱回收率	0.056	0.055
			碱炉热效率	0.039	0.039
			脱墨渣处理率	0.005	0.006

3) 模糊综合评价。根据以上数据分析结果,拍马造纸生态工业园循环经济发展指标总体较好。其中生产经济指标、资源利用指标超出预期,回收经济指标达到预期,生产技术特征指标一般。拍马造纸生态工业园的循环经济建设已经初具规模,园区内部生产管理方面取得了较好的效果,经济效益和环境效益较高。通过不断完善和改进可以对系统模型进一步优化,提高监控精度和生产控制效率,提高生态工业园管理效率,促进造纸生态工业园循环经济发展。

尽管拍马造纸生态工业园循环经济发展评价等级较高,但园区仍然有待进一步完善。其中在治污处理等指标上评价结果较低,需要找准问题关键加以改进,使循环经济造纸生态工业园的评价体系更加完善,全面提高造纸生态工业园的战略优势。

6.3.10　构建造纸生态工业园评价体系的对策与建议

拍马造纸生态工业园评价体系的实证分析研究表明,造纸生态工业园按照预期设计模式进行,其发展可以更加高效、更加完善,可重点关注以下几方面:

(1)在评价指标选择上应有侧重点,确定造纸生态工业园评价指标体系之前,应预先对评价目标进行分析,去除那些偏离目标的干扰因素,可另外建立起一套专门的设置规范,在相关研究中进一步探讨。

(2)造纸生态工业园评价指标体系的评价对象数量多,评价过程复杂多样,且评价体系是一个动态变化的封闭系统,对评价模型设计时,应充分考虑对评价系统进行动态监控,更新生态园的各种数据参数,并将控制指令尽快返回控制系统。

(3)目前造纸生态工业园研究还刚刚起步,相关研究还较少,很多方面还需要进一步探讨。因此,应更加关注造纸生态工业园发展的研究动态,缩小与发达国家在造纸生态工业园研究的差距,为造纸生态工业园发展提供理论支持。

(4)重视传统造纸产业生态化发展,进一步提高和完善造纸生态工业园的循环经济评价体系。重视循环经济评价,加快构建循环经济发展的法律法规,在全社会形成循环经济发展模式,促进经济增长和环境保护的大良好环境。

(5)造纸产业对资源依存度较高,在激烈的市场竞争中,可持续发展的循环经济模式是必然趋势,造纸生态工业园模式有无可替代的效果,发展生态工业园可有效带动传统产业可持续发展。

(6)选择了典型的层次分析法构建造纸生态工业园循环经济评价体系,包括总体指标、一级指标、二级指标,总体涉及经济、环境、技术和社会四大方面,一级指标包括生产经济指标、资源利用指标、回收经济指标和生产技术特征指标,二级指标的 12 个指标能够反映一级指标的主要特征,并通过定性与定量的方法初步确定各个指标的权重大小。

对造纸生态工业园综合体系的评价采用了较为成熟的层次分析法,对能够反映一级指标的主要特征(各个二级指标)进行排序,并使用构建数学模型的方法评价造纸生态工业园中一级指标的优劣程度,最后做出总体评价结论。引入案例虽然不是西部地区造纸生态工业园实例,但拍马造纸生态工业园也具有一定代表性,通过实例进行验证,对相关研究结论进行实证分析,在实践层面论证了研究的可行性,具有一定的合理性和研究价值。

6.4 基于物质流的生态工业园评价

6.4.1 国内外研究及物质流分析概述

(1)国外研究。物质流分析是在物质代谢的研究成果的基础之上逐步发展起来的。所以,首先有必要对物质代谢的概念做简要的介绍。物质代谢这一理论最早是由 Jab Molesot(1857)公开提出的,他把生命看成是一种代谢的现象,同时也是一种物质、能量以及环境之间的变换过程。马克思在《经济学批判大纲》以及《资本论》等专著中,反复运用了物质代谢这一观念来说明人类日常劳动、商品交换以及生产等常见的社会问题,然而仍未就这一概念给出严格意义上的定义。哲学家 Herbert Spencer(1862)以及 Lewis Morgan(1877)于不同时段相继论述了社会消费、能量和社会进步这三者之间的关系。

从 20 世纪 50 年代开始,Leontief 又运用输入-输出的分析手段从定量的角度阐述了用货币度量的美国经济系统的物质流情况。Abel Wolman 于 1965 年在《科学美国人》的杂志上首次公开提出了城市物质代谢这一概念。他认为如果居民在日常生活、生产以及休闲娱乐活动中所产生的废弃物不从根本上去除,从而使得这些废弃物对于社会环境造成的危害程度最小化,物质的代谢活动将不会停止。在北美范围内,城市物质代谢获得了普遍的关注。Boding 在 1966 年又提出了"飞船人经济"以及"牧童经济"这两大概念,他提出全球化的生态危机将使得人类不得已丢弃"牧童经济",转而接纳"飞船人经济"这一概念。"牧童经济"将大自然视为任意丢弃垃圾以及任意放牧的处所,而恰恰相反,"飞船人经济"却特别地珍惜较为有限的资源以及空间,就好比宇宙飞船上机械的生活一般,循环往复地使用自然界的各种物质,并且着重指出了人类的社会正在从"牧童经济"向着"飞船人经济"的模式转化。Meadows 于 1972 年首次使用了计算机模型来模拟农业、工业、人口、资源以及污染之间的关系,并在最后给人类提出了警告,告诫我们增长有自己的极限,假如超过了极限,那么人类必将会崩溃。

从 20 世纪 70 年代开始,Ayres R. U. 等一些学者研究了经济运行的过程中能量以及物质的流动对于自然环境造成的影响,并且首次提出了"工业代谢"这一观念。以 Odum H. T. 为代表的一批美国生态学家于 1982 年用能量值分析的手段构建了反映物质不同更替时期的城市能流模型,他们认为,城市实质上是一个消费者,应该把它与周边的环境系统看作一个统一的整体来研究。

Duchin 与 Leontief 在 1986 年运用投入产出的经典模型阐述了经济过程中的流量以及存量的物质状态。而 Schmidt-Bleek 于 1993 年又提出应把物质之间存在的差异转变成同一类物体对于自然环境造成的生态影响,根据"弱可持续性"这一标准,自然资源相互之间是具有可替代性的,能够将不同类型的物质总量进行相加,因此没有必要考虑该自然资源是否已近乎枯竭。最为关键的是,Fischer-Kowalski 阐述了物质代谢是怎样逐步过渡到物质流分析的步骤。

20 世纪 90 年代初段,对于工业生态这一概念的推崇极大地助推了对于 MFA 的研究。德国、奥地利以及日本率先使用了物质流分析的方式对本国内部的经济系统的物质以及自然资源的流动情况展开了研究,拉开了物质流分析方法在世界范围内的经济系统被普遍运用的大幕。世界资源研究所于 1997 年开始全面分析了荷兰、日本、美国、德国以及奥地利的经济系统中物质流动情况。伴随着世界范围内经济发展以及环境状况的恶化,利用物质流的方法对本国的经济系统展开研究的国家越来越多,其中,对本国经济系统已经完成了较为完善的物质流分析的国家主要包括澳大利亚、意大利、法国、芬兰、丹麦、英国、瑞典等;而只对输入了本国的经济系统的物质流展开了研究的国家包括匈牙利、智利以及波兰等;除此以外,哥伦比亚和巴西等南美洲的国家以及菲律宾和泰国等东南亚的国家的物质流分析也正在如火如荼地研究中。

1995 年,德国联邦统计局公开出版了 Integrated Environmental and Economic Accounting — Material and Energy Flow Accounts,率先运用物质流的方法研究并且分析了国家的经济系统。

欧洲委员会于 1996 年建立了"协调账户计划"的公开平台,这一平台的建立可以看成是以国际合作的形式运用物质流分析经济系统的标志性里程碑。欧洲环境署在 2001 年使用了物质流分析的方法统计、分析了欧盟 14 个国家的物质流输入情况,这可以看成是首次将物质流的研究方法运用于区域内的经济系统。欧盟统计局于 2001 年公开发行了首部有关运用物质流分析经济系统的研究手册,极大地助推了对于物质流更深层次的研究。而 Korhonen 在深入研究了芬兰森林行业的能量以及物质流动情况的基础上,运用自然循环的模型建立了这一地区产业的生态系统。

从 20 世纪 90 年代开始,Gerald R. Smith 领导的研究小组每一年都会运用物质流方法对 Mg、Cd、Cr、As、Fe、Pb、Co 等几种金属进行流动量的分析,获取了相当多的关于消费的结构以及金属等资源的有效数据,同时也监控了有危害物质的排放量以及矿产资源的开采量或者使用量。不仅如此,他们还通过能量以及原料的流动系统分析了美国的经济系统,而且还对从 20 世纪初期以来美国生产、使用 As,最后排放到自然环境中的整个过程进行了粗略的估算,其中着重估算了在 1989 年的商业以及工业过程中向环境中散失的 As 量。Gooman 与

Sznopek 对含 Hg 的原料在美国的流动情况进行了分析,这项研究的时间范围为 1989—1998 年,主要是分析 1996 年前后含 Hg 的原料在美国境内的流动情况,并将结果和 1990 年的分析结论进行对比。

Morel、Stankovic 以及 Robinson 等学者于 1999 年对毗邻城市的一些地区的物质的流动情况开展了综合性的分析,创造性地发明了一种名叫 SUNTool 的概念模型。

Stefan 与 Bringezu 于 2003 年利用关于经济系统的物质流分析方法以及相对应的指标体系对经济系统的代谢步骤进行了评估以及监测。除此之外,2003 年,陶在朴对 1997 年的奥地利经济系统的物质流进行了估算,编制了奥地利的物质投入以及产出表。

2004 年 Binder 采用物质流的研究方法定量分析了瑞士的 AR 等地区的木材从森林开始,到木材的加工再到消费的全部步骤。

2005 年 Fridoalin、Weiss 运用物质流方法对欧盟中 14 个国家自然资源的使用情况进行分析,发现了影响各国 DMC 差异的重要因素。Yuma、Igarashi 等对日本不锈钢企业生产物质流进行了研究,对于生产过程中 CO_2 的潜在排放量进行了粗略的估算。

2006 年日本的 Musami 利用物质流方法系统分析了废旧家电的回收情况,认为物质流分析方法对日本建立资源循环型社会评价体系至关重要,同时,物质流方法可以为政府制定物质回收制度提供借鉴。

总的来说,物质流分析方法在经济发展、环境系统、部门或产业发展等方面得到广泛应用,而企业物质流分析也越来越受到重视和关注。

(2)国内研究。我国有关物质流分析方法的研究仍然属于起步阶段,宋永昌等(1998)对上海等城市的水循环、能量收支、氧平衡、食物等代谢进行了分析。段宁等(1999)在广西贵港市生态工业园的设计方面运用了物质代谢的分析方法,对园区能源蒸汽、水电、原材料、废弃物以及各种资源代谢系统进行了全面分析,提出了废弃物以及产品代谢的观念,构建了控制理论模型。陈效述等(2000)将物质流分析方法引入我国,物质流分析方法获得了比较广泛的使用。

1)宏观层面的物质流研究。陈效述等(2000)运用物质流方法及理论对我国 1989—1996 年物质的生产力、需求总量、消耗强度等进行了系统的分析。他们认为伴随着我国经济飞速发展,我国资源与环境付出了巨大代价,1994 年,我国物质需求总量大约是美国的 116 倍,资源损耗巨大,而资源损耗在一定程度上决定了经济系统的运行,我国年人均物质需求量相当于日本的 115 倍、荷兰的 111 倍。我国对自然资源使用效率较为低下,单位物的消耗量所创造的 GDP 大约只相当于发达国家的 3‰~7‰。他们基于以上这些分析的结论,以我国现在的物质生产力作为起始点,指出到 2025 年以及 2050 年自然资源使用效率将会分别提高至 4 倍与 10 倍。

陈效述等(2001)应用物质流分析方法对 1990—1996 年国内经济系统的物质流进行了研究,研究结果表明,我国物质消耗强度、物质需求总量、物质生产力在社会经济发展的同时也在稳步增长。

陈效述、赵婷婷等(2003)运用物质流分析方法对 1985—1997 年国内经济系统物质输入及输出进行了系统研究,结果表明,气体、固体物质的输入与输出总量有着相近发展趋势。城市生活污水的排放总量以及自来水的供应总量之间符合一种多项式的非线性关系,研究认为经济系统物质的输入总量能够影响物质的输出总量,有效控制经济系统资源的投入总量就成为降低污染物排放总量的行之有效的方法;人均气体以及固体物质的输入及输出总量也表现出一种上升的态势,尤其以人均的固体废弃物以及废气的排放总量上升迅猛;制造单位 GDP 的物质输入总量及输出总量(其中含污水的排放量以及水的消耗量)逐步降低,从侧面表明中国经济系统的资源使用率显著提升。

徐婉玲与黄淑丽以能量及质量分析的视角,运用物质流方法分析了台北地区的都市物质代谢。王青、刘精致等(2004)对 1990—2002 年间我国经济系统的直接物质投入进行了物质流分析,并对这些物质采用了减量化的分析以及国际化的对比。研究结论显示:我国自身资源支持着经济发展;发达国家的直接物质使用效率比我国高出很多,而我国直接物质使用效率正在逐年提升。

李刚(2004)对 1995—2002 年间我国经济系统的物质输入与输出等相关指标进行了物质流分析,得出了经济系统的物质的需求量以及输出量相当大,而在短期内无法减轻自然环境的生态压力的结论。在此研究基础之上,他又提出物质流分析方法能够用于阐述开放型的对外贸易给生态环境带来的危害。

沈威等(2006)针对公共工程项目与私人工程项目的不同点及其相关评价要素的特殊性,运用物质流分析方法对公共工程项目的物质投入、利用及损耗情况进行跟踪分析,得到相应的物质结算公式,并建立相关的物质流管理指标,为公共工程项目的评价提供了有益的借鉴。

张天柱等(2007)还通过利用结构分解以及物质流分析方法,系统分析并估算了中国从 1990—2002 年之间的物质投入总量。该研究的结论表明,1995—1999 年这 5 年间,我国初步达到了使得自然资源实现可持续发展这一目标。而如果想要满足整个经济系统的去物质化要求,就需要将放缓人口增长的速率及提升技术发展的水平这两者有机地结合起来,从而进一步提升资源生产效率。

2)区域层面的物质流研究。张天柱、徐一建等(2004)运用物质流分析方法分析了贵阳市经济发展,按照区域物质流特征,结合贵阳市经济发展的实际,对"欧盟导则"架构做出了一定程度的修改。此外,他们还实地调研了贵阳市 1978—2002 年的资源投入总量、2000 年的物质流全景以及 1996—2002 年这六年间的污染排放量。研究表明,贵阳市经济增长方式应改变传统发展形式,推进循环经济发展。

我国对于物质流方法的应用研究进一步深入,相当一部分学者、专家发表了有关的专著或者文献。一些学者利用物质流分析的方法较为系统地分析了区域生态经济系统中的物质输入总量及输出总量,研究表明伴随着人口增长、社会经济发展,区域人均物质输入量、人均物质量也提高了,而 GDP 增长速度更快,人均物质输出量以及物质输出的总量却表现出了减少的态势。他们通过结合该区域的实际状况指出了区域内的经济与环境之间如何协调及同步地发展,同时提到了在实际生活中运用物质流方法存在的不足,从而为以后物质流在这一领域的探索奠定了基础。

贾小平、徐明等(2006)将整个社会经济系统作为研究对象,对其物质代谢质量与数量进行了研究,并以辽宁省为例,对 1990—2003 年间的物质代谢进行分析,研究表明从 20 世纪 90 年代开始,辽宁省整个社会的经济系统的物质代谢的转化步骤和国内的整个步骤十分接近,它所损耗的资源总量绝对值比较大,而相对值也比国内的平均水准高出了很多。

李健、金钰等(2006)以天津市泰达生态工业园区为例,应用物质流分析方法对生态工业园区物质流动系统进行了分析研究,分析了生态工业园区物质总量和物质使用强度,并对 1994—2004 年的生态工业园区物质流进行对比,提出了改进生态工业园产业链的合理化建议。

王军、周燕等(2006)以青岛市城阳区为例,应用物质流分析方法对物质流动现状及影响因素进行了分析,并对资源生产率和资源消耗强度进行对比分析。

徐一剑,张天柱(2007)对三维物质投入产出表进行了研究,构建了物质流核算模型。对不同层次的社会经济系统进行了对比研究发现,经济发展很大程度会依赖本地资源,形成的产业链较短,层次结构较低,行业间的关联度也较低,煤炭采掘和电力行业成为占取资源和产生污染的最主要的部门。从技术水平层面分析发现,生产技术水平较低,物质循环利用率较低,生产资源投入量较大,污染排放量较大。从宏观层面比较分析也发现,人均物质流较大,物质流强度较高,而物质使用效率较为低下。

沈万斌等(2009)选取1997—2005年的数据,对四平市的资源投入和污染排放的总量、结构、强度与人均规模的变化进行了分析。研究结果表明:四平市的社会经济发展主要依赖本地资源,本地资源消耗以生物量为主;经济发展中农业所占比例较大,第二、第三产业发展相对滞后;城市生态环境压力较大,"高资源投入,高污染排放"的粗放型线性经济发展模式没有得到根本改变,发展循环经济是四平市实现可持续发展的根本途径。

魏锋等(2010)基于物质流分析对柳州市城市资源生产率进行研究,认为如果柳州市继续保持传统的经济增长模式,不进一步加大污染控制力度和资源循环利用力度的话,其今后的资源生产率负增长的情况肯定会再次出现。

费威等(2015)运用物质流分析将辽宁省经济系统中数据进行物质化处理,再利用改进的数据包络分析模型对环境和经济效率进行综合评价。认为进一步改造提升传统产业,发展战略性新兴产业,提高第三产业发展水平,扩大环保规模,促进居民生活质量水平全面提升,将是辽宁省以及与之相似的资源依赖型区域可持续发展的方向。

常玉苗(2017)以江苏省为研究区域对水资源环境承载力及结构关联效应进行分析,并对各类水资源关联度进行了分析比较,认为江苏省在水资源投入阶段承载压力较大。

3)产业层面的物质流研究。我国产业层面的物质流分析主要集中在矿业、水泥等行业,其他物质生产部门则涉及较少。徐明等(2004)对1990—2000年间我国化石燃料投入生产利用的数据进行分析,指出我国对化石燃料的利用总量远远高于西方发达国家,预计在2010年化石燃料的利用效率达到1990年西德的水平,2050年利用效率达到1994年日本的水平,才能实现化石燃料利用的可持续发展。

王青等(2005)对1991—2000年我国铁矿石开发为研究对象并计算生态包袱,结果反映出铁矿石非生物性生态包袱呈现下降趋势,而重点铁矿山原矿指标呈现上升趋势。刘征、胡山鹰等以物质流分析方法对我国磷资源产业生命周期进行定量描述和分析,对存在问题进行剖析,并提出了解决策略。丁一等学者对1999—2002年我国开发铜矿资源的物质投入与生态包袱进行了计算,结果反映出单位重量粗铜物质总投入、非生物固态物质和水资源投入呈下降趋势,粗铜物质投入造成了生态压力。

陈永梅、张天柱等(2005)运用物质流分析方法对北京市1990—2002年的新建和拆除住宅建筑进行了物质流分析,研究住宅建设活动的物质消耗和对环境的潜在压力,并对2010年北京的住宅建筑物质流进行了预估,提出了加强建筑垃圾再循环利用、改进生产工艺等促进建筑产业可持续发展的对策建议。

沈威等(2006)将工程项目分成两类,即私人及公共的工程项目,与此同时,他们以物质流的方法作为研究基础,全程追踪了公共性的工程项目对于物质的使用、消耗和投入的现状,并且设定了一系列与物质流有关的指标,该研究理论成果也可以作为公共性工程项目如何实现可持续发展的指南。

陈超等(2007)基于生命周期评价思想,应用物质流分析方法对我国2000—2005年水泥生产中物质和能源代谢以及环境负荷状况进行了定量评价,他们认为生产工艺的改进能够降低污染物排放,但并不能抵消由水泥产量快速增长导致的污染物排放增长,必须进一步完善节能减排的配套相关政策。

傅银银等(2012)以巢湖流域的安徽省含山县为例,构建社会经济系统磷流分析框架,建立磷流核算模型,并定量研究了含山县2008年度社会经济系统磷流路径。他们认为含山县富营养化治理的重点是优化农业种植系统的磷流路径,主要措施包括合理施肥、科学排灌等。

钟维琼等(2018)通过构建产业链关键环节的全球铁元素物质流复杂网络模型,分析了钢铁产业链不同环节的网络整体特征,以及国家的进出口总量和国家在网络中对资源流动的控制力。认为中国在铁矿石、生铁、粗钢和废料环节的贸易网络中的控制力都较高,但在钢材和钢铁制品网络中的控制力不高。

董书恒等(2019)基于物质流分析基本框架,构建了镁产业生态系统的物质流分析模型,定量分析了2015年我国宏观层次镁金属材料在其生命周期各个阶段的物质流与价值流,并从资源利用效率、节能减排、回收利用体系、优化产品结构等方面提出了环境管理措施,为我国金属镁等矿产资源的循环利用以及绿色发展提供了决策依据。

(3)物质流分析的基本观点。全世界范围内都在积极探索可持续发展的循环经济模式,我国循环经济发展示范点也在广泛铺开。可持续发展理论与方法研究的重要课题在于如何衡量一个区域的循环经济水平以及选取什么样的指标来定量评价循环经济的发展。物质流方法认为,从外界输入经济系统的物质或者资源的质量以及数量决定了人们在日常的生产以及生活中对自然环境造成的干扰程度,并且还附带影响了由经济系统进入自然界废弃物的质量以及数量。前者对大自然造成了干扰,使得环境的一些功能逐步消失,而后者更是破坏了环境。

物质流分析以实体物质的质量作为起点,把全程跟踪并系统分析人们开采、丢弃以及使用自然界的物质以及资源的步骤作为研究的基础,以如何实现人类与自然界的可持续发展作为分析的目的,在系统分析了自然界中的物质以及资源的转化、损耗、流动、丢弃、产生以及开发等步骤之后,得到了物质在某些范围内的转移效率以及流动的情况,进而能够发现对自然环境造成压力的源头,最后以此为依据,设定一系列评价区域范围内的循环经济实施程度的指标,最终助推该地域范围内的可持续发展程度。

(4)物质流分析的系统边界。精确阐述经济与环境系统的范围才能保证经济系统物质流分析的一致性,同时通过此边界的资源才能加以核算。在物质流分析研究中,只需要考虑通过系统边界输入待研究的系统或输出待研究的系统的物质流,而无需对经济系统内部的物质流进行研究。由于物质流分析所研究的重点在于社会经济系统在自然环境系统中的物质新陈代谢,因此,需要对系统的范围做出界定。

在国民经济账户体系中与经济活动有联系的所有物质流(包括生产、贮存和消费等)都纳入经济系统;环境系统则不仅仅指市场交易的那部分,它包含所有资源。从区域层面来定义,物质流动边界有以下两种含义:

1)可以理解为人类社会的经济系统以及自然环境两者的界限,也就是环境系统内的物质

(比如自然资源)越过界线输入了经济系统;

2)可以理解为地域范围内的界线,也就是半成品以及半成品等间接物质越过界线从一个领域到达了另一个领域,从而产生了地域范围内的物质的进口以及出口。

当前绝大部分的国家层面上的物质流研究,通常仅仅分析了越过系统的界线进入被考察的经济系统以及离开被考察的经济系统的物质流,而没有系统分析系统里的物质流。

(5)物质流分析的基本框架。物质流方法根据自然界的物质与人类社会的经济系统之间的关系展开了划分,从定量的角度系统地评估了整个社会的代谢过程。对物质流开展研究并对其予以利用的重点是物质流分析的结构,不仅如此,物质流方法的结构能够作为物质流评估如何继续的指南。与此同时,一些物质流研究的领先国家早就把能够彻底贯穿整个物质流分析步骤的研究结构作为了该领域的核心。

当时间来到 2001 年时,物质流引起了整个欧洲的广泛关注,这其中涵盖了欧盟执行委员会、欧洲环境局以及欧洲共同体统计局等部门,他们以欧洲共同体 15 个成员国的物质流作为重点开展了系统研究。欧洲共同体的特殊基金委员会于同一年赞助了该研究项目,与此同时,亚马孙流域的一些国家(其中涵盖了委内瑞拉、哥伦比亚、玻利维亚以及巴西)构建了以国家为单位的研究结构。

1)物质流的分类。当需要研究物质流的时候,核心就是需要将物质流分门别类,并且要明确研究的对象。本研究将欧盟之前公开发布的《物质流分析实践手册》作为理论指导,研究及评估物质流。

必须严格地界定排放类的物质、存量物质以及投入类的物质,以完成物质流账户的构建。目前在世界范围内,地域范围内的输入经济系统的物质流被分成空气、水、非生物物质以及生物物质等 4 类。而离开经济系统的物质流大体被划分成废气、固体废弃物以及废水三类。

表 6-12　物质流分类

物质输入		物质输出	
类目	指标	类目	指标
国内固体物质输入	化石燃料、金属和工业矿物产量 农业、林业牧业和渔业生物产量	国内固体废弃物输出	工业和生活固体废弃物排放量 农用化肥施用量
国内水输入	供水量和用水量	国内废水输出	工业和生活废水排放量
国内气体物质输入	化石燃料燃烧、工业过程及生物呼吸消耗的氧气量 植物光合作用消耗的二氧化碳量	国内废弃和其他气体输出	化石燃料燃烧和工业的废弃排放量 生物呼吸排放的二氧化碳量 植物光合作用排放的氧气量
进口物质	原材料进口量	出口物质	原材料出口

中国著名专家陈效述对进入及离开我国经济系统的物质进行研究的过程中,将这些物质大体分成了表 6-12 所列的几类。

以物质输入的这一端作为着陆点,输入经济系统的物质被划分成了隐藏流以及直接物质输入这两大类。直接输入区域的经济系统的物质可以被划分成空气、水、生物物质以及固体非生物物质(其中涵盖了建筑材料、化石燃料及工业矿物等)四部分,这就叫作直接物质输入。

人们利用相当多的环境内物质得到直接物质输入量叫作隐藏流,别名生态包袱,涉及以下几项:
   a)为了采集工业原材料以及化石能源而带来的水土流失量以及表面的泥土量;
   b)使用生物时造成非利用的损失,如农业收割的消耗以及砍伐木材的消耗等;
   c)建设过程中丢失的土方;
   d)大自然中的水土流失量。
一般使用隐藏流系数来估算各种进入系统的隐藏流。

隐藏流以及直接物质输入又可以根据范围被划分成两类,即进口以及内部采集。其中内部采集涵盖了农、林、牧、渔的生物产量、供水量、一次性的能源以及矿产资源等,而进口物质不但涵盖了制成品以及半制成品等商品种类的物质,还涵盖了农林产品、通过进口得来的一次性能源以及矿产资源等,不仅如此,从广义上来看还涵盖了大量的丢弃物。而固体废弃物和出口的半制成品、制成品,以及原材料、废气、废水则构成了输出的直接物质。

聚焦到物质输出的这一端,出口物质、区域内的输出物质以及区域内的隐藏流这三大块构成了物质的输出总量。需要说明的是,废气、废水以及经济系统中丢弃的固体废弃物又构成了区域内的输出物质。

2)物质流核算。如果站在物质流平衡的角度来看,出口物质的总和、国内步骤的生产量以及净增加的资产存量构成了直接的物质投入。然而当消费以及生产时,原有物质里的水分将挥发到空气里,而大气层的氧气则可能涉及反应的过程进而变成丢弃物的一部分,这就让核算变得难以继续。综合权衡了以上这些以后,应该运用两种方式估算净增加的资产存量。

a)间接估算方式:如果将排放出的水分、国内步骤的排放量、直接物质投入以及经济生产步骤里吸入的氧气作为参考因变量,那么计算关系表达式可以描述如下:

净增加资产存量＝排出水分－国内过程产出量＋直接物质投入量－
国内生产过程产出量＋工业以及燃烧活动中得到的氧气

b)直接估算方式:要重视数据,也要重视实际。当前,直接估算正由定性管理向定量管理转变。直接估算的资金,包括投资资金和生产流动资金两大部分。它是用于项目的科研、设计、施工建设、试运转以及原材料、中间产品、最终产品的储备,直至进入了正常生产、拿到合格产品所需的全部资金。参考的公式如下:

直接物质投入＝工业过程中废弃物＋出口产品量＋净增加资产存量＋非耐用消费品＋
国内生产过程中能源消费＝废水＋流散废弃物＋
气体废弃物(含能源消费废弃物)＋工业和城市垃圾

在一次性的产品里,消耗能源的过程中随之产生的废水以及 CO_2 变成了气体以后输入了大气层,然而废水以及 CO_2 里的氧气不会被纳入气体排放物的范畴;工业过程中产生的丢弃物质涵盖了同一年资产库存量。

(6)物质流分析的指标体系。就世界范围内而言,对于可持续发展评价方法的相关成就丰硕。当需要对局部的可持续发展做出决策时,可以把物质流方法作为量化的理论根据,并且可以作为构建方法体系的新手段。通过采用物质流方法分析经济系统,就能够获得综合指数、平衡指标、输入输出指标、消耗指标以及强度效率指标等十余项物质流指标,这当中弹性系数以及分离的指数可以评估经济发展、物质损耗以及环境退化程度这三者之间关系。汇总各种资料以及文献,分析的公式见表6-13。

表 6-13 物质流分析指标分类及其计算公式

指 标	计算公式
物质输入指标	直接物质输入=区域内物质提取+进口
	区域内物质输入总量=直接物质输入量+区域内隐藏流
	物质需求总量=区域内物质输入总量+进口物质的隐藏流
物质输出指标	直接物质输出量=区域内物质输出量+出口
	区域内物质输出总量=区域内物质输出量+区域内隐藏流
	物质输出总量=区域内物质输出总量+出口
物质消耗指标	区域内物质消耗量=直接物质输入−进口
	物质消耗总量=物质需求总量−出口及其隐藏流
平衡指标	物资库存净增量=贮存物质净增长量
	物质贸易平衡=进口物质量−出口物质量
强度和效率指标	物质消耗强度=物质消耗总量÷人口基数
	或物质消耗强度=物质消耗总量÷GDP
	物质生产力=GDP÷国内物质消耗量
	废弃物产生率=废弃物产生量÷GDP
综合指数	分离指数=经济增长速度−物质消耗增长速度
	弹性系数=物质消耗增长速度÷经济增长速度

1)如果重点考虑输入的话,局部物质输入量是上述指标中最关键的指标。鉴于人们的日常活动对于大自然的直接干扰的表现形式为物质输入自然界的总量,与此同时,从国外进口的物质流的隐藏流不在考虑范围之内,并没有直接干扰本地环境系统。当需要对国家或者局部范围的生态系统和资源使用程度之间的关系进行衡量的时候,物质输入量肯定会较物质需求量准确得多。从一般规律来看,物质输入量与自然资源以及物质动用量呈现正相关关系,而自然系统向人们供给量则呈现正相关关系,与此同时,经济系统运转过程中可持续性也表现出正相关关系;恰恰相反,物质输入量与自然物质以及资源动用量互为负相关关系,自然系统向人们的供给量以及经济系统运转过程中的可持续性都表现出负相关关系。

2)如果重点考虑输出的话,局部的物质输出量就是关键。因为局部的隐藏流以及水、固、气等丢弃品构成了局部的物质输出量,而这些组成因素又是人们在日常活动中直接对周边的环境氛围造成的危害,同时也是对环境造成污染的源头,故用局部的物质输出量来评估国家或者局部的环境和谐度再合适不过了,同时还能够衡量本地范围内的环境维护与防护的可持续性。从一般规律来看,物质输出量与排放到环境中的丢弃物呈现负相关的关系,而与环境的友好度以及环境的可持续性均表现出正相关的关系;恰恰相反,物质输出量与排放到大自然中的垃圾呈现出正相关关系,与环境的友好度以及环境的可持续性均表现出负相关关系。

3)如果重点考虑损耗,物质损耗量就揭示出人们日常对物质的损耗度。显而易见,物质损耗量与人们的日常活动对于大自然的干扰度呈现出正相关关系,而与资源节约型社会的实现程度表现出负相关关系;恰恰相反,物质损耗量与人们在日常活动中对于大自然的干扰度呈现出负相关关系,而与资源节约型社会的实现程度表现出正相关关系。因此,物质损耗量的相关数据能够极大地助推可持续发展。

4)如果重点考虑物质平衡,物质库存净增量反映了一个国家或地区的物质财富增长水平。在物质库存增长量中,循环利用及废弃物质的资源化回收利用有多少贡献,目前国内外对此还未有系统的研究。因此,一方面增加物质库存净增量,另一方面改善其增量的组成结构和循环利用的比例,对于建设循环型社会具有重要战略价值。

5)如果重点考虑效率及强度,物质生产力代表了一个国家或地区的资源利用效率的高低。作为物质流分析的衍生指标,物质消耗强度、物质生产力、废弃物产生率等指标有助于分析经济系统与自然环境之间的关系,最终为提高经济系统的资源生产效率和降低资源消耗强度,揭示经济系统物质结构的组成和变化情况,并为实现去物质化(Dematerialization)和社会、经济、环境的可持续发展奠定理论基础。

综上,物质流分析指标可以表述一个国家或地区的资源投入、贮存、回收、废弃物产生及废弃物再生利用情况,并在物质流分析框架基础上,建立循环经济及可持续发展的评价指标体系,从研究循环经济角度,定量化地描述自然资源消耗、废弃物产生以及废弃物再使用和资源化再生利用与人类经济活动的关系。

6.4.2 造纸生态工业园的物质流分析评价

(1)造纸生态工业园物质流分析。2000—2010年这10年间,中国的纸板及纸的总产量年均增长10.75%,消耗的总量年均增长8.76%,在未来的10年,我国的纸张消费量预计将增长约1.5亿t。然而,值得注意的是,我国的造纸行业中,仍然有许多难题需要攻克,例如作为造纸行业主要原材料的木材供应不足,没有得到很好的利用,还有环境方面的挑战等。造纸业不但要面临资源供应不足的问题,还要面临市场消费需要旺盛的问题,除此之外,必须要提升生产效率,这些都导致木材的供应以及利用等成为造纸供应链的研究中备受关注的问题。

造纸供应链是发展造纸生态工业园的基础,在造纸工业产业运行之中,加强对物质流关注与管理,可有效支撑造纸工业园发展。在造纸供应链条上,其网络框架由社会分工决定,并且其如何运作也受到以上因素的影响。必须要提出的一点就是,造纸供应链与造纸生态工业园的这种密切关联直接体现在木材资源的流动特征上。对造纸原料木材的流动特征进行深入探讨,需要在造纸产业宏观背景下,并结合造纸生态工业园实际,采取相应的措施与对策。此项研究中,主要运用了物质流分析法(Material Flow Analysis,MFA),即以一定类型的木材资源产品为研究对象,基于木材资源产品的供应链条,对产品的生命周期加以探索,从而对在每一环节进与出的物质量进行整体的研究。必须做到对木材资源产品由刚进入供应链,到最后退出供应链截止的全过程进行,产品在整个供应链条上的各项数据掌握得齐备,才有利于研究深入开展,研究结果有据可查且真实有效。通过在供应链中的木材流动的相关数据搜集,发现存在的一些弊端,进而找到相应的对策以解决这些问题,无论是从宏观还是微观,都有助于推动我国造纸产业生态化发展。

就目前而言,国内外关于物质流分析的研究,可以划分成经济系统物质流分析、产业部门物质流分析和生命周期评价。其中,第一种物质流分析主要是对经济系统物质构成加以剖析,并对变化情况及时把握,并廓清经济与环境间的联系,进而达到提升资源生产率以及减弱资源损耗度的目的,同时还实现了经济、人类社会以及自然界之间的可持续发展。第二种物质流分析把产业链上的物质流动作为研究对象,用定量的手段评估了各阶段的资源使用情况,可以作为政府进行决策以及优化企业制度的指南。鉴于第三种物质流分析目前尚具有较多的争执,世界范围内高水准的成就相对稀缺,本研究把造纸供应链上的木材原料物质流作为研究重点,对其进行较为系统的分析则属于第二种物质流分析。

国土资源部最早展开这方面的研究,这部分是由于凭借其得天独厚的资源优势,能够对以上研究所需的数据以及具体流程详实地掌握,获取大量数据,从而着手研究。目前看来,针对该方向的研究主要集中在以能源为代表的一些传统支柱产业,而在造纸产业还呈现出一些空缺,甚至连整个林业经济也有待完善,并且相关文献也不多。此外,这些文献的研究也极少针对物质在供应链条中的流动状况,或缺乏一个较为完善的框架,或借鉴国外大多数的指标与系数,未与我国实情进行很好融合,从而客观效果不佳。

综上,本研究将运用定量手段对富阳造纸生态工业园木材资源物质流进行分析探讨,富阳造纸生态工业园虽非西部地区造纸生态工业园,但具有较典型的代表性。对富阳造纸生态工业园的木材原料流动强度以及流动量进行系统分析研究,综合考虑了木材原料流动始终所伴随的物质转化以及互相的联系,以此为基础,衡量木材资源整个生命周期里的各阶段给经济及环境所施加的干扰,为合理利用生产原料及生态工业园物质流规律提供借鉴。

(2)造纸生态工业园中造纸供应链的木材资源物质流分析。

1)理论依据。物质流分析把物质流动量衡算作为基础,系统评价物质的使用率,采用量化的手段,计算经济以及环境系统里的物质的投入与产出,与此同时,分别构建物质投入与产出的账户,以吨为单位,全程跟踪物质的生产、采掘、消费、转换以及重复利用的整个过程,其中分析的对象包括原料、产品、制成品以及元素,还涵盖了废弃物等。对社会经济活动中物质流动的定量分析是物质流的核心,作为基础性的定量分析结果,物质的流向与流量是需要被了解和掌握的,不仅是区域经济,更是整个经济体系中的所有数据,并且要从宏观角度去了解一个区域,该区域当前发展阶段的物质消耗特点需要人们去充分认识,这样才有助于制定可持续发展规划,为产业结构的优化调整添砖加瓦。

确定物质流分析的研究范围是物质流分析实践的首项工作,其边界既包括时间又包括空间。其后还需要界定的内容包括物质的存储、输入、输出等内容。物质输入(出)分类指标、MFA主要分析指标、物质隐藏流系数是三种产业部门在分析MFA时的常见指标,其中MFA主要分析指标又包含了物质的消耗及输入(出)指标,还包括强度和效率等几方面的数据。传统的各种统计年鉴、环境报告书是MFA分析数据的主要来源,发达的数据库也是其来源之一,其数据可在企业和网络的统计数据库中找寻。接着分析的流动数据来源于流体输入(出)、进(出)口等四部分,分析指标的值可以通过公式计算得出。从以上分析看来,造纸生态工业园物流系统的分析中可以引进MFA分析的基本思想,坚持物质平衡的原则,按照事物发展的过程分析物质(资源)流动状况,从开采到利用全方位跟踪分析,并对其效应进行预估。"流"不是一个单一的过程,其中存在多个连贯片段、状态或环节。

2)重要假设。若将绝大部分的各类纸浆都在造纸中使用(废木浆除外),则可将造纸生产的原料来源总结为木浆和废纸浆两大来源。在用单位换算和公式计算生产量时,要以消费量为出发点,收集木浆和废纸浆为资源消耗的具体数据,以进出口量为辅助资料。生产量计算得出后,再算出造纸供应链上下游两个数据情况:一是上游木材资源在供给上的具体状况;二是下游的纸产品需要状况。最后在得出数据的基础上对比验证相关统计数据。

在我国造纸生态工业园的产品进出口流量的计算中,若进出口的纸浆都是木浆,废纸都为木质纤维,那么以废纸生产废纸浆的转换率为80%。在产品消费流量的计算中,需要采用估算的方法,以纸张主要消费用途和纸产品的消费比例两大依据为计算基础,把对进出口纸制品带来的直接影响考虑到分析过程中,再加之木材资源净流量问题,做到分析的全面化。

上述理想性情况并非虚设,若遇到数据残缺或者数据无法估量,按照上述方法便能够使状况简洁明了,从而把计算单位和评价标准放置于"天平"的两端,合理的理想性假设是有科学依据的,同样也满足系统分析要求。

3) 计算过程。世界造纸业飞速发展,更加注重环保,以木质纤维作为造纸原料已然是时代的趋势,采用该原料也符合我国造纸生态工业园的实际情况,所以,本研究的重点在于以木材资源为主的造纸生态工业园物质流分析。直接采集森林资源以及间接收集木质材料的废纸是木质资源转换为纸制产品的两条主线。第一种方式的目标是成熟期的树木,经过"采伐→初加工→化学或机械加工"的程序生产出纸产品,包括纸张和纸板,其中树木转换为造纸原料的初加工方式有锯割、旋切、削片等,化学或机械加工属于制浆造纸的范畴,采用木质纤维提取、抄纸等方式。生产出的纸产品可以被直接消费,也作为下游产业产品的原材料,这其中涵盖了各类印刷、包装用纸、其他纸制品等,进而成资源消费品,可运用到的领域涉及新闻、包装、日化业等多个行业。第二种方式是循环利用废旧纸品,实现木材资源的"重生",该过程经历了废纸的预处理(包括分类、去杂质等步骤)、制浆造纸等几个阶段。因此,在对造纸供应链中木材资源的流动划分阶段时,可以应用"STAF"物质流分析模型得出四个阶段,即制浆造纸、深加工(对纸或纸板作为再加工)、利用以及回收。在分析造纸供应链中木材资源的流动特征时,可以将每个环节设定为资源输出与输入等量的理想状态,不将流通过程中存在的自然和人为损耗的分支流动纳入考虑范围。

评估木材资源流动的始末各个步骤的实际状况,其计算公式如下:

$$进入量 = 产生量 P + 进口量 I \qquad (6-7)$$

$$排出量 = 消耗量 C + 出口量 E \qquad (6-8)$$

资源的等量输入和输出是物质流分析方法的基本假设,则有

$$P + I = C + E \qquad (6-9)$$

由于各数据的计量单位不统一(包括以立方米为单位的木材资源,以吨为单位的纸浆和纸产品),在计算过程中需要一定的换算。鉴于此,我们引进"木材折算量"的概念,它是一种木材消耗系数,体现了各种产品对木质纤维的消耗情况,这一指标能够实现整个物流过程中资源流动度量的统一,这一概念利用了产品在原料上的统一性(即以木质纤维为原料),将产品形态、组成和生产方式这些无法统一的复杂因素换算为相对单一的木材资源消耗量值,使造纸供应链中森林资源整体流动过程得以较好展现,以观察"纸产品生产→流通→消费→再利用"这一核心,再用可量化的数据进行统计和对比分析。基于上述基本计算公式,设第 i 种产品的生产量为 P_i,进口量为 I_i,消费量为 C_i,出口量为 E_i,木材折算量为 B_i,则可将MFA分析的恒等式具体表示为

$$\sum P_i \cdot B_i + \sum I_i \cdot B_i = \sum C_i \cdot B_i + \sum E_i \cdot B_i \qquad (6-10)$$

按照式(6-10)的参数设置,完成前期的步骤,即最大程度地使用我国"十一五"期间和林

业及造纸业有关的各种数据以及资料(相关数据详见我国2006—2011年林业发展报告、造纸工业年度研究、海关统计年鉴,它们分别由国家林业局、中国造纸协会、中国海关总署发布)。

将五种主要产品的数据(这五种产品包括木浆、纸及纸板、纸制品、废纸浆和废纸,相关数据有生产量、消费量以及出口量)代入式(6-10)来计算各产品的单位木材折算量。这些数据综合了已有相关研究成果、相关制浆造纸生产经济技术手册,在此基础上再与相关技术资料结合得出。

设木材折算量为 $L(m^3)$,生产该产品的数量为 $T(t)$,该产品的单位木材折算量为 $V(m^3/t)$,则可得其计算公式为

$$L = V \cdot T \tag{6-11}$$

由于循环利用废纸所得的木材资源不在国家林业局统计木材产品的市场总供给量的范围内,在造纸过程中,用 R_S 表示供应量在总供应量中所占的比重。根据上文物质流分析的根本假设,输入和输入总量呈现出平衡的状态,通过推算还能得出木材资源消费量占木材资源总消费量的比例(用 R_C 来表示),R_S 约等于 R_C,则有

$$R_C \approx R_S = \frac{L_{木材资源总供给} - L_{国内回收废纸} - L_{国外进口废纸}}{L_{木材市场总供给}} \times 100\% \tag{6-12}$$

制浆阶段的木浆原料供应比率 P_M 为

$$P_M = \frac{L_{国内采伐木材及原木边角料} + L_{净进口木浆}}{(L_{国内采伐木材及原木边角料} + L_{净进口木浆}) + (L_{国内回收废纸} + L_{净进口废纸})} \times 100\% \tag{6-13}$$

制浆阶段的废纸浆原料供应比率 P_F 为

$$P_F = \frac{L_{国内回收废纸} + L_{净进口废纸}}{(L_{国内采伐木材及原木边角料} + L_{净进口木浆}) + (L_{国内回收废纸} + L_{净进口废纸})} \times 100\% \tag{6-14}$$

制浆阶段的原料自给率 P_Z 为

$$P_Z = \frac{L_{国内采伐木材及原木边角料} + L_{国内回收废纸}}{(L_{国内采伐木材及原木边角料} + L_{净进口木浆}) + (L_{国内回收废纸} + L_{净进口废纸})} \times 100\% \tag{6-15}$$

废纸回收率 P_W 为

$$P_W = \frac{L_{国内回收废纸}}{L_{使用后回收}} \times 100\% \tag{6-16}$$

在对木材资源及其衍生产品的贸易情况进行评价时,选取的是贸易平衡指标 Physical Trade Balance,简称 PTB。通常来说该指数与进出口量之差相等。已在统一当量工作上做好了预先的准备工作,因此,可以直接估算原料、产品以及衍生产品的 PTB,这种方式适用于造纸过程的各阶段:

$$PTB_{木浆} = L_{进口木浆} - L_{出口木浆} \tag{6-17}$$

$$PTB_{废纸浆} = L_{进口废纸} - L_{出口废纸} \tag{6-18}$$

$$PTB_{纸及纸板} = L_{进口纸及纸板} - L_{出口纸及纸板} \tag{6-19}$$

$$PTB_{纸制品} = L_{进口纸制品} - L_{出口纸制品} \tag{6-20}$$

(3)以富阳造纸生态工业园为例进行物质流分析。

1)富阳造纸生态工业园概况。富阳在我国造纸历史上占有重要地位,被称为造纸之乡。富阳在2004年被中国工业经济联合会授予"中国白板纸基地"的称号。2013年,富阳造纸产量达到了530万t,实现销售187.4亿元,同比增长27.3%;税收7.35亿元,同比增长27.8%;利润6.85亿元,同比增长31.7%。造纸产业生态化发展是富阳市国民经济可持续发展的

关键。

富阳造纸生态工业园属于第二类工业园,是造纸产业集群发展到一定规模而形成的生态工业园,必须进一步进行造纸企业的兼并重组,优化造纸产业结构,形成生态化造纸产业集群,实现原材料和副产品的循环再利用的循环经济发展模式,形成以造纸产业为主导的传统产业生态工业园。

2) 富阳造纸生态工业园造纸生态链木材资源物质流分析。围绕国内造纸生态工业园展开的整体物质流分析,参阅我国林业报告以及整个造纸行业报告等有关资料与数据,将相关参数具体引入富阳造纸生态工业园区并进行数据核算,即可得出相应的各类具体指标。

富阳造纸过程中主要产品的木材折算量见表 6-14。

表 6-14 富阳造纸过程中主要产品的木材折算量

产品	直接耗用原料	木材折算量/$(m^3 \cdot t^{-1})$
木浆	原木、原木剩余物	4.65
纸及纸板	木浆	4.15
纸制品	纸及纸板	5.25
废纸浆	废纸	2.9
废纸		3.75

注:木材折算量为单位产品的木材消耗量。

从物质流分析的相关数据可发现,就富阳造纸生态工业园的生产供应链状况而言,其在"十一五"期间用于造纸的木材资源供给总量达到了 12 382.6 万 m^3,具体包括了木材采伐、回收废纸、国外进口废纸和国外进口木浆及其他木质林产品四方面,分别折算为 2 503.1 万 m^3、4 266.8 万 m^3、3 310.6 万 m^3 和 2 302.1 万 m^3。另外,从国家林业局公布的相关发展报告可知,我国木材产品在同一期间的市场总供给量则达到了 15 626 万 m^3(这一统计数据涉及进口原木、其他进口木质产品的折合木材量、扣除重复部分后的木材量、过度的采伐量、自用材、烧柴产量、上一年的库存量以及商业木材的供给量等)。考虑到我国林业局估算木材产品的市场总供给量的过程中,没有涵盖废纸回收反复使用相关的供给量,便能够核算出造纸生产中涉及的木材资源供给量与总供给量之间的比例 R_S。此外,基于 MFA 分析方法中的相关预设,也即木材资源的总输入量和总输出量基本平衡,进而能够计算出造纸生产过程中涉及的木材源消费量与总消费量之间的比例 R_C,并且 R_C 与 R_S 基本相等,则有

$$R_C \approx R_S = \frac{12\ 382.6 - 4\ 266.8 - 3\ 310.6}{15\ 626} \times 100\% = \frac{4\ 805.2}{15\ 626} \times 100\% = 30.75\%$$

(6-21)

在理论层面,R_S 指标具备一定程度的参考价值,能够反映出造纸生产过程中巨大的木材资源流量,即便忽略废纸回收再利用后,该流量也达到了同期期间木材总资源流量的 30.75%。

如果重点考虑制浆过程中投入的木材原料,那么具体来说,涵盖了生产以及砍伐过程中伴随而来的木材总共约 2 503.1 万 m^3、净进口木浆折合木材约 1 481.2 万 m^3(由 1 500.4 万 m^3 的进口量减去 19.2 万 m^3 的出口量所得)、回收废纸折合的木材共计 4 266.8 万 m^3、净进口废

纸折合木材 3 310.55 万 m³(有 3 310.6 万 m³ 的进口量减去 0.05 万 m³ 的出口量所得)、净进口纸和纸板折合的木材 −69.7 万 m³(由 757.5 万 m³ 的进口量减去 827.2 万 m³ 的出口量所得)、净进口纸制品折合木材 −421 万 m³(由 44 万 m³ 的进口量减去 465 万 m³ 的出口量所得)以及 11 064.4 m³ 的回收再利用折合的木材资源等。由以上相关数据即可算出制浆过程中对应的木浆原料供应比例(P_M)、废纸浆原料供应比例(P_F)、原料自给比例(P_Z)以及回收比例(P_W)。

制浆阶段的木浆原料供应比率 P_M 为

$$P_M = \frac{2\,503.1 + 1\,481.2}{(2\,503.1 + 1\,481.2) + (4\,266.8 + 3\,310.55)} \times 100\% = \frac{3\,984.3}{3\,984.3 + 7\,577.35} \times 100\% = 34.46\% \quad (6-22)$$

制浆阶段的废纸浆原料供应比率 P_F 为

$$P_F = \frac{4\,266.8 + 3\,310.55}{(2\,503.1 + 1\,481.2) + (4\,266.8 + 3\,310.55)} \times 100\% = \frac{7\,577.35}{3\,984.3 + 7\,577.35} \times 100\% = 65.54\% \quad (6-23)$$

制浆阶段的原料自给率 P_Z 为

$$P_Z = \frac{2\,503.1 + 4\,266.8}{(2\,503.1 + 1\,481.2) + (4\,266.8 + 3\,310.55)} \times 100\% = \frac{6\,769.9}{3\,984.3 + 7\,577.35} \times 100\% = 58.55\% \quad (6-24)$$

废纸回收率 P_W 为

$$P_W = \frac{4\,266.8}{11\,064.4} \times 100\% = 38.56\% \quad (6-25)$$

$$PTB_{木浆} = (1\,500.4 - 19.2) 万\ m^3 = 1\,481.2 万\ m^3 \quad (6-26)$$

$$PTB_{废纸浆} = (3\,310.6 - 0.05) 万\ m^3 = 3\,310.55 万\ m^3 \quad (6-27)$$

$$PTB_{纸及纸板} = (757.5 - 827.2) 万\ m^3 = -69.7 万\ m^3 \quad (6-28)$$

$$PTB_{纸制品} = (44 - 465) 万\ m^3 = -421 万\ m^3 \quad (6-29)$$

根据以上数据,绘制关于富阳造纸生态工业园中造纸供应链木材资源物质流图(见图6-7)。

3)富阳造纸生态工业园的阶段性成果。从富阳造纸生态工业园发展看,既存在发展机遇,又面临挑战。一方面,富阳造纸产业被纳入国家发展战略,产业集群被认定为"全国百佳产业集群",富阳造纸生态工业园必须坚持生态化发展,才会有生存与发展的空间。另一方面,富阳市造纸产业环境治理取得阶段性成效。造纸产业通过推行清洁生产、循环经济和集中式污水处理,"三废"排放得到有效控制,相继通过了浙江省、杭州市准重点监管区"摘帽"验收。

4)富阳造纸生态工业园的不足。富阳造纸生态工业园仍然存在原料对外依存度较大、生产经营成本偏高、外部经营环境不稳定等不利因素,节能减排依然是急需解决的重点,因此富阳造纸生态工业园生态化发展还面临各种挑战。

5)结论。

a)富阳木材资源流动规模巨大。从上述相关分析可发现,富阳造纸生态工业园反馈造纸生产活动中,木材供给量与木材资源总量之间关系的指标至少在理论层面具备某种参考价值,能够反映出相关的木材资源流量非常巨大,忽略废纸回收再利用后,该流量也达到了同期期间木材总资源流量的30.75%。

b)富阳木材资源的供应能力不足。从上文中的相关数据分析也可发现,富阳生态工业园在造纸生产的制浆环节主要依赖于木浆以及废纸浆作为原料供应来源,两种原料分别占总原料供应的34.46%和65.54%,并且其原料仅能实现58.55%的自给率(P_z)。由此可知,进口木材及相关资源占据了较大比重,该工业园区造纸生产的原料对外依赖性偏高。当然,并不能因此否定其发展空间,并且富阳造纸工业生产过程中对于废纸回收利用方面已呈现较好的发展趋势。

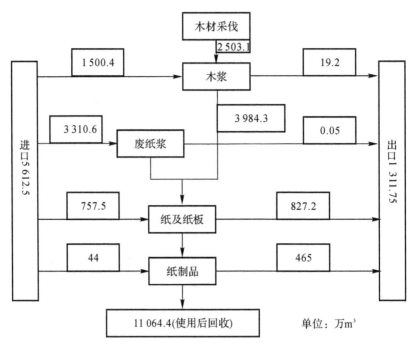

图6-7 富阳"十一五"期间造纸过程中木材资源物质流分析图

导致上述情况的原因主要涉及两个层面:①国内的森林资源本身就相对稀缺,并且现阶段的相关保护法律法规正逐步深入落实,这就直接缩小了造纸工业所能获得的木材资源供应量,与此同时我国当前的造纸产业对木材资源的利用率也相对有限。②富阳工业园区造纸生产环节废纸回收利用所对应的比例(P_w)仍低于40%,而相应的世界平均水平则为47.7%,发达国家和地区的废纸回收利用率更是达到了60%~70%,由此可见,富阳生态工业园造纸工业在回收利用废纸资源方面仍有待提高。

就废纸回收利用方面存在的问题来说:①负责废纸回收的整个行业目前还缺乏规范性和体系化管理,废纸回收的方式较为原始且工作效率相对有限,并且其相对的细分市场体系还未建立起来;②尚未针对纸品回收健全相应的流通、制造以及包装链,也缺乏一致的回收分级标准以及检测手段,相关的管理也缺乏系统性,进而导致废纸回收质量有限,甚至往往被迫作为低档造纸原料,这就促使造纸企业的废纸利用率停留在很低水平。以上原因即共同导致了国内大部分废纸并未获得有效利用,而造纸产业中的废纸原料往往来源于进口。

c)富阳木材资源的贸易不平衡。总结前述中计算PTB指标的相关数据可发现,富阳工业园中的造纸工业原料主要依赖于进口,其产品及相关衍生品的消费市场则主要分布于国内。也就是说,在世界范围内木材材料以及回收纸价格呈现上涨趋势,同时在我国市场上购买的纸类产品逐渐扩大的状况下,造纸产业的成本控制及其供需平衡将呈现日益突出的结构性矛盾。

国内造纸产业目前仍主要分布于鲁、苏、浙、粤等东部沿海经济较发达的地区,西部地区由于造纸产业政策制约,发展受到了限制。造纸原料一般是通过东部港口(青岛、上海、宁波、深圳等)口岸进口废纸以及制浆,但纸产品的消费市场则遍布全国。也就是说,在综合考虑地理环境、经济水平以及消费需求等多种区位因素后即可知,木材资源必定会呈现显著的、变化的流动性,造纸产业应展开相应的资源整合以及系统优化以应对市场变化。

d) 木材资源存在库存积压。毫无疑问,富阳木材资源表现出来的大范围的转移变化进而导致整个生产流程中其他环节难以实现供需平衡。本研究中进行的物质流分析在涉及木材资源投入的相关计算时,基本都未将往年未完全利用的相关资源纳入考虑范围而仅仅选择了净投入值;然而,现实生产过程中往往会由于经济形势的波动性变化,在长鞭效应影响下出现库存积压等问题。根据相关统计信息可知,富阳工业区造纸产业2007—2010年间即有近200万m^3的国内木浆原料库存,这一数据尚未将整个供应链环节中的中间产品、流通中的成品等方面库存计算在内,可见该库存规模非常可观。

从相关统计数据也可发现,富阳造纸产业的生产在总体上超出了其总消费(见图6-8),存在一定程度的过剩和库存积压,而且这一产业的整个供应链条涉及多个方面以及规模显著的经济实体数量,其经济关系也相对复杂。由此可见,为有效规避库存过量等因素造成的经济风险,应尽快通过科技创新、机制创新以及调整原料结构等方式,建立起高效的协同运作机制。

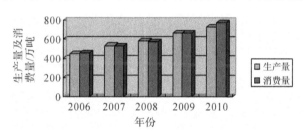

图6-8 富阳"十一五"期间纸及纸板生产及消费情况

e) 富阳木材资源流动仍面临环保压力。在整个造纸产业中,木材资源的流动一方面形成了相应的经济价值,另一方面也导致了环境污染问题。具体来说,造纸产业的污染物主要包括制浆以及抄纸环节产生的废水、废气和废渣等,尤以包含了化学需氧量(COD)的废水污染最为典型。因此可参考单位造纸产量所对应的木材消耗量(见图6-9)、造纸单位产值(现价)所对应的化学需氧量(COD)(见图6-10)等展开相关分析。另外,值得强调的是,在统计造纸产量时相关数据还涉及非木浆造纸所对应的产量,这就需要基于造纸产业纸浆的总消耗量中木浆消耗的比例,同时考虑其他实际情形后展开具体估计和变更。

富阳每吨纸工业产量的木材资源消耗强度总体上呈现降低的趋势,如图6-9所示,就富阳造纸产业中单位纸产品的消耗强度结构而言,木材资源所占比重逐渐下降,这也就意味着造纸产业在设备、工艺技术等方面进行了一定程度的改进。当然,还需要在优化供应链结构、规范管理等方面努力,以有效提升产业的经济效益。

富阳每万元造纸工业产值(现价)的COD排放强度逐年降低,如图6-10所示,就富阳造纸产业中单位产值(现价)而言,其中的COD排放强度呈逐渐下降趋势,也即该产业的控污能力有一定程度提高,并逐渐减小了造纸产业的负面环境影响。然而,从最新的一些数据可知,富阳造纸产业在2010年所产生的废水依然有1.37亿t,占据了该区工业废水总排放量的11.55%;另外,该区造纸产业用于废水处理的费用高达1.9亿元,同比增加了0.45亿元和31.03%,可见,环保责任促使相关造纸企业付出了巨大经济代价。从上述数据分析也可归纳出:一方面,今后仍需不断努力以真正有效地释放造纸产业中的环保压力,促使其尽快转变为生态友好型产业;另一方面,造纸产业还需要积极提升自身的逆向物流能力等。

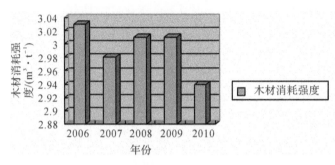

图6-9 富阳"十一五"期间吨纸工业产量的木材资源消耗强度

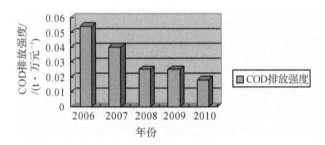

图6-10 富阳"十一五"期间万元纸工业产值的COD排放强度

6.5 推进传统产业生态工业园区发展建设的对策及措施

针对我国传统产业生态工业园发展现状及存在的问题,以造纸产业生态工业园为例,借鉴国外发展经验,从产业定位、规划设计、政策支持等方面提出传统产业生态工业园建设的对策建议。

6.5.1 按照产业定位实施

对造纸产业基础原料型产业的明确定位是建设以造纸企业为核心的生态工业园的基础,正确的发展路径和模式,必将极大促进造纸产业升级发展。林业及纤维生产企业作为上游产业,为其提供生产所需原材料,造纸设备制造企业,为其提供生产所需的机械设备;而其也能为包装、印刷等下游产业提供原料;另外根据造纸的生产流程配套相应企业消化产出的副产品,形成围绕造纸核心企业的完整产业链条,促进造纸业的一体化、集成化、规模化发展。增加经济、社会效益的同时,实践清洁生产,保护生态环境,实现造纸工业可持续发展。

这一定位的明确也决定了造纸龙头企业可以作为构建造纸生态工业园的核心企业,与上游企业及下游企业共同组成完整的产业链,以造纸龙头企业的生产环节为依据,引入副产品消耗企业及服务配套企业,共同构建生态工业网络和服务网络,不但可以实现造纸企业的生产清洁化、资源节约化、产品功能化,还能带动一批中小企业的共同发展,促进地区经济发展和环境保护。

6.5.2 科学合理的规划设计

无论是对传统造纸工业园区的生态改造还是设计全新造纸生态工业园,均需要科学、合理的规划方案支持,围绕造纸核心企业,依据工业代谢的原则,选择相关企业共同组成产业链条。造纸园区生态网络如何形成闭环,哪些基础设施需要规划其中,支持服务应包含哪些环节,怎样提高资源、能源利用率,都需要妥善规划;制定合理详尽的跟进计划,在特定时间完成特定任务,避免项目中途搁浅;在招募企业的过程中要有严格的入园核准制度,考虑资金投入时更要关注企业是否符合资格,如企业生产本身是否具有环保性以及能否与园区其他企业形成共生关系。

6.5.3 完善园区基础条件

生态工业园区的成功构建需具备下述基础条件:①构建实体型造纸生态工业园,必须有可以用于园区建设且相对集中的场地,园区内需建有完善的基础设施并配备统一管理机构,以实现对园区的绿色管理;②建立技术创新机制,有专门的技术支持中心用于新技术更新与使用;③建立生态工业园区产业孵化中心,带动相关中小企业或微型企业的发展;④政府要加强土地使用、人才聘用、税收、融资和知识产权等方面的支持力度,为传统产业发展提供更多便利及优惠条件,保证园区获得稳定持续的发展;⑤对于已经形成废弃物及副产物贸易网络的企业,必须符合国家和地方有关的环境法律法规制度和标准。

6.5.4 完善政策支撑体系

造纸生态工业园区的构建需要完善的政策支撑体系,而政策支撑体系的建成则需要政府加强主导作用。政府需培育良好的社会经济环境,明晰环境产权,倡导循环经济的发展,促进真正意义上生态工业园的建立;引导、规范企业发展环保产业,使企业真正融入生态工业园这一新兴传统产业工业模式;从资金及战略角度,积极支持高新技术及环境无害化技术的发展,更重要的是倡导技术由理论向实践的转化;发挥财税政策的杠杆作用,完善多渠道融资,支持生态工业园区传统产业资源的优化配置;引导公众的绿色消费理念,提倡绿色教育,以市场为保障促进绿色环保产业的发展。

6.5.5 传统产业生态工业园区建设的具体措施

(1)建设更多具有代表性样板生态工业园。在政府支持下建设的生态示范园一方面可有助于区域、企业及公众从直观角度认识到生态工业园的运转形式和实际生态效果,这样不但有助于区域发展经济,企业实现密切合作,还能转变公众对于传统工业污染环境的观念;另一方面,样板园的建立也将为更多生态工业园的构建及建设提供借鉴和发展思路,这也会促进更多有经济实力的企业参与到生态工业园的建设中,使相对分散的企业发展为真正以经济为纽带构建而成的生态工业园。

(2)健全配套政策体系。政府可以从补偿金、税收、政府采购等方面建立起对生态工业园的政策支持。从政府补偿金方面,政府可对购买环保设备、使用新能源的企业进行适当补贴,从源头保证生态化工业的开展;从税收方面,出台相关的税收优惠政策,对使用可再生资源或利用废弃物处理设备的企业实施税收优惠,使企业从自身效益角度考虑,自发进行生态化生产;从政府采购角度,政府可对使用再生材料的产品施行优先购买政策,并鼓励公众购买使用环保材料的产品,帮助园区企业建立市场营销渠道,扩大园区企业产品市场占有率。

(3)扶持中介机构发展。生态工业园的中介机构是指那些帮助企业降低交易费用、创新成本,并为企业提供信息化及专业化服务的机构。如图6-11所示,除了位于中心的能源、原料闭路循环网络外,造纸生态工业园内的良好运转还离不开法律、金融、信息等中介机构支持:如为园区企业提供基本的法律咨询、合同处理服务;或在贷款融资方面获得园区金融部门的支持,使资金筹措更加便利;园区信息中心的运行及生态技术成果的应用和转化,还需技术咨询、技术服务等中介服务机构的辅助。政府对中介机构实施规范化管理,给予中介服务机构大力扶持,为园区企业提供更为便利服务。

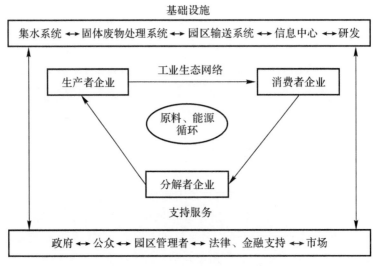

图6-11 生态工业园运行系统

(4)建立技术支持体系。技术支持是在规划可行性及人才方面的智力支持:一方面与相关的大学、研究所建立合作关系,使其在园区设计、运转、管理、完善方面提供科学的指导和支持,实现产学研相结合,园区也可成为相关专业学生的实习基地;另一方面是符合生态循环的创新网络的支持,利用技术创新建立符合生态循环的造纸产业网络,使用节约水耗、浆耗的新设备,使这些科技含量高的新技术可以真正运用于实际生产中,用高新技术完成生态产业链。

有关部门可设立循环经济应用技术研发基金,鼓励并建立渠道实现高等院校、科研机构与生态工业园对接,辅助设计理想的工艺流程,使用高新技术改造传统工业,促进技术的更新换代,将污染的物质和能量封闭在生产系统中,实现造纸生态工业园的跨越式发展。

(5)实施"绿色管理"。对于新兴的生态工业园区,要施行与之配套的"绿色管理",设立统一的生态工业园区管委会,在管理制度的制定上体现生态性、环保性,在管理过程中遵循"绿色管理"的规定,避免损害环境的管理行为存在;实行集成管理,设置统一的配套支持服务系统,避免机构重复设置,浪费资源,如园区内的信息沟通,设置统一机构对信息进行集成、发布和利用,而不是以各个企业为单位,重复设置信息沟通网络;施行生态工业园的品牌管理,通过实施绿色营销,建成品牌生态园;"绿色管理"还包括了与外界畅通的沟通机制,该沟通体系承担对外公布信息,对公众进行培训引导的重责,使生态园区具有良好的公众基础。

此外,园区管理机构应在法律框架内行使园区的管理权力,对园区运行、信息沟通、社会宣传等方面实施统一协调管理。作为一个独立完整的系统,生态工业园区需要设立专门的园区管理机构对各项基础设施实施管理,并进行统一规划、统一收费,实现园区环境的不断完善。

造纸产业是传统产业的典型代表,作为我国重要的基础原材料产业,其发展与人民生活、经济发展息息相关,随着近几年大型造纸企业纷纷出现,造纸生产量及纸品消费量都有了大幅提升,造纸产业生态化进程也初见成效。但是,原材料短缺、能源消耗大、废弃物污染高等问题始终制约我国造纸产业实现规模化、经济化、生态化发展,因此,发展循环经济,走可持续发展道路将成为我国造纸产业高速发展的必然之趋。而造纸生态工业园作为实现环境、经济、社会多赢发展的新型工业组织形式,是造纸产业实施可持续发展、实现造纸产业清洁生产的重要途径。造纸生态工业园的建设是用发展的办法解决资源约束和环境污染矛盾,从重视工业发展的数量向重视发展的质量及效益转变,在提高资源利用效率的同时,实现经济发展与环境保护的有机统一。

第七章 西部地区传统产业生态化发展的组织模式

西部地区既要发展较为落后的经济,又要保护已经比较脆弱的生态环境,因此,对传统产业转型升级,进行生态化改造和转型发展迫在眉睫,在资源和环境约束条件下,要追求经济效益,更要追求生态环境效益,传统产业必须走生态化发展之路。高效、有序的生态化发展产业组织模式,是西部地区传统产业生态化发展的重要保证。只有通过创新传统产业组织模式,才能实现产业经济效益和环境生态效益的有机统一。

7.1 产业组织概述

7.1.1 产业组织的内涵

产业组织是在产业内所有生产经营单位及相关机构形成的关系总和,是维持产业经济系统正常运行的架构体系。产业组织通常由产业生产组织、产业市场组织和产业管理组织构成。产业生产组织是生产过程中参与生产的各类生产要素进行合理组合的形式;产业市场组织是所有参与市场竞争的企业及中介单位所形成的利益关系形式;产业管理组织是为实现产业规范有序发展而形成的产业管理体系。

产业组织反映了参与生产经营活动和市场竞争的企业及中介单位所形成的结构状态和相互关系。产业组织理论通常认为产业组织是所有参与产业活动的各类组织所形成的架构体系及相互关系,并且这种体系和关系是动态发展变化的,包括产业内各类机构(企业、经济组织、其他机构)的组织构成和相互关系(交易关系、行为关系、资源占用关系、利益关系等),以及产业组织内部的运行机制和运行效率等。新产业组织理论认为大企业集团组织内部的架构体系及相互关系也应纳入产业组织,大企业集团内的企业往往是通过纵向或横向兼并进入大企业集团的,大企业集团内部各企业组织结构及其构成的相互关系就形成了一种特殊的产业组织形式。

在早期的产业组织研究中,学者们更多关注的是企业参与市场竞争所形成的相互之间的关系。但由于市场竞争条件不同,竞争激烈程度不同,参与市场竞争的企业之间所形成的竞争关系也有所不同。如市场处于完全竞争条件下,参与市场竞争的企业相互之间影响较小,参与市场竞争企业对市场价格的影响能力也较小;市场处于垄断竞争条件下,少数企业如果能够获得大大高于其平均成本的利润,就能够对市场价格进行操控,占有较多的市场份额;而市场处于完全垄断条件下,参与市场的仅有一个企业,那么这个企业就能够对市场价格实施完全操控,占有全部市场份额;市场处于寡头竞争条件下,参与市场竞争的寡头企业间的竞争程度低于垄断市场条件下竞争程度,但会比完全竞争市场和寡头垄断市场条件下高,这些寡头企业之间会形成相互影响的关系,并各自对市场价格产生影响。

在现代产业组织研究中,学者们除关注企业参与市场竞争所形成的关系外,更加关注参与市场竞争企业之间的合作(简称"竞合")关系,竞争与合作对参与市场竞争的企业影响同样重要,竞合关系是现代产业组织关系的新形式。企业通过分工协作,可以共享生产服务资源,提高专业化水平,降低生产成本,为市场提供更多优质产品或服务。交易成本理论认为市场中商品交易成本低于企业生产成本时,企业就会将这种商品的生产转移给其他企业,而生产成本低于市场中商品交易成本的企业专门生产这种产品,形成专业分工。专业分工促进不同企业间形成了产品或服务的协作关系;价值链理论认为分工与协作为价值链形成提供了可能,价值链的增值活动是由基本增值活动和辅助性增值活动构成的。企业内部和外部后勤、生产作业、市场销售、服务等方面构成了基本增值活动;而企业的采购、人力资源管理、技术研究与开发以及企业基础设施建设等方面构成了辅助增值活动。企业的生产经营活动是一个动态过程,各环节之间相互关联、相互影响,构成了一个创造价值的价值链。

现代产业组织理论认为,企业之间的竞争与合作关系是推动产业组织模式形成的驱动力,并为逐步形成更有利于产业发展的产业组织形式创造了条件。

7.1.2 产业生产组织

产业生产组织是指在生产过程中对各种生产要素进行合理配置,使其在空间、时间上形成一个有效的协调系统,生产出产品并达到利益最大化。人类从手工业生产到现代化大生产的工业化进程中,不断在探索提高生产效率的有效途径,并不断改造适应生产技术水平提升的产业生产组织。

产业生产组织是从家庭手工作坊开始,逐步发展到具有简单分工协作的手工工场,随着生产技术水平提高,专业化分工进一步发展,逐步形成工厂制企业组织。近代产业生产组织开始出现,并呈现由单件小批量生产扩大到大批量规模化生产,由粗放式简单生产到精益化复杂生产,由不能适应市场的刚性生产到根据市场变化的柔性生产等的现代化的产业生产组织形式。

(1)由单件小批量生产到大批量生产。19世纪末,以机械化加工为基础的大规模生产代替了传统以手工业为基础的单件生产和以半机械化为基础的小批量生产方式,并成为占主导地位的生产方式。20世纪初,福特汽车创建了全球第一条自动生产线,开启了自动化、标准化的大规模生产方式,这也被人们称为福特制生产组织模式。这种生产组织模式具有独特的优势:①专用机器设备的零部件具有通用性,可进行替换,使维修更加便利,提高了生产效率,简化了生产过程。②生产过程和产品更加标准化,降低了生产系统的复杂程度,降低了生产成本,使生产管理更加容易。③生产形成连续作业的生产流水线。④生产操作的标准化和简单化使非熟练劳动力能够广泛使用,工人可以自由替换,生产管理更加简单化。福特制生产组织模式最大限度地利用了劳动分工原理,极大提高了劳动生产率。

(2)由粗放式生产到精益化生产。福特制生产组织模式以流水线生产少品种—大批量产品,以规模效应降低了生产成本,但同时也暴露出了这种生产组织模式的弊端:①大批量生产方式导致制造过程中知识(技术)、组织、信息等投入要素与人分离,粗放式生产和投入导致资源大量浪费。②标准化的生产和客户需求的多样化产生了日益突出的矛盾,越来越不能满足市场的需求。20世纪80年代,日本丰田公司的精益化生产组织模式开始出现,探索精细化的生产方式,克服原有生产方式的弊端。丰田公司的精益化生产组织模式就是简化一切不必要的工作内容,整个生产过程必须精益求精,避免浪费,赋予企业基础组织高度自主权。这种生产组织模式有以下特点:①产品从开发、设计,到产品试验、正式投入生产,以及客户资源的开发与维护,都体现准确性和精确化的生产原则。②注重体现集体力量和组织效率,强调团队协作,节约资源。③通过不断降低成本、提高质量、增强生产灵活性、实现无废品和零库存等手段确保企业的竞争优势。④将上游供货商也视为生产系统的有效组成部分。日本丰田公司的精益化生产组织模式不仅体现在生产制造过程,更体现在产品开发、协作配套、营销网络以及经营管理等全过程,有效适应了市场需求的多样性变化。

(3)由刚性生产到柔性生产。传统生产组织模式生产出的产品,不能够轻易随着市场的需求而改变,被称为刚性生产方式,生产出的同质化产品与市场个性化需求的矛盾越来越突出,并成为制约制造业发展的重要因素。20世纪90年代,在日本精益生产方式的基础上,美国的柔性化生产——敏捷制造模式应运而生,这种模式将柔性生产技术、高技能的人力资源以及灵活的企业内外部管理有机融为一体,通过现代信息技术、网络技术,对不断变化的市场需求做出灵敏、快捷的响应。这种生产组织模式具有以下主要特征:

1)敏捷生产技术。生产是在集成化、智能化、柔性化的先进生产制造技术和设备支撑下,能够按照市场实际需求批量进行快速灵活生产的柔性生产。

2)敏捷组织方式。整合企业内外部资源,形成企业内外部组织柔性化的动态联盟。

3)敏捷管理方法。敏捷制造组织模式强调全体人员创新与合作,注重全过程管理与监控,以灵活的管理方式将企业内外部组织、人员与技术有效集成。

4)敏捷市场应对。敏捷制造组织模式能够根据市场变化及时改进生产,满足消费者的需求。敏捷制造生产组织模式是一种能够根据市场变化及时调整生产,具有动态适应性的生产组织模式。

随着生产技术水平提高和网络技术快速发展,现代产业生产组织也呈现出由大批量的大规模生产向小批量的大规模定制,由企业集团纵向一体化向专业产业集群制造,由产业集群生产网络向产业集群技术创新网络方向发展的趋势。

7.1.3 产业市场组织

产业市场组织是产业生产组织的各单位参与市场竞争过程中所形成的利益关系,它随着产业生产组织内的市场竞争关系的变化而发生变化,对产业的发展也产生重要影响。产业市场组织早期是包买商制度,随后相继经历了自由竞争、垄断竞争和寡头垄断等市场竞争关系的发展阶段,当今合作竞争的市场竞争关系成为产业市场组织模式发展的主要特征。

(1)产业市场组织结构。产业市场组织结构是指在特定产业中各部门和各企业之间在市场竞争过程中所处的地位、作用及比例关系。产业市场组织结构中各部门和各企业之间都存在直接或间接的市场关系,包括买卖双方的关系、卖方之间的关系、买方之间的关系等,这些产业市场组织结构中的主体之间的关系在市场中表现为竞争、垄断或合作的关系。通常按照产业中企业参与市场竞争过程中的竞争和垄断程度,产业市场组织结构一般由完全竞争、完全垄断、垄断竞争和寡头垄断等4种基本类型构成。

(2)产业市场组织中的竞争与垄断。产业市场组织中参与市场竞争过程的企业之间既存在竞争,又存在垄断,竞争与垄断在产业市场组织关系中交织存在。在市场交易过程中,参与企业的相互博弈过程构成了竞争,使博弈各方在竞争过程中接近各自的预定目标,产业市场中参与竞争的企业为实现各自的预定目标相互之间进行对抗与争斗,也就是企业之间为达到利益最大化进行的经济较量。人们对竞争理论的研究也从古典竞争理论发展、新古典竞争理论发展到现代竞争理论。

产业市场中的垄断是指少数企业或企业集团利用经济实力和地位,以单独、合谋或其他方式在生产流通领域控制经济活动,以限制或排斥竞争,达到攫取高额垄断利润目标的行为。19世纪末至20世纪初,资本主义世界出现了第一次企业兼并浪潮,导致资本高度集中,形成了垄断。

随着垄断现象的日趋明显,西方经济学家开始研究垄断问题,逐渐认识到完全竞争更多只是在理论上存在,在客观现实中较难实现,市场是处于不完全竞争状态,也就是既存在竞争,又存在垄断。不完全竞争和垄断理论认为垄断竞争市场和寡头垄断市场是更接近现实存在的两类市场,理论上讲市场处于完全竞争状态效率最高,而市场处于完全垄断状态效率最低。制度经济学认为企业的纵向兼并有利于降低交易成本,实现企业内部的规模经济效益,能够有效抑制市场的不确定性,充分利用规模经济。芝加哥学派认为企业兼并后所带来的高利润并非就是市场的垄断的结果,垄断企业内部的规模经济效益和较高劳动生产率也会带来较高利润。完全竞争有可能导致过度竞争,而垄断竞争可利用规模经济,适度垄断和适度竞争有利于提高效率。

20世纪90年代以后,对竞争与垄断问题的研究进入了新的阶段,派恩的大规模定制模式、波特的国家竞争力学说都对竞争有了新的注解,战略联盟和虚拟企业理论也对新时期竞争与垄断关系进行了新的诠释。分工导致的竞争与垄断并不完全对立,两者相应的协调也可以提高市场效率。

(3)产业市场组织中的竞争与合作。产业市场组织中参与市场竞争过程的企业之间既存在竞争与垄断关系,又存在竞争与合作关系,即"竞合"关系,就是企业之间存在竞争中的合作,合作中的竞争关系。21世纪,企业之间"竞合"关系已成为产业市场组织发展的趋势,企业之间不是你死我活的敌对的争斗,而应是既有竞争又有合作的战略伙伴关系。

随着全球经济一体化的快速发展,产业市场组织中的市场竞争环境也发生了变化,不仅竞争范围发生了变化,在竞争要素方面也发生了变化,从市场价格、资源、资金、技术、人才等要素的争夺,转为与对手建立战略合作伙伴关系,"竞合"关系更加重要和凸显。互联网技术在全球范围的快速发展,在信息技术背景下,企业联盟成为产业市场组织的重要组织形式,产业市场进入了以企业协作为基础的竞合时代。

产业市场上不同的参与主体之间存在不同的竞合关系,企业之间不论是竞争还是合作,追求更高的利润是它们共同的目标。一般可将产业市场参与主体分为两类:①以营利为目的的参与主体,如供应商、采购商、经销商、同业竞争者、同业新进者、互补企业、替代品企业等,这些参与主体是产业链的主要构成者,它们之间主要是利益上的竞合关系,相互间的行为受到经济规律的影响和作用;②不以营利为主要目的的参与主体,如政府机构、行业协会、社会非营利服务机构等,这些参与主体主要在环境保护、劳动者维权等社会公共利益方面,与企业形成相互关系,相互间的行为较少受到经济规律的影响和作用。

7.1.4 产业管理组织

产业管理组织是针对产业发展目标,合理安排产业发展的各类资源禀赋,并形成一定的组织结构关系,针对产业经营管理活动实现管理功能的体系。产业管理组织适应产业生产组织和产业市场组织的发展变化,促进产业发展和产业效率的提高。

(1)产业管理组织基本要素。产业管理组织由许多种要素构成,其中管理人员、管理制度和管理信息为3种基本要素。

1)管理人员是构成产业管理组织的主体,也是其中的第一要素。管理人员的数量、素质和相互关系对产业管理组织的效率产生决定性影响,主要体现在:一是对管理人员的职位划分,对不同素质人员的合理调配;二是明确管理人员的责、权、利的关系;三是对管理人员的素质的培养和提升,以适应产业管理组织发展变化的需要。

2)管理制度是产业管理组织为约束成员行为而制定的成员必须共同遵守的规章和准则,以保证产业管理组织有秩序地协调运行。管理制度主要是以文字形式对各项管理工作和生产操作流程做出规定,以明确组织内各部门职责范围及员工岗位职责。

3)管理信息是产业管理组织通过媒介进行组织内外部信息的交流和联系。产业的生产经营活动是通过产业的信息传递、交流来安排的,产业组织的各种活动能够有机协调运行,企业内部与外部的沟通协调都需要信息管理系统对各种信息进行处理,最终完成组织目标。

(2)产业管理组织职能和作用。产业管理组织的职能就是科学划分产业的生产经营过程,发挥管理职能,形成科学有序的管理关系和行为准则,使产业管理组织协调运行,保证产业组织目标的实现。产业管理组织的作用主要表现在以下几方面:

1)确定产业组织目标,制定决策方案并组织实施。产业组织需要长期稳定的,符合实际的产业发展目标,并依据产业发展目标确定生产经营决策的方案,组织完成生产经营活动。

2)合理组织生产要素,实现产业组织的生产经营目标。在生产经营过程中,产业管理组织按照计划、组织、协调、指挥和控制职能,有序组织生产经营活动,实现生产经营目标。

3)协调处理产业发展过程中各种关系和问题,使产业组织正常运行。产业组织需要适应外部环境的发展变化,就必须协调产业管理组织的各种关系,并处理所遇到的各种问题,及时做出相应调整,促进产业组织的发展。

4)建立产业组织各项制度和激励措施,使组织成员的个人目标与组织目标保持一致。产业组织与组织成员之间会出现集体与个人利益的矛盾,通过规范组织成员行为,并采取正向激励措施,保证组织目标实现,并实现组织成员的个人价值,满足组织成员自身价值实现的需求。

(3)产业管理组织基本类型。产业管理组织结构是管理组织的基本框架,组织结构反映了内部组成单位的相互关系。随着产业生产组织、市场组织和管理组织的发展变化,管理组织结构也产生了一系列的发展变化。

1)直线型组织结构。这是最简单的管理组织形式,组织结构中各职位按垂直直线排列,组织成员管理与被管理呈现直线式,组织结构具有简单、责权分明、指挥统一、联系便捷、费用较低等优点,但当组织规模扩大、产品结构复杂时,组织管理就难以实施,这种组织结构对小规模企业较为合适。

2)职能型组织结构。在直线型组织结构基础上,在各级领导层设置了相应的职能机构,并赋予了相应的管理职能,能够在职责范围内实施组织管理。这种组织结构能够按照管理业务进行分工,进一步发挥专业化管理的作用,能够有效降低领导层人员的工作负担,使领导层能够集中精力关注生产经营决策,适应那些生产技术复杂、管理难度较大的产业组织。

3) 直线职能型组织结构。这种组织结构是结合了直线型和职能型组织结构的优点所形成的一种复合型组织结构,以直线型为基础,在领导层下又设置了具有参谋作用的职能部门,职能部门只具有建议和业务指导职责,并没有直接指挥的职能。这种组织结构既保持了直线型组织结构的快速指挥反应能力,又体现了职能部门的专家参谋作用,但容易出现专家意见不能及时落实、对新情况不能及时做出反应的问题。

4) 事业部型组织结构。这种组织结构是按照集中决策、分散经营的原则,将公司的经营按照产品、区域、客户等划分为若干事业部,各事业部独立核算,各自运营,总公司以利润等指标对各事业部进行管理控制。由于各事业部独立运营,为了各自的利益,会出现市场上事业部之间利益的冲突,以及总公司整体利益受损的现象。

5) 超事业部型组织结构。随着一些超级大公司的形成,其业务规模越来越庞大,下属的事业部也越来越多,为了便于协调指挥各事业部之间的业务活动,一些产业组织在最高层和各事业部之间增加了职能部门,使原来企业较为分散的权力相对得到了集中。这种组织形式可以集中几个事业部的优质资源,形成合力研究开发新产品,抢占市场,并有利于协调各事业部的市场利益,增强了组织的灵活性,比较适宜超大规模的产业组织。

6) 矩阵型组织结构。矩阵型组织结构是一种二维的组织结构,一个维度以部门管理职能划分,另一个维度以产品线的项目组划分,形成纵横二维的矩阵。这种组织结构能够针对特定的项目实施有效管理,进行有效人员配置,提高组织的灵活性和适应性,项目组成员可以取长补短,集思广益,相互交流沟通,激发创造力,提高项目完成质量。由于这种组织结构是双重管理,缺乏长期稳定性,比较适合临时性复杂工程项目的管理。

7) 立体型组织结构。立体型组织结构是一种三维组织结构,它将事业部型组织结构和矩阵型组织结构结合发展起来:①以产品线的项目组划分,负责产品利润管理;②以职能参谋部门划分,负责职能部门成本管理;③以不同区域划分,负责区域利润管理。这种组织结构将产品事业部门、区域经营部门和职能参谋部门统一协调进行管理,能够形成信息共享、协同决策的管理协调机制,但也存在权力交叉、多重领导的局面,适用于产品和服务多样、区域市场分散的大型公司。

8) 网络型组织结构。网络型组织结构是一种建立在现代信息技术和网络通信技术基础上的动态组织结构体系。这种组织结构除保留核心职能外,其他职能均以契约外包形式由其他公司承担,合同完成,这种职能也就随之消失。这种组织结构具有管理成本低、运营效率高、应变能力强的优势,能够快速获取和利用现有资源发展自己,但对组织管理者的能力和素质要求很高,并需要强大的信息技术和网络通信技术的支撑。

7.2 产业组织的基本理论

产业组织理论对参与产业发展的企业间利益关系、交易关系和企业行为关系等进行研究,这些企业之间关系的变化与发展不仅影响企业本身的生存与发展,而且还影响着产业组织的生存和发展。产业组织的基本理论主要由分工协作理论、规模经济理论、垄断竞争理论等构成。

7.2.1 分工协作理论

亚当·斯密在《国富论》中最早提出了分工协作的思想,论述了分工协作与规模经济的关系,认为劳动分工可以提高劳动生产率,同时劳动分工又受制于生产规模和市场需求。亚当·斯密认为劳动分工之所以能够提高劳动生产率,是因为:①通过劳动分工可以使每个工人的劳动熟练程度大大提高;②专注从事一种工作可以大幅节约一些不必要的时间;③专注从事一种工作可以更熟练操作机器设备,更有利于革新发明。这样就大大提高了劳动生产率。同时亚当·斯密也认为劳动分工受制于生产规模和市场需求的大小,当生产规模和市场需求比较大时,人们对商品的需求就较多,会通过劳动分工提高劳动生产率生产更多商品,以追求高额利润,这就促进了专业化分工的发展。亚当·斯密的劳动分工理论为国家参与国际分工,形成自由贸易理论奠定了基础。

7.2.2 规模经济理论

产业组织概念最早源于马歇尔的《经济学原理》一书,马歇尔认为产业的内部结构就是产业组织,自由竞争的市场状态导致产业组织生产规模不断扩大而获得更多的利益,这就是规模经济。企业利用规模经济,提高产品的市场占有率,并逐步形成市场垄断,这种市场垄断又在一定程度遏制自由竞争,企业的活力也随之丧失,并造成不合理的资源配置。这就是人们所说的"马歇尔冲突",即认为市场要么完全垄断,要么完全竞争,垄断消除了竞争,企业能获得规模效应,而竞争能促进企业提高效率、改进技术,但是两者不能兼得。即自由竞争和规模经济之间存在矛盾,自由竞争导致规模经济,规模经济又促进市场垄断,市场垄断又会遏制自由竞争。因此,自由竞争和规模经济之间需要有效、合理的均衡,当达到有效、合理的均衡时才能获得最大生产效率。追求这种自由竞争和规模经济之间的均衡,以获得最大生产效率,成为产业组织理论研究的核心问题。马歇尔的规模经济理论框架为产业组织理论奠定了基础。

7.2.3 垄断竞争理论

美国经济学家张伯伦的《垄断竞争理论》、英国经济学家罗宾逊的《不完全竞争的经济学》分别提出了内容基本相同的垄断竞争理论,针对"马歇尔冲突"进行了深入探讨,否认了那种非竞争即垄断的极端而对立的观点,认为现实中不存在单独的竞争或单独的垄断,各种不同程度的竞争或垄断是同时交织并存的。这种认识是对"马歇尔冲突"研究的重大理论突破,发展了产业组织理论,认为以垄断的强弱程度为依据,将市场形态划分为从完全竞争到独家垄断的多种竞争与垄断的类型,并总结了不同形态下市场价格的形成和作用,分析了不同市场形态竞争和垄断问题。垄断竞争模型进一步为产业组织理论奠定了研究框架,也为产业经济学发展打下了基础。

7.2.4 SCP 理论范式

以美国哈佛大学梅森为代表的哈佛学派从市场结构(Market Structure)、市场行为(Market Conduct)、市场绩效(Market Performance)等三个方面对市场进行研究,形成了产业组织理论第一个理论范式,简称 SCP 范式。哈佛学派认为企业行为是由市场结构决定的,而企业行为又对市场运行经济绩效产生影响。寡占的市场结构必定产生寡占的市场行为,寡占的市场行为经济绩效和非效率的资源配置效果产生不良影响。他们认为维持有效竞争的市场秩序就必须禁止寡占的市场结构,也就是要禁止市场的垄断行为。SCP 范式推动了产业组织理论的发展,标志着产业组织理论体系的初步形成。

7.2.5 竞争性均衡模型

以芝加哥大学斯蒂格勒为代表的芝加哥学派更加强调市场竞争效率,认为在长期均衡中,价格等于长期边际成本是配置效率条件,而价格等于企业长期平均成本曲线最低点是技术效率条件,这就是芝加哥学派提出的竞争性均衡模型。芝加哥学派认为市场竞争过程是一种自我调节过程,最终市场会达到均衡。自由的企业制度和自由的市场竞争秩序能够提高产业效率水平,保证消费者福利最大化。也就是说市场的长期自由竞争能够产生高效率,导致高额利润,促使企业不断扩大规模,并形成高集中度的市场结构。这种高集中的市场垄断,只要市场绩效良好,那么也会吸引大量新企业进入而使高集中度逐渐消失,这就是产业发展长期过程而达到均衡。因此,芝加哥学派认为政府的干预降低市场机制的配置效率,政府最好减少干预,让市场充分发挥作用。

7.2.6 市场过程理论

新奥地利学派的米塞斯等注重市场竞争行为和过程,因此也被称为行为学派或过程学派。他们主张运用行为科学的方法,对个人有目的的行为进行逻辑分析,突出企业家在市场中的作用;强调主观知识对创新的作用,利用知识的产生和传播分析产业组织的演化规律。该学派还认为,社会福利的提高并非取决于配置效率,而是得益于新产品、新技术等导致的生产效率的提高。产品的差别化是企业竞争的重要手段,而追求这种产品差别化的竞争便来自于企业家的创新精神。完全的自由市场能够提供企业进行充分竞争机会,反垄断以及管制政策不利于企业进行充分的竞争。

7.2.7 新产业组织理论

新产业组织理论随着博弈论、信息经济学、可竞争市场理论、激励机制设计理论等的引入,逐步形成并成熟起来,主要包括新制度经济理论、策略性行为理论、产品差别化理论、不确定性理论、竞争优势理论、产权代理理论、交易合约理论、动态竞争理论、网络组织理论、组织生态理论等。新产业组织理论更加注重市场环境与厂商行为之间的互动关系,重点关注企业内部组织与企业行为,特别是企业内部的产权结构、组织形式等对企业行为的影响。着重强调在不完全市场结构条件下对企业组织、行为和绩效的研究,并大量运用了多变量、多参数的现代数学分析工具,主张在效率优先前提下兼顾消费者利益,新产业组织理论更加注重对市场行为的研究,更加关注企业内部组织问题和政治市场,使得产业组织理论对市场形态的描述更加接近现实。

7.3 西部地区传统产业组织模式存在的问题

西部地区传统产业组织模式大多为"小而全""大而全"的企业,企业间以及产业间的协作性较差,生产技术水平较低,资源耗费较大,环境污染较为严重,导致产业生产较为落后,产业组织生产效率较为低下,这种较低的生产经营效率、资源利用效率和环境生态效率严重制约了西部地区产业的健康可持续发展。

7.3.1 西部地区传统产业组织模式生产经营效率较低

生产经营效率直接影响企业的生存与发展,包括生产组织效率、市场竞争效率和经营管理效率三方面。西部地区传统产业组织模式较低的生产组织效率、市场竞争效率和经营管理效率已成为制约西部地区传统产业发展的障碍。

(1)生产组织效率较低。西部地区传统产业是经济发展的基础产业,各地区为了自身的发展和利益,纷纷兴办各类传统中小企业,呈现"小而全""分而散"的格局,企业大多专业化水平较低,缺乏合理分工,没有形成企业间专业化协作关系,更没有形成产业集群集聚的规模经济效益,企业各自为战,自成体系,不能发挥企业间协作带来的高效率,以及产业间产业集群带来的规模经济效益,企业自身研发能力薄弱,资金不足,这些无疑都制约了西部地区传统企业的活力,造成生产组织效率较低,影响了西部地区传统产业的快速发展。

(2)市场竞争效率较低。我国西部地区市场化改革起步较晚,市场发展的相关配套政策措施还不完备,西部地区国有企业比重较高,且大多为重化工企业、能源企业等基础产业,政府行政干预较多,产业壁垒过高,垄断较为严重,市场竞争效率较低。西部地区传统企业多为中小企业,由于条块分割,各地区、各部门为了各自政绩、各自利益,重复建设,造成各地区产业结构趋同,产品结构趋同,市场竞争异常激烈,市场机制不完善,市场恶性竞争也随之加剧,企业间缺乏契约精神,诚信不足,造成企业间协作较差,交易成本较高,市场竞争效率较低,也造成市场对资源的合理配置基础作用不能够有效发挥。

(3)经营管理效率较低。我国西部地区的传统重化工企业、能源企业以及其他中小企业大多为国有企业,政府行政干预较为普遍,还存在管理体制落后、内部组织僵化、经营管理不善等问题。企业内部层级较多,信息传递延缓,部门之间信息不畅,造成企业执行力较差,企业的经营决策得不到很好落实,在快速变化的市场环境下,企业不能很好地适应市场变化,企业活力不能够得到充分发挥,经营管理效率普遍较低。

7.3.2 西部地区传统产业组织模式资源利用效率较低

西部地区传统产业组织模式普遍还是依赖比较粗放的生产方式,导致资源利用率不高,资源浪费比较严重。而企业规模较小、分散生产经营、专业分工较差、产业链不完善等是导致资源利用效率较低的主要因素,这些因素制约了西部地区传统产业的可持续发展。

(1)企业规模较小和分散生产经营导致资源浪费较严重。西部地区产业组织结构中,绝大多数是中小企业,这些中小企业许多是由于各地区、各部门条块分割,为了各自政绩、各自利益,低水平重复建设的企业,许多企业建成后开工不足,产品质量较差,成本较高,有的亏损,有的甚至倒闭,造成了资源的大量闲置和浪费。由于这些中小企业规模偏小,技术实力偏弱,技术上缺乏标准化和专业化,技术创新能力不足,导致资源投入高,消耗大,但产出低,效益差。

(2)企业间专业化分工协作较差导致资源利用率较低。西部地区中小企业大多是计划经济时期条块分割管理的产物,企业间缺乏专业分工协作机制,专业分工协作较差,各自为利益争夺资源和市场,由于自身专业能力不强,企业间又缺乏相互分工协作和优势互补的生产格局,极易造成资源消耗大、资源利用率较低的现象。企业间专业化协作较差制约了资源利用率的提高。

(3)缺乏完整产业链导致资源利用率较低。产业链是在企业间专业化分工协作基础上产业的不断拉长和延展,是一种相关产业部门根据产业经济活动的内在经济技术关联所形成的链条式关联关系。完整的产业链会带动产业的发展,产业结构优化,能够使资源更有效利用。而西部地区大多数中小企业是粗加工企业,企业间缺乏专业化分工协作基础,没有形成有效的产业链,导致在生产过程中资源得不到充分利用,造成资源的巨大浪费。

7.3.3 西部地区传统产业组织模式的环境生态效率较低

西部地区传统产业组织模式由于缺乏完整的生态产业链,循环经济生产组织模式和运行机制还未建立,企业间又缺乏专业化分工协作,中小企业过多,规模较小,生产分散,生产过程中产生大量的废弃物不能够有效治理和循环利用,造成生态环境的破坏较为严重,制约了西部地区传统产业的可持续发展。

(1)企业未形成循环经济产业链,工业污染较为严重。西部地区传统企业产品生产结构较为单一,基本上是"资源—产品—废弃物"的传统生产模式,生产过程中产生的废弃物大多未经过无害化处理就进入环境中,造成较严重的环境污染。西部地区重化工企业众多,产生大量生产废弃物,对污染的治理大多仅限于简单的末端治理,循环经济的生产组织模式并没有有效建立,"三废"治理及废弃物的循环再利用还处于起步阶段,工业污染严重破坏了生态平衡。传统产业生产方式落后是西部地区生态环境造成严重破坏的主要原因。

(2)企业对产生副产品的资源化和无害化处理能力弱。西部地区传统企业缺乏企业间的专业化分工协作,企业在生产过程中产生副产品自身没有资源化和无害化处理能力,也缺乏相应的下游企业对副产品进行资源化和无害化处理和利用,更缺乏对中小企业相同或相似副产品集中进行资源化和无害化处理和利用的环保企业,造成大量副产品或废弃物没有经过充分资源化和无害化处理和利用就进入生态环境,造成对生态环境的污染和破坏。

(3)企业缺乏"三废"处理系统,对环境污染较为严重。西部传统企业大多为中小企业,这些中小企业工业生产技术较低,在生产过程中产生大量对环境有害的废弃物,企业又缺乏环境治理资金和三废处理系统,这些废弃物未经有效处理就排入周围环境,对环境污染较为严重。企业单独治理污染,其经济成本企业又难以承受,政府为保护环境往往采取关、停、并、转措施,企业的生存与发展、企业职工的就业与保障等又造成较为严重的社会问题。

7.4 西部地区传统产业生态化发展组织模式分析

西部地区传统产业生态化发展的组织模式还没有建立起来,传统的产业组织模式制约了产业发展,特别是制约了产业经济效率和生态环境效率提高,影响了西部地区传统产业可持续发展,不能适应新时期西部地区经济发展的要求,必须创新西部地区传统产业组织模式,提升产业经济效率和生态环境效率。

7.4.1 基于循环经济的传统产业集群

(1)产业集群是传统产业生态化发展的重要组织形式。主要表现在以下几方面:
1)产业集群能够形成良好的产业竞争氛围,企业在相互竞争与合作过程中,促进企业的创新行为,进而提升区域整体竞争力。
2)大量相关企业在一定地域集聚,能够在技术、信息、资源的频繁交流中共享机制,能够有效促进产业合作。
3)大量相关企业集聚产生的投入流量和产出流量,带动产业价值链延伸,以及各类市场形成,产生规模经济。

产业集群是一个体现分工协作的产业组织网络,此外,还有辅助组织网络,其中政府、行业协会、科研机构及相关组织履行各自有不同的职能,核心网络层提供了信息、服务和技术支持平台。核心网络层包括横向和纵向分工,形成产业集群发展的经济基础。纵向分工是集群内企业之间生产链垂直分解形成上下游关系,上游包括原料、机器设备、零部件、专用性基础设施及相关服务的供应商等,下游为生产制造商、销售渠道和各级客户。横向扩展到互补产品的制造商和利益相关的企业。产业集群的形成增加了由分工产生的报酬而降低了专业化分工发生的交易费用。

产业集群网络关系不仅是纯经济性的产业网络关系,还包含了大量社会网络关系。经济组织的各种形式根植于各种文化与制度当中。社会网络是指社会团体当中人际的社会关系总和,链接方式大致可以用"五缘"来概括,即"血缘、亲缘、地缘、行缘、业缘"。20世纪初,台山籍华侨余乾甫、余觉之等人集资创办江门造纸厂,产品远销到南洋,早期华侨汇成了与国外联系的纽带,血缘和亲缘关系维系了商业关系。浙江富阳造纸业已有1 900多年的历史,地缘作用造就了富阳地区造纸产业的长期稳步发展。

(2)循环经济是产业集群生态化发展的基础。产业集群对我国传统产业规模化、现代化的发展起了重要作用,同时传统产业发展也面临污染严重,水、原料等资源日益紧缺,技术创新滞后的不利局面。传统产业发展产业集群必须坚持实施循环经济,这是传统产业生态化发展的有效路径。循环经济运行需传统产业集群做支撑,而循环经济运行又促进传统产业集群生态化发展。传统企业的零散布局难以实现资源的循环利用,而循环经济目的是实现资源的最大化利用,因此,传统产业集群化发展才能推行循环经济。传统产业集群内的企业和项目关联互补,企业连接成的产业链形成类似于自然界的生物链,经过各种资源、能源、副产品和废弃物的互换,企业间形成代谢共生的生态网络。产业群内各种资源共生平衡,将三废排放降至最低,实现群内资源的最优配置,夯实了循环经济的基础,降低了治污费用,提高了治污效率。

(3)以循环经济为基础构建生态化产业集群。以传统产业的造纸产业为例,大型制浆造纸企业为核心构成造纸生态化产业集群网络体系,就可以形成基于循环经济的闭环流动型传统产业生态化发展经济。专业化分工的造纸产业链与相关社会机构紧密联系,构成基于循环经济的造纸生态化产业集群,如图7-1所示。

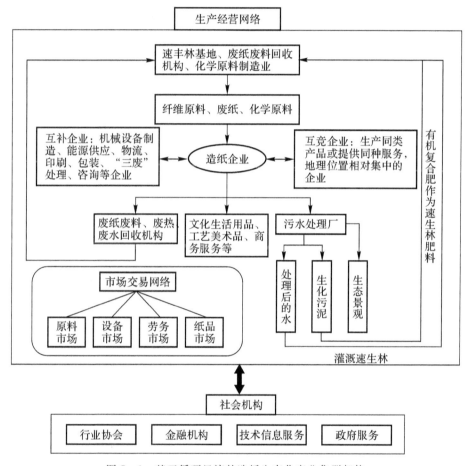

图7-1 基于循环经济的造纸生态化产业集群架构

在以大型制浆造纸企业为核心的生产经营网络体系中,造纸核心企业生产各类包装印刷用纸、工业用纸、办公文化用纸、生活用纸和特种纸等。造纸企业横向关联的企业有与其互补、互竞的其他企业。造纸企业纵向关联的企业有各类原料供应商,废纸由废纸回收机构和进口废纸供应商提供,木料由林纸一体化的森林系统和进口木浆供应商提供。纵向关联的企业包括废纸废料、废热、废水的回收机构,废水处理后的水用来浇灌速生林,污水处理得到的生化污泥可作为速生林的肥料施用,速生林则能够为造纸企业提供木材原料供给,这样就构成了纵向的循环体系。

造纸产业集群生产经营网络还应具备市场交易网络,包括原料、造纸设备、劳务和纸品四部分。造纸原料市场伴随着造纸产业循环经济体的形成而存在,造纸产业集群内部自身提供一部分,进驻造纸产业集群的原料企业可以在产业集群内设立经销点或者代办处;造纸设备市场要求设备的产、供、销及维修市场体系完整而高效,产品供应以及设备维护和维修服务及时,纸浆设备有国产和进口之分,在产业集群内设备市场不可缺;劳务市场的劳动力资源属于整个产业区而非其中的某个企业,企业可根据生产需要进行柔性化管理;企业的产品销售有销售团队和各种广告策划团队,促使企业盈利,让产业集群良性运作。在整个市场交易网络中,各个环节不仅存在有形市场作用,电子商务网络交易市场也能弥补有形市场的不足,缩短地域距离和时间,提高效率,进一步推动产业集群的成长。

造纸生态化产业集群的发展不能脱离相关的社会支持机构。行业协会是维护市场共同利益而构成的非营利中介组织,肩负着生态化产业集群的服务、管理、监督、协调等职能,是生态化产业集群不可或缺的成员;良好的金融服务能够及时、灵活地满足集群内各类企业对经营资金的需求;技术与信息服务包括研究所、质检中心、培训机构、信息网络中心等,保证产品的优质和技术创新,便于集群内企业信息沟通;政府为生态化产业集群提供各项公共服务。

7.4.2 基于循环经济的传统产业生态工业园

(1)生态工业园是传统产业生态化发展的新型组织形式。生态工业园是以传统工业园区为基础,按照循环经济和工业生态学原理设计或改造而成的,是一种基于产业集群的新型工业化组织形式,通过工业园区内不同企业间生产原料、工业废弃物的循环利用,建成该区域内物质代谢共生的产业链条,达到资源高效利用,兼顾环境保护,实现区域内产业的可持续发展。

生态工业园区在一定地域内形成了生产经营体系的物流和能流的循环再利用,实现生产过程中各类资源和能源的高效利用,最大限度地降低了生产废弃物排放,既发展了产业经济,又保护了生态环境,是传统产业生态化发展的有效组织形式。

(2)生态工业园是传统产业生态化发展的有效路径。生态工业园是传统产业生态化发展的有效路径,也是西部地区传统产业生态化发展的重要载体。我国现有工业园区大都是特色工业园区,特色园只有向生态工业园转型升级,才能实现传统产业的生态化发展。由于特色工业园内企业间是尚未形成产业生态链的传统产业集群,在改造现有特色工业园区时应建设废弃物集中处置中心。必须在废弃物排放量具有规模化循环利用的基础上,才能实现废弃物处置成本最小化。单个企业的规模小,废弃物数量不够大,而整个工业园区由于形成产业集群,会有几十家,甚至数百家企业,其副产品和废弃物就足够多,足以吸引环保企业加入工业园区,专门进行废弃物的加工处理和再利用。如果没有第三方环保企业进入,工业园区也必须建设"三废"处置中心,实现特色工业园向生态工业园区的转型升级,进而实现传统产业生态化发展。

(3)生态工业园是传统工业园生态化改造的目标。经过30多年的发展,我国早期的工业园区已初具规模,一些园区也转型发展为高新技术产业园区,实现了产业的初步升级,并积累了丰富的资金和技术。但在资源和环境约束下,传统工业园区向生态型工业园区转型升级是传统产业生态化发展的必然要求。因此,在传统工业园区内必须增加资源再生、产品再造、废弃处理等循环经济功能,以达到实现传统产业发展循环经济的目标,实现传统工业园生态化改造。

1)建立高效的循环经济系统。传统工业园区要进行生态化改造,必须建立运行良好的各类资源和能源循环再利用系统,达到各类资源和能源循环再利用,实现循环经济目标。传统工业园区生态化改造,需要对现有传统的制造工艺流程进行改造,形成物质流、能量流和信息流合理的封闭循环路径,有效提高各类资源和能源利用效率和再利用率,构建传统产业生态化发展的生态产业链。在进行生态循环的过程中,既要注重物质循环的生态效果,也要注重物质循环的经济效果。

2)建立专业的废弃物回收系统。传统工业园区生产过程中产生的废弃物必须再循环利用,这就要求建立专业的废弃物回收系统,使废弃物得到资源化再利用。传统工业园区的生态化改造过程需要根据生产过程中产生废弃物的特性,设计建立废弃物再生产利用的产业链,形成传统工业园区企业废弃物回收循环再利用的循环经济路径,拓展企业间共生关系,可积极引进"补链"企业对传统工业园区废弃物进行循环再利用,完善专业的废弃物回收系统。

3)建设园区集成配套设施。传统工业园区生态化改造,必须建设工业园区集成式配套设施,为园区实施循环经济提供技术支撑和服务支持。服务支持系统应包括:生产和生活服务系统,如道路交通、技术孵化、原材料、信息通信、水、电及其物资供给,"三废"回收再利用系统,生活服务系统,休闲娱乐系统,等等,为工业园区提供便利全方位服务配套。

传统工业园区生态化改造,逐步转型升级为生态工业园区是西部地区传统产业生态化发展的有效途径,运用产业生态原理来引导传统产业集聚,促使传统工业园区改变资源开发利用方式,实现资源的保护性开发,促进传统工业园区生态化改造。构建新型生态工业园区,形成企业之间以及与自然环境之间的和谐共生关系。以生态工业园区为载体,打造优势产业集群和特色产业集群,借助生态工业园区这种有效的产业空间组织形式,促进西部地区传统产业生态化发展,实现西部地区经济社会的可持续发展。

第八章 西部地区传统产业生态化发展的逆向物流问题

8.1 逆向物流概述

循环经济作为一种新的经济发展模式,产生于人们对生态环境不断被破坏的认识。循环经济作为一种物料闭环流动的特殊经济模式,通过对系统中资源的减量化、再利用、再生循环来实现资源的循环再利用与废弃物排放的最小化。资源的循环流动与循环使用,形成了闭环物流。在闭环物流系统中,逆向物流是促进废旧物品高效率、低成本回收和再利用的关键性因素,对发展循环经济具有极其重要的支撑作用。

8.1.1 逆向物流的概念及特征

(1)逆向物流概念。对逆向物流概念,人们的理解和认识并不完全一致,表述也各不相同。逆向物流的定义可表述为:逆向物流的产品流动路径方向与传统的正向物流相反,为了重新获得某些产品、缺陷产品以及废弃物的再利用价值,对该类从消费地到生产地的反向流动进行有效管理及控制的过程。

通常狭义逆向物流就是厂商由于生产需要或企业责任感等原因而对缺陷产品、对环境有污染的产品或使用寿命结束的产品及它们的零部件进行回收的反向流动过程。广义逆向物流除上述内容外,还包括废弃物反向流动。废弃物物流通常是指将失去原有使用价值的产品,通过回收、分类、加工、包装、运输等一系列物流活动重新回归到生产领域而形成的实体物流过程。

(2)逆向物流特征。完整的闭环物流系统包括正向物流与逆向物流两部分。两者在基本物流功能方面大体相同,都具有加工、包装、运输、装卸、储存、配送和信息处理等基本功能。

1)逆向性。逆向物流的物流流向与产品正向物流的物流方向相反,其目的是实现缺陷产品的召回或对废弃物的回收处理,如图8-1所示。

2)分散性。废旧物资可能产生于生产、生活、消费及流通领域中的任何一个环节,涉及社会中的任何部门及个人,可见废旧物资的产生具有分散性,这就使得逆向物流具有分散性。

3)不确定性。在指定的时间和地点里,保质、保量地发货是正向物流的最基本的要求,对逆向物流而言,由于废弃物产生具有很大的不确定性,逆向物流也就具有随机和不确定性。

4)复杂性。逆向物流中处理系统和方式复杂多样,因为不同种类、不同特性的废旧物资常常混杂在一起,需要回收站人员的检测、分类和处理,极大地增加了人工的费用,同时,这种复杂性也降低了工作效率。

5)缓慢性。回收产品或废弃物因种类多,检测繁杂,需要花费较多时间和流程才能运到回收中心,并进行较为烦琐的处理,才能实现再利用价值,往往表现出缓慢性。

6)价值的非单调性。厂商回收产品废弃物后,可重新获得产品废弃物循环再利用价值,产品价值呈现递增性。而厂商在回收召回产品时,在逆向物流过程中必定会产生一定的费用,消减产品价值,产品价值呈现递减性。

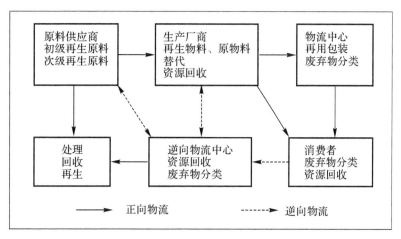

图 8-1 企业逆向物流管理流程

8.1.2 逆向物流的产生原因及分类

(1)逆向物流的产生原因。逆向物流的产生渠道可以从其来源和类型两个方面来划分,从其来源要看回返品是来源于上游分销商或零售商,还是最终顾客。而从其类型则要看回返品是产品本身,还是包装材料。企业回返品产生了企业逆向物流。

回返品来源于消费者的原因主要是产品存在缺陷,产品的使用寿命结束,产品修理,有来自顾客的投诉,包装材料回收再利用,等等。厂商通过逆向物流渠道把缺陷产品从消费者手中召回,通过维修、再制造等环节使其重新回归到市场。而在某些产品的使用结束后,厂商也能通过回收、检测、分类、拆卸、再加工等环节使产品重新获得使用价值。

回返品来源于上游分销商或零售商的主要原因有:厂商对产品的市场需求过量,产品的销售旺季结束,产品在运输配送过程中被损坏,产品的使用寿命结束,等等。

(2)逆向物流的分类(见图 8-2)。逆向物流主要分为回收物流与退货物流两大类。退货物流是指消费者将问题产品退回给生产商或供应商的过程,而回收物流是指厂商对发现已售产品存在缺陷或厂商为了环保的需要,而对产品进行召回的行为。传统产业生态化发展的逆向物流问题主要是指回收物流中的包装回收、废弃物回收物流。

1)逆向物流退货分类。逆向物流退货可分为投诉、维修、商业三种退回类型。投诉退货是厂商对生产销售的有缺陷产品或消费者不满意产品进行的召回行为。产生这种退货的原因主要有:产品本身存在缺陷,型号、颜色不符合消费者的需求,等等。消费者在网上购物易出现上述现象。维修退回是指如果已售出的产品在保修期内发生问题,消费者可以凭借保修卡要求厂商对其产品进行检测、维修,并最终返回到顾客手中的过程。商业退回是指根据双方合作协议,制造商将生产过程中的剩余原材料重新返回到供应商的过程,或是双方对过季产品及物流过程中出现错误产品的退货行为。

2)逆向物流回收分类。逆向物流回收主要分为产品召回、包装回收、废弃物回收及无缺陷退货4种。产品召回是指厂商对问题的产品或是对环境有危害的产品进行召回的行为;包装回收是指厂商或分销商对可循环使用的产品包装进行回收再利用,如包装纸箱及装水容器等的回收业务;废弃物回收是指在一些产品的使用周期结束后,厂商通过回收再利用来重新实现其产品价值;无缺陷退货是指厂商为了挽留顾客并保持其市场占有率,提供消费者可以在购买产品的一定期限内,对其不满意的产品进行无条件退回的服务。

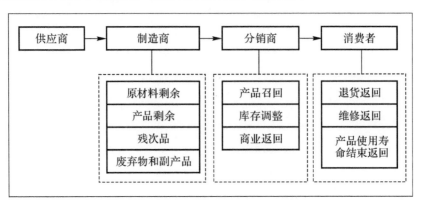

图 8-2 逆向物流分类示意图

以上各种类型并不一定在企业的逆向物流活动中都会出现,它取决于企业是属于供应链上的哪一种类型企业。

8.1.3 逆向物流的主要环节

不同类型、不同产品的逆向物流,其处理方式存在差异,具体的物流活动也有差别。对于产品因使用寿命结束而遭淘汰等发生的逆向物流,主要的物流活动包括废旧产品回收、分类检测处理决策、废品拆解、再处理和再加工、废弃物处置等五个方面,如图 8-3 所示。

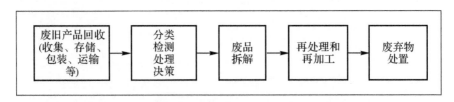

图 8-3 逆向物流的主要活动

(1)废旧产品回收。回收是指通过有偿或无偿的方式把消费者手中的产品或包装材料返回到整条供应链上的任意一个节点,如消费者手中的产品可以返回到供应链上游的原材料供应商、制造商、分销商、零售商等。

回收应包括对废旧物品的收集、存储、包装、运输等一系列物流活动,在考虑废旧物品来源的分布特征的基础上,依照回收点的位置分布、数目、规模等进行决策;在运营过程中,应合理规划运输方案,因为废旧物品的回收的运输成本在逆向物流中所占的比重较大。此外,在个别地区,由于法律法规的限制,许多废旧物品的跨地区运输是不允许的。

(2)检测与处理决策。回收的产品大都存在一些问题,有些可以继续使用,有些需要经过特定的处理方式可再被利用。这个环节通过对回收产品进行检测进而依据检测结果对其进行分类,为下一步处理决策提供依据。在这里不同的处理方式包括:直接再销售、翻新处理后再销售、拆卸零部件再利用、原材料再生利用或最终废弃物处理等。

(3)废品拆解。对于不能整体利用的回收物品,应按照其结构成分,将其拆卸、分解成不同的零部件。为保证拆卸后零部件的使用价值,应在拆卸的过程中尽量做到无损坏。企业在产品设计之初就应充分考虑到产品在回收后拆卸的方便性问题。

(4)再处理和再加工。这个环节通过对回收产品拆卸后产生的零部件进行清洗、修理、再加工等处理,实现原材料再生处理和加工,以便恢复产品与原材料的使用价值。

(5)废弃物处置。对那些没有再利用价值的废旧物品或经再生处理后剩余的最终废弃物,可通过机械处理、焚烧、掩埋等方式进行最终废弃处置。焚烧、掩埋这两种方式不可避免会给自然环境带来很多负面影响。掩埋会改变土壤成分并占用土地;焚烧方式会污染空气,产生有害气体,影响居民生活环境。采取这两种处置方式应充分考虑其环境危害,进行环境评估,将废弃物处置的危害降到最低。

8.1.4 逆向物流过程中各环节比较

在逆向物流整个系统中会涉及不同的参与者,有特定的回收公司、逆向物流服务商、废品回收监管部门等。根据他们在逆向物流系统中所扮演角色的不同又可分为回收者、收集者、加工者、销售者等。在逆向物流系统的任何一环,回收者都要决定如何把收集的产品运输到制造工厂进行再加工和再制造,在逆向物流的不同阶段会有不同的选择和不同的标准(见表8-1)。如在收集阶段,主要任务是制定详尽回收计划,以及对回收过程中所涉及的运输和仓储方案做出选择。在分类阶段,回收者要考虑是否有必要做回收,考虑不同类别的废旧产品的具体用途。在逆向物流系统中,每一环节都会对下一环节产生直接影响,因此,每一环节的决策至关重要。

表8-1 逆向物流链中各环节比较

回收参与者	回收用途	回收目的
回收者	存储、转售、出售	使客户服务成本最小,使客户满意度最高
检测、分类员	再利用、再生产、出售	使资源配置最优,使运营成本最小,使客户满意度最高
再加工者	再利用、再生产、出售	使运营成本最小,使利润最大,使客户满意度最高
再分配员	存储、转售、出售	使利润最大,使运输时间最短,使客户满意度最高

通过以上分析可知,在逆向物流管理中,每个环节都涉及决策的制订,并且每个环节都相互联系,上一环节的工作会直接影响到下一环节的决策。

8.1.5　正向物流和逆向物流的联系与区别

完整的物流系统需要正向物流与逆向物流的结合,一方面正向物流将企业生产的产品从生产领域流转到消费领域,另一方面逆向物流将企业需要找回的产品或废弃物从消费领域流转回到生产领域,实现回收再利用,重新实现其使用价值。

逆向物流与正向物流在物流功能上区别不大,但在物流管理内容方面,逆向物流具有其自身的特点。在逆向物流系统中,要科学合理地规划、分配物流职能,如退货、维修业务应交付生产厂商自己管理和负责,而运输、配送等业务则可以通过与其他物流企业的合作或交付于第三方物流企业来完成,或在政府监管部门的帮助下完成。很多逆向物流问题,如废旧产品的回收和最终废弃物的处理问题,不是一个或几个企业可以处理好的,这是一个社会问题,它需要国家财政税收方面给予扶持,或通过专业的逆向物流公司提供帮助,实现逆向物流的有效运作。

物流系统是由正向物流与逆向物流所构成,二者既有联系,又有区别,既相互依存,又相互制约。正向物流是逆向物流的基础,逆向物流又是正向物流的逆向过程。逆向物流产生的地点、时间、数量等都与正向物流相关,并呈现顺序上的逆向过程。逆向物流对正向物流具有反作用,能够促进正向物流发挥更好作用,二者相辅相成。正向物流由于技术、管理水平落后等原因会显著增加进入逆向物流的物料总量;逆向物流通过技术创新,改善管理方法,进行严格的物资再加工,又会对正向物流产生很好的促进作用。二者共同形成了完整的闭环物流系统(见表8-2)。

表 8 - 2　正向物流和逆向物流的比较

比较项	比较对象	
	正向物流	逆向物流
预测性	较易	较难
分销模式	一对多	多对一
配送目标	确定	不确定
产品质量	统一	不统一
产品包装	统一	多已损坏
处理方法	清晰	模糊
费用	确定	不确定
重要程度	被看重	不被看重
库存管理	统一	不统一
产品寿命	可控制	比较复杂
双方磋商	直接	间接
营销模式	有模式参考	多因素影响
操作流程	较为透明	透明度低

8.1.6 循环经济和逆向物流之间的关系

(1)循环经济是逆向物流的基础。正向物流的产品流转是经过生产—流通—消费等环节,将最终将产生的废弃物直接排放到自然环境中,造成了资源的浪费,对自然环境也造成了损害(见图8-4)。而循环经济对人类传统的生产、生活模式进行改造,能够减少人类生产、生活对自然环境的不良影响,成为生态系统的重要组成部分。生态系统由自然生态系统和循环经济系统共同构成,自然生态系统为人类生产和生活活动提供物料支持,最后吸纳在经济活动产生的废弃物;而循环经济系统的良好运行,能显著地提高物料利用率,将废弃物的产生降到最低,也将对环境的不利影响降到最低。

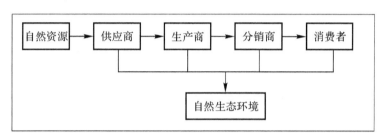

图8-4 正向物流流程

循环经济的物质流动过程则是一个封闭的系统(见图8-5),它需要正向物流与逆向物流之间的相互作用,正向物流中产生的废弃物到达逆向物流系统,经过回收和处理,形成可再生资源重新回归到正向物流系统,对于那些已经失去使用价值的最终废弃物通过机械处理、掩埋、焚烧等方法使其回到自然生态系统之中,最终达到资源多次循环利用目的。循环经济的良好发展需要有逆向物流作为支撑,只有融入科学合理的逆向物流系统,才能形成一个完整封闭的循环经济系统。

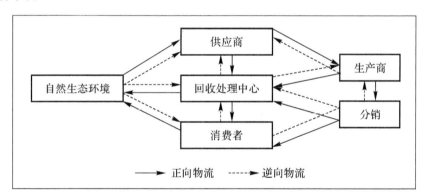

图8-5 循环经济下的物流系统

(2)循环经济推动逆向物流的发展。循环经济注重资源的有效、多次利用,减少废弃物的排放,从最大程度上实现对环境的保护。循环经济必将推动逆向物流的进一步发展。

1)循环经济理念推动逆向物流发展。由于各种主观、客观原因的存在,我国资源的循环利用范围还受到一定的局限,随着可持续发展理念的不断深入人心,循环经济将得到全社会更为广泛的理解与支持,人们将更加重视资源的有效利用和循环再利用。随着循环经济的不断推广,物资回收利用的范围和深度将进一步扩大,将会有更多的物资进入循环经济系统,促进逆向物流的发展。

2)技术创新为逆向物流提供支撑。循环经济快速发展离不开技术创新,同样技术创新也为逆向物流的发展创造了条件。技术创新为建立循环经济产业链提供了现实基础,也为推动企业逆向物流的发展积累了经验,先进物流技术的运用提高了逆向物流的劳动生产效率,降低了逆向物流成本,提高了废弃物再利用率,为企业带来了更多财富。

3)逆向物流为循环经济发展奠定了基础。发展循环经济要以逆向物流为基础。循环经济的宗旨是实现资源的循环再利用,实现对生产、生活废弃物的回收再利用,循环经济的每个环节都需要有逆向物流参与。逆向物流过程的管理和技术水平提高,才能加快促进循环经济发展,促进各类回收物资和废弃物的循环再利用,实现废弃物等再生资源的闭环流动,减少废弃物排放,使经济与环境和谐发展。

8.2 我国造纸产业逆向物流发展概况

8.2.1 我国造纸企业逆向物流的发展

我国造纸企业发展受到造纸原材料短缺的影响,废纸回收率低也制约企业可持续发展,国家《造纸产业发展政策》的出台,为我国造纸企业走可持续发展道路指明了方向。发展造纸企业逆向物流,一方面有助于提升造纸企业废纸回收率,促进循环经济发展,降低原料成本,提高废纸的循环再利用率;另一方面可降低我国造纸原料的对外依存度,减少国外废纸进口,有效解决造纸原材料短缺问题。

我国造纸企业逆向物流发展才刚刚起步,对于我国造纸企业而言,实施逆向物流主要体现在以下两方面:①废纸的回收再利用,②工业废水、废气、废浆渣的循环再利用。

目前国内对于逆向物流的研究,主要集中在电子产品和汽车的逆向物流研究上,有些学者进行了轮胎及废旧电池的逆向物流研究,在造纸产业方面,逆向物流研究还较少。本研究着重在循环经济背景下,从我国废纸回收再利用方面阐述我国造纸产业逆向物流现状及存在的问题。

(1)造纸企业逆向物流定义及特点。本研究的造纸企业逆向物流是指:在企业生产过程中产生的废水、废气、废浆渣,在运输、仓储、销售过程中纸产品的损坏件,及一些被消费者看来已经不具有该有的价值而遭到舍弃的废弃物(如废杂志、废报纸、废包装纸板、办公废纸等),还存在可以再利用的潜在使用价值,造纸企业选择一种适合自己的回收方式(如自营、联营、第三方经营及混合经营),对这些物资进行回收再利用的一个过程。

我国造纸企业逆向物流同其他行业逆向物流相比的显著特征表现在以下几方面:①纸产品的使用寿命与一般生活用品和电子产品相比偏短,使得造纸业逆向物流面临高频率的回收处理。②不像其他废旧电子产品回收那样需要经过一系列复杂的工序(如检验、拆解、粉碎、酸处理、焚烧等),造纸企业逆向物流工序相对单一。③造纸业逆向物流相对于其他行业逆向物流来讲,流向较为单一,逆向物流回收后的废旧产品一般集中于造纸企业,不会因处理工序的不同而寻找不同的归处。

(2)我国废纸再利用方面概况。废纸回收再利用在节约原材料资源与能源、减少环境污染等方面能产生巨大的社会效益和经济效益,是我国造纸产业得以可持续发展的一个重要方向。与国外发达国家相比,我国废纸回收再利用水平仍然较为落后。我国作为世界上最大的废纸进口与消费大国,废纸回收率与利用率仍低于世界平均水平,我国在废纸回收再利用方面,发展空间仍然十分巨大。

随着国民经济生活对纸制品需求量的不断增长,一方面,对造纸原材料的需求将进一步加大,另一方面,也将产生大量的生活与生产废纸,而造纸企业采用废纸作为造纸原材料,完全符合国家循环经济的发展理念,既减少了企业的造纸成本,又保护了环境,减少了废弃物排放。

从2005—2019年我国废纸的进口与回收量、纸与纸板的消费量(见表8-3)来看,增长速度显著加快,特别是废纸回收量增速较快,废纸回收率也有了显著提高。由于我国废纸原料来源主要依赖进口,废纸回收利用方面的工作仍需加强,发展空间仍然巨大。伴随着我国纸制品消费量的快速增长与经济的快速发展,社会对纸制品的需求量将进一步增大。

表8-3 2005—2019年我国废纸再利用数据

年份	纸板、纸		纸浆消耗	回收废纸		废纸浆用量		进口废纸量 万t
	产量 万t	消费量 万t	总消耗量 万t	回收量 万t	回收率 %	用量 万t	利用率 %	
2005	5 600	5 930	5 200	1 809	30.51	2 810	54.04	1 703
2006	6 500	6 600	5 992	2 263	34.29	3 380	56.41	1 962
2007	7 350	7 290	6 769	2 765	37.93	4 017	59.34	2 256
2008	7 980	7 935	7 360	3 137	39.53	4 439	60.31	2 421
2009	8 640	8 569	7 980	3 762	43.90	4 939	61.89	2 750
2010	9 270	9 173	8 461	4 017	43.80	5 305	62.70	2 435
2011	9 930	9 752	9 044	4 347	44.60	5 660	62.60	2 728
2012	10 250	10 048	9 348	4 473	44.50	5 983	64.00	3 007
2013	10 110	9 782	9 147	4 377	44.70	5 940	64.90	2 924
2014	10 470	10 071	9 484	4 841	48.10	6 189	65.30	2 752
2015	10 710	10 352	9 731	4 832	46.70	6 338	65.10	2 928
2016	10 855	10 419	9 797	4 963	47.60	6 329	64.60	2 850
2017	11 130	10 897	10 051	5 285	48.50	6 302	62.70	2 572
2018	10 435	10 439	9 387	4 964	47.60	5 444	58.30	1 703
2019	10 765	10 704	9 609	5 244	49.00	5 351	55.70	1 036

8.2.2 国内先进造纸企业逆向物流方面的成效

造纸企业使用办公废纸、新闻、杂志回收纸作为造纸原材料,不但节约了资源,实现了纸制品的再生利用,同时也降低了对环境的污染,减少了原来视为废弃物的垃圾填埋空间与处理成本,对生态环境的贡献远大于回收废纸的价值。在污染防治和环境保护方面,企业加大投入引进国外先进的废水处理技术及设备,实现了对废水的循环再利用;引进国内外先进的环保系统,实现了对白水、废水、废气、废渣等污染物的全面综合治理。在节能减排方面,企业相继加大投入,实施清洁生产,节约木浆,减少了废水排放,节约了电能。

芬欧汇川常熟纸厂在加大企业逆向物流建设后,提高了废纸在造纸原料中的占比,原料废纸使用占比接近30%。芬欧汇川常熟纸厂特别注重企业与环境的协同发展,投资超过2.86亿元引进并建设世界先进的环保技术与设施,实现了污染物排放指标的最小化(远低于国家所设定的标准)。在2005年12月,它与保定钞票纸厂、宁波中华纸业一同获得国家环境保护总局授予的"国家环境友好企业"荣誉称号。此外还有像苏州紫兴纸业、宁夏美利纸业等一批大型的造纸企业,他们在企业废弃物回收再利用方面取得的成效也相当明显。

8.2.3 造纸企业发展逆向物流动因分析

发展逆向物流有助于提升我国造纸企业的整体实力,使企业在节约能源、资源、减少环境污染方面产生巨大的社会效益与经济效益。在废纸回收利用方面,我国与国外发达国家无论在生产规模还是在生产技术方面差距都十分明显。我国有着十分巨大的废纸消费潜能,但废纸对外依存度较高,废纸回收未形成规模,基本来源于个体经营,且规模较小,再加之废纸分类标准的不明确等诸多因素的存在,使我国造纸企业迟迟未能建立起一套完善的逆向物流体系。

(1)环境管制因素。我国的纸制品消费位居世界第二位。同时,原生木材消耗量也位居世界第二位,但可供采伐用木材资源却少之又少,而我国森林资源中木材的年采伐量也不因此而减少,造成林木资源严重短缺。而废纸再利用可以起到降低资源消耗、增加企业利润、保护生态环境的多重效果。近年来,我国先后出台了《固体废物污染环境防治法》《环境保护法》等法律文件,规范了企业的生产经营活动,明确了各行业对再生资源回收及利用和环境保护方面的责任。

(2)经济利益因素。企业为了维系顾客、赢得市场,新产品开发、推广的速度明显加快。推动消费者频繁地购买,当消费者从更多的产品选择中获益时,大量的生产、生活废弃品便随之产生,这显著增加了进入逆向物流渠道的产品种类及数量。

对我国造纸企业而言,实施废纸回收再利用,可以帮助企业有效地降低采购成本,实现利润的增长,但我国废纸在货源、种类、质量、回收规模、处理技术等方面的不足,造成我国每年要从国外进口大量的废纸、纸浆、纸板。

对进口废纸的严重依赖,成为我国造纸企业进一步发展的重大阻碍,且我国所处的国际废纸交易市场是卖方市场,废纸出口国家一旦趁机炒高废纸价格,达到我国造纸企业无法承受的程度时,我国造纸企业将会遭遇十分被动的局面,因此必须减少对国外废纸的长期依赖。

(3)企业竞争因素。随着市场经济的发展及人们消费水平的提高,一方面,消费者对所购买产品及服务的要求越来越高,企业只有通过不断改进产品质量、性能和服务水平,才能赢得消费者的青睐,从而占领市场;另一方面,企业的竞争形势由过去的垄断形式过渡到今天的完全竞争,企业面临的市场也由过去的卖方市场过渡到今天的买方市场,顾客就是上帝,顾客在交易中的地位发生了逆转。企业只有让客户满意,才能稳步占据市场份额,因此企业需要借助逆向物流系统以便实现对缺陷产品的有效召回或生产、生活废弃品的回收再利用,实现对整个供应链的逆向物流活动的全面指挥、协调。

对造纸企业而言,必需努力维护好与消费者、与原材料供应商之间的关系,尽量扩大企业的废纸回收总量且努力提升自身废纸再利用水平,这样不仅节约了企业的造纸成本,更重要的是提升了企业在本行业的竞争能力。

(4)社会价值因素。各种政府已相继制定各种相关法律法规来约束企业对生态环境可能造成的破坏,此外,企业的生产经营活动也会受到社会公众的监督,人们不仅仅会关注企业的员工待遇、企业效益,更加关注企业的社会价值,是否符合可持续发展原则,是否有利于环境的保护,等等。

造纸企业实施逆向物流,不仅有利于树立企业在公众心目中的良好形象,更是展现企业社会责任感的重要途径。因为造纸企业的生产废弃物中除有一部分可供循环利用外,其余部分已失去使用价值,如果直接排放到外部环境中,会对生态环境及人类身体健康造成很大的影响,企业逆向物流的有效实施有助于解决以上问题,是一条降低资源与能源消耗、保护环境并符合国家可持续发展战略的有效途径。

8.3 我国造纸企业发展逆向物流面临的问题

我国企业关于逆向物流方面的研究与实践开始较晚,尤其在废纸的回收再利用方面,我国的废纸回收无论在品种、质量、货源、回收规模与处理技术等方面与国外发达国家相比都有不小的差距。而我国造纸行业逆向物流发展缓慢,原因是多方面的,面临的主要问题是逆向物流意识缺乏、逆向物流资金和人才缺乏、废纸分类标准不明确、废纸回收物流网络不完善、管理体系还较为混乱且缺乏先进企业支撑、对进口废纸浆依赖度较高等多个方面。

8.3.1 缺乏逆向物流的意识

当前,我国有很大一部分企业只注重了正向物流的构建及运营,对逆向物流还没有一个完整的认识,甚至认为实施企业逆向物流会造成资金与时间的浪费。另外,我国的一些造纸企业虽已认识到实施逆向物流对企业在废弃物循环利用及环境保护方面的重要作用,但由于逆向物流的构建需要企业花费更多的人力、物力、财力资源,所以企业在实施逆向物流时并非十分积极。

目前,我国国民中很大一部分人还将废纸作为废物来看待,甚至是当作垃圾,或仅仅作为一种可以变卖为现金的物品,没有认识到废纸是一种可再生资源,没有意识到它在推进生态环境保护中的重要意义。在日常生活、工作过程中各种废旧纸制品不经任何分类,就被简单地堆放到一起。而在一些发达国家,这方面就做得比较好,人们会把日常生活中产生的废物进行分类堆放,然后等待专业的回收人员回收,同时他们还积极向孩子传授关于废物回收再利用的相关知识。这不仅推动了环保知识的普及,更节省了每个家庭的日常开支。

8.3.2 缺乏逆向物流专业人才和资金

长期以来,正向物流受到了企业的重视,它能给企业带来直观的经济利益,而逆向物流所能带来的经济效益和社会效益回报,周期较长,且企业前期投资较大,这样,企业把更多的人力、物力、财力投入到正向物流,而忽视了逆向物流系统建设。

对于造纸企业而言,逆向物流系统建设需要投入大量财力与物力,如需要建立废纸回收站点、仓储库、废纸处理中心、逆向物流信息系统等设施。而这些都会成为企业在建设逆向物流系统时需要首先考虑的问题。企业逆向物流系统的建设与实施,离不开先进的技术装备、需要投入大量的资金,更离不开专业的逆向物流管理人员,他们具备专业的知识与技能,是企业发展逆向物流过程中的核心力量,而我国目前这方面的专业人才还相对缺乏。

8.3.3 缺乏科学细化的废纸分类标准

不同废纸的组成成分、制作工艺、运输过程都有所不同,不同废纸具体的回收处理方法也会有所差异。我国废纸分类标准还不够科学细化是造成我国废纸回收率低的主要原因之一,我国在2006年发布的《废纸再利用技术要求》将废纸简单地分为11种。而在日本,废纸分类则更为细化,共有25种,且每种废纸都要规定其标准,并标注废纸来源。我国废纸分类标准不够不明确,使公众和回收人员无法有效地对废纸进行分类。这样造成企业回收废纸种类繁杂且质量较差。我国目前的废纸回收市场将废纸仅简单地分为报纸、书和杂志、纸板箱等三类,甚至在我国部分地区,废纸在回收时仅作为一个大类计价。

废纸分类标准制定需要不断更新,美国、日本等国每隔一定时间就会对标准做出相应调整。日本废纸分类标准自1979年以来已经过3次调整。而我国废纸分类标准自2006年制定以来,还没有进行过更为细致的调整。因此我国目前废纸回收行业迫切需要不断更新标准对其进行更为严格的规范。

8.3.4 缺乏完善的废纸回收物流网络

国内废纸的回收途径相对单一,基本上是个体户在从事废纸的回收工作,达到一定规模、产生一定效益的企业很少。废纸回收、处理、加工等相关企业衔接性较差,而且区域集中优势不明显,如部分回收的废纸需要运输到本地区以外的其他企业进行加工处理。加工后生成的再生纸浆需要再次返回到本地区的造纸企业,以便生产之用。

目前在我国大部分城市,各个废纸回收站点由于缺乏严格监督管理,均零散地分布在城市郊区。在配送环节,废纸回收站点的无规律分布增加了企业的配送成本,回收站点的无规律分布加上目标客户群的相对分散,配送服务没有经过合理计划安排,造成空车往返、重复运输、迂回运输等不合理现象的出现,且运输形式多为小批量配送,从而造成企业装卸、搬运成本居高不下。在仓储过程中,较小规模的零散废纸回收站点的库存周转时间较长,库存量要达到满载水平所需时间较长,造成部分库存废纸长期堆积,一方面影响了其他废品存放,另一方面也给企业在如何能更好保存、保管废纸问题上提出了新的难题。如果遇上阴雨连绵的天气,不经过专业科学的存储方法,废纸的品质极易受损,使企业进行废纸交易时蒙受很大损失。

8.3.5 缺乏先进回收企业的有效支撑

我国废品回收行业缺乏完善、有效的管理机制,参与废品回收的主要是一些个体收购者和小型废品收购站人员,由于其没有合法的营业执照,也没有专业废品分拣素质,通常回收的废纸质量较差,可利用率不高。再加上国家缺乏专业的管理机构来监督废品回收工作,这些废旧物资通常会被层层外包给各私人回收站,这样势必会使废品回收环节繁杂,增加了企业的回收成本。由于缺乏有效的监督管理,个别回收人员出于眼前利益,给废纸中增加沙土、水分,以此来增加废纸的重量,进一步增加了造纸企业回收处理成本,企业需要为此花费更多的人力、物力、财力去分拣废纸,并给造纸企业制浆生产过程带来一定的困难。另外,无照经营的废品回收站给人们日常生活造成影响,不可避免地增加了水源、空气、土壤等方面的污染。此外,由于消防意识的缺乏,会给人们的生命财产安全带来巨大的隐患。

我国废纸回收站点的无规则分布加上目标客户群的相对分散,造成企业在物流配送和装卸、搬运成本上的居高不下。在我国的某些地区,废纸存储总量虽然较大,但由于所属的废纸回收站点布局相对分散,废纸资源难以集中流向大型造纸企业,造成了我国废纸资源的流失浪费。

另外,也由于目前国内造纸行业缺乏有效的逆向物流模式可供造纸企业参考和借鉴,即使有个别企业,如华泰造纸等大型造纸企业在废料、废纸回收利用方面成效相对显著,但这对于其他中小企业来说并不一定适用。

8.3.6 我国造纸企业对进口废纸浆依赖度较高

我国近些年的废纸利用水平较以往虽然有所提高,但作为世界上排名靠前的纸质品消费大国,我国的废纸资源还严重依赖于进口,具有较高的进口依存度。根据造纸工业协会的数据,2016年我国废纸消耗量达到7 813万t,同比增长0.5%。其中国内废纸回收量约为4 964万t,同比增长2.5%;废纸进口量2 849万t,进口废纸量占国内废纸总消耗量的36.5%。一方面我国的废纸分类标准较为模糊,回收废纸品质较差。另一方面废纸回收没有形成大企业主导的局面,散而乱,没有形成规模经济。国内造纸企业为了寻求稳定的货源,大都采用进口废纸作为造纸原材料。

我国造纸行业对进口废纸浆的依赖,一方面削弱了我国废纸浆的竞争力,另一方面也加深了对国外造纸设备的依赖程度。由于国外进口设备对废纸质量的要求程度较高,而国内废纸在品质方面无法满足设备的要求,所以只能选择进口废纸来做企业的造纸原料。有人担心,我国已成为世界的废纸加工厂,我们在大量引进国外废纸原料的同时,也带来了一定的环境、卫生隐患,因为从废纸转化为再生纸浆的过程中,将不可避免地产生大量的工业废水,其中包含了大量的重金属、化学物质以及有害细菌和微生物,这将对人的健康、卫生安全和生活环境产生巨大威胁。

8.4 我国造纸企业的逆向物流运营模式

8.4.1 影响造纸企业逆向物流模式的因素分析

企业选择以何种方式实施逆向物流,是由企业所面临的内、外环境共同决定的,对造纸企业而言,在选择逆向物流模式时,下述几种因素是必须充分研究和考虑的。

1. 经济因素

(1)初期投资额。造纸企业在构建逆向物流系统时,需要在回收处理设备、厂房、运输工具、人力资源等方面进行相应投资。对于回收处理设备,由于企业回收的废纸来源不同,需要进行检测、分类、加工、处理等一系列复杂的流程才能将其转化成为可供造纸企业使用的再生纸浆,而企业整个回收再造流程又必然会产生一定的工业废弃物,企业必需要经过一定的达标处理,方可将其排放到指定区域,这些都需要企业在机器设备方面投入一定的资金;对于厂房,造纸企业在进行生产经营活动过程中,需要购置、租赁相应的厂房及工作区域;对于运输工具,造纸企业在进行物流服务过程中,必然需要购置相应的运输工具并为使用这些工具支付相关的费用,如运输汽车的检修与维护费用、应承担的养路费及相关税金等;对于人员费用,造纸企业整个逆向物流系统的良好运营,需要企业相关管理人员、技术人员尽责的付出,因此需要支付不同岗位工作人员的报酬。

(2)逆向物流运营成本。运营成本是企业逆向物流管理中一个非常重要的因素,运营成本主要包括收集成本、包装成本、仓储成本、运输成本、加工处置成本、物流人工费用、生产投入、过期损失等企业逆向物流运营中所产生的成本。

当企业选择逆向物流自营模式时,需要为此投入较高的费用,因为企业需要独自承担构建逆向物流系统所需的硬件设施及人员管理费用等。而当企业采用联营模式或外包模式时,虽然企业也需要为此支付一定的费用,但比起企业自营模式来,所需的前期投资明显较低。不同规模的企业在选择逆向物流模式时,应根据企业不同发展阶段有所侧重。

(3)经济收益。对于任何一个企业,在投资一个项目时,必然要考虑项目所带来的预期经济收益,对于造纸企业而言,主要是通过对回收废纸的转售、再生利用来实现其价值。如造纸企业通过对回收废纸进行分类、检测、加工处理等相关工序实现废纸的循环再利用,当然企业也可通过其构建的逆向物流系统实现对缺陷产品的召回,再通过检修、替换实现对缺陷产品的再制造过程。

企业在选择自营模式时,可以利用正向物流系统中已有的物流体系,为自己节约一定的成本,同时,企业自营逆向物流在提高客户满意度、提高产品质量、树立企业良好形象等方面都有明显的优势。而企业联合经营与外包逆向物流虽然在建设前期会为企业节约一定的投资,但企业在产品信息收集与改善物流服务等方面有一定的滞后,或者不能很好地与合作企业实现业务衔接。

2. 管理因素

管理因素主要是指造纸企业在构建逆向物流系统后应当具备的运营管理能力,主要包括设施、设备的管理,人员培训及管理,以及信息管理等三方面。

(1)设施、设备管理。造纸企业逆向物流系统的正常运营需要很多的设备、设施,包括废纸的回收、检测、分类、再加工设备等,此外还需要处理生产过程中所产生的工业废水、废浆渣、废气等的循环再利用设备。企业所需的硬件设施远远不止这些,还包括各种维护修理设备、信息处理设备、物流运输工具等。如果企业选择联营或第三方模式,投资压力较小,而选择自营模式,则投资压力较大。

(2)人员培训及管理。企业构建逆向物流系统,必须有专业物流素养的工作人员进行管理与控制,企业才能良好的运作。企业需要对企业员工进行定期考核,考查员工现有的知识水平和专业技能。定期对现有员工进行技术培训,不断加强与现有员工的沟通,使企业的整个文化氛围变得融洽。这些问题都是企业自营逆向物流模式下应该着重考虑的。而在企业联合经营及外包模式下,企业在加强本企业员工管理的同时还要加强与合作企业员工之间的交流与沟通,以确保良好的合作经营关系。因此,无论在何种模式下,注重员工的管理与沟通都是每个企业需要考虑的首要问题。

(3)信息管理。企业通过信息技术和网络平台可以将企业与客户的逆向物流运作过程很好地衔接起来,实现企业对逆向物流各环节的实时跟踪、控制与全程管理,企业在第一时间得到准确的回收产品信息,对于企业制定合理的生产计划、改善产品质量、降低生产成本及提高利润具有明显的益处。企业逆向物流自营模式可以在第一时间通过企业内部各个部门实现逆向物流信息的共享,及时改善产品质量与客户服务。而采用联营与外包模式,企业在信息采集方面较自营模式会有一定程度的延迟。另外,企业还需不断加强与其合作企业之间的沟通与信息交流。

3. 技术因素

造纸企业逆向物流技术指标主要分为分拣加工技术、库存控制及技术创新等三个指标。其中分拣加工技术在废纸的分类、检验、加工环节都是必不可少的一项技术。其技术水平的高低对造纸企业逆向物流效率的影响较大。由于我国目前的逆向物流较为落后,与发达国家相比,尚属于较为初级的传统阶段,所以,在逆向物流技术水平方面的改造创新是我国逆向物流得以长远发展的重要保证。造纸企业的库存品主要分为回收产品、退货产品、在制品及产成品等,企业的库存控制能力一定程度上也会反映出企业的逆向物流水平。

企业要实现对废纸的回收再利用,通常需要专业的技术设备和员工,企业逆向物流环节主要包括再利用、再制造和原材料再生等三个环节:①再利用。回收的废旧报纸、书刊、杂志等通过转售到二手市场会给企业带来一定的收益。②再制造。对于有质量问题的纸制产品可以利用企业的逆向物流系统实现产品召回处理,对其实现再制造,使产品恢复到可使用状态,达到企业的出厂要求。③原材料再生。回收的废纸通过检测、分类、再处理等环节进而转变成再生纸浆,成为造纸企业不可或缺的造纸原材料。企业可以根据自己的实际情况选择适合自己的回收模式,也可以经过外包通过联合经营进行回收。

4. 社会因素

(1)环境因素。在当前国内能源、资源日益短缺的境况下,企业的整个生产过程都要符合国家可持续发展战略。一方面,企业为了在市场中生存发展,不可避免地需要从大自然中获取资源、能源,这也造成了不可再生资源与能源的日益短缺;另一方面,企业的整个生产过程又会排放出工业废气、废渣、废水等污染物,如果不加处理就直接排放到自然环境中,会造成生态环境的破坏。随着人们自身素质与生活水平的不断提高,消费者对环境保护的热情也日趋高涨,世界各国也陆续出台了各项政策、法规来明确企业对环境应负有的责任,因此,环境因素已成为企业逆向物流模式选择的一个重要因素。

(2)社会逆向物流服务能力。在我国,逆向物流的发展还处于传统的初级阶段,部分中小规模企业由于资金不足,如果自建逆向物流,会造成企业负担过重,如果选择联营或是将逆向物流外包,会给企业带来多方面的优势。第三方物流是现代物流的发展方向,企业选择专业化的逆向物流运营商,可以为顾客提供高质量的物流服务。国际大型物流公司也看到我国逆向物流市场具备的广阔前景,纷纷入驻我国逆向物流市场,对我国中小企业而言,选择逆向物流外包,不仅可以减少投资,提高物流效率,提高客户满意度,更重要的是可使企业专注于自己的核心业务,提高核心竞争力。

企业选择逆向物流外包,也会存在一定风险,如导致废旧产品回收处理不能按时完成,或者是企业的产品信息被泄漏,使企业遭受重大的损失。随着我国逆向物流的进一步发展,相关法律法规的逐步健全,相信各个企业在选择逆向物流模式时,都会依据自身条件综合考虑,选择适合自己的逆向物流模式。企业逆向物流的有效实施是一项复杂的系统工程,企业要从经济、管理、技术、社会等四个方面来综合考虑,寻找实施逆向物流的最佳途径。

8.4.2　3种不同的逆向物流运营模式

(1)自营模式。造纸企业逆向物流自营模式是指那些被消费过的纸产品、木质产品及木材生产加工过程中的边角料,在某些消费者和生产者看来已经不具有价值而遭到舍弃,另外,在企业自身的生产、销售过程中出现的一些有缺陷的纸产品,造纸企业通过自建逆向物流体系,从一些小型回收业者、回收企业手中回收或自己直接回收,并负责好这些物资的运输、储存、分拣、整理等一系列逆向物流活动,且独自承担相应的费用和责任的逆向物流模式,如图8-6所示。自营模式对规模较大的造纸企业更为适用。企业将回收后的产品通过多种方式重新利用,既能节约成本,又能从中获得利润。

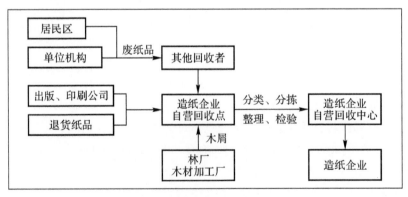

图8-6　造纸企业逆向物流自营模式

(2)联营模式。造纸企业逆向物流联营模式是指那些被消费过的纸产品、木质产品及木材生产加工过程中的边角料,在某些消费者和生产者看来已经不具有价值而遭到舍弃,但这些物品中还存在着可以循环再利用的潜在使用价值,造纸企业选择联营模式构建逆向物流系统,可以为战略联盟合作企业甚至是其他企业提供逆向物流服务,从一些回收业者手中回收或是自己直接回收。企业间还可共同大批采购高质量进口废纸,共同承担相应的责任和费用,如图8-7所示。该模式可以减少合作企业的资金投入,使其专注于自己的核心业务。

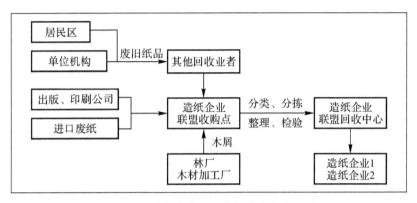

图8-7 造纸企业的逆向物流联营模式图

(3)第三方模式。造纸企业逆向物流第三方模式是指那些被消费过的纸产品、木质产品及木材生产加工过程中的边角料,在某些消费者和生产者看来已经不具有价值而遭到舍弃,通过一些零散的小型回收业者及回收企业最终回归到造纸企业的过程,如图8-8所示。在此模式中,造纸企业可以将自身的逆向物流业务,以支付费用的形式交付于专门从事该业务的其他企业来实施,并在这个过程中保持着良好的合作关系和信息的交换。造纸企业将逆向物流业务外包,可以减少造纸企业在设备、设施和人员成本方面的投资,并依靠第三方物流服务商的专业化运作,为本企业提供更好的服务质量,有利于企业更好地专注于自己的核心业务。

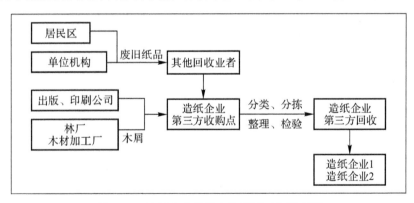

图8-8 造纸企业的逆向物流第三方模式图

8.4.3 造纸企业3种逆向物流运营模式比较

造纸企业逆向物流的3种运作模式在实际运用中各有利弊,对于我国造纸企业来说,在构建逆向物流模式时应从初期投资额、逆向物流运营成本、经济收益、设施与设备管理、人员管理、信息管理、技术因素、社会因素等诸多方面综合考虑,最终选择符合企业实力和产品特点的逆向物流运作模式。

由表8-4可以看出,每种模式对不同企业适用性不同,并没有适用于任何企业的最优模式。对于一些规模较小、资金不够优厚、物流系统不够完善、产品种类多且产量较少的造纸企业,第三方回收模式与联合经营模式是比较理想的选择。自营模式对于部分实力雄厚的造纸企业较为合适。在实际状况中,企业应根据自身实力和发展状况来选择适合自己的逆向物流模式,以保障逆向物流顺利实施。这样可以帮助造纸企业节约成本,获得经济上的收益,更能帮助其获得一定的社会效益。

表8-4 三种逆向物流运作模式的优缺点比较

模式	优势	劣势	适用范围
自营模式	顾客信息处理及时准确	物流成本高	适用于大企业
	直接与客户接触并掌握第一手反馈资料	规模经济性低	使用于本企业生产的所有产品
	有利于维护企业形象	财务风险大	社会回收物流服务能力强的企业
		服务质量一般	
		便捷程度较低	
		可能影响核心业务发展	
联营模式	能及时反馈信息	物流成本较高	大、小企业均可
	较有利于维护企业形象	规模经济性一般	适用于同行业企业生产的相似产品
	服务质量好	财务风险一般	社会回收物流服务能力较好的企业
	便捷程度较高		
	较有利于发展企业自身业务		
外包模式	物流成本低	信息反馈难	大、小企业均可
	规模经济性高	维护企业产品形象一般	产品类型范围较广
	财务风险低	受限于第三方物流企业	社会回收物流服务能力差的企业
	服务质量较好		
	便捷程度一般		
	很有利于发展企业的自身业务		

8.4.4 造纸企业逆向物流模式决策

1. 决策方法的选取

造纸企业逆向物流模式的评价指标多为定性指标,用普通方法难以将其量化,为此,企业逆向物流模式决策采用层次分析法,可将决策选择问题层次化,并定量化相关指标,为企业在逆向物流模式决策选择问题上提供依据。

(1)层次分析法。层次分析法是先进行主观分析,再进行量化评判处理的方法。它比较适用于解决那些构成因素复杂且缺乏定量数据的问题。该方法产生于20世纪70年代初,由美国匹茨堡大学教授萨蒂首次提出。

该法充分发挥人的主观能动性,依据人的经验和敏锐的洞察力做出判断,使定性指标得以定量化,因此,该法在评价目标结构复杂且数据较为缺乏的状况下比较适用,所以,近几年被广泛地应用于企业发展规划、优先级考评之中。

(2)层次分析法的优点。层次分析法的广泛应用主要基于其具备的以下优点:①简单易懂。建立在矩阵论与实验心理学基础上的层次分析法原理得到了学者的广泛认同,使使用及研究该法的人很快进入研究角色之中。②层次化。使企业在选择逆向物流模式的过程中,将原本复杂的一系列问题转化为具有结构和层次的简单问题。③定性问题得以定量化。在企业逆向物流模式的选择过程中包含了很多的定性与定量因素,层次分析法可以对这些因素进行综合考虑。

(3)层次分析法的基本原理。建立层次结构模型:在解决复杂问题的过程中,首先应明确目标,且目标是唯一的,设定为目标层;找出影响目标的相关因素,确定为准则层,准则层分为主准则层与次准则层。主准则层的因素会对次准则层的因素产生影响,而次准则层的因素又会对主准则层的因素有一定的牵制作用。准则层可以分为若干个层次,它们之间相互影响,相互作用。最终,为了问题的解决,列出几个解决方案,它们构成方案层,通常位于层次结构的最下层。对比矩阵的构建:从该层次模型的第二层起,对从属或影响上一层每个因素的同一层诸多因素,用九级标度法构建对比矩阵,直至最下层。其中Satty教授提出的九级标度法,其具体含义见表8-5。

表8-5 九级标度法的具体含义

标　度	含　　义
1	表示两个元素相比,重要性相同
3	表示两个元素相比,前者比后者稍微重要
5	表示两个元素相比,前者比后者明显重要
7	表示两个元素相比,前者比后者强烈重要
9	表示两个元素相比,前者比后者极端重要
2,4,6,8	表示上述相邻判断的中间值
倒数	如元素i与j的重要性比为a_{ij},那元素j与元素i重要性之比为a_{ji},$a_{ji}=1/a_{ij}$

(4)层次单排序并检验其一致性。我们需要计算每一判断矩阵中各因素针对其准则的相对权重,在这里,主要采用"和法"原理,将一致性判断矩阵的每一列归一化后来计算其相对应的权重。此过程称为层次单排序。在层层排序过程中,需要对判断矩阵进行一致性检验。其中一致性指标为

$$\text{CI}=\frac{\lambda_{\max}-n}{n-1} \qquad (8-1)$$

式中:$\lambda_{\max}$为最大特征值;n为自然数。

另外,还应计算该矩阵的RI(平均随机一致性指标)值,对于1~9阶矩阵,Satty教授给出的RI的值见表8-6。

表 8-6 RI 的不同取值

阶数	1	2	3	4	5	6	7	8	9
RI	0	0	0.58	0.90	1.12	1.24	1.32	1.41	1.45

当阶数 $n \geqslant 3$ 时，以下公式成立：

$$CR = \frac{CI}{RI} \tag{8-2}$$

当 $CR < 0.10$ 时，认为该矩阵的一致性可以接受，否则，应对它进行重新修正。

（5）层次总排序并检验其一致性。另外，还需要计算每个判断矩阵中各因素对于目标层的相对权重，这一过程的计算需要采用从上而下的方法，将权重进行逐层合成。

随后，应检验其一致性，检验顺序由高到低。设与 A 层（目标层）相对应的 B 层的判断矩阵的一致性指标为 CI_j，RI_j 为其相应的平均一致性指标，则对应的随机一致性比率为

$$CR = \frac{\sum\limits_{j=1}^{m} a_j CI_j}{\sum\limits_{j=1}^{m} a_j RI_j} \tag{8-3}$$

当 $CR < 0.10$ 时，认为该判断矩阵的一致性可接受；否则，需要对它进行重新修正。

选择合适的逆向物流运作模式是我国造纸企业发展逆向物流的关键因素之一，由于企业在实施逆向物流时，涉及的影响因素众多，因此精确的定量评价无法适应逆向物流自身的特点。本研究将层次分析法运用到我国造纸企业逆向物流模式的决策当中是可行的，当然在实际应用中，还需根据企业的情况进一步完善。

2. 某造纸企业 3 种逆向物流模式选择决策实例

我国某造纸企业由于受到新颁布的废旧产品回收法规制约，同时也为了节约生产成本，增强企业的竞争力，创造更多的利润，拟决定拓展逆向物流业务。目前可行的运作模式主要分为自营模式、联营模式以及第三方外包模式。对某造纸企业逆向物流模式决策分析，选择适合企业发展的逆向物流模式，有利于企业逆向物流业务发展。造纸企业相关逆向物流方面的研究比较少，在行业方面主要是对电子产品、汽车及农产品的研究居多。所用相关数据，采用专家打分和行业统计数据进行模拟。

（1）造纸企业决策指标的选取。为了简化数学模型，在建立逆向物流层次结构模型时，主要考虑经济、管理、技术三方面的影响。而在这三种因素中，它们的重要程度由高到低依次是经济因素、管理因素、技术因素。在经济因素中，要求企业最好做到投资少、成本低、收益好；在管理因素中，企业要以人为本，要能很好地与员工进行沟通，并对机器设备进行高效管理；还有就是对信息的有效管理；技术方面主要是指分拣技术和库存控制方面。

（2）造纸企业的 3 种逆向物流模式：①自营模式，具有高投资、高成本、收益最好的特点。它对信息管理的要求一般，对机器、技术及人员管理的要求较高。②联营模式，具有较高投资、较低成本、收益性较好的特点，对信息管理有较高要求，对人员、机器设备、技术的管理要求一般。③外包模式，具有最低投资、最低成本、收益较好的特点，对信息管理的要求很高，对人员、设备的管理及技术的要求较低。

（3）造纸企业逆向物流层次分析法数学模型。根据我国造纸企业构建逆向物流系统的相

关影响指标建立层次结构模型,并结合我国经济、社会、法律等各方面的情况,根据相关专家的评判标准建立矩阵,用层次分析法对不同模式进行选择。本研究通过 Matlab 编程对模型进行求解,求解特征向量所采用的是和积法。具体计算步骤如下:

1)建立层次结构模型。根据造纸企业逆向物流相关影响因素,建立测评指标体系,见表 8-7。

表 8-7 造纸企业逆向物流模式测评指标体系

目标层	准则层	子准则层	方案层
造纸企业逆向物流模式综合评价体系 A	经济水平指标 B_1	初期投资额 C_1	企业自营模式 D_1
		逆向物流运营成本 C_2	
		经济收益 C_3	
	管理水平指标 B_2	设备管理 C_4	企业联营模式 D_2
		人员管理 C_5	
		信息管理 C_6	
	技术水平指标 B_3	分拣技术 C_7	企业外包模式 D_3
		库存控制 C_8	

2)构造判断矩阵,进行层次单排序和一致性检验。通过 Matlab 编程对模型进行求解,求解结果见表 8-8~表 8-13。

表 8-8 $A-B$ 判断矩阵及相应的特征向量、特征值、CI 值、CR 值及一致性检验

A	B_1	B_2	B_3	特征向量	最大特征值	CI 值	CR 值	一致性检验
B_1	1	3	5	0.637 0	3.038 5	0.019 3	0.037 0	CR<0.1,通过
B_2	1/3	1	3	0.258 3				
B_3	1/5	1/3	1	0.104 7				

表 8-9 B_1-C 判断矩阵及相应的特征向量、特征值、CI 值、CR 值及一致性检验

B_1	C_1	C_2	C_3	特征向量	最大特征值	CI 值	CR 值	一致性检验
C_1	1	3	9	0.663 1	3.053 6	0.026 8	0.051 6	CR<0.1,通过
C_2	1/3	1	6	0.278 5				
C_3	1/9	1/6	1	0.058 5				

表 8-10 B_2-C 判断矩阵及相应的特征向量、特征值、CI 值、CR 值及一致性检验

B_2	C_4	C_5	C_6	特征向量	最大特征值	CI 值	CR 值	一致性检验
C_4	1	7	9	0.785 4	3.080 3	0.040 1	0.077 2	CR<0.1,通过
C_5	1/7	1	3	0.148 8				
C_6	1/9	1/3	1	0.065 8				

表 8-11 B_3-C 判断矩阵及相应的特征向量、特征值、CI 值、CR 值及一致性检验

B_3	C_7	C_8	特征向量	最大特征值	一致性检验
C_7	1	8	0.888 9	2	完全一致
C_8	1/8	1	0.111 1		

表 8-12 $C-D$ 判断矩阵

C_1	D_1	D_2	D_3	C_2	D_1	D_2	D_3	C_3	D_1	D_2	D_3
D_1	1	8	7	D_1	1	2	9	D_1	1	2	8
D_2	1/8	1	2	D_2	1/2	1	3	D_2	1/2	1	7
D_3	1/7	1/2	1	D_3	1/9	1/3	1	D_3	1/8	1/7	1
C_4	D_1	D_2	D_3	C_5	D_1	D_2	D_3	C_6	D_1	D_2	D_3
D_1	1	3	9	D_1	1	1	7	D_1	1	7	8
D_2	1/3	1	7	D_2	1	1	5	D_2	1/7	1	1
D_3	1/9	1/7	1	D_3	1/7	1/5	1	D_3	1/8	1	1
C_7	D_1	D_2	D_3	C_8	D_1	D_2	D_3				
D_1	1	3	5	D_1	1	4	6				
D_2	1/3	1	1	D_2	1/4	1	2				
D_3	1/5	1	1	D_3	1/6	1/2	1				

表 8-13 $C-D$ 对应的特征向量、特征值、CI 值、CR 值及一致性检验

D	C_1	C_2	C_3	C_4	C_5	C_6
D_1	0.785 5	0.639 4	0.586 1	0.655 4	0.486 9	0.789 1
D_2	0.129 3	0.279 3	0.353 1	0.289 7	0.435 3	0.107 8
D_3	0.085 2	0.081 3	0.060 8	0.054 9	0.077 8	0.103 1
最大特征值	3.076 4	3.018 3	3.034 9	3.080 3	3.012 6	3.002 0
CI 值	0.038 2	0.009 1	0.017 4	0.040 1	0.006 3	0.000 991 28
CR 值	0.073 4	0.017 6	0.033 6	0.077 2	0.012 1	0.001 9
D	C_7	C_8				
D_1	0.658 6	0.701 0				
D_2	0.185 2	0.192 9				
D_3	0.156 2	0.106 1				
最大特征值	3.029 1	3.009 2				
CI 值	0.014 5	0.004 6				
CR 值	0.027 9	0.008 8				

3)层次总排序及一致性检验。进行子准则层层次总排序(见表 8-14)和一致性检验。

表 8-14 子准则层层次总排序

a_j	B_1	B_2	B_3	子准则层层次总排序
	0.637 0	0.258 3	0.104 7	
C_1	0.663 1			0.422 394 7
C_2	0.278 5			0.175 684 6
C_3	0.058 5			0.037 264 5
C_4		0.785 4		0.202 868 82
C_5		0.148 8		0.038 435 04
C_6		0.065 8		0.016 996 14
C_7			0.888 9	0.093 067 83
C_8			0.111 1	0.011 632 17

其一致性检验结果如下:

$$\mathrm{CR}=\frac{\sum_{j=1}^{m}\mathrm{CI}_j a_j}{\sum_{j=1}^{m}\mathrm{RI}_j a_j}=\frac{0.026\ 8\times 0.637+0.040\ 1\times 0.258\ 3+0\times 0.104\ 7}{0.58\times 0.637+0.58\times 0.258\ 3+0\times 0.104\ 7}=$$

$$\frac{0.027\ 429\ 43}{0.519\ 274}=0.052\ 8<0.1 \tag{8-4}$$

因此,该子准则层层次总排序的结果具有满意的一致性。

4)方案层层次总排序(见表 8-15)和一致性检验。

表 8-15 方案层层次总排序

a_j	C_1	C_2	C_3	C_4	C_5
	0.422 394 7	0.175 684 6	0.037 264 5	0.202 868 82	0.038 435 04
D_1	0.785 5	0.639 4	0.586 1	0.655 4	0.486 9
D_2	0.129 3	0.279 3	0.353 1	0.289 7	0.435 3
D_3	0.085 2	0.081 3	0.060 8	0.054 9	0.077 8

a_j	C_6	C_7	C_8	方案层层次总排序
	0.016 996 1	0.093 067 83	0.011 632 2	
D_1	0.789 1	0.658 6	0.701 0	0.700 499 017
D_2	0.107 8	0.185 2	0.192 9	0.213 656 5
D_3	0.103 1	0.156 2	0.106 1	0.084 188 283

其一致性检验结果如下:

$$\mathrm{CR} = \frac{\sum_{j=1}^{m} a_j \mathrm{CI}_j}{\sum_{j=1}^{m} a_j \mathrm{RI}_j} = 0.048\ 6 < 0.1 \qquad (8-5)$$

因此,该方案层层次总排序的结果具有满意的一致性。

5)决策结果。综上所述,可以得出 3 种方案相对于总目标的评价权值为:$D_1 = 0.700\ 499\ 017$,$D_2 = 0.213\ 656\ 5$,$D_3 = 0.084\ 188\ 283$。3 种方案中 D_1 的权重最大,所以该造纸企业应以自营方式开展逆向物流业务。

运用 Matlab 编程求解,层次分析法为造纸企业决策者解决逆向物流模式选择的多目标决策问题提供了便捷的途径,且为决策者决策提供了极为宝贵的理论依据,使企业能依据自身条件选择最适合自己的逆向物流模式。

8.5 我国造纸企业逆向物流成本与效益分析

基于政府压力与国民不断高涨的环保热情,造纸企业不得不考虑建立逆向物流系统的可行性,而造纸企业决定是否建立逆向物流系统很大程度上与其获得的收益有关,只有产生一定的收益,企业领导者才会对这一投资产生浓厚的兴趣。

8.5.1 造纸企业逆向物流成本

我国逆向物流的成本要远高于发达国家,因为在国外很多企业已经建立起较为先进的逆向物流系统,而我国企业的逆向物流才刚刚起步。另外,随着我国物流市场的开放,国外先进物流企业早已看到我国物流市场所蕴藏的巨大潜力,纷纷入驻国内,如 UPS、联邦快递等。它们在为我国带来先进技术与服务的同时,也使我国企业面临着很大的竞争压力。国内企业如何通过逆向物流系统的实施,实现成本的降低与效率的提高,是我国企业迫切需要解决的问题。

我国造纸企业在构建逆向物流系统之前,必需要进行逆向物流系统成本的分析,因为只有对其成本进行详细、全面的分析,企业才能判断投资是否正确。企业逆向物流成本主要包括对缺陷产品、失去使用价值物品、产品包装物、废旧零部件等收集、分类检测、再加工和合理处置等的费用支出。

(1)收集成本。造纸企业逆向物流的收集成本主要是从废旧纸制品的回收开始的。这部分成本不仅仅包括废旧纸制品的回收价格成本,还包括从收集地到企业仓储地的运输成本,以及支付给工作人员的人工费用。为了便于对运输成本进一步研究,本研究已将其单列出来。

(2)运输成本。造纸企业逆向物流的运输成本主要是指废纸从回收以后到仓储中心的运输、从仓储中心的运输及与整个运输过程相关的其他花费,此外还包括运输和管理人员薪酬、运输车辆检修、维护费用等。企业逆向物流成本中,运输成本所占比重较大,降低运输成本是企业降低逆向物流成本的主要方面。

(3)分类和检测成本。不同的废纸由于组成成分、制作工艺、运输过程不同,其具体的回收处理方法也会有很大差别。在收集不同类别废纸时,应该对其检测、分类,使用途相同或相似的废纸归类到一起,组成材质不同的废纸应分类堆放,对于不同的废纸采取不同的处理方法。对于回收废纸的检测、分类费用共同组成了造纸企业的逆向物流检测、分类成本。

(4)固定成本。造纸企业构建逆向物流系统之初,需要建设回收站点、仓储库、废纸处理中心、再生纸浆加工厂及工业废弃物处理中心等,此外,还有对于逆向物流信息系统的建立,也需要购置相关的设施设备。对于以上的硬件设施,企业在始建之初都要对其进行投资,它们共同组成了造纸企业的逆向物流固定成本。

(5)再制造成本。废纸的回收再利用很大程度上可以帮助造纸企业节约原材料购买成本,减少资源、能源的消耗,减少对生态环境造成的破坏。因为通过造纸企业逆向物流系统企业可以将废纸进行分类,进而对其实现循环再利用,企业在这个过程中发生的相关费用和成为共同构成了造纸企业的再制造成本,对于造纸企业,主要是指原材料的再加工成本。企业通过对回收废纸进行检测分类,经过不同的处理,成为造纸企业新的造纸原材料,当然,也可出售给其他相关企业,作为企业新的利润来源。

(6)废弃物最终处理成本。企业在对废纸实现回收再利用的过程中会不可避免地产生一些生产废弃物,诸如废气、废水、废浆渣等。这些废弃物如不经处理直接排放到外界环境中,会对生态环境产生很大的影响。不同成分的废弃物资需要采取不同的处理方法,如焚烧、填埋、机械处理等方法。废弃物资的最终处理成本主要包括废弃物资的焚烧、填埋成本及经济处罚等。企业处理废弃物资的问题越来越受到社会的广泛关注,企业在这方面的投入也逐渐增多。

8.5.2 造纸企业逆向物流收益构成

造纸企业逆向物流系统的构建与实施,除了要考虑环保、法律法规、社会舆论等因素外,更主要的因素是经济利益的驱动。企业投资一个项目,其所带来的经济效益是企业优先要考虑的,这在一定程度上影响企业构建逆向物流系统的主动性与积极性。造纸企业通过对回收废纸的分类、检验、加工处理等工序重新获得了它的使用价值,得到的再生纸浆用作纸制品再生产,一定程度降低了造纸企业的采购成本,同时也减少了最终废弃物的排放量,减少了废弃物的处理成本,降低了排污支出。

造纸企业在实施逆向物流的过程中,更多地接触了消费者,了解产品质量与性能,掌握市场动态,通过良好的信息反馈,帮助企业能更好地改进产品性能和质量,及时改变营销策略,提升企业效益,提高企业核心竞争力。造纸企业通过逆向物流系统构建可以实现以下收益。

(1)直接销售旧物获得的收益。日常生产和生活中会产生大量的废旧纸制品,一些废旧纸制品会成为再生制浆进入到生产过程之中,而另外一些还存在使用价值,如旧纸箱可以循环再利用,通过一定的途径进入到二手市场,给企业带来一定的收益。

(2)再生材料的收益。造纸企业可以对检测分类后的废纸实现再生利用,对于那些不符合标准的废弃物可以进行填埋或焚烧处理。废纸经过加工处理被送往造纸企业作为新的造纸原料,一方面,为企业节约了造纸所需的采购成本,另一方面,企业也可以对其进行不同的处理转而出售,根据处理程度的不同,收取不同的费用。如:各种废旧书籍、报纸、期刊等可以转而进入二手市场,而其他的生活、办公用纸等则可以通过加工处理成为再生纸浆供企业生产之用。

(3)能源回收利用收益。对于生产过程中不能循环再利用的工业废水、废浆渣及固体废弃物资源,可以经过特殊处理实现从资源向能源的转化。如:秸秆、木块、废弃纸张等可通过燃烧,实现从固体废弃物资源向能源的转化;部分造纸废水及废浆渣富含的有机物成分,在特定的酸度、湿度、温度条件下,经微生物厌氧发酵可以产生沼气,供造纸企业燃烧或发电使用。从废弃物资源向能源的转化,可以帮助企业减少生产成本并降低对环境的污染。

(4)环保收益。企业废纸再生利用可以起到降低能耗,减少如烧碱、硫酸铝等环境污染物的用量,降低造纸企业的原材料采购量,减少天然林木资源的消耗,保持生态平衡,保护环境的多重效果。如果企业通过逆向物流系统对资源和能源实现很好的循环再利用,那么很大程度上可以减少最终废弃物的排放量,继而减少最终废弃物的焚烧、填埋成本,避免因环境问题而遭受处罚。节约的环保费用与处理费用共同构成了企业逆向物流的环保收益。

(5)政府的补贴收入。由于国民环保意识的加强与政府环保力度的加大,企业在焚烧或填埋废弃物时会遭到相应的环保处罚。企业经过逆向物流系统可以有效地实现资源与能源的循环再利用,减少生产废弃物的排放,降低填埋、焚烧成本,最终废弃物的排放减少也会减少环保处罚金额的支出。政府注重企业在绿色、环保生产方面的成效,对于企业在这方面的行为往往给予很大程度的支持或奖励,甚至拨付一定数量的资金帮助企业积极构建生产废弃物回收再利用系统。

8.5.3 废纸逆向物流业务流程及其成本和收益

成本与收益问题是影响企业构建逆向物流系统的一个重要因素,企业如何通过逆向物流系统的实施实现成本最小化与收益最大化也是一个值得深入研究的难点,这些都需要企业对其逆向物流系统的各个环节进行深入的分析与研究。

我国造纸产业相关物流研究较少,本研究主要从我国废纸回收再利用方面阐述我国造纸企业逆向物流系统所需的成本与获得的收益。通过对我国废纸回收业务流程的详细分析,归纳出每部分所需成本与所带来的收益,最后用企业总收益与总成本间的差额来为企业逆向物流系统提供评判标准。

1. 废纸回收处理业务流程

我国废纸回收处理的整个流程大概分为回收、检测与分类、加工处理和再利用等环节,如图8-9所示。对我国造纸企业来讲,废纸回收处理体系的建立需要很大的投资,必须注重自身物流成本的控制,必须合理规划并构建自身的废纸回收处理体系。我国废纸逆向物流处理业务流程大概如下:

1)回收。我国废纸的回收工作主要由废品回收站、个体回收户来完成。回收工作主要采取有偿的方式从最终消费者手中获得并返还给生产制造商。在我国的废纸回收市场上一般将废纸分为纸板箱、报纸、书和杂志等,甚至在我国部分地区,废纸在回收时仅仅作为一个大类计价。

2)检验与分类。废纸回收处理中心首先要对回收的废纸进行分类、检验,由于不同的废纸在制作工艺、原料、使用方法及流通过程方面不同,企业要根据不同种类的废纸确定不同的处理方案。废纸的组成成分可能会有所不同,有的以草浆为主,有的以木浆为主,有的草浆、木浆混合,这样不同的废纸在处理过程中需要区别对待。

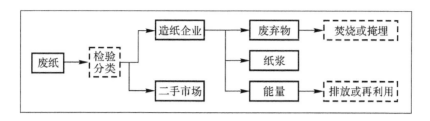

图 8-9 废纸逆向物流处理业务流程

3)加工处理。废纸回收再利用常用加工处理方法要有机械处理法和化学机械处理法两种。机械处理法不使用化学制剂,且处理所得纸浆主要用于生产包装用纸,如牛皮纸、瓦楞纸板等,所使用的废纸原料包括废旧书刊、办公用纸、包装纸箱等。化学机械处理法属于废纸脱墨工艺,使用的废纸原料为书写纸、印刷纸和新闻纸等。为了便于各种废纸的分离成浆,特别是分离各种彩印纸的油墨,常常在化学机械处理或机械处理之前增加废纸蒸煮处理工艺。对于无法再处理的生产废弃物常进行焚烧、填埋、机械处理等。

4)再利用。废纸加工处理以后产生的再生纸浆可以作为造纸企业新的原材料,这些再生纸浆可以为造纸企业节约很大的原材料采购成本,企业可以用其生产多种纸制产品以此来实现它的再制造价值并从中获得更多的收益,这样也使得造纸企业发展废纸逆向物流成为可能。

2. 废纸逆向物流成本与效益分析

对废纸的回收处理方式主要有以下两种:①各种回收废旧书刊、报纸、办公用纸经过废纸回收处理中心后转而流入二手市场;②部分废纸通过回收处理中心的分拣、加工成为再生纸浆,如图 8-10 所示。

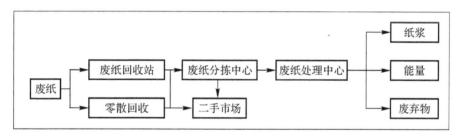

图 8-10 废纸逆向物流流程

整个废纸逆向物流流程的成本分布如图 8-11 所示,其中处理中心主要包括废纸的检测、分类与再制造过程。通过对废纸回收业务流程和处理业务流程的分析可知,整个模型成本包括初期投资成本、回收成本、仓储成本、处理成本及环境治理成本。由于废纸回收考虑的是对整个社会的利益,所以收益应包括环境效益。整个模型收益包括销售二手旧物获得的收益、材料再生收益、能源回收利用收益、环保收益及政府的补贴收入。

(1)成本构成。废纸逆向物流成本主要包括初期投资成本、回收成本、仓储成本、处理成本和环境治理成本等,其中处理成本又包括处理材料成本和运营成本两部分,环境治理成本主要包括"三废"治理成本及有害有毒元素处理成本。

1)初期投资成本。初期投资是企业在构建逆向物流系统前必要的投资,主要包括建设回收站点、仓储库、废纸处理中心、再生纸浆加工工厂及工业废弃物处理中心等的投资。还有对于逆向物流信息系统的建立,也需要购置相关设施设备。初期投资在很大程度上决定了企业的逆向物流系统的生产规模。

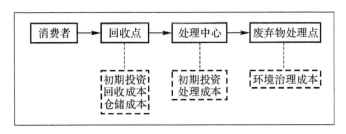

图 8-11　废纸逆向物流成本分布

2)回收成本。回收成本是指废纸从消费者、零散个体户及回收站手中回收到处理中心的费用,运输费用包括在回收成本当中。在运营期间造纸企业通过对废纸进行分拣、加工将其转化为再生纸浆,这在很大程度上降低了企业的物料成本。

3)仓储成本。废纸的仓储成本主要由两部分组成,一是存储回收废纸的成本,二是存储再生纸浆的成本,此外,还有包含存储生产废弃物的成本。在本研究中,没有进行更为深入的研究。

4)处理成本。废纸的处理成本主要包括废纸回收再利用过程中所需的处理材料成本与经营成本。其中处理材料成本主要包括生产过程中必备的原材料及能源等。经营成本在企业生产过程中所耗费的人力、物力、财力较多,是企业整个逆向物流系统中最为重要的一环。它主要包括企业维系生产所需的人工成本、机器设备折旧、国家税收等成本。

5)环境治理成本。造纸企业排放的废弃物主要包括废水、废气、废浆渣和一些有毒元素。造纸工业"三废"治理成本主要包括治理这类污染物所需的成本。此外,还有一些重金属及有毒元素(包括铅、砷、汞等污染物)污染治理成本。目前企业在废弃物资的处理问题上越来越受到社会的关注,企业在这方面的投入也日益增多。

(2)收益构成。除对废纸的回收处理收益之外,环保收益也是企业在实施逆向物流中应重点考虑的因素之一,因为这符合政府和民众对保护环境的热切要求。

1)回收处理收益。废纸回收收益主要包括三部分:①经分拣后的部分报纸、杂志、书籍等可以通过二手市场再次回归到读者手中;②企业通过检测、分类把部分废纸转化成再生纸浆用于企业的生产过程;③处理过程中得到的热量能源。

2)环保收益。环保收益是指企业由于实行逆向物流而减少生产废弃物的排放,进而减少为此所付出的环境治理成本与国家的经济处罚。

3)净利润。通过对废纸逆向物流成本与收益的分析,得到造纸企业逆向物流的净利润为

净利润＝废纸逆向物流收益－废纸逆向物流成本＝
回收处理收益＋环保收益－初期投资－处理成本－环境治理成本

目前企业在废纸循环利用过程中对环境造成的破坏仍然较大,为此企业所付出的环境治理成本仍然居高不下。

8.6 我国造纸企业实施逆向物流的措施、路径及推进策略

8.6.1 造纸企业实施逆向物流方面的措施

(1)可再生资源的回收利用。造纸企业构建废纸回收中心,通过专业化的废纸加工处理手段提高废纸的回收利用率。如回收用于运输的包装箱、包装袋、造纸原材料的边角料,此外还有回收人们日常工作生活中产生的废旧报纸、书刊、生活用纸、办公用纸等纸制品。

(2)废弃物料的循环再利用。造纸企业在生产过程中,不可避免地要产生一些工业废弃物,如制浆废水、固体废弃物及一些工业废气等。企业应采取相关措施方法,使其再次回归到生产领域,实现资源的循环再利用。宁夏美利纸业实施可持续发展战略,积极发展循环经济,取得了较好成效,值得广大造纸企业借鉴。他们选择在沙漠中种速生林,用经过处理的造纸废水灌溉速生林,再用速生林木作为造纸原材料,实现了经济效益、社会效益及生态效益的协调。

循环经济示意图 8-12 所示。

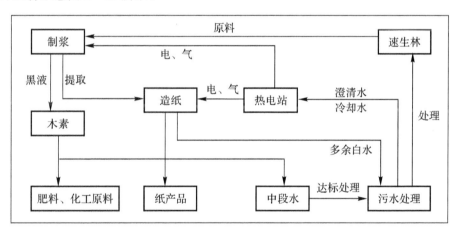

图 8-12 宁夏美利纸业循环经济示意图

企业实施循环经济必须建立物质循环生态链,而物质循环生态链必须建立闭环的逆向物流系统,实现各类资源和废弃物的循环再利用。应改变只重视正向物流而轻视逆向物流的认识和偏差,传统企业只有建立和完善企业逆向物流系统,才能更好地发展循环经济。

8.6.2 我国造纸企业逆向物流的发展路径

我国造纸企业除了加大力度进行废纸回收利用外,还可以从以下几方面发展企业逆向物流。

(1)造纸废水经过厌氧处理可以产生沼气,沼气能源通过燃烧又可转化成电能,供企业正

常生产使用；

（2）造纸废水也可经过达标处理，灌溉速生林，使水资源得到合理利用；

（3）生产过程中产生的尘渣及粉煤灰可以供一些水泥厂作为生产原材料使用，实现固体资源的再利用；

（4）一些固体废弃物作为生物质能源，如秸秆、木块、废弃纸张，可通过燃烧实现从固体废弃物资源向能源的转化；

（5）白水通过分层过滤处理，可再次用于造纸生产，节约了水资源；

（6）一些造纸工业中的废浆渣可以作为有机肥料，用于沙土的改良；

（7）制浆黑液经过化学处理，可以提取相关碱性溶液，再次用于制浆生产过程。

本研究针对我国造纸企业在发展逆向物流过程中存在的种种问题，特别是在发展我国废纸逆向物流方面，从政府、企业、公众等三个层次上提出具有针对性的推进策略。

8.6.3 我国造纸企业实施逆向物流的推进策略

1. 政府层面的推进策略

（1）建立健全废纸分类标准，提高废纸回收与利用率。在充分了解我国废纸品质及用途的基础上，以满足企业生产为目的，参考国外发达国家的废纸分类标准，根据我国实际情况，制定我国的废纸分类标准。只有制定完善的废纸分类标准，才能使企业在进行废纸交易时有标准可遵循。标准的制定最重要的还是体现在其实施过程之中，国家根据实际情况不断更新标准，使它更好地服务于我国的造纸企业。

废纸分类标准的制定要充分结合我国废纸回收现状，使企业在回收过程中便于学习，易于操作，使废纸在被回收后，可以依据其自身的品质、特性进一步分类，提高利用率。企业也要进一步完善自身相关的废纸检测、分类方法，依照市场需求，不断改进技术水平。

（2）加强废纸回收网络建设。我国废纸来源主要分为家庭日常消费、单位机构办公用纸及印刷厂、出版社、报社等几部分。对于大规模废纸来源，一般情况下，其废纸品质较好，也较稳定，所产生的废纸都会很好地得到回收。而对于小规模废纸来源，政府应积极帮助民众普及相关的环保知识与废品循环利用常识，在各社区和街道放置不同的回收容器用于回收不同的垃圾，并在垃圾回收点附近宣传废品回收再利用的优点等，进一步完善废纸回收市场及交易体系，通过对回收人员的培训，提高其技术水平和知识水平。

政府还应在企业间起到很好的协调作用，通过加强企业间的合作，促进废纸供应链的良性发展，建立并完善废纸回收站点—运输中心—废纸处理中心—造纸企业的整体链条，促使我国废纸回收业更好的发展。政府可以将分散、规模较小的废纸供应商进行整合，突出其规模优势，这在一定程度上，便于企业间规划其物流运输线路，降低企业的运输成本，此外，也便于企业间长期战略合作，实现企业的"零库存"管理。

（3）完善扶持政策，推动龙头企业发展。政府不仅要在政策方面加大对废纸回收企业的扶持力度，也要在一定条件下，加大对其的资金支持，提升我国废纸回收行业的整体竞争力，积极整合废纸市场资源，鼓励大型废纸回收企业强强联合，以实现优势互补、共同发展，使优质废纸资源向各大型废纸回收企业集中，从而更好地推动废纸回收行业的发展。

在加大对废纸回收企业扶持力度的同时，还要支持、鼓励与废纸回收相关的学术、技术的创新研究,以先进的技术水平推动我国废纸回收行业的发展。

2. 企业层面的推进策略

(1)加快建设废纸回收系统。企业应尽快建立废纸回收系统。造纸企业应可以自建或与第三方合作建立废纸回收的逆向物流体系。这是企业发展循环经济、可持续发展的需要,也是体现了企业良好的社会责任感的需要。通过建立废纸回收系统,为企业间甚至是其他企业提供优质的废纸回收的逆向物流服务。共建逆向物流系统的形式,一定程度上减轻了企业经济压力,使企业有充足的时间来钻研自己的核心业务,并为各个企业提供了廉价的生产原材料,实现了企业间的共赢。

(2)建设逆向物流信息系统。信息技术是企业实现物流管理的基础,企业快速的物流信息反馈可以很好地实现对回收物品的信息管理。企业通过计算机信息系统更好地监测、追踪逆向物流中的各个环节,实现对逆向物流信息的良好把握,提升企业逆向物流的运营效率。

(3)引进废纸回收设备与工艺。废纸回收中心应加大对检测、脱墨工艺的人力、物力与财力的投入,选择更为先进的技术工艺,来提高废纸的利用率。

(4)编制废纸回收计划,提高废纸回收率。企业要对回收的废纸依据其成分进行分类,并根据不同种类的废纸,采取不同的处理措施。由于我国目前的废纸分类标准不是十分明确,加上各回收中心的认识程度不足,我国目前的废纸回收利用水平仍然较低。而国外发达国家早已建立起一套较为完善的废纸分类标准,在美国,废纸的类别已增加到50多个,且近几年一直在不断更新。明确的废纸回收标准可以帮助企业制定详细的废纸回收计划,进而提高自身的废纸回收率。

(5)拓宽废纸利用渠道。我国的废纸回收再利用范围较为单一,而国外其他国家利用废纸作原料,制成纸质家具,以及各种功能性材料,如缓冲材料、防潮材料、除渍材料、隔热材料等。此外,废纸原材料也可用于发酵品的生产。因此,拓宽废纸的利用渠道,可以帮助企业发现更多的潜在价值。

(6)拓宽废弃物利用渠道。拓宽"三废"的利用渠道,首先是废水的循环利用。造纸企业在生产过程中产生的白水、制浆黑液等废水可以通过过滤、分离及化学处理的方法实现对其的回收再利用,另外,对于处理达标的废水还可以用来灌溉速生林。其次是废气的回收利用。将造纸生产过程中产生的废气通过在碱回收炉中进行燃烧,不仅可以实现对硫的有效回收,同时也减少了空气的污染。最后是废纸浆及废纸渣的再利用。造纸过程中产生的废浆渣除了可以制成牛皮纸、瓦楞纸等其他纸板外,还可以作为有机肥料,用于土壤的改良。对尘渣、粉煤灰等资源进行合理的再利用:造纸过程中产生的尘渣和粉煤灰等固体废弃物资源可以作为水泥厂的生产原料;一些电厂可以将苛化白泥作为脱硫剂使用,使固体废弃资源得到了充分的再利用。实现可燃固体废弃物的能源转化:一些固体废弃物如秸秆、木块、废弃纸张可通过燃烧,转化为热能供造纸企业生产之用。

3. 公众层面的推进策略

(1)加强环保知识宣传和普及。在废纸的产生源头,包括消费者、机关单位及制造企业等,加强废纸循环利用知识的普及,让公众养成良好的废纸分类存储的习惯,有利于减轻废纸回收分拣人员的业务负担,节约分拣时间,保证所回收废纸的品质。在学校里可以积极开展与废纸回收再利用有关的教育活动,在一些公共活动场合,可以组织人员进行关于废品回收与环保知识的宣传活动,让公众更深刻地了解废纸回收的意义。

(2)加强废纸回用知识的培训。对废纸回收人员,企业应组织相关的废纸回收知识的培训,聘请行业内专业的机构对员工进行岗前业务培训,以此来加强员工对废纸分类、分拣知识与技能的了解。从而提高废纸的分拣效率,提升废纸回收企业的运作效率。

此外,对于废纸的回收利用,适当的激励和约束也是不可或缺的,我国可仿照国外发达国家的措施、政策,对积极从事废纸回收的企业和个人给予奖励,激励公众投入到废纸回收的工作当中。

综上所述,我国应尽快制定一套关于废纸回收利用方面的法律、法规。参考国外发达国家这方面的先进经验,并结合我国的废纸回收现状,加快国内废纸分类、分拣标准的制定。政府在政策与资金上给予废纸回收企业以最大的支持,通过合理规划、促进废纸供应链的良性发展,取代原本规模较小且较为零散的个体废纸回收站点,突出废纸回收的规模优势,提升废纸的回收率与利用率。同时,推进废纸回收再利用知识的普及,使国民都积极地参与到废纸回收再利用的工作当中来,加强有关废纸回收再利用的学术研究与技术创新,提升废纸利用率,减少对生态环境造成的破坏。

第九章 西部地区传统产业生态效率评价

9.1 生态效率及效率测量方法

9.1.1 生态效率的概念

(1)生态效率。当前阶段,国内外学术界和业界尚未形成能够得到各方面普遍认可的生态效率概念。Sturn 等最先提出生态效率概念,他们认为,生态效率可以表示为经济增加值在环境影响中所占比例,有人也称之为环境效率。随后,不同学者和研究机构也从不同角度给出关于"生态效率"的定义。部分国际组织对生态效率的定义见表 9-1。

表 9-1 国际上有关生态效率的定义概括

组织机构	生态效率定义
欧洲环境署(EEA)	财富的投入产出比最优
加拿大工业部(IC)	效益的投入产出比最优
澳大利亚环保部(AEPA)	从企业竞争力提升的实际需求出发,进一步强化产品所具有的服务价值
大西洋发展机会部(ACOA)	最大限度地降低环境负面影响,提升企业的综合绩效
联合国环境项目组(UKEP)	能源和资源总量不变的情况下,创造最大价值的产品
国际金融公司(IFC)	采取针对性的生产方式来强化资源的综合提利用率
德国 BASF 化工集团(BASF)	最大限度地降低能源和材料的使用量,降低污染

WBCSD 于 1992 年首次明确地提出了环境效率这一概念,指出环境效率从本质上来说是一种以人们需求的满足为目的的,产品、服务所具有的经济价值在环境负荷中的占比情况。也就是说,环境效率是单位负荷所可以生产的经济效益的市场价值。

世界经济合作与发展组织(OECD)的一份报告(1998)中指出,产品或者服务所具有的市场经济价值,与在生产过程中所产生的环境污染、环境破坏的货币表现形式之间的比值,称为环境效率。通过对这一算法的简单分析我们可以发现,企业环境负荷和其环境效率之间为典型的反比例关系,而企业所生产产品的经济价值则与环境效率之间有着明显的正比例关系。因此必须在减少环境负荷的前提下追求经济增长,才能提高环境效率。

综合以上定义可以看出,生态效率即是单位环境负荷的经济价值。在这一点上,我们所分析的生态效率和技术效率有一定的相似之处。因此,我们可以认为,生态效率实际上是一种将环境因素考虑进来的技术效率。

在本研究中,集中采用了 WBCSD 的"环境效率"定义。以当前相关研究成果为基础,在研究我国造纸工业的技术效率的同时,考虑其污染物排放因素的影响,将环境污染变量作为非期望产出处理。因此,本研究的生态效率即等同于环境效率,是指考虑环境因素下的技术效率测量。

(2)技术效率。既然生态效率是指考虑环境因素下的技术效率测量,就有必要对技术效率作必要阐述。在古典经济学家提出效率思想后,新古典经济学家进一步重视对效率的研究,人们普遍以劳动力生产率作为效率的衡量指标。但劳动力生产率并不能有效、全面地反映企业生产所有的投入要素的利用情况。且学者们所提出的效率理论并不能通过实际测量得到具体数值做实证研究。效率理论没有实证的研究,不仅难以在实际生产中论证效率理论,更对效率理论的进一步发展形成阻碍。

Koopmans(1951)、Debreu(1951)和 Shephard(1953)等学者以技术效率的研究开始效率理论实证研究。Koopmans(1951)较早地给出了技术效率的概念,认为所谓技术效率就是在给定各种投入要素下的最大产出。我们可以看到,这一定义证明,在其他投入、产出保持稳定的情况下,技术产出的增加以及技术投入的降低是不可能出现的。Shephard(1953)随后引入了"距离函数",用于研究生产过程的成本。他分别给出两类函数公式,也就是说,在产出总水平保持稳定的基础上,投入距离函数变量;在投入确定的情况下,产出可变动的产出距离函数,并得出在规模收益(规模报酬)不变的情况下,投入距离函数与产出距离函数是等价的。上述两项公式的提出,从本质上来说都是建立在生产前沿思想之上的,同时这两项公式也同样为我们构建多投入/产出模型提供了必要的帮助和支持,进而为此处所要研究的参数模型以及非参数模型的提供奠定了坚实的基础。某种意义上来说,生产函数和产出函数的提出是效率理论进行实证分析的开山之作。

1957 年,剑桥大学经济学家 M.J.Farrell(法瑞尔)发表了《生产效率度量》一文,首次从投入的角度给出技术效率的定义和测量方法。在他的研究成果中,将综合效率进一步分解为配置效率和技术效率的乘积。他认为,综合效率从本质上来说是一种在市场价格、技术水平为常数的基础上,根据生产要素投入比例,目标数量产品生产过程中所需成本的最小值(CL),所占实际生产成本(CS)的比重。而这里所说的技术效率,实际上主要是指在投入要素为常数的基础上,企业实际产出在最大产出中的占比情况。而在企业技术效率为 1 并且产出、要素价格为常数的情况下,企业根据每项投入的相对价格或者产品的价格来适当地安排投入和产出就是配置效率。因此,虽然 Farrell 单纯地从投入角度给出技术效率的定义,但是基于生产角度的效率测度研究为生产前沿面的后续研究打下基础,被认为是生产前沿面研究雏形。

勒宾森(Lebeistein)(1966)的研究成果中也同样对这一问题进行了详细的讨论,认为技术效率是一种在产品市场价格、要素比例以及投入总水平为常数的基础上,实际产出与所能够达到的最大产出的百分比。尽管法瑞尔和勒宾森分别从投入角度和产出角度对技术效率下的定义有所差异,但其实质却是一样的,都是用实际值与理论最优值相比较得出。1984 年 Banker,Charnes 和 Cooper 在放松规模报酬不变这一假设的情况下,将技术效率分解为纯技术效率与规模效率。

9.1.2 生态效率测量方法

在 Farrell(1957)研究成果面世之后,相关研究成果不断涌现出来,一系列具有较强针对性的测量方法不断被人们所发现。其中,生产前沿理论也逐渐成为评价技术效率的主导理论。前沿生产函数即构造这样一种函数,在实际的应用过程中,可表示单位投入要素基础上的最大生产能力水平。我们通常用技术无效率来表示实际产出和前沿面上的最大产出差距。通过这一论述我们可以发现,Farrell 给出的原始模型,为生产前沿理论的诞生和发展提供了基础性的支持,同时其所提出的效率测评也同样为生产前沿效率测评方式方法奠定了坚实的基础。可以将基于生产前沿面的技术效率测量进一步划分为参数方法和非参数方法。

(1)参数方法。在实际的应用过程中,集中应用了传统的生产函数参数预估方式,通过相对应的生产函数形式的构造,利用一系列的数学方法进行计算,从而产生具体的生产函数参数数值,进而推导出这个函数。S. N. Afriat(1972)第一次使用最大似然估计法建立了前沿生产函数模型,开创了运用计量经济学模型来研究技术效率的先河。J. Richmand(1974)首次提出用修正后的普通最小二乘法来估计前沿生产函数。这两类典型的参数估计方法均假设所有的评价单元共用同一个前沿生产函数,同时系统中的所有评价单元中,前沿生产函数和实际产出之间的差异,都可以用技术无效率来加以解释,这与实际生产情况是不符合的。因为每个被评价单元因为其生产投入和产出因素不同,且评价单元间存在地理位置、信息、管理等非技术因素的差别,都会导致实际产出低于前沿产出。因此,美国学者 D. J. Aigner、C. A. Knox、Lovell 等,以及比利时学者 W. Meeusen 等(1977)几乎同时提出了随机性前沿生产函数模型,弥补了以往前沿生产函数模型的缺陷,这一模型的提出对后来学者们的研究影响很大。

(2)非参数方法。非参数方法不需要事先假定生产前沿面函数,而是通过对数据大规模分析,基于生产的有效性包络出生产前沿面上相对有效的生产组合点。这种方法由于不需要具体的生产函数形式,且更适合于经济问题及大样本数据的研究,因此得到广泛应用。非参数方法主要有数据包络分析(DEA)和自由处置包(FDH)两种方法,其中 DEA 方法应用最为常用。

1978 年,美国著名运筹学家查恩斯(A. Charnes)、库伯(W. W. Cooper)和罗兹(E. Rhodes)基于 Farrell(1957)关于技术效率的概念提出数据包络分析(Data Envelopment Analysis,DEA)方法。此方法将观测到的数据以前沿面加以包络的效率衡量方式,运用线性规划模型求得生产前沿面,从而达到相对效率的评估。其基本原理是使用每个被评价单元(DMU)(也称决策单元)的投入、产出数据直接建立模型,并利用线形规划的对偶理论,从而对决策单元的有效性加以鉴别和判断,最终得出我们所需要的技术有效性数据。DEA 的效率评价应用"包络线"替代生产函数,针对所有的决策单元寻求效率生产的前沿,并以此作为衡量技术效率有效的基准。评价单元的投入产出组合在生产前沿面上则认为是技术有效,不在前沿面上,则认为未达到技术有效。

参数方法和非参数方法都是试图通过描述投入与产出的最优关系,以生产前沿面为基准进行效率测评的分析方法。其本质上的区别在于采用计量方法还是采用数学规划方法测评技术效率。通常情况下我们可以认为,政府效率等方面利用计量方法可以得到较为理想的测量、评价效果,而数学规划方法则更适合于管理决策。在测量造纸工业的技术效率和生态效率值时,由于所探索的数据为非期望值数据,故采用非参数的数据包络分析进行效率测度。

9.1.3 有关效率测度文献综述

(1)DEA效率测度研究。1957年,Farrell提出单输入、单输出的效率测评方法,但是在实际生产中,经常出现多投入、多输出的决策单元评价问题。因此,Charnes和Cooper基于Farrell的效率测评方法并将其推广至多投入、多输出的情形,数据包络分析(Data Envelopment Analysis)应运而生。DEA是使用数学规划方法对各决策单元进行相对效率评价的数学方法,具有以下特点:①适用于多投入、多产出的复杂系统评价。②投入或产出变量间无需权重明确变量间关系。③评价过程排除主观因素干扰,具有较强的客观性。

Charnes和Cooper(1978)首次提出DEA的第一个基本模型——CCR模型,随后,R.D.Banker与两位学者(1984)从公理化的模式出发提出BCC模型。DEA的两个基本模型提出为评价多目标问题提供了有效方法,使得效率测评方法由参数方法演变成参数与非参数方法并重。随后,Charnes和Cooper等(1985)针对CCR模型中生产可能集的凸性假设不合理的问题,改进并提出了C2GS2模型。K.Tone(2001)提出基于松弛变量的SBM模型,从非径向和非角度方面多方位给出提升效率的路径。此后,DEA作为新的非参数统计方法被广泛应用到效率测评。

DEA方法首先成功用于评价为弱智儿童开设的公立学校项目,之后被广泛应用于银行业效率测评。Sherman和Gold最早运用DEA测评某商业银行的分支机构,判断分析各分支机构营业方面的绩效水平。Seims(1992)使用DEA方法以1984—1987年611家银行为研究对象,研究存活银行与破产银行的管理品质。Berg等(1993)对芬兰、挪威、瑞典银行业进行效率测评,结果表明瑞典银行业的平均效率高于芬兰和挪威的银行业的平均效率。Zaim(1995)的研究成果中,通过实证分析构建了一套完整的评价模型。Favero和Papi(1995)使用DEA方法测度意大利银行业的技术效率和规模效率,结果表明意大利南部的银行业效率低于中北部银行业效率。Bhatacharyya(1997)发表的论文中,则通过对DEA方法的集中应用,讨论了银行绩效的评价问题。

DEA方法引入国内后,国内学者也将其广泛应用于金融机构的经营效率评价上。魏煌(2000)运用DEA方法对我国银行1997年的技术效率、纯技术效率、规模效率和规模报酬进行测算,并对比分析了国有四大银行与商业银行的效率,得出商业银行的平均技术效率值远高于国有银行的平均效率值的结果。张健华(2003)则运用DEA-malmquist指数法对我国3类银行(国有、股份制和城市商业银行)1997—2001年的面板数据的系统分析,讨论了我国商业银行的实际经营效率问题,并根据效率高低进行了排名。

随后,DEA方法广泛应用到各个行业和领域。马正兵(2005)应用DEA方法对重庆市12家上市公司经营业绩效率进行了研究,探究各上市公司的DEA有效性和规模收益状况。杨家兵、吴利华(2006)应用DEA方法对钢铁行业上市公司的技术效率进行了分析,并对如何提高这些上市公司的效率提出建议。李谷成(2009)运用DEA-Malmquist指数对转型期中国农业全要素生产率增长的事件演变和省区空间分布进行实证分析。王惠、钱旦(2010)分别运用DEA和随机前沿分析(SFA)方法对2005—2011年我国30个省份的公共图书馆静态效率进行测量,并对两种方法的测量结果进行分析,发现两种方法在我国公共图书馆效率值排序方面具有一致性。如果不考虑行业和研究领域,利用数据包络分析进行效率测度的研究性学术期刊已达上万篇。

（2）生态效率测度研究。生态效率的定义要求将环境因素考虑到效率的实证研究中，对于生态效率的测度方法研究十分丰富，有学者对其进行对比归纳（见表9-2）。

表9-2 关于生态效率评价方法的比较

方 法	优 点	缺 点
生命周期法	度量生命周期内生产对环境所带来的实际影响	在企业环境因素评价中难以发挥理想作用
随机前沿分析法	有效分离管理无效率和随机误差两项数据，剔除了生产无效率中不可控因素的影响	需要对函数形式加以确定
曲线测度评价法	通过径向测度完成理论产出效率的计算工作，并取倒数作为污染物效率指标，对于企业开展节能减排的工作有着重要现实意义	计算量庞大
污染物作为投入处理方法	将污染物作为投入的一部分进行相关数据计算	由于资源投放并不是和污染水平之间保持正比例关系，生产过程无法通过该方法得以体现
距离函数法	效率评定过程中，是以生产要素在前沿面距离为基础，可对期望产出和非期望产出进行有效调整	对期望产出、非期望产出的改进是同方向（径向），不符合增加期望产出、减少非期望产出的目标

表9-2中所介绍的各种方法中，生命周期评价法（Life Cycle Analysis，LCA）主要应用于某一具体产品的生产过程，并且受到评价者主观因素的影响较大。随机前沿分析方法是参数分析的典型代表，该方法必须首先确定函数形式才能够发挥预期的作用。距离函数法是Shepherd（1970）首先提出的一种测度方法，是对传统径向测度法的有效改进，但是该模型对期望产出和非期望产出的改进是同一方向的，即沿着线性方向改变投入与产出量，这一方法对实际生产中增加期望产出或减少非期望产出的目标是不相符的。因此，Scheel（2001）认为应将非期望产出纳入效率评价的框架里，而对非期望产出的处理方法可以采用作为投入处理、数据转换函数处理以及距离函数方法。

从生态效率的定义可以看出，生态效率的评价将经济生产活动看成若干投入最终形成若干（非）期望产出的系统化过程，在实际的计算过程中需要重点考虑到投入变量、产出变量、测量方法的选择。DEA方法是处理多投入、多产出的典型模型，应用于生态效率测量能避免生态效率主观赋值的权重问题。因此，诸多学者开始采用DEA方法测量效率。如在Reinhard等（2000）的研究成果中，就通过对DEA方法的灵活应用，对生态效率数据进行了测度。杜春丽、成金华（2009）在研究2003—2006年我国钢铁产业的循环经济效率时，将钢铁行业的污染物排放量作为DEA模型的投入方进行计算，并与Malmquist指数测算出的效率值进行比较分析。但实际上，对于非期望产出，将其作为负产出或者作为污染物投入的计算结果是一致的。该方法求解环境要求严苛，适应性较差。

在运用DEA方法的过程中，传统理论中主要是将环境污染这一变量作为投入、负产出对待,以此基础来判断污染变量效率情况。此类研究成果中,采用了多种 DEA 模型。对于投入产出松弛问题并没有给予应有的关注和重视,不能真实反映被评价对象的效率水平。因此,针对这一问题,Tone(2003)提出了非径向、非角度的基于松弛变量测度模型(Slacks - Based Measure,SBM),投入松弛性问题在该模型中得到了必要的肯定和重视,因而能有效处理投入过度和产出不足的情况,克服传统模型处理非期望产出的缺陷。

近年来,DEA 生态效率测评方面的作用也同样得到了我国一系列专家学者的广泛重视。王波等(2002)利用 DEA 方法分别将环境污染物作为投入、产出变量,讨论了不同处理方式下的效率测量值之间的关系。在李静(2008)发表的论文中,系统地论述了不同 DEA 模型在实际应用过程中的优势和不足,并对非径向、非角度的 SBM 进行了较为全面的论述。同时在她的研究成果中,还通过实证分析的方式,论证了 SBM 不仅可以为我们提供生态效率的评分,同时对于企业的进一步改进方向也给出了具体的意见和建议。而在程丹润等(2008)的研究成果中,通过对 SBM 的集中应用对我国主要地区的环境效率进行了测度,并分析了差异产生的原因。孙立成等(2009)也同样对这一问题进行了较为深入的研究,他们同构构建 SBM 模型,分析了我国各地区的生态绩效情况。而在刘勇等(2010)的研究成果中,在对当前的前沿研究成果进行了较为全面的梳理,并通过实证分析的方式,对安徽省 43 家企业的生态效率问题进行了全面的讨论,结合研究成果给出了具体的解决方案。

从整体上来说,基于松弛变量的数百种模型,不仅为非期望产出中投入松弛问题的有效解决提供了必要的支持,同时在效率评价方面,较其他模型在处理非期望产出上更具合理性,同时该模型在实际的应用过程中,可有效地规避由角度选择不当以及量纲选择错误导致的误差问题。基于上述情况,本研究在测度生态效率时采用 SBM 处理非期望产出,以期科学地体现污染物约束下的造纸工业生态效率,为造纸工业产业生态化发展提供思考。

9.2 我国造纸工业环境污染状况

9.2.1 我国造纸工业环境污染现状

长期以来,造纸工业都是环境保护重点监控的行业之一。造纸业的废弃物排放种类和数量较多,比如造纸后产生的工业废水、废水中化学需氧量(COD)、氨氮氧化物、烟尘、废气以及其他类型的化学物(二氧化硫)等。以造纸工业废水及废水中 COD 排放量为例。由表 9-3 可以看出,2005—2014 年,造纸工业废水排放占工业废水总排放量的比例约为 17.5%。废水中 COD 排放占全国工业 COD 总排放的年平均比例约为 26.7%。虽然我国造纸工业占工业总份额比重并不大,但废水排放、COD 排放所占比重仍在前列。另据中国造纸工业 2015 年度报告显示,2014 年,造纸工业排放废水中氨氮排放 1.6 万 t,占全国工业氨氮总排放量的 7.6%;造纸和纸制品业二氧化硫排放量 41.2 万 t,烟(粉)尘排放量 14.2 万 t。数据表明,我国造纸工业所面临的环保压力依然很大。

表 9-3 2005—2014 年造纸工业废水及 COD 排放情况

年 份	造纸工业废水排放/亿 t	占工业废水总排放量/(%)	废水中 COD 排放量/万 t	占全国工业 COD 排放比例/(%)
2005	36.7	16.99	159.7	32.4
2006	37.4	17.98	155.3	33.6
2007	42.5	19.25	157.4	34.74
2008	40.77	18.76	128.8	31.82
2009	39.26	18.78	109.7	28.93
2010	39.37	18.58	95.2	26.04
2011	38.23	18.0	74.2	23.0
2012	34.27	16.9	62.3	20.5
2013	28.55	14.9	53.3	18.7
2014	27.55	14.7	47.8	17.4

（数据来源：中国造纸协会《中国造纸工业 2005—2014 年度报告》）

由表 9-3 可以看出，排放废水中 COD 所占全国工业 COD 排放的比例逐年缩小，从 2005 年的 32.4% 下降到 2019 年的 17.4%，从侧面反映了造纸工业对治理污染物排放方面取得的效果。如图 9-1 所示，造纸工业万元工业产值的 COD 排放强度由 2005 年的 69 kg/万元降低到 2014 年的 7 kg/万元，造纸工业经过近 10 年的整顿治理，环境保护取得成效，但总的来看，改善造纸工业环境污染的现状任重而道远。

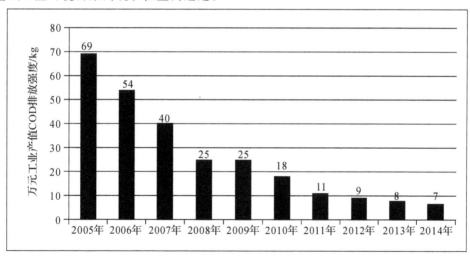

图 9-1 2005—2014 年造纸工业万元工业产值 COD 排放强度
（数据来源：中国造纸协会《中国造纸工业 2015 年度报告》）

9.2.2　我国造纸工业环境问题原因分析

（1）原料结构不合理。不同的原料、制浆工艺所产生的污染物量不同。我国造纸工业经历了"以木浆为主，草浆为辅"到"以木浆为主、废纸回收再利用、合理使用非木纤维"的转变。使用草浆是造纸工业污染物的主要来源。然而，因为我国林业、废纸资源有限，大量的木浆还是依赖于进口，故草浆的使用虽逐渐减少，却难以彻底清除。2014年，我国造纸工业原料消耗量为：木浆27%，废纸浆65%，非木浆8%。其中进口木浆占比17%，进口废纸浆占比24%。木浆消耗量较2013年增长6.81%，废纸浆消耗量较2013年增长4.19%，非木浆消耗量较2013年下降8.93%，见表9-4。

表 9-4　2013—2014 年我国造纸工业纸浆消耗情况

类　别	2013 年		2014 年		
	消耗量/万 t	占比/(%)	消耗量/万 t	占比/(%)	同比增长/(%)
总量	9 147	100	9 484	100	3.68
木浆	2 378	26	2 540	27	6.81
其中：进口木浆	1 505	16	1 588	17	5.51
废纸浆	5 940	65	6 189	65	4.19
其中：进口废纸浆	2 379	26	2 243	24	−5.72
非木浆	829	9	755	8	−8.93

（数据来源：中国造纸协会《中国造纸工业 2014 年度报告》）

纸浆结构中，非木浆比例呈持续下降趋势，木浆消耗量增加，木浆替代草浆、苇浆是发展趋势。废纸浆比例也有上升，其中进口废纸浆支撑着纸浆结构的调整。我国造纸工业对原料进口的依赖性较大，若是这种依赖状况持续下去会对我国的基础原料储备形成战略威胁，因此通过对造纸工业的原材料供应结构进行调整，加快林纸一体化发展，提高木浆自给能力才是我国造纸行业发展的方向。

（2）造纸技术水平还偏低。当前在世界上，现代化的制浆造纸工业技术已经相对成熟，建立了高效、低能耗、自动化、信息化、高质量、高速的生产结构体系，原料结构以木材纤维为主，制浆技术向低污染、低能耗和充分利用纤维资源等方向发展。对于当前的外部环境来说，实施回收技术、污染防治技术以及清洁生产技术的条件是投入一定的资金用于实现规模化生产。但是对于造纸工业来说，其自身的资金储备能力不高，同时其融资能力相对有限，这就使很多造纸企业改造或者扩建困难。

我国造纸企业整体规模小，数量多，产量低，与世界先进水平差距较大。这种小规模的造纸企业群体不是制浆技术和设备的研发主体，难以形成产、学、研合力，由于规模小，受制于资金限制，制浆企业群体的原始创新、集成创新、引进消化吸收能力也相对较弱，无论是制浆的大型设备还是造纸技术多数都依赖进口。我国造纸产业迫切需要产业整合，提高产业集中度。

（3）资源能源消耗量大。在我国，木材原材料消耗大户之一就是造纸工业，而由于地理环境和历史原因,森林覆盖面积较小,林木资源相对缺乏。2014年,我国木浆的总消耗量(2 540万 t)中,进口木浆(1 588万 t)和国产木浆(952万 t)分别占62.52%和37.48%。相关数据显示,当前世界造纸产业所需的原材料要达到7亿～8亿 m^3,为了防止生态破坏,很多西方国家已经将木材作为战略性物资来对待。对于我国造纸业来说,还会长期依赖进口的纤维原料,这会导致我国造纸产业会受到世界纤维原料供应量的影响,存在一定经营风险。

众所周知,造纸业工业消耗的水资源也相对较多。据环保部统计,2014年造纸和纸制品业总用水量为119.65亿 t,其中新鲜水用量为33.55亿 t,占工业新鲜水总用量的8.68%,重复用水量为86.10亿 t,水重复利用率平均只有71.96%,万元工业产值(现价)新鲜水用量为46.2t。我国发展改革委等多个部门联合编制了《造纸工业发展"十二五"规划》(以下简称"规划"),规划提到,我国制作每吨纸浆的平均综合能耗要由2010年的0.45 t下降到0.37 t(截止到2015年),综合能耗比降低约18%;在吨纸和纸板的平均综合能耗要由2010年的0.68 t降低到0.53 t(截止到2015年),综合能耗比降低约18%;在平均取水量上,每吨纸浆、纸及纸板要由2010年的85 m^3下降到70 m^3,实现减少18%的目标。而这些指标与世界发达国家有一定差距,造纸工业能耗还很严重,节能降耗任务较重。

9.3 我国造纸工业效率研究及测度

9.3.1 我国造纸工业效率研究概况

造纸工业发展过程中,污染物排放等非期望产出严重影响到造纸工业的未来发展。在可持续发展理念的指导下,造纸工业在中高速发展的新阶段亟须对行业发展水平有清醒的认识。因此,对我国造纸工业进行技术效率测评和生态效率测评,能够对我国造纸工业的真实情况进行了解,尤其是在环境约束条件下对造纸工业的研究具有重要战略意义。

在过去的数十年里,关于造纸行业效率研究的文献并不是很多。其中学者吴福骞按照经营纸类产品的不同将国内26家上市公司分成了特种纸、文化用纸、包装纸以及新闻纸等4种类型,通过建立净利润、净资产收益、主营业务收入额等财务指标体系分析了我国造纸业的前景。我国学者龚巧云、何飞平(2006)以我国造纸行业的上市公司财务报表为样本,结合主成分分析和实证分析等方法,对影响造纸工业发展的若干因素进行了分析,并根据分析结果确定了各个成分的得分情况和对企业的最终评价结果,为我国造纸工业的发展决策提供理论依据。

运用计量模型对造纸工业进行效率的测度的实证研究开始较晚。蔡志坚(1996)通过对我国造纸工业企业规模结构的分析,用DEA聚类分析法对造纸工业经济规模进行界定,对我国造纸工业的规模进行了分析和讨论,由此确定了合理的经济规模并提出了调整造纸工业规模结构的决策方案。时锐(2008)采用DEA的BCC模型测算了我国造纸工业上市公司的技术效率,分析不同公司的效率差别及效率变化趋势,并对影响造纸工业上市公司技术效率的因素进行了进一步分析。印中华、宋维明(2009)运用Malmquist指数法测算了1999—2005年造纸及纸制品业的全要素生产率变化情况及构成要素,认为对于造纸及纸制品,在提高技术水平的同时,还应该重视生产管理的优化,实现产业技术、管理与规模化的协同发展。贺宝成(2011)用非参数 DEA 模型和 Malmquis 指数法,基于"十五"与"十一五"期间我国造纸产业 10 年的面板数据,全面测度了造纸工业的全要素生产率。认为"十一五"期间全要素生产率增速减缓,下降趋势明显,且产业内不同类型的企业全要素生产率差异较大。孙龙益(2012)基于 1999—2011 年的面板数据,运用 DEA-Malmqust 指数法研究了我国造纸工业在加入 WTO 后,外商直接投资对造纸工业的影响,并建立相应指标对 FDI 的技术溢出效应的大小进行测度。刘巍等(2012)在研究生态工业园区的生态效率评价方法时,应用生态效率理论和 DEA 方法,采用非期望产出取倒数法、投入法、基于松弛测度的 SBM 以及投入法等四种模型来对非期望产出进行处理,重点研究了 2010 年我国 24 家综合类国家生态工业示范园区的生态效率,并依据上述四种模型来分析和对比非期望产出处理时存在的优点和缺陷。最后指出在上述四种模型中,非径向和非角度的 SBM 模型对生态工业园区生态效率的差异识别相对较强。苏世伟等(2014)运用 ISBM 模型评价我国造纸企业的环境效率,对我国 20 家上市公司的环境效率进行测度,解决了非期望产出与生产效率的相关性问题。徐思远(2015)运用 DEA-Malmquist 指数法对金融危机以来 2007—2013 年我国 19 家造纸类上市公司的全要素生产率进行研究,认为金融危机以来造纸类上市公司不断复苏的原因在于技术效率的提高。陈翔(2015)研究并建立了基于矩阵式的 DEA 网络模型,他分别从生态效益、社会效益、经济效益等三个指标入手,结合造纸行业的相关实例研究了产业循环经济效率。结果表明,我国造纸业及纸制品行业循环经济效率值仍处于低下水平,造纸产业循环效率的高低取决于我国经济发展的水平以及在整个造纸产业的规模。

通过上述分析发现,所有造纸企业不得不立刻着手解决的问题就是如何改善生态效率评价问题。随着社会人群对纸类产品的需求量不断增加,企业的生产量也会加大,也就会有更多的污染物排到自然环境,因此造纸企业需要通过调整产业结构来控制这种污染。但是就目前来说,人们对造纸工业生态效率评价和技术效率评价的研究还相对较少。因此,本研究将测度造纸工业的技术效率和生态效率,并通过影响生态效率的因素进行回归分析,探究造纸工业发展策略。

9.3.2 基于 DEA 模型的造纸工业生态效率测度

(1)DEA 模型。数据包络分析(Data Envelopment Analysis,DEA)是运筹学、管理学和计量经济学交叉研究的新领域。该法所使用的观测数据主要来自于评价单元/决策单元 DMU,即生产的投入与产出向量组合点,由组合点构成所有生产的可能性集,而其中相对效率最优的组合点就包络出最佳的生产前沿面,由此,每个评价单元的组合点都在生产的前沿面内,组合点落在前沿面上即称为有效,落在前沿面内即无效,组合点与生产前沿面的距离就是评价单元的效值。DEA 方法是非参数的统计估计方法,在评估评价单元化的效率时,可以得到一定的管理信息,这些信息在经济领域中具有十分深刻的经济背景和含义。

自 1978 年 Charnes 和 Cooper 提出第一个经典的 DEA 模型——CCR 模型后,持续扩充、改进和完善了 DEA 模型,具有代表性的主要包括 SBM 模型(基于松弛变量)、C^2WH 模型(带有"偏好锥")、C^2GS^2(加法模型)、BCC 模型(基于规模报酬可变)。以前文的分析为基础,在对技术效率进行计算时主要利用 CCR 模型,对生态效率的计算则使用 SBM 模型。

(2)CCR 模型。CCR 模型是 Charnes 等人提出的第一个 DEA 模型,主要表达形式有两种,即线性和分式规划模型,不过从本质上看,它们是等价的,以后者为基础,利用假设、公理进行变换后即可得到前者,正是由于便捷的计算,此类模型得到不断推广,使用广泛。首先假设决策单元(Decision Making Uints,DMU)共有 n 个,且这些决策单元之间是可比的。每个 DMU 有 m 种输入,s 种输出。则 $DMU_j(1 \leqslant j \leqslant n)$ 的输入、输出变量为

$$\boldsymbol{x}_j = (x_{1j} \quad x_{2j} \quad \cdots \quad x_{mj})^{\mathrm{T}} > 0, \quad j = 1, 2, \cdots, n$$

$$\boldsymbol{y}_j = (y_{1j} \quad y_{2j} \quad \cdots \quad y_{sj})^{\mathrm{T}} > 0, \quad j = 1, 2, \cdots, n$$

同时,在评价 DMU 时,所有输入必须综合为一个总的输入,所有输出综合为一个总的输出,所以,对于输入和输出变量必须要为其分配相应的权重,$\boldsymbol{x}_j$ 的权重为 v_j,$\boldsymbol{y}_j$ 的权重为 u_j。即

$$\boldsymbol{v} = (v_1 \quad v_2 \quad \cdots \quad v_m)^{\mathrm{T}}$$

$$\boldsymbol{u} = (u_1 \quad u_2 \quad \cdots \quad u_s)^{\mathrm{T}}$$

由于 DMU 意味着规模收益(CRS)不变,基于此条件,对于 CCR 模型,可以利用下述表达式表示其分式规划:

$$\left. \begin{array}{l} \max \dfrac{\boldsymbol{u}^{\mathrm{T}} y_0}{\boldsymbol{v}^{\mathrm{T}} x_0} \\ \dfrac{\boldsymbol{u}^{\mathrm{T}} y_j}{\boldsymbol{v}^{\mathrm{T}} x_j} \leqslant 1, \quad j = 1, 2, \cdots, n \\ u \geqslant 0, \quad v \geqslant 0 \end{array} \right\} \tag{9-1}$$

利用 Charnes 和 Cooper 对于分式规划的 Charnes-Cooper 变换,令

$$\left. \begin{array}{l} t = \dfrac{1}{\boldsymbol{v}^{\mathrm{T}} x_0} \\ \boldsymbol{w} = t\boldsymbol{v} \\ \boldsymbol{\mu} = t\boldsymbol{u} \end{array} \right\} \tag{9-2}$$

则将式(9-1)转化为等价的线性规划形式为

$$(P_{C^2R}) \begin{cases} \max \boldsymbol{\mu}^{\mathrm{T}} y_0 = h_0 \\ \boldsymbol{w}^{\mathrm{T}} x_j - \boldsymbol{\mu}^{\mathrm{T}} y_j \geqslant 0, \quad j = 1, 2, \cdots, n \\ \boldsymbol{w}^{\mathrm{T}} x_0 = 1 \\ \boldsymbol{w} \geqslant 0, \quad \boldsymbol{\mu} \geqslant 0 \end{cases} \tag{9-3}$$

$$(D_{C^2R}) \begin{cases} \min \theta \\ \sum_{j=1}^{n} x_j \lambda_j \leqslant \theta x_0 \\ \sum_{j=1}^{n} y_j \lambda_j \geqslant y_0 \\ \lambda_j \geqslant 0, \quad j = 1, 2, \cdots n, \quad \theta \in E^1 \end{cases} \tag{9-4}$$

记 DMU_{j_0} 的输入为 x_{j0},输出为 y_{j0},则对于 P_{C^2R} 满足 $w_0 > 0, \mu_0 > 0, \mu_0 y_0 = 1$,则称 DMU_{j_0} 为 DEA 有效。对于 D_{C^2R} 来说,若任意最优解 $\theta_0, \lambda_j^0, j = 1, 2, \cdots n$,都满足 $\theta_0 = 1$,

$\sum_{j=1}^{n} x_j \lambda_j^0 = \theta x_0$，$\sum_{j=1}^{n} y_j \lambda_j^0 = y_0$，则称 DMU_{j_0} 为 DEA 有效。后 Charnes 和 Cooper 引入阿基米德无穷小量，则 CCR 模型表示如下：

$$(D_{C^2R}^{\varepsilon}) \begin{cases} \min\theta \\ \sum_{j=1}^{n} \lambda_j x_j + s^- = \theta x_0 \\ \sum_{j=1}^{n} \lambda_j y_j - s^+ = y_0 \\ \lambda_j \geqslant 0, \quad s^- \geqslant 0, \quad s^+ \geqslant 0, \quad j=1,2,\cdots,n, \quad \theta \in E^1 \end{cases} \quad (9-5)$$

这里 $\theta_0, \lambda_j^0, j=1,2,\cdots,n$，满足 $\theta_0=1, s^{-0}=0, s^{+0}=0$，则称 DMU_{j_0} 为 DEA 有效。

(3) SBM 模型简介。传统的 DEA 基本模型由于锥性和径向性等诸多假定，实际效率值存在偏差，且并未将非期望产出考虑在内。基于此，Tone(2007)提出了非径向、非角度的 SBM(Slack-Based Measure)模型，在目标函数中直接加入投入对应的松弛变量，除了可以对投入产出变量所存在的松弛缺陷进行优化外，还可以使基于非期望的效率评价问题得到有效解决，更能体现效率评价的本质。

生产过程中，假定 DMU 共有 n 个，1 个 DMU 对应的投如向量只有 1 个，表示为 X，在非期望下对应的产出表示为 Y^b，而在期望条件下对应的产出为 Y^g：

$$\begin{cases} X = (x_1 \quad x_2 \quad \cdots \quad x_n) \in \mathbf{R}^{m \times n}, \quad x_i \in \mathbf{R}^m \\ Y^g = (y_1^g \quad y_2^g \quad \cdots \quad y_n^g) \in \mathbf{R}^{s_1 \times n}, \quad y_i^g \in \mathbf{R}^{s_1} \\ Y^b = (y_1^b \quad y_2^b \quad \cdots \quad y_n^b) \in \mathbf{R}^{s_2 \times n}, \quad y_i^b \in \mathbf{R}^{s_2} \end{cases}$$

上式中，$x_i > 0, y_i^g > 0, y_i^b > 0$，基于规模报酬不变，生产可能性集 P 为

$$P = \{(x_i, y_i^g, y_i^b) \mid x_i \geqslant \lambda X, y_i^g \leqslant \lambda Y^g, y_i^b \geqslant \lambda Y^b, \lambda \geqslant 0\}$$

利用 Kaoru Tone 的方法进行处理，那么可以利用下式表示 SBM 模型：

$$\begin{cases} p' = \min \dfrac{1 - \dfrac{1}{m} \sum_{i=1}^{m} \dfrac{s_i^-}{x_{i0}}}{1 + \dfrac{1}{s_1 + s_2} \left(\sum_{r=1}^{s_1} \dfrac{s_r^g}{y_{r0}^g} + \sum_{r=1}^{s_2} \dfrac{s_r^b}{y_{r0}^b} \right)} \\ \text{s.t.} \\ x_0 = \lambda X + s^- \\ y_0^g = \lambda Y^g - s^g \\ y_0^b = \lambda Y^b + s^b \\ \lambda \geqslant 0, \quad s^- \geqslant 0, \quad s^g \geqslant 0, \quad s^b \geqslant 0 \end{cases} \quad (9-6)$$

式中，λ 为前所设定的权重向量；s^- 为投入的松弛变量，表示投入过剩；s^g、s^b 为产出的松弛变量，表示产出不足和非期望产出过多。目标函数 p' 关于 s^-、s^g、s^b 严格递减，且 $0 \leqslant p' \leqslant 1$。对于特定的 DMU，当 $p' < 1$ 时，说明该 DMU 无效，当 $p'=1, s^-=s^g=s^b=0$ 时，该 DMU 是有效的。本研究采用 SBM 模型测量历年中国各省份造纸工业包含污染变量的生态效率情况。

(4) 数据来源及处理。本研究主要目的是在考虑环境污染因素的情况下，中国各地区造纸工业生态效率状况。由于数据的不可获得性(2015 年数据暂未全部公布)，西藏和青海两省份

相关数据缺失严重,本研究选取 2005—2014 年中国大陆 29 个省份共 10 年的面板数据作为研究样本。对文中个别年份和地区的缺失数据,采取平滑处理预测获得。

1)产出指标。结合前文所述内容,在对生态效率进行测量时,分别选择非期望产出、期望产出作为其衡量指标。由于自 2013 年后,统计口径发生变化,不再提供造纸工业年工业总产值指标,因此,期望产出采取了各地区造纸工业年销售产值(当年价)为指标。而化学需氧量(COD)排放量是衡量造纸工业环境污染的重要指标,因此,本研究选取造纸工业 COD 排放量作为非期望产出。由于没有单独列出 COD 排放指标,故采取公式换算。关于换算的方法,陈翔等在研究中国工业产业循环经济效率区域差异性时,采用如下的换算公式:

各地区造纸废水排放 =(造纸废水排放量/各行业废水排放量)×各地区工业废水排放量

即在全国层面上,首先用造纸工业废水排放量与工业废水排放量的比例获得造纸工业所占工业比重,进而在地区层面上获得各地区造纸废水排放量,相乘即得各地区造纸工业的废水排放量。但在国家层面上,造纸工业所占工业废水排放比重与各省市中造纸业所占各省市工业比重不一致,尤其是在全国范围内造纸工业发展相对不均衡,有些省份的造纸工业所占比重较大,有些省份造纸工业所占工业比重较小,因此,这样的换算没有根据地区实际情况得到真实结果。故在其研究基础上,借鉴其思路,本研究采取了以下公式:

各地区造纸工业 COD 排放量 =(各地区造纸工业销售产值/各地区按行业销售产值)×各地区工业废水 COD 排放量

在各地区层面上获得造纸工业销售产值所占地区工业销售产值的比例,进而与各地区工业废水 COD 排放量相乘,获得各地区造纸工业 COD 排放量。因所有指标提前限定在各地区层面上,且这些指标的数据值均可查、可用,因此,排除了造纸工业在各省分布不均匀的情况。其中,造纸工业销售产值指标来自历年《中国工业统计年鉴》,各地区造纸工业 COD 排放量指标来自于历年《中国环境统计年鉴》。

2)投入指标。关于投入指标的选择,学者们从不同的研究角度采用了不同的指标。唐帅等人采用 DEA-Malquist 指数法测算中国造纸企业的全要素生产率时,劳动投入指标采用全部从业人员年平均人数,资本投入采用固定资产净值年均余额。朱晓磊在测算东莞市造纸企业污染物影子价格与生产率时,投入指标选取固定资产净值年均余额作为资本投入,企业年末从业人员合计数作为劳动投入,以用水量作为能源投入。此外,时锐、邱晓兰、贺宝成、苏世伟等根据不同的研究目标采取了相应的指标,但综合各位学者的指标选择发现,投入要素里最主要的是资本、劳动力。因此,在资本投入方面,本研究采用固定资产净额和实收资本作为资本投入,而劳动力要素以全部从业人员的年平均人数为指标。其中,2012 年有关全部从业人员的年平均人数指标并未公布,故根据该指标的前后数据进行平滑处理。以上数据中,固定资产年平均净额、实收资本、全部从业人员年平均人数均来自于历年《中国工业统计年鉴》。

9.3.3 造纸工业效率测度的实证分析

1. 技术效率测度

根据所搜集到的数据信息,本研究首先运用 MaxDEA 软件对我国造纸工业技术效率值进行测度,代入 DEA-CCR 模型进行运算,运行结果见表 9-5。

表 9-5 我国造纸工业技术效率值

DMU	CCR 效率值										
	2005年	2006年	2007年	2008年	2009年	2010年	2011年	2012年	2013年	2014年	平均值
北京	1.000	1.000	1.000	0.684	0.497	1.000	0.708	0.654	0.671	0.726	0.794
天津	1.000	1.000	1.000	0.398	0.384	0.680	0.423	0.482	0.507	0.584	0.646
河北	0.788	0.790	0.717	0.614	0.661	0.888	0.827	0.903	0.747	0.668	0.760
辽宁	0.495	0.499	0.557	0.451	0.442	0.563	0.965	1.000	0.970	0.966	0.691
上海	0.421	0.375	0.365	0.324	0.300	1.000	0.578	0.574	0.594	0.660	0.519
江苏	0.956	1.000	0.773	0.644	0.591	1.000	0.590	0.607	0.643	0.702	0.751
浙江	0.671	0.926	0.613	0.597	0.477	0.888	0.541	0.542	0.554	0.563	0.637
福建	0.608	0.523	0.436	0.280	0.315	0.810	0.665	0.696	0.682	0.682	0.570
山东	0.549	0.678	0.650	0.847	0.781	1.000	0.882	0.825	0.804	0.815	0.783
广东	0.968	0.987	0.774	0.727	0.622	0.890	0.563	0.467	0.477	0.509	0.698
广西	0.842	0.802	0.676	0.572	0.556	0.441	0.363	0.420	0.450	0.412	0.553
海南	0.659	0.623	0.566	0.550	0.568	0.595	0.475	0.757	0.923	1.000	0.672
山西	0.793	0.694	0.843	1.000	0.368	0.601	0.384	0.351	0.405	0.387	0.583
内蒙古	0.611	0.477	0.438	0.404	0.381	0.587	1.000	1.000	0.860	1.000	0.676
吉林	0.589	0.702	0.630	0.445	0.368	0.483	0.474	0.508	0.619	0.550	0.537
黑龙江	0.554	0.445	0.464	0.351	0.687	0.419	0.363	0.339	0.424	0.426	0.447
安徽	0.827	0.795	0.751	0.657	0.720	0.735	0.704	0.607	0.516	0.607	0.692
江西	0.399	0.544	0.614	0.822	0.757	0.615	0.735	0.716	0.775	0.589	0.657
河南	0.453	0.485	0.487	0.386	0.420	0.906	0.787	0.588	0.591	0.542	0.565
湖北	0.432	0.369	0.348	0.342	0.346	0.854	0.829	0.895	0.796	0.805	0.602
湖南	0.923	0.839	0.676	0.547	0.574	0.869	0.534	0.510	0.505	0.572	0.655
重庆	0.712	0.718	0.639	0.621	0.682	0.561	0.488	0.526	0.565	0.671	0.618
四川	0.725	0.751	0.491	0.720	0.880	0.704	0.958	0.793	0.759	0.799	0.758
贵州	0.979	1.000	0.741	0.692	0.726	0.477	0.538	0.390	1.000	0.711	0.725
云南	0.989	1.000	0.941	0.779	0.815	0.375	0.346	0.414	0.420	0.354	0.643
陕西	0.716	0.694	0.726	0.611	0.721	0.499	0.630	0.703	0.826	0.676	0.680
甘肃	0.685	0.651	0.588	0.630	0.568	0.255	0.394	0.470	0.516	0.490	0.525
宁夏	0.731	0.714	0.597	0.551	0.642	0.245	0.215	0.218	0.163	0.273	0.435
新疆	0.440	0.405	0.384	0.318	0.342	0.291	0.325	0.361	0.428	0.710	0.400
平均值	0.707	0.706	0.637	0.571	0.558	0.663	0.596	0.597	0.627	0.636	0.630

CCR模型得出的技术效率是DMU一定（最优规模时）时，要素投入后所得到的生产效率。对决策单元而言，技术效率可以综合评价、衡量其具有的资源使用效率和配置资源等诸多能力，如果地区效率值处于生产前沿面上，即地区是技术有效的（技术效率等于1）。

(1) 我国造纸工业整体技术效率不高。由表9-5可以看出，各地区近10年的技术效率平均值为0.63，绝大部分地区的造纸工业技术效率未达到有效。从具体数据来看，大多数地区在2005—2014年间的CCR技术效率值都小于1，没有达到技术有效，这说明我国造纸工业总体技术效率值偏低，投入产出结构不合理，资源配置能力比较低。少数地区在某几个年份的效率值达到了DEA有效，例如北京在2005—2007年、2010年的效率为1，天津在2005—2007年的效率为1，内蒙古在2011年、2012年、2014年的效率值为1，说明这几个地区的造纸工业的投入和产出结构在这些年份比较合理，资源得到了有效利用。

(2) 各地区造纸工业技术效率不均衡。东部12省造纸工业技术效率平均值为0.67，中部9省造纸工工业技术效率平均值为0.60，西部7省的造纸工业技术效率平均值为0.598。各地区造纸工业效率值存在差异，东部各省造纸工业技术效率值相对较高，说明其资源配置相对有效。总体看，2005—2014年平均技术效率值介于0.7~0.8的地区有北京、河北、江苏、山东、四川、贵州等6个，占总的评价单位（DMU）的20%，其中东部地区有4个，西部地区有2个；技术效率值介于0.6~0.7的地区，包括重庆、江西、广东、内蒙古、湖南、辽宁、陕西等13个，占总的评价单位的49%，其中东部地区有5个，中部地区有5个，西部地区有3个；介于0.5~0.6的地区有上海、福建、广西、山西、吉林、河南、甘肃等7个，占总的评价单位的24%，其中东部地区有3个，中部地区有3个，西部地区有1个；介于0.4~0.5的地区有黑龙江、宁夏、新疆等3个，占总的评价单位的10%，其中东部地区1个，西部地区2个。由此可以看出，我国造纸工业技术效率发展水平并不均衡，东部地区技术效率相对较高，整体呈现东部效率值＞中部效率值＞西部效率值的态势。

(3) 造纸工业技术效率逐渐趋于平稳。2009年造纸工业年均技术效率值最低，为0.558，2005年造纸工业年均技术效率值最高，为0.707。自2005后，我国造纸工业年均技术效率值逐渐下降，至2009年达到最低，2010年后达到新的最高点，呈现先降后增，而后趋于平稳，如图9-2所示。

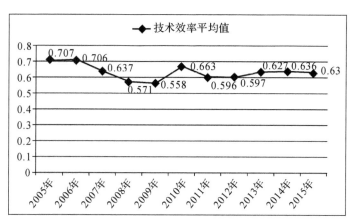

图9-2 我国造纸工业技术效率年平均值变化趋势

(4)各地区造纸工业技术效率存在差异。将我国区域按东部、中部、西部地区来划分,可具体看到各省区的技术效率发展趋势。将各地区按照2005—2014年的年平均技术效率值从高到低排列,可以发现东部地区排名在前的是北京,效率值为0.794,最靠后的是上海,效率值为0.519。考虑到我国造纸工业技术效率值为0.63,因此东部地区有3个省份尚低于我国造纸工业平均技术效率,占东部地区评价单元的25%,如图9-3所示。

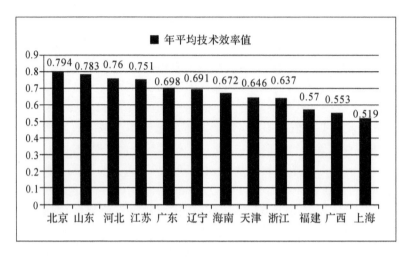

图9-3 造纸工业东部地区各省份年平均技术效率值

同理,可以发现中部地区排名在前的是安徽,效率值为0.692,最靠后的是黑龙江,效率值为0.447。考虑到我国造纸工业技术效率值为0.63,因此中部地区有5个省份尚低于我国造纸工业平均技术效率,占中部地区评价单元的56%,如图9-4所示。

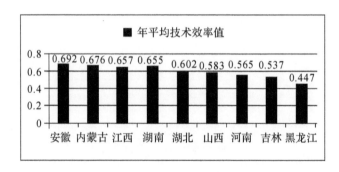

图9-4 造纸工业中部地区各省份年平均技术效率值

西部地区排名在前的是四川,效率值为0.758,最靠后的是新疆,效率值为0.4。考虑到我国造纸工业技术效率值为0.63,因此西部地区有4个省份尚低于我国造纸工业平均技术效率,占西部地区评价单元的50%,如图9-5所示。

综合来看,2005—2014年平均造纸工业技术效率值排名顺序为北京0.794、山东0.783、河北0.76、四川0.758、江苏0.751、贵州0.725、广州0.698、安徽0.692、辽宁0.691、陕西0.68。

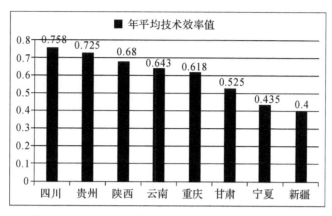

图9-5 造纸工业西部地区各省份年平均技术效率值

2. 生态效率测度

非径向和非角度的SBM模型,在目标函数中加入松弛变量后可以使投入产出存在的松弛性问题得到有效解决,所以,选择角度、径向时存在的差异所导致的影响和偏差通过SBM模型可以得到有效的避免,相比CCR模型,该模型在本质上使效率评价得到有效的体现,在考虑非期望产出(各地区造纸工业COD排放量)指标后,运用SBM投入角度运算结果见表9-6。

表9-6 我国造纸工业生态效率值

DMU	SBM 效率值										
	2005年	2006年	2007年	2008年	2009年	2010年	2011年	2012年	2013年	2014年	平均值
北京	1.000	0.928	1.000	0.707	0.584	0.519	0.632	0.578	0.594	0.636	0.718
天津	0.622	0.619	0.763	0.518	0.504	0.429	0.340	0.426	0.445	0.506	0.517
河北	0.856	0.760	0.761	0.684	0.644	0.679	0.828	1.000	0.774	0.728	0.771
辽宁	0.529	0.539	0.647	0.633	0.787	0.776	0.919	1.000	1.000	0.956	0.779
上海	1.000	0.730	0.646	0.552	0.460	0.495	0.513	0.517	0.531	0.571	0.602
江苏	1.000	0.869	1.000	0.618	0.605	0.575	0.584	0.587	0.589	0.629	0.706
浙江	0.793	0.713	0.693	0.657	0.580	0.631	0.651	0.659	0.677	0.679	0.673
福建	0.707	0.619	0.589	0.519	0.505	0.587	0.671	0.723	0.770	0.809	0.650
山东	1.000	1.000	1.000	0.811	0.807	0.839	1.000	1.000	0.942	1.000	0.940
广东	1.000	0.668	0.703	0.631	0.572	1.000	0.664	0.572	0.593	0.634	0.704
广西	0.398	0.393	0.361	0.336	0.288	0.313	0.348	0.391	0.414	0.372	0.361
海南	1.000	1.000	1.000	0.553	0.389	0.380	0.281	0.361	0.528	1.000	0.649
山西	0.670	0.655	0.605	0.544	0.454	0.486	0.659	0.585	0.603	0.609	0.587
内蒙古	0.603	0.441	0.548	0.618	0.806	0.710	1.000	1.000	0.839	1.000	0.756
吉林	0.541	0.477	0.472	0.431	0.354	0.385	0.451	0.456	0.464	0.445	0.448

续表

DMU	SBM 效率值										
	2005年	2006年	2007年	2008年	2009年	2010年	2011年	2012年	2013年	2014年	平均值
黑龙江	0.420	0.421	0.381	0.333	0.333	0.342	0.378	0.348	0.411	0.408	0.377
安徽	0.689	0.653	0.637	0.574	0.547	0.562	0.707	0.582	0.504	0.570	0.602
江西	0.598	0.604	0.728	0.450	0.588	0.669	0.635	0.639	0.684	0.517	0.611
河南	0.884	1.000	1.000	1.000	0.837	0.954	1.000	0.644	0.730	0.701	0.875
湖北	0.792	0.682	0.686	0.643	0.567	0.647	0.757	0.822	0.684	0.830	0.711
湖南	0.816	0.641	0.600	0.532	0.591	0.541	0.578	0.565	0.591	0.686	0.614
重庆	1.000	1.000	1.000	0.357	0.320	0.497	0.406	0.421	0.470	0.577	0.605
四川	0.678	0.693	0.658	0.573	0.621	0.670	1.000	0.669	0.746	0.786	0.709
贵州	0.915	0.828	1.000	1.000	0.445	0.543	0.567	0.479	1.000	0.664	0.744
云南	0.539	0.434	0.408	0.388	0.357	0.318	0.316	0.391	0.385	0.355	0.389
陕西	0.438	0.448	0.501	0.421	0.420	0.464	0.541	0.594	0.695	0.642	0.516
甘肃	0.636	0.706	0.676	0.526	0.504	0.407	0.613	0.638	0.669	0.664	0.604
宁夏	0.564	0.450	0.462	0.341	0.478	0.249	0.227	0.247	0.249	0.442	0.371
新疆	0.475	0.456	0.451	0.445	0.423	0.401	0.493	0.527	0.552	0.776	0.500
平均	0.730	0.670	0.689	0.565	0.530	0.554	0.612	0.601	0.625	0.662	0.624

(1) 从全国整体来看,2005—2014 年,我国各地区造纸工业 SBM 效率值依旧呈现先降后升的趋势。大部分地区的 SBM 效率值小于 1,没有达到 DEA 有效,说明我国造纸工业总体生态效率偏低。2008—2010 年的生态效率值持续偏低,其中 2009 年达到最低点 0.53。造成这一结果的原因很多,但与 2008 年的金融危机所导致的我国经济整体低迷的环境有关,如图 9-6 所示。

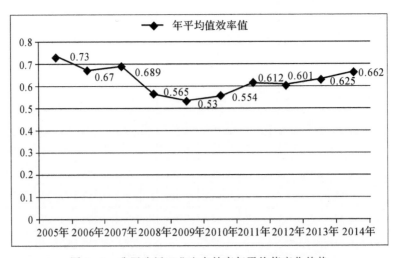

图 9-6 我国造纸工业生态效率年平均值变化趋势

(2)从生态效率值来看,相对于 CCR 模型,达到生态效率有效的地区和年份有所增加。例如,山东省在 2005—2007 年、2011—2013 年 6 个年份的效率值为 1,河南省在 2006—2008 年、2011 年 4 个年份的效率值为 1,海南在 2005—2007 年、2014 年的效率值为 1,内蒙古、贵州、重庆等 3 个地区分别在 3 个年份达到了 DEA 生态效率有效。

(3)从评价区域来看,东部 12 省造纸工业生态效率平均值为 0.673,中部 9 省造纸工业生态效率平均值为 0.62,西部 7 省的造纸工业生态效率平均值为 0.562。与技术效率值相比变化不大,但可看出考虑环境因素的条件下,各地区造纸工业效率值仍存在差异,东部各省造纸工业生态效率值仍相对较高。但所有年份的平均生态绩值为 0.624,而技术效率值为 0.630,在非期望产出的约束下,我国造纸工业生态效率仍有所下降。

(4)将生态效率值按降序排列(见图 9-7~图 9-9),可以看出我国东部地区生态效率值最高为山东 0.94,最低为广西 0.361,中部地区最高为河南 0.875,最低为黑龙江 0.377,西部地区最高为贵州 0.744,最低为宁夏 0.377,这一结果与技术效率相比有明显不同。

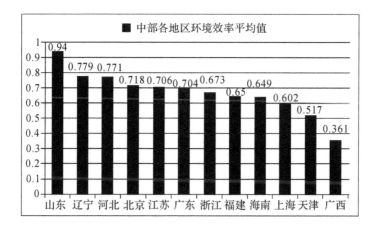

图 9-7 造纸工业东部地区各省份年平均生态效率值

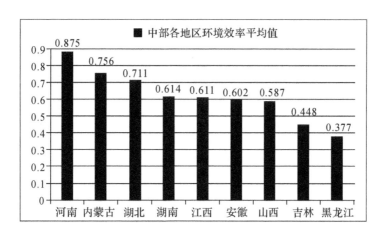

图 9-8 造纸工业中部地区各省份年平均生态效率值

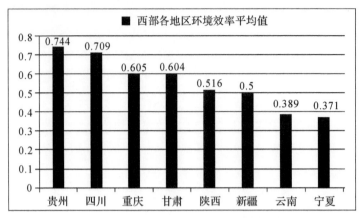

图9-9 造纸工业西部地区各省份年平均生态效率值

3. 结果对比分析

(1)地区效率排名对比。为了更方便地对 CCR 和 SBM 的效率值进行对比,本研究分别计算出 2005—2014 年各个地区及各个年份的效率平均值(见表 9-7),以便更准确地对我国各地区的造纸工业效率进行评价。

表9-7 我国造纸工业技术效率与环境效率值对比

DMU	CCR 效率值	CCR 效率值排名	SBM 效率值	SBM 效率值排名
北京	0.794	1	0.718	7
天津	0.646	15	0.517	23
河北	0.760	3	0.771	4
辽宁	0.691	9	0.779	3
上海	0.519	27	0.602	21
江苏	0.751	5	0.706	10
浙江	0.637	17	0.673	12
福建	0.570	22	0.650	13
山东	0.783	2	0.940	1
广东	0.698	7	0.704	11
广西	0.553	24	0.361	30
海南	0.672	12	0.649	14
山西	0.583	21	0.587	22
内蒙古	0.676	11	0.756	5
辽宁	0.691	9	0.779	3
吉林	0.537	25	0.448	26

续表

DMU	CCR效率值	CCR效率值排名	SBM效率值	SBM效率值排名
黑龙江	0.447	28	0.377	28
安徽	0.692	8	0.602	20
江西	0.657	13	0.611	17
河南	0.565	23	0.875	2
湖北	0.602	20	0.711	8
湖南	0.655	14	0.614	16
重庆	0.618	19	0.605	18
四川	0.758	4	0.709	9
贵州	0.725	6	0.744	6
云南	0.643	16	0.389	27
陕西	0.680	10	0.516	24
甘肃	0.525	26	0.604	19
宁夏	0.435	29	0.371	29
新疆	0.400	30	0.500	25
平均值	0.630	18	0.624	15

针对CCR效率值，我国各地区总平均效率值为0.63，说明我国各地区整体造纸工业效率比较低。北京的效率值最高，为0.794，新疆的效率值最低，为0.4。根据CCR效率分布地图来看，东部和西部四川、贵州的效率值比较高，整体大于0.7，中部的效率值偏低，整体在0.5~0.6左右，说明东部和西部部分省份的造纸工业效率较高，资源得到了相对合理的利用，而中部的资源利用率相对较低。

针对SBM效率值，我国各地区的总平均效率值为0.624，说明我国各地区造纸工业效率比较低。山东的效率值最高，为0.94，北京效率值为0.718，排名第7，相对于CCR效率值有所下降；广西的效率值最低，为0.361，新疆的效率值为0.5，排名25，相对CCR效率值有所上升，这说明SBM模型能消除CCR模型中极端效率值的影响，使效率值更符合实际情况。根据SBM效率分布地图来看，东部的效率值比较高，中部、西部的效率比较低。

(2) 年份效率对比。从年份效率对比可以看出，CCR效率值和SBM效率值都呈现先降后增的趋势。2005年的效率值最高，分别为0.707、0.730，说明2005年的造纸工业资源利用率比较高，2009年分别达到最低值0.558、0.530，说明2009年的造纸工业资源利用率最低，2010年后开始回升，CCR效率值上升幅度较大，SBM上升幅度较小（见表9-8）。SBM效率值的整体走势显然比CCR效率值更加平滑，说明SBM模型能够消除极端值影响，使效率值的评价更贴合实际的生产情况。

表 9-8 我国造纸工业技术效率与生态效率值各年对比

DMU	2005 年	2006 年	2007 年	2008 年	2009 年	2010 年	2011 年	2012 年	2013 年	2014 年	平均值
CCR	0.707	0.706	0.637	0.571	0.558	0.663	0.596	0.597	0.627	0.636	0.630
SBM	0.730	0.670	0.689	0.565	0.530	0.554	0.612	0.601	0.625	0.662	0.624

从实际的测算值中,我们观察环境变量加入前后的效率值可以发现,原来 CCR 模型下的技术效率值可能因为污染变量的加入而变得无效,而原来技术效率无效的评价单元可能由于加入污染变量而变得有效。如北京 2006 年、2010 年技术效率值均为 1,但是生态效率值分别为 0.928、0.519;河南 2006—2008 年、2011 年的生态效率均为 1,但是其技术效率值分别为 0.485、0.487、0.386、0.787,说明了技术效率与生态效率的不一致性,也是本研究引入生态因素的意义所在。

9.3.4 我国造纸工业环境效率影响因素分析

1. 建立 Tobit 模型

本研究利用 DEA-Tobit 两步法引入生态效率的影响因素分析。1958,James Tobin 第一次提出了 Tobit 模型,针对家庭耐用品支出进行分析研究后,认为作为一种因变量,支出始终是非负的,基于此情境,回归系数的估计不能再使用普通最小二乘法。为使该问题得到有效解决,他提出了新的回归模型,该模型中被解释变量具有极值或者上下限,所以,由于此类模型带有选择行为,而且使用有限值的被解释变量,人们将其称为截取回归模型,即 Tobit 模型。

对于 Tobit 模型,它最大的特点在于使用的是有限值的被解释变量,即变量是受限的,换言之,被解释变量在一定程度上被截断/切割。对环境效率进行计算,所得结果的范围是 0~1,在分析回归系数时,如果依然使用普通最小二乘法,那么所得的参数估计值不但出现偏差,而且还存在不一致的问题,所以,在实施回归分析时,本研究所使用的是 Tobit 回归模型。

Tobit 模型的基本形式为

$$Y_i = \begin{cases} \boldsymbol{\beta}^T X_i + e_i & \boldsymbol{\beta}^T X_i + e_i > 0 \\ 0, & \boldsymbol{\beta}^T X_i + e_i \leqslant 0 \end{cases} \quad (9-7)$$

式中,Y_i 是被解释变量;X_i 是 $(k+1)$ 维度的解释变量;$\boldsymbol{\beta}^T$ 是 $(k+1)$ 维度的未知参数向量(相关系数)。假设模型的误差服从 $e_i \sim N(0, \sigma^2)$ 分布。就 Tobit 模型而言,其主要特点是当解释变量 X_i 为实际值,那么观测到的被解释变量是一种受限形式,即当 $Y_i \leqslant 0$ 时,"受限"的观测值取为 0;当 $Y_i > 0$ 时,"受限"的观测值取实际值。通过证明可以得出,Tobit 模型的 $\boldsymbol{\beta}^T$ 与 σ^2 是一致估计量。

本研究采用环境效率值作为被解释变量,以各地区城镇人口比重、生产总值、能源消费总量、研发经费投入强度、研发人员全时当量、废水治理设施处理能力、工业污染源治理投资等作为解释变量,构造表达式如下:

$$Y = \alpha + \beta_1 x_1 + \beta_2 x_2 + \beta_3 x_3 + \beta_4 x_4 + \beta_5 x_5 + \beta_6 x_6 + \beta_7 x_7 + \varepsilon \quad (9-8)$$

式中,Y 为 SBM 模型所得环境效率值;$x_1, x_2, \cdots, x_7$ 分别为被解释变量;$\beta_1, \beta_2, \cdots, \beta_7$ 为模型估计的相关系数;ε 为随机扰动项。

2. 变量选取

(1)各地区经济发展水平。地区所具有的经济规模、发展速度在很大程度上可以通过经济发展水平得到反映,一个行业的发展也都与所在地区经济发展水平息息相关。我国造纸工业在国民经济中具有重要的基础性地位,其发展与整个经济发展状况密不可分。一方面,经济状况良好,会带动造纸工业发展;另一方面,造纸工业的良性发展也会促进经济持续增长。反之亦是如此。此外,不断发展的经济提高了人们的生活质量和水平,在物质需求得到满足的基础上,人们的环保意识、环保理念、环保水平也逐步改善,对工业的可持续健康发展也会关注更多。可以说,经济发展水平与各行各业、生活的方方面面都具有一定的关系。具体到造纸工业的生态效率,各地区的经济发展水平决定了环境保护的投入力度,也是造纸工业发展战略抉择的重要依据。因此,本研究考虑以地区经济发展水平作为解释变量,选取各地区生产总值作为指标。

(2)各地区城镇化水平。城市发展对资源、能源的依赖性更大,对资源的合理配置有更高的要求,而且城市利用自身资源治理污染的能力更强,具有技术优势。各地区间,由于城镇化水平不同,往往具有不同的资源、技术、人才优势。以人才为例,劳动力的投入是企业生产的重要因素,而劳动力的质量高则能给企业带来更多的收益,城市聚集着相对于乡村更高质量的劳动力资源,对工业发展具有促进作用。尤其是在考虑造纸工业的生态效率的因素下,优秀的人才是从事科研工作的储备力量,也是提高造纸工业技术水平的重要条件。因此,考虑以城镇人口所占比重来衡量各地区的城镇化水平,并以此作为解释变量之一。

(3)各地区能源投入水平。在经济发展过程中,能源是极为关键的要素,它的投入情况在很大程度上决定了经济增长、工业发展,在消耗能源过程中必然会对环境生态造成影响。就能源利用而言,主要包括能源的生产、消费。热能、电能是能源消费的最主要方式,化石燃料在燃烧过程中会完成化学能释放,进而得到热能,此即能源消费,可见此过程会严重污染环境。我国不断推进工业化的进程,对能源存在更大的需求量,在生产、消费能源的时候无法避免地会产生、排放污染物,所以,要持续应用、创新能源技术,使经济增长获得持续不断的动力,并且尽可能少地污染环境,在实现经济的可持续发展的同时提升环境的质量,达到一种双赢。对于造纸工业而言,需要消费大量的能源,本研究选取各地区能源消费总量来反映能源消耗水平。

(4)各地区科研投入水平。科技推动行业发展和进步,采用更为先进的技术能有效提高资源利用率,不断改善当前资源的配置和利用水平,尤其是对于制造业来说,工艺的改善、流程的优化、新产品的研发有效地提高企业的生产效益,同时可以对工业废弃物进行重复利用,达到二次增值。可以说,科研能力是工业发展的重要推动力。传统的造纸工业采取粗放式的发展方式,即"原料—产品—废弃物",生产的废弃物不仅无用,造成资源的浪费,而且会污染环境,影响生产、生活。近年来,清洁生产技术、工业生态园、循环经济的概念被学者们广泛提出,实现了"原料—产品—废弃物—再利用—产品"的循环利用模式,大大提高了资源使用率和企业效益,而这与技术水平的提升是分不开的。因此,本研究选取各地区的科研投入水平作为解释变量,包括研发经费投入强度和研发人员全时当量两个指标。

(5)各地区污染处理能力。造纸工业生态效率与各地区的污染处理能力紧密相关。地区污染处理能力高,排放的固体废弃物、废水、废气得到有效处理,其污染物排放量就少,造纸工业受到环境约束力就相对低一些。因此,本研究选取废水治理设施的处理能力和工业污染源治理投资两个指标来衡量各地区污染处理能力。

3. 数据基础描述统计

以上指标中,城镇人口比重、各地区生产总值来自历年《中国统计年鉴》,能源消费总量来自历年《中国能源统计年鉴》,研发经费投入强度、研发人员全时当量来自历年《中国科技统计年鉴》,废水治理设施处理能力、工业污染源治理投资来自历年《中国环境统计年鉴》。相关数据的基础描述统计情况见表9-9。

表9-9 Tobit回归数据描述性统计

	最小值(M)	最大值(X)	平均值(E)	标准偏差	方 差
SBM效率值	0.227	1.000	0.624	0.198	0.039
城镇人口比重	26.870	89.600	51.468	14.359	206.181
生产总值	606.100	67 809.850	14 634.444	12 549.614	157 492 811.145
能源消费总量	822.000	38 899.000	12 631.176	7 779.973	60 527 977.786
研发经费投入强度	0.200	5.980	1.374	1.028	1.057
研发人员全时当量	1 209.000	506 862.000	85 295.538	92 558.401	8 567 057 651.807
废水治理设施处理能力	27.000	6 391.200	816.524	745.787	556 198.763
工业污染源治理投资	0.400	141.600	19.502	17.606	309.982

数据的描述统计可以反映数据特点。以SBM环境效率值作为被解释变量,由表9-9可以看出,SBM效率值和研发经费投入强度的方差较小,分别为0.039和1.057,说明数据离散程度小;各地区生产总值、能源消费总量、研发人员全时当量和废水治理设施处理能力的方差很大,说明指标数据离散程度较大,也表明数据涵盖的范围较广,适合进行回归分析。

4. 数据Pearson相关性分析

为防止数据间的相关性影响,首先进行Pearson相关性分析,结果见表9-10。

表9-10 Pearson相关性分析结果

		城镇人口比重	生产总值	能源消费总量	研发经费投入强度	研发人员全时当量	废水治理设施处理能力	工业污染源治理投资
城镇人口比重	相关性	1.000	0.327**	0.086	0.762**	0.486**	−0.057	0.053
	sig*		0.000	0.145	0.000	0.000	0.333	0.373
生产总值	相关性	0.327**	1.000	0.835**	0.327**	0.905**	0.576**	0.607**
	sig	0.000		0.000	0.000	0.000	0.000	0.000
能源消费总量	相关性	0.086	0.835**	1.000	0.079	0.627**	0.737**	0.706**
	sig	0.145	0.000		0.178	0.000	0.000	0.000
研发经费投入强度	相关性	0.762**	0.327**	0.079	1.000	0.573**	−0.049	0.049
	sig	0.000	0.000	0.178		0.000	0.404	0.404

续表

		城镇人口比重	生产总值	能源消费总量	研发经费投入强度	研发人员全时当量	废水治理设施处理能力	工业污染源治理投资
研发人员全时当量	相关性	0.486**	0.905**	0.627**	0.573**	1.000	0.381**	0.434**
	sig	0.000	0.000	0.000	0.000		0.000	0.000
废水治理设施处理能力	相关性	−0.057	0.576**	0.737**	−0.049	0.381**	1.000	0.444**
	sig	0.333	0.000	0.000	0.404	0.000		0.000
工业污染源治理投资	相关性	0.053	0.607**	0.706**	0.049	0.434**	0.444**	1.000
	sig	0.373	0.000	0.000	0.404	0.000	0.000	

注：sig 表示该种检验方法对应的显著水平（P 值）。

** 表示置信度（双侧）为 0.01 时，相关性是显著的。

由表 9-10 可以看出，各地区城镇人口比重与能源消费总量、废水治理设施处理能力、工业污染源治理投资的相关系数绝对值都小于 0.1，说明城镇人口比重与能源消费总量、废水治理设施处理能力、工业污染源治理投资之间的相关性不大。城镇人口比重与生产总值、研发经费投入强度、研发人员全时当量之间的相关系数分别为 0.327、0.762、0.486，都达到了 1% 的显著性水平，说明城镇人口比重与生产总值、研发经费投入强度、研发人员全时当量之间有限制的正相关关系。生产总值、能源消费总量、研发经费投入强度三者之间的相关系数大多在 0.5 左右，说明三者的相关性比较强，考虑到都属于经济层面的指标，会存在一定程度的相关关系。总体来看，指标之间相关系数比较合理，与实际情况相符。

5. Tobit 回归分析

本书采用 EViews 软件对以上数据进行运算，所得结果见表 9-11。

表 9-11　Tobit 回归分析结果

变量	系数	系数标准差	z 统计量	双侧概率 P 值
C（常量）	0.470 042	0.051 656	9.099 420	0.000 0
废水治理设施处理能力	−1.34E−05	2.13E−05	−2.628 186	0.029 9
工业污染源治理投资	0.001 291	0.000 681	1.893 762	0.058 3
能源消费总量	1.54E−05	3.09E−06	5.003 015	0.000 0
城镇人口比重	−0.001 314	0.001 144	−1.149 441	0.250 4
生产总值	−1.10E−06	2.98E−06	−0.370 025	0.711 4
研发人员全时当量	−5.30E−07	3.24E−07	−2.635 049	0.002 0
研发经费投入强度	0.053 419	0.017 902	2.984 007	0.002 8

从回归系数来看，各地区废水治理设施处理能力和各地区研发人员全时当量与造纸工业效率值的回归系数为负数，sig 值分别为 0.029 9（<0.05）、0.002 0（<0.01），分别达到了 5% 和 1% 的显著性，说明各地区废水治理设施处理能力和各地区研发人员全时当量对造纸工业

效率值呈现显著的负向影响；各地区工业污染源治理投资，各地区能源消费总量和各地区研发经费投入强度与效率值得回归系数为正数，sig 值分别为 0.058 3（<0.1）、0.000（<0.01）、0.002 8（<0.01），分别达到了 10% 和 1% 的显著性水平，说明各地区工业污染源治理投资，各地区能源消费总量和各地区研发经费投入强度对造纸工业效率值呈现显著的正向影响。各地区年末城镇人口比重和各地区生产总值与效率值得回归系数都为负数，虽然 sig 值都大于 0.1，没有达到显著性水平，但表明这两者都对造纸工业效率值呈现一定程度上的负向影响。

9.4　主要结论与政策建议

9.4.1　主要结论

本书构建了我国造纸工业的效率评价指标体系，分别采用 DEA-CCR 和 SBM 模型计算我国造纸工业的技术效率值和生态效率值，并对其进行对比分析。运用 DEA-Tobit 两步法，从经济发展水平、城镇化水平、科研投入水平、能源投入水平以及污染处理能力等方面分别选取指标，回归分析了影响我国造纸工业的生态效率因素，得出下述结论：

（1）我国造纸工业行业效率偏低，尚未达到技术有效。通过 CCR 模型计算出的技术效率值，其 2005—2014 年各地区平均效率值为 0.630，SBM 模型环境效率值为 0.624，均未达到技术有效。我国造纸工业的技术效率和生态效率均不高，行业应加强技术创新，提高资源利用率。

（2）我国造纸工业生态效率分布不均，造纸工业发展不均衡。从技术效率和生态效率不同的角度分析发现，效率值大致遵循东部、中部、西部依次减小的规律。在各个区域内，各省地的效率发展仍有很大差距。

（3）我国造纸工业行业效率值大致呈现先增后降再上升的发展趋势。在 2009 年左右，技术效率值和生态效率值达到最低。这与当时的经济发展状况是分不开的，同时在这一阶段，我国造纸工业面临巨大的经济下行压力时，行业进行深度调整，淘汰了一批落后的产能，对造纸工业长远发展是有利的。

（4）我国造纸工业在考虑环境因素下的生态效率值，比技术效率值高。原来 CCR 模型下的技术效率值可能因为污染变量的加入而变得无效，而原来技术效率无效的评价单元可能由于加入污染变量而变得有效。这也说明 CCR 模型与 SBM 模型的测算的非一致性，说明 SBM 模型的测量意义。但大多数省区在考虑环境因素下的造纸工业效率值偏低。可见我国造纸工业应考虑发展循环经济，走生态化发展的道路，充分利用废弃物。

以 SBM 生态效率值为被解释变量，通过回归分析可以看出：地区废水治理设施处理能力与研发人员的全时当量与生态效率值呈显著负相关，地区工业污染源治理投资、能源消费总量、研发经费投入与环境效率值呈显著正相关。而城镇人口比重、地区生产总值与生态效率值没有显著相关性，但也不否认这两项指标对生态效率值存在一定的影响。

9.4.2 政策建议

(1)加大科研投入,强化技术创新。从影响生态效率的因素的回归分析可以看出,在科研投入方面,各地区研发人员全时当量与生态效率值呈显著负相关,研发人员较多反而使得环境效率值降低。而各地区研发经费投入强度与环境效率值呈显著正相关,考虑到研发人员的全时当量并未完全投入到造纸工业的技术革新中,因此,认为各地区研发经费的投入强度指标更具代表性和指导意义。

我国造纸工业整体的技术水平还较低,大多数造纸企业规模较小,数量多,产量低,与世界先进水平差距较大。这种小规模造纸企业群体并未形成制浆技术和设备的研发主体,难以形成产、学、研合力,而且由于规模小,受制于资金,制浆企业群体的原始创新、集成创新、引进消化吸收能力也相对较弱,先进制浆造纸技术和大型装备则几乎完全依靠进口。

而世界现代化制浆造纸工业已形成了高速、高效、高质量、低消耗、连续化、自动化的生产技术体系,原料结构以木材纤维为主,制浆技术向低污染、低能耗和充分利用纤维资源等方向发展。清洁生产技术、污染防治技术和回收技术(包括白水、碱、流失浆的回收)的有效实施进一步提高了造纸工业的整体效率和技术水平,而这些技术的实施需要建立在一定的资金投入和规模生产基础上,更离不开自主创新的推动。从技术效率和生态效率的趋势可以看出,东部地区技术效率值和生态效率值明显高于中西部,东部沿海城市技术水平较高,采用先进的生产工艺是其中的重要因素。因此,我国造纸工业应加大科研投入力度,提高自主创新能力,尤其是在中西部地区,应广泛推行以清洁生产、污染防治、回收技术为代表的工艺革新技术,优化制浆造纸工艺,提高污染治理能力,推动新产品开发,提高自主创新能力。

(2)淘汰落后产能,实施林纸一体化发展。各地区生产总值与生态效率没有显著的相关关系,经济水平对造纸工业的环境效率有一定影响,尤其是造纸工业这类与经济发展密切相关的产业。众所周知,当前造纸工业的产业结构亟须调整,应把造纸工业的产业结构作为影响因素进行回归分析,但由于数据的缺失,并未能使用某一指标构造完整的造纸工业产业结构,这也是本研究应改进之处。

通过生态效率值和技术效率值的对比,我们可以清晰地看到在环境因素的约束下,我国造纸工业生态效率值比技术效率值更低。造纸工业在未来的发展中必须更加重视对废弃物等非期望产出的处理,尤其在国家加大对包括造纸在内的诸多行业环境保护力度的背景下,新一轮行业调整就势在必行。对于造纸工业来说,淘汰落后产能、提高产业集成度的步伐越来越快。以往的造纸业主要是能源消耗型,而现在要不断改进,转变为生产要素集约型,有机结合和利用重组、兼并等手段将落后产能淘汰,进而推动行业转型升级和技术进步,使造纸业具有更高的集约化程度。造纸龙头企业利用重组、兼并等方式可以更快、更有效地整合造纸资源,使造纸业具有更高的集约化程度,对骨干企业进行重点培育,对配置的造纸资源进行不断优化,从而使造纸业竞争力得到整体有效的提升。

以制浆企业为例,当前我国制浆企业大多为中小型企业,大型制浆企业相对较少。生产使用优质木浆的能力有限,且木浆生产对林业资源要求较高,导致国产木浆生产能力较弱。中小型制浆企业大多生产废纸浆、稻麦草浆、竹浆、苇浆等非木浆,这类纸浆制造过程技术含量低,生产污染大,且生产的纸浆对于高端用纸并不适用,难以满足市场需求。制浆造纸企业要加强技术创新，加大资源综合利用力度，高效、充分利用原料废渣、废气等资源发展循环经济，采用新技术、新方法、新工艺促进制浆造纸企业生态化发展。一方面，纤维原料用途多元化，如生产溶解浆，建设生物质发电项目等；另一方面，造纸原料来源多元化，如用生物酶制浆生产工业包装材料，利用超声波制浆技术生产草浆、竹浆等。不断提升产业链价值，提高原材料、废弃物的利用率，形成"废纸—纸浆—造纸"循环经济产业链，提升国产纸浆的供应水平，降低纸浆对外依存度。

在我国，未来的造纸业必然要实现"林纸一体化"，通过这种方式可以使造纸原料的结构得到有效的调整；传统草浆造纸不仅会消费非常多的能源，而且会产生极为严重的污染，必须对传统原料结构进行调整，这是发展首先要解决的问题，可以利用木浆进行造纸，使传统原料的结构得到有效的调整。然而我国目前主要通过进口的方法获得生产所用的木浆，受限于他人。为了有效解决此问题，可以选择自己生产木浆，为此，造纸业的发展趋势必然是趋近上游林业，实现原料林的建设。林纸一体化会使碳生产率得到极为有效的提升。低碳经济是以碳生产率的提升为重点和核心，为使碳生产率得到有效的提高，可以选择碳源降低、碳汇提升、行业效益产出提升等诸多手段和方式。通过在上游建立原料林除了可以使造纸业获得充足的木浆原料外，还能吸收较多的二氧化碳，使碳汇得到有效提升，在获得生物燃料的同时使碳源有效下降，这是低碳经济下造纸企业的战略选择。

（3）加大治污力度，构建循环经济。从回归分析中发现，各地区的废水治理设施处理能力与生态效率呈现显著地负相关，而各地区工业污染源的治理投资水平与生态效率显著相关。可见，污染治理投入对于造纸工业生态效率的提高必不可少，但废水治理设施的投入却并没有发挥实际效用。这一方面说明废水处理并未集中于造纸工业废水处理，一些造纸企业没有或者并未完全建设废水处理设施。另一方面说明废水治理设施需要发挥更大作用。同样地，不局限于废水处理方面，固体废弃物、废气等的处理也存在同样的问题。

循环经济理念的提出为造纸工业发展指明了发展方向。在推动我国造纸工业向集约化转变的过程中，造纸企业应在循环经济理念的推动下，依托清洁生产、工艺改进技术等构建更具规模和生产能力的生态工业园，实现生态发展。

在发展循环经济时，生态工业园是一个重要的载体，它的设计和实现是以工业生态学和循环经济的相关原理和理念为基础和依据的，可以减少资源用量，降低废弃物的排放，使物质达到一种良性循环状态，使能量流处于一种高效流动的过程，同时能源转化率得到有效的提高。生态工业园利用各个园区内各个企业间的共生链条达到信息、资源、能源、水、基础设施、管理等的共享，对实现造纸工业可持续发展具有重大现实意义。构建生态工业园，造纸企业的污染物、排放物一方面得到了有效的循环再利用，另一方面各项污染处理设施以共享的形式得到更高效的利用。

我国造纸业拥有非常好的客观条件，有利于循环经济的实现和发展，基于循环经济的造纸产业集群发展能够有效延伸产业链和产品链，提高产品附加值，扩大生产规模。它在业务上将具有关联关系的企业聚集在一起，使造纸工业实现生态化发展。造纸产业发展循环经济，通过"废弃物"向"原材料"的转变，依据供应链顺序，企业间实现高效的闭环系统。在此闭环系统中，能量可以实现梯级利用，在使能源使用效率得到较大提升的同时，还能有效地治理"三废"。在对生产方式进行改良后，造纸生态工业园实现了成本的降低，使生态环境在根本上得到有效改善，这是造纸工业谋求发展的必然选择。

第十章 低碳背景下传统企业的竞争力研究

10.1 低碳经济及企业核心竞争力的相关研究

10.1.1 低碳经济的相关研究

(1)国外研究。早在1979年第一次世界气候大会上,科学家就意识到二氧化碳的浓度正在逐渐增加,如果不及时采取措施,将会使地球温度升高,造成一系列严重后果。这一观点提出后立刻受到国际社会的关注。1992年6月《联合国气候变化框架公约》签订,至今已有189个国家加入,自1995年起每年召开会议,探讨环境问题,及时应对气候变化。然而该公约并没有法律上的约束力,直到1997年12月,《京都议定书》达成,使温室气体控制或减排对缔约方有了法律上的约束。2015年12月12日《巴黎协定》签订,取代了《京都议定书》,共195个国家签订了这份更加严格的协议,希望可以控制住大气中二氧化碳浓度,遏制住全球变暖趋势向更严重的方向发展。

低碳经济一词最早由英国政府于2003年发布的《我们能源的未来:创建低碳经济》提出,其中指出:英国虽然在资源和能源方面有优势,但是随着化石燃料需求加大,这方面的能源产量也在减少,面对环境的压力,未来形势严峻,需要开发新的能源。2006年10月,经济学家Nicholas Stern在《斯特恩报告——气候变化的经济学》中指出人类年均花费GDP的1%来应对气候变化,可以避免未来每年2%~20%的GDP损失,这样可以保证二氧化碳浓度控制在一定范围之内,提出了低碳对国家发展的重要性。Seldent和Song认为人口密度低的国家更重视环境问题,从而降低碳排放量。Toshihiko Nakata认为对能源税和碳排放税的修正,可以实现低碳经济发展的目标。Michael Dalton等认为降低碳排放量可以从人口和科学技术两方面进行考虑。Dagoumas、Barkers认为需要通过技术创新来实现低碳经济,从而保证在经济发展的同时降低碳排放量。Han-peter Leimer通过构建检测二氧化碳排放潜力的基准线,计算了二氧化碳的潜在排放量。

与其他国家相比,美国是二氧化碳排放大国,在意识到发展低碳经济的重要性后也制定了相应的措施,提出了发展清洁能源的主张,希望可以研发新能源,达到能源自给的目的。

(2)国内研究。国内学界借鉴国外关于低碳发展的研究和经验,结合我国实际,也做出了很多有价值的研究。付允等(2008)指出低碳经济是通过降低能源消耗、减少环境污染和降低污染物排放实现高的投入产出比,同时应研发新的低碳技术,提高生产效率,降低成本。庄贵阳(2009)认为要达到低碳经济应该提高能源使用效率和发展清洁能源,需要研发新的能源技术,实现控制温室气体排放的目的。庄贵阳认为,鉴于我国的实际情况,在很长时间内对于煤炭等化石燃料的依赖性还很大,可以在提高能源利用率的同时,研发新的科学技术。

金乐琴认为低碳经济具有综合性、战略性和全球性的特点,与循环经济和节能减排有着继承性的关系,我国要实现低碳化发展有许多阻碍,需要通过结构调整、技术革新等途径做出改变。孙桂娟、叶峻认为低碳经济可以使控制二氧化碳排放与提高经济的增长协调发展。陶良虎认为低碳经济要减少化学燃料的使用,通过新能源的使用、建立制度以及科技创新等途径,达到经济与环境的和谐发展。王锋等通过研究发现,居民消费模式、能源结构、能源技术进步、能源价格等方面政策的改善可以推动低碳经济发展。国务院发展研究中心应对气候变化课题组(2009)认为我国改善气候环境、转变经济发展方式的根本就是发展低碳经济。

我国是发展中大国,经济发展长期依赖于资源的消耗,在资源短缺、环境日益恶化的情况下,我国需要积极发展低碳经济,提高能源使用效率,用新能源代替煤炭、石油等不可再生能源,最大限度地降低"三废"排放,达到经济与环境的和谐共生。

(3)低碳经济的理论基础。

1)可持续发展理论。低碳经济的发展是以可持续发展理论为基础的。20世纪60年代,人类受到因单纯追求经济增长而导致的环境污染、资源短缺等问题困扰,开始探索新的方向。1962年,美国生物学家Rachel Carson发布了《寂静的春天》,提出了"可持续发展"一词,呼吁人们保护环境,该书一经问世,在世界范围内引起巨大争议;1972年,罗马俱乐部发表了名为《增长的极限》的研究报告,并指出人类必须抑制工业化的高速发展,否则会导致地球资源严重短缺,环境污染问题超出人类可控制范围;1987年,世界环境与发展委员会经过4年的调查,发表《我们共同的未来》,"可持续发展"的定义和模式得以正式提出。可持续发展理论涉及众多学科,专家们对可持续发展理论进行了多方位的探索:有从自然属性出发,认为可持续发展应追求一种生态环境的健康发展,保持生态环境良好发展和生物的多样性;有从社会属性角度出发,认为可持续发展除了保护地球生命力,还要提高人们监控水平和生活质量;从经济属性出发,认为可持续发展是在不破坏自然环境的前提下,使经济发展最大化;也有从科技角度出发,认为污染可以通过技术手段而得到处理。目前《我们共同的未来》中所提出的可持续发展不能以牺牲后代生存资源来满足目前人类的要求被社会普遍接受。可持续发展是经济发展、生态环境和人类社会的统一,它将环境问题与经济问题结合起来形成系统的理论体系。在环境与资源问题日渐严重的今天,人类必须尽快完成向低碳经济模式的转变,才能从解决环境、资源和经济发展之间的问题。

2)环境库兹涅茨曲线。环境库兹涅茨曲线(EKC曲线)由美国经济学家Kuznets提出。EKC曲线揭示出随着单位国民收入的增加,环境破坏严重程度呈上升曲线,在到达某一最高点后,随着收入的继续增长,环境问题呈现下降趋势,形成了典型的"倒U"形曲线。EKC曲线认为经济增加与环境问题变化可以分为3个阶段:第一阶段污染严重期,表现为经济高速增长加剧环境问题;第二阶段为转折期,表现为环境问题的严重程度到达峰值以后,随着经济提升,环境问题慢慢减弱;第三阶段为稳定期,即经济稳定增长的同时环境问题也得到遏制,使社会达到可持续发展。EKC曲线以市场经济为前提,但是现实中如果没有政府干预,那么进入第三阶段将需要漫长的时间。虽然EKC曲线存在一些问题,比如不能完全显示出环境和经济增长之间的所有关系,指标也有一些局限性,但是仍然为我们研究低碳经济提供了分析模型基础。

10.1.2 企业核心竞争力理论的相关研究

竞争一直是管理学和经济学研究的重点,美国经济学家 Harold Demsetz 认为对于经济学领域来说,竞争占有举足轻重的地位,如果没有竞争的经济学就不能算是一种社会学科。自经济学产生以来,关于竞争力不同方面的研究就产生了,并且伴随着经济学的不断发展,关于竞争力的研究也在不断丰富。早期,经济学家并没有直接研究竞争力理论,而是从绝对优势、比较优势和形成优势的原因探讨中开始的,而这些探讨却为后来学者们探索企业核心竞争力提供了依据,影响着后人对核心竞争力的探索。

(1)国外研究。"核心竞争力"由美国经济学家(Prahalad. C. K.)与英国学者(Hamel Gary)在1990年的《企业核心竞争力》中首次提出,指出核心竞争力是知识和能力结合,可以将企业内部的不同技术和生产要素有机结合以来,使之协调发展。M. Peteraf(1993)从资源论角度认为企业就是一个集合着资源的体系,各企业核心竞争力的大小就在于各组织内部资源数量和质量的差异,由于资源存在很大程度的排他性,因此竞争力小的企业不容易仿造或者超越。Dorothy Leonard 和 Barton(1992)认为企业的竞争力通过不断扩充信息、学习新知识而形成,企业核心竞争力是知识和信息的集合体。Rouse(1999)、Major Hays(2001)认为研发产品和开拓新市场的能力是企业获得竞争力的决定因素,这种能力越强,经营范围就越容易拓宽。Raffa(2000)从企业文化的角度对企业核心竞争力提出自己的观点,认为企业文化对企业凝聚力有着重要作用,可以指导员工行动,是企业核心竞争力的根基。

随着经济不断发展,20世纪80年代以来,西方的经济学家和学者为了探索企业核心竞争力的奥秘,有的从实践中探索,有的结合企业内外部环境进行发掘,从不同角度、不同行业对企业核心竞争力的研究取得了丰硕的成果,总体来说可以划分成两种学派,即外生论和内生论。

外生论学派研究重点在与企业之外的竞争力对企业的影响。美国经济学家迈克尔波特在《竞争战略》(1980)、《竞争优势》(1985)和《国家竞争优势》(1990)之中,从企业外部三个方面对企业核心竞争力进行了阐述。内生论学派认为企业核心竞争力来自于自身的资源、能力、相关知识等方面,可以再分为资源基础论和企业能力理论,代表人物有维纳菲尔特(B. Wernerfelt)、巴尔奈(J. Barney)和格兰特(R. M. Grant)等,这些学者从企业内部进行研究,丰富了企业核心竞争力的理论。

(2)国内研究。国内关于企业核心竞争力的探索也取得了可观的成果。1996年中国社会科学院对国家竞争力进行了探索,取得的成果对我国企业核心竞争力的理论产生了深远的影响,具有代表性的有:张志强、吴建中(1999)认为企业核心竞争力是与竞争对手相比较能够抢夺目前市场、获取未来市场的能力,这种能力基于企业内部资源配置;刘世锦、杨建龙(1999)提出企业核心竞争力是能够使各种生产要素(技术、资源和知识等)有机结合在一起,从而获得持久的竞争优势的能力;韩中和(2000)从整合理论出发,提出企业核心竞争力来自于可以整合企业内部与外部资源的能力;陈清泰(2000)认为,企业的竞争力由企业内部的创新能力决定,如产品和服务的创新,以及管理能力和销售能力的创新;金碚(2003)认为产品和服务是企业竞争力的核心,企业将好的产品和优质的服务提供给市场,从而获得可持续利润;苗金泽(2006)强调了用户价值对企业核心竞争力的重要性,他认为企业核心竞争力离不开用户的感知,提升企业核心竞争力要从用户的角度出发,不断提高用户的满意度,从而获得更大的利润,也为竞争者形成了进入壁垒;金松(2007)认为文化建设对企业核心竞争力的提升至关重要,只有良好的企业文化才能使员工有强烈的使命感、责任感和价值感,和谐的企业文化可以调动员工各方面的潜能使企业在产品种类和质量、技术创新和社会形象等方面形成的强大企业核心竞争力是其他组织不可复制的;范莉莉、马军(2009)从资源的角度认为有形资源和无形资源反映着企业静态和动态方面的竞争力。

(3)企业核心竞争力理论的文献评述。关于企业核心竞争力理论西方起步较早,他们主要从国际贸易中逐渐发展出企业核心竞争力理论。我国是在市场经济体制确立之后才开始的,通过文献的梳理可以看出,不论国内还是国外关于企业核心竞争力理论的研究大致划分为以外部竞争力为角度的市场竞争论、以企业内部为研究重点的资源论、能力理论和知识论。学者们从不同角度,静态或动态、单一或多层面地研究企业核心竞争力理论,试图专业而全面地总结出被公众普遍接受的、权威的概念。虽然我国关于企业核心竞争力的探索时间较晚,但是随着中国经济实力的增强、科技的不断进步,形成了很多有价值的成果。随着全球化发展,竞争越来越激烈,其相关理论的探索也一直在与经济管理实践的结合中不断补充和完善。

10.1.3 企业核心竞争力评价指标体系研究

(1)国外研究。世界经济论坛(World Economic Forum,WEF)与瑞士洛桑国际管理发展学院(International Institue for Management Development,IMD)被认为是企业核心竞争力指标体系领域的权威,其研究的《世界竞争力年鉴》经常被运用到大量实证评价中。WEF 强调竞争力可以通过提高质量、调整价格策略等方面的因素获得提高,它认为竞争力是指一个团体或者企业能创造出更多价值的能力,能使经济得到稳定增长。IMD 认为竞争力是一种能力,在市场环境下可以创造出更大的附加值,从而获得更多利润。WEF 和 IMD 经过多年的研究,用 249 个硬指标和 132 个软指标(共计 381 个)来描述企业竞争力,主要涉及自身财务能力、国际化能力、政府情况、金融、设备、管理能力、科技创新、国民素质几个方面。这些指标体系对完善企业核心竞争力的指标体系有着重要的指导意义。

迈克尔·波特(1980)提出"波特五力模型",从影响竞争的五大因素探索企业获得发展的能力和盈利能力,即供应商的议价能力、顾客的议价能力、替代品的威胁、行业新进入者的威胁和现有行业内企业的情况。《财富》杂志每年会公布全球企业 500 强的排名,排名根据营业收入、总资产、应收账款、产品质量、科技研发等指标进行评价,涉及公司的产品和服务、管理、创新能力、未来利润增长、社会责任感、员工关怀等各个方面。《福布斯》每年也会选出全球企业 500 强,以营业收入、营业利润、股票价值和总资产作为标准。Feurer R. (1995) 提出企业核心竞争力的指标体系,主要包括股东对企业的看法、客户对企业的看法和企业对环境的融入程度三方面影响。Meyer、Leherd(1997)认为企业核心竞争力的评价应从产品技术、对顾客的关注、渠道和生产能力四方面进行。

(2)国内研究。我国专家学者对相关的指标体系研究做出了不少有价值的成果,其中比较有代表性的有:1996 年中国企业联合会经过长时间的研究,通过问卷调查的方式确定了 39 个定量指标和 26 个定性指标,构成企业核心竞争力指标评价体系。主要涉及财务能力、经济情况、管理制度、研发投入、员工能力、全球化程度和社会关怀这几方面,综合评价企业核心竞争力。高山行、李妹、江旭(2015)研究了企业二元性水平(技术与营销水平)对企业核心竞争力的作用,得出企业技术水平与营销水平的平衡度与企业核心竞争力呈现正相关关系。王建、张晓媛(2014)认为企业核心竞争力由经济情况、财务能力、管理制度及技术水平构成(除去了国际化、社会责任及人力资源三方面的指标)。运用层次分析法对选取的企业进行实证研究,提出了对政府的建议。张进财、左晓德(2013)从企业的行为、潜在发展、资源利用率和拓展市场这几个方面构建指标,提出了相应的评价模型。张金昌(2002)认为企业的经济目标是企业核心竞争力的重点,由此构建了包括利润增加值、市场占有率、价格、销售收入、投入产出等方面的企业核心竞争力指标体系。胡大力(2005)认为竞争是一个动态的系统,并从经济学的视角研究了企业核心竞争力形成的相关机理,建立了多因素指标体系,归纳了资源、知识等12方面的要素,共计70个。李友军等(2002)提出了指标建立的基本原则,包括科学性、综合性、协调性和层次性,并建立了相应的指标体系,涉及经济、发展能力、不确定性应对能力和技术创新能力。张晓文(2003)在研究企业核心竞争力时,建立了11个评价要素,指标数量共有30项,分为评价因素和分析因素。肖智(2003)构建了企业核心竞争力评价体系的6个因素,包括总体经济实力、人力资本、技术开发、经济利用水平、偿债能力与技术创新能力。裴云龙、江旭、刘衡(2013)对促进原始性创新的因素(企业内部资源要素和能力要素)进行探讨,以及原始性创新与企业核心竞争力之间的影响进行研究,认为企业内部资源要素水平并不是越高越好,应该达到适中水平才能对原始性创新有促进作用,而能力要素明显促进了其发展,原始性创新与企业核心竞争力有着显著正向相关影响。

除此之外,我国学者从各个角度,根据行业的特殊性对企业核心竞争力指标体系的构建提出了自己的观点。如魏荣斌(2008)从包装纸企业方面认为企业核心竞争力指标体系的构建应该包括三方面:企业文化和愿景的基础层,组织结构、战略目标的载体层和涉及产品与营销的转换层。吴立顶(2009)以汽车物流行业为角度,认为企业核心竞争力指标体系应包括市场、服务、仓储、技术、组织和信息各方面的因素。杨金廷(2008)从我国能源企业角度提出其核心竞争力评价指标体系包括收益、盈利情况、营运情况、资产和成长潜力五个因素,数据均为定量指标,具备很强的客观性。

我国关于企业核心竞争力评价指标体系的研究颇多,学者从各方面对企业核心竞争力评价指标体系进行探索,丰富了相关领域的研究,然而,到目前为止尚未提出统一的、被大家认可的企业核心竞争力评价体系。

(3)企业核心竞争力评价指标体系的文献评述。企业制定战略的基础是建立企业核心竞争力的指标体系,指标体系选择的科学性、客观性影响着分析结果。由于指标体系的构建有着如此重要的地位,国际和国内的学术界做出了大量的研究,从单一的经济性指标(如总资产、净资产收益率、投资回报率等)到加入人力、技术、管理水平、社会效益等方面的指标,并且在选取指标时会考虑到可以直接反映其相关水平的显性指标和反映企业核心竞争力的决定因素,由此可以看出国内和国外关于企业核心竞争力指标体系的研究更加多层次和多元化。目前的研究为了全面综合的考虑企业核心竞争力的各方面的因素,在选取指标时重视了指标的数量,但是评价指标体系的逻辑不够简单明了,可能存在指标描述重复的现象,这样得到的结果往往有一定偏差。因此在评价指标体系的选取原则方面存在许多问题,并且目前还没有提出被学术界普遍认可的关于企业核心竞争力评价体系。

10.1.4　企业核心竞争力评价方法的研究

探索企业核心竞争力评价时,选择合适的评价方法有着关键作用,评价方法的不同会使得评价结果不同,从而影响企业核心竞争力的提升策略。本研究经过对大量相关文献的梳理发现,评价企业核心竞争力的模型方法很多,如 SWOT 法、波士顿矩阵法、因子分析法、灰色测度模型、模糊指标评价法等,并且这些模型还在不断完善中。

(1)SWOT 分析法。SWOT 分析法又叫作强弱危机分析,是一种企业竞争态势的基础分析方法,由美国管理学教授 Heinz Weihrich 于 20 世纪 80 年代创立。SWOT 战略分析已经广泛应用于各行业的战略制定和竞争者研究中,即对优势(Strengths)、劣势(Weaknesses)、机会(Opportunities)、威胁(Threats)进行分析,帮助企业明确自己在营销、财务、管理或者创新等方面的优势和劣势,通过增强企业优势和弥补或者规避劣势,使企业与竞争者比较获得更强的竞争优势。优势和劣势属于企业内部研究,通过机会与威胁的探索,可以使企业明确外部情况。机会可以指国家政策、经济发展状况、科技发展等方面的内容。威胁包括外部环境变化、竞争者进入市场等,外部威胁会导致企业的竞争地位受到影响。通过外部分析,企业可以抓住有利机会,减少外部威胁,积极调整竞争策略,使企业立于不败之地。

(2)波士顿矩阵法。波士顿矩阵法(BCG Matrix)又被认为是制定公司层竞争战略最流行的方法之一。该方法在 20 世纪 70 年代初由美国波士顿集团研究得出。波士顿矩阵法认为一个企业不可能只提供一种产品或者服务,因此将企业的不同业务划分为一个个战略事业单位(SBUs),各个业务之间不受影响。企业通过这种划分可以明确看出自己的业务单位的市场增长情况和相对市场占有份额,从而看出哪个 SBU 是企业的重点,经营效果不理想且不可挽救的业务单位可以被剔除,使企业节约成本,将大量资金投入到可以为企业带来高利润的业务单元中。波士顿矩阵通过对这两个维度的划分,做出四种业务组合。明星业务(Star)指市场高速增长,市场份额占有率高的业务。明星业务是企业的核心,它处于快速成长阶段中,并具有很高的市场份额,可以为企业带来高额的利润回报,企业应加大投资,可以采用增长战略,使明星业务迅速成为行业领先地位。问号业务(Question Marks)指具有快速的市场增长率和较低市场占比的业务,这种业务具有不确定性的特点,带有一定风险,这种业务有可能是企业的新业务。公司在处理这种业务时要小心谨慎,通过一系列分析认为该业务符合公司发展方向,能为企业带来核心竞争力时,可以投入大量资金使其快速发展,获得高市场份额,发展为明星业务,反之则建议采用收缩战略,将方向转向有前景的业务。现金牛业务(Cash Cows),指市场增长率不高但是具有很高市场份额的业务,这种是已经发展成熟的业务,为企业带来许多资金回报,企业可以用这些现金投入到问号业务或者明星业务中。瘦狗业务(Dogs)指市场增长率不高和市场占有率也低的业务,这种业务既不能为企业带来利润也没有发展的空间,企业应尽快采取收缩战略,清算业务,将资源转向其他业务。波士顿矩阵简单明了,可以使企业将有限的资源合理投入到不同业务中,放弃经营不善的业务,投资更有发展前景的业务。

(3)模糊综合评价法。模糊综合评价法(Fuzzy Synthetic Evaluation,FSE)是基于模糊数学的一种评价模型。当评价内容主观性强,不可量化时,可以采用模糊综合评价法,首先对单个因素进行评价,然后对其他因素进行模型综合评价。采用模糊综合评价法简单明了,可以很好地解决指标的模糊性和不确定性,在企业跨国并购、投标、资讯服务等领域都有应用。

笔者通过查阅文献,总结出其他的企业核心竞争力主流的评价模型(见表10-1)。

表10-1 企业核心竞争力的主流评价方法

类别	名称	描述	优点	缺点
定性评价	德尔菲法	反复多次咨询专家建议,并修正,获得相对客观信息	集思广益,收集多位专家意见;专家意见独立	主观性;忽视少数人意见,使结果偏离实际
统计分析	因子分析	通过降维,将多指标归为具有代表性的少数公共因子,反映指标大部分信息	简单明了,客观地反映了数据的大部分信息	进行因子分析前需要进行相关性和Bartlett球形度检验,适用性有限制,并需要大样本数据
灰色综合评价	灰色关联分析法	通过计算各样本发展态势与最佳样本之间的关联度,判断该样本的优劣,是一种动态监测方法	对样本量没有过多要求,其分析结果与定性分析结果比较相符	模型存在缺陷,如绝对关联度不满足规范性,计算结果精确度不高
层次分析	层次分析法(AHP)	利用分层思想,将多目标决策的复杂问题划分为不同层次,确立权重后对每层关系进行分析,最终得出结论	将研究对象看为一个系统,清晰明确;方法简单,定量与定性相结合;所需要的定量数据信息少	定性指标过多,不够严谨;特征值和特征向量的精确算法比较复杂
运筹学法	DEA法	运用线性规划,根据各投入产出指标(投入和产出的比率)对样本进行评价的模型,是一种通过数量计算的方法	不受投入产出量纲的影响;不受人为主观因素的影响	无法衡量产出为负的情况;只能衡量样本的相对效率,不能衡量样本的绝对效率
标杆法	标杆管理法	在业界内寻找"模范"企业,通过将样本与"模范"对比,发现差距,并找出改进办法	方便找出差距;容易将目标量化	容易长期处于追随者状态,陷入落后—改进—再落后的圈子;工作量较大
指数法	综合指数法	通过对各个样本指标加权平均,得出综合指数,评价样本总体水平	评价全面,计算简单;数据利用充分	对比较标准依赖性强,且标准不好确定;极值会影响结果的准确性

关于企业核心竞争力的评价方法方面,学术界并没有规定一个权威的评价方法,并且各个评价方法均存在相应的优缺点和适用性差别,因此在评价企业核心竞争力时,要根据行业、不同的角度、研究目的、数据特点等方面选择合适的评价方法。

(4)企业核心竞争力评价方法的文献评述。企业核心竞争力的评价方法有着很大的选择范围,有的方法涉及运筹学、统计学等研究领域的内容。一般来说,学术界会使用定性和定量指标相结合的方式来确定企业核心竞争力的评价方法,如对于定性指标通过专家打分法获取数据,运用专家访谈或层次分析法(AHP)等主观方法获取指标权重;选择客观的评价方法如综合指数法进行数据分析和处理,最终得出各样本的竞争力评价结果,以分析结果为依据,对样本提出建议,从而提升企业核心竞争力。目前主流的评价方法各有优缺点,相比而言,国内这方面的探索程度还落后于国外,国内学者对于确定企业核心竞争力评价方法的探索多属于对已有的方法补充或者改进,很少有原创性的评价方法。

10.1.5 我国低碳经济发展与我国造纸企业发展概况

(1)我国低碳经济的发展现状。金融危机后,全球气候变化、环境污染问题与资源短缺已经制约了经济发展,低碳经济以降低能源消耗、减少环境污染和减少污染物排放为目标,为各国应对资源和环境方面压力提供了新方向。近年来,受到资源过度消耗、雾霾等环境问题的困扰,发展低碳经济已经刻不容缓。我国在可持续发展思想的指导下,积极推动低碳经济发展,结合我国实际,通过环境相关法律法规的确立、科技创新、产业升级转型等方法,降低经济和社会发展对环境的影响。

我国作为最大的发展中国家,由于过去粗放型的经济发展模式,以环境和资源为代价,单纯追求经济的增长,导致环境成本和资源成本吞噬了经济增长带来的红利。随着全球各国对环境和资源的重视,我国也愈加重视对环境的保护和产业生态发展,在"十二五"期间提出了发展循环经济、节能减排、遏制环境继续恶化和推动能源生产和利用方式变革等目标,已经取得初步的成果。

《中国低碳发展报告数据》显示,2013年之前,我国能源相关的碳排放还处于高速增长阶段,2013年之后可以看到我国低碳经济发展初见成效,碳排放量增长幅度趋于稳定,而万元国内总值碳排放强度与2005年相比大幅减少(见图10-1)。

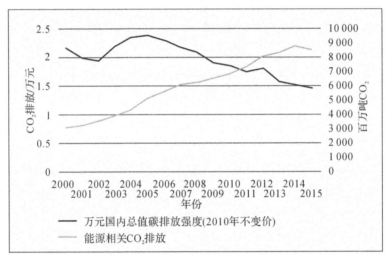

图 10-1 2000—2015 年中国能源相关的碳排放变化趋势
(数据来源:《中国低碳发展报告》)

由图 10-2 可以看出,2005—2015 年我国能耗持续下降,从 2011 年 1.9% 的降到 2015 年的 5.5%,每年平均降幅比达到 0.9%,顺利完成了"十二五"规划中对单位 GDP 能耗强度下降比的要求,可以看出我国低碳经济的发展模式已经取得了初步的成绩。国家对工业结构的整顿和非化石能源、新型能源的使用也为我国能耗强度的降低带来了明显效果。

在低碳经济发展政策方面,我国也发布了相应的规划,如《国家应对气候变化规划》和《能源发展战略行动计划》,希望在 2030 年之前使碳排放尽早到达峰值,非化石能源占一次能源的比重下降20%,碳强度降低60%~65%,与2005年相比森林覆盖面积提高45亿 m³。这些政策说明了我国发展低碳经济的决心,而对于我国造纸企业来说,也面临新的挑战。

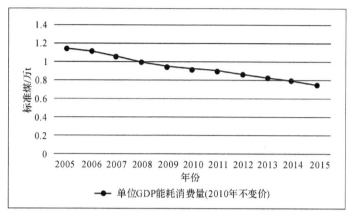

图10-2　2005—2015年中国能耗强度变化

(数据来源:中国低碳发展报告)

(2)我国造纸企业发展现状。造纸企业一般被认为是指以木材为主要生产原料,进行纸浆、纸板、纸制品生产经营活动的企业或公司。造纸企业的产业链设计较广,主游产业链包括纸浆生产与进口、废纸的回收与进口、机械制造等,下游产业链包括印刷、包装、出版等。本研究所分析的造纸企业是指《国民经济行业分类》中的造纸和纸制品企业。

造纸业是我国第二产业中重要的原材料提供产业,以文化纸和包装用纸为主,文化用纸以新闻纸、双胶纸和铜版纸为主,包装用纸以箱板瓦楞、卡纸为主。根据《中国造纸工业2016年度报告》数据可知,2016年包装用纸产量占61.3%,文化用纸产量占比25.66%,包装用纸消费量比率达63.34%,文化用纸消费量比率为24.6%。纸产品分类图如图10-3所示。生产区域多集中在我国中部地区,具有很高的资源依赖性和资本密集性,是一个污染相对较高、能源消耗量较大的产业。

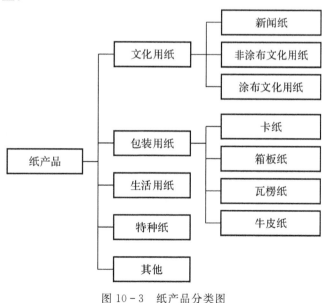

图10-3　纸产品分类图

(3) 纸和纸板的消费情况。《中国造纸工业 2016 年年度报告》数据显示,2006—2016 年纸和纸板产量年均增长 4.36%,消费量年均提高 3.82%,如图 10-4 所示。2016 年纸和纸板产量为 10 855 万 t,同比增加 1.35%;纸和纸板消费量为 10 429 万 t,较上年上升 0.65%,人均年消费量 75kg。新闻纸产量和消费量较上年分别下降 11.86% 和 11.37%;未涂布印刷纸产量与消费量较上年分别增长 1.43% 和 0.54%;涂布印刷纸分别下降 1.95% 和 5.14%;生活用纸分别增长 3.95% 和 4.53%;特种纸与纸板分别增长 5.66% 和 3.69%。

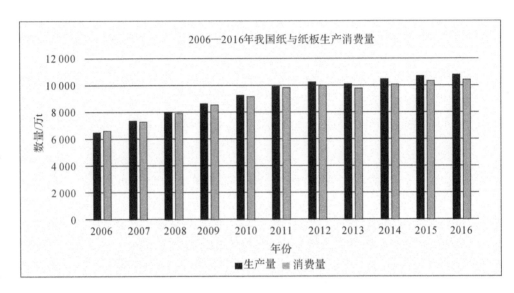

图 10-4 2006—2016 年我国纸与纸板生产消费量

(数据来源:中国造纸工业年度报告)

由图 10-4 可以看出,2007 年以前,纸与纸板消费量大于生产量,造成市场供不应求,从 2007 年开始,纸与纸板生产数量逐渐大于消费量,并且年增长率高速增长,出现了产能过剩情况,从 2011 年开始,年生产消费增长率都趋于稳定的态势,可以看出我国纸与纸板需求高速增长的时代已经过去,在有限的资源和环境下,造纸企业之间的竞争会更加激烈。

(4) 纸和纸板、纸浆、废纸、纸制品进出口情况。据海关总署统计,2016 年我国纸与纸板进口量 297 万 t,较上年上升 3.48%,纸与纸板出口量达 733 万 t,同比增加 13.64%;纸浆进口量 2 106 万 t,较上年提升 6.15%,纸浆出口量为 9.57 万 t,较上年降低 6.18%;废纸进口量达到 2 850 万 t,较上年下降 2.66%,废纸出口量达到 0.23 万 t,较上年增长 228.57%;纸制品进口量 12 万 t,保持稳定,出口量为 291 万 t,较上年上升 2.46%。2016 年我国纸与纸板、纸浆、废纸、纸制品进口量共计 5 265 万 t,出口共计 1 033.8 万 t。

1) 纸与纸板的进出口情况。由图 10-5 可以看出我国纸与纸板的进口情况,总体上可以分为两个阶段:①2000—2003 年的波动期;②2004—2016 年的下降期。第一阶段期间,随着我国大型现代造纸企业投入生产,纸与纸板的进口量呈先下降后上升趋势,下降到 2001 年的 557 万 t 后又上升到 2003 年的 636 万 t。2004 年 1 月,我国商务部应各大造纸企业的要求针对未漂白牛皮箱,对美国、泰国等地进行反倾销调查,这对我国纸与纸板进口产生了一定的影响。第二阶段期间,可以看到自 2004 年开始,纸与纸板的进口数量逐渐下降,这和我国造纸产业越来越成熟和一些企业成功转型有着很大关系,2016 年我国纸与纸板的进口数量只有 297 万 t,年均下降率达到 5.83%。

图 10-5 2000—2016 年我国纸与纸板的进出口量
(数据来源:中华人民共和国海关总署)

纸与纸板出口量呈升高态势,总体也可以分为两个阶段,即 2000—2007 年的快速增长阶段和 2008—2016 年调整阶段。第一阶段,自我国加入世界贸易组织以来,随着我国造纸业的高速发展,纸与纸板的出口量迅猛增加,由 2000 年的 65 万 t 上升至 2007 年的 422 万 t,相当于 2000 年的 6 倍多,每年平均增长 30.63%。第二阶段,受国际金融危机的影响,我国纸与纸板出口量开始严重下滑,2008 年的出口数量仅有 361 万 t。之后随着金融危机影响的消退,我国纸与纸板的出口量在 2010 年又开始上升,2016 年达到 722 万 t。每年平均增长 11.57%,与上一阶段相比,增长幅度较为缓慢。

2)纸浆的进出口情况。由图 10-6 可知,我国纸浆的进口情况呈上涨趋势,从 2000 年的 334.51 万 t 上升到 2016 年的 2 106 万 t,相当于 2000 年的 6.3 倍,年均增长率为 12.19%。虽然在 2010 年有所下降,但在这之后纸浆的进口量又逐年增加。

我国纸浆的出口情况大体上可分为三个阶段,第一个阶段是 2000—2003 年的波动阶段,第二阶段是 2004—2007 年的快速增长时期,第三阶段是 2008—2016 年的波动时期。第一阶段,我国纸浆的出口呈波动下降趋势,从 2000 年的 2.55 万 t 下降到 2003 年的 2.51 万 t;第二阶段,我国纸浆的出口量是逐年上升的,从 2004 年的 1.75 万 t 快速上升到 2007 年的 11.16 万 t,相当于 2004 年的 6.38 倍,年均增长率为 85.44%;第三阶段,我国纸浆的出口呈波动上升趋势,从 2008 年 7.23 万 t 上升到 2016 年 9.57 万 t,出口量相当于 2008 年的 1.32 倍。总的来说,我国纸浆的出口情况与进口情况相比差距较大。

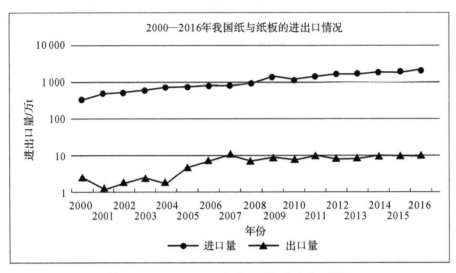

图 10-6　2000—2016 年我国纸浆的进出口情况
（数据来源：中华人民共和国海关总署）

3）废纸的进出口情况。由图 10-7 可知，2000—2016 年我国废纸进口情况总体可分为三个阶段。第一阶段是 2000—2009 年的快速增长时期，第二阶段是 2010—2016 年的波动时期。第一阶段，我国废纸进口量不断增加，从 2000—2009 年，进口数量 334.51 万 t 增加到了 2 750.00 万 t，进口量相当于 2000 年的 8.22 倍，每年平均上升 26.37%。这与我国纸浆的进口趋势几乎一致。第二阶段，这一阶段是先上升后下降，从 2010 年的 2 435.00 万 t 先上升到 2012 年的 3 007.00 万 t，2016 年降为 2 850 万 t。究其原因，除了我国自己废纸回收数量增加和需求变少以外，2013—2014 年的"绿篱行动"和美国港口问题限制了我国废纸的进口。

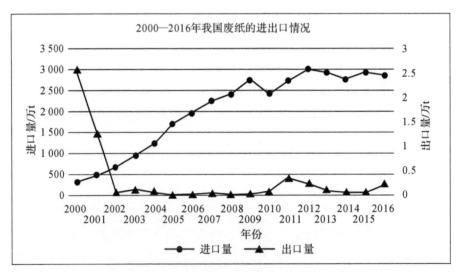

图 10-7　2000—2016 年我国纸浆的进出口情况
（数据来源：中华人民共和国海关总署）

我国废纸出口情况呈下降态势，具体可分为三个阶段。第一阶段是 2000—2002 年快速下降时期,第二阶段是2003—2010年的稳定下降时期,第三阶段是2011—2016年的下降时期。综上,我国废纸出口已呈下降趋势。究其原因,这与我国废纸回收利用系统不健全与利用意识薄弱有很大的关系。

4)纸制品的进出口情况。由图10-8可知,我国造纸产业纸制品的进口情况总体上呈下降态势,分为三个阶段。第一阶段是2000—2005年的大幅度下降时期,第二阶段是2006—2010年的波动时期,第三阶段是2011—2016年的缓慢下降时期。分阶段看,第一阶段,我国纸制品的进口量从2000年的34万t,下降到2005年的15万t,每年平均下降率为15.10%。第二阶段,我国纸制品的进口量在17.6万t上下波动。第三阶段,我国纸制品的进口数量在2011—2016年下降了5万t,每年平均下降率为6.73%。

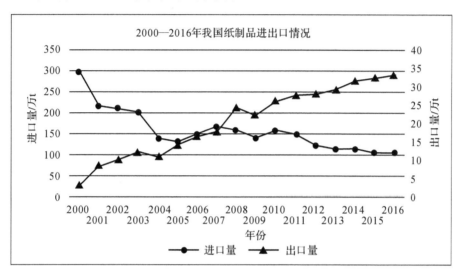

图10-8 2000—2016年我国纸制品进出口情况
(数据来源:中华人民共和国海关总署)

我国造纸产业的纸制品出口情况总体上呈上涨趋势。2000—2016年,从28万t上升到291万t,相当于2000年的10.39倍,每年平均增加15.76%。这与我国造纸产业不断增加纸制品的品种有很大关系。

10.2 影响我国造纸企业核心竞争力的问题

10.2.1 原材料依赖进口

第八次全国森林资源清查(2009—2013年)显示,我国森林总面积为2.08亿hm^2,森林覆盖率仅有21.63%,与日本、韩国相差甚远,加上进口木浆原料纤维成分高于国内,这就意味着国外的原材料不仅在数量上优于我国,而且在质量上也超过我国。据海关总署调查数据,我国纸浆和废纸的进口数量也远远大于出口数量,可以看出我国造纸行业的原材料主要依赖进口。

10.2.2 资源消耗大,碳排放较高

我国造纸产业对资源利用效率不高,对能源的消耗居高不下。2016年我国造纸产业共消耗纸浆9 797万t,与上一年相比上升了0.68%。其中木浆2 877万t,比上一年升高了6.04%;废纸浆消耗量达到6 329万t,非木浆消耗为591万t。根据国家统计局数据,2016年我国造纸行业能源消耗量(折算为标准煤)共4 027.67万t,年均增长率为0.7%。需要说明的是,这里的能源指电力、原煤、原油、煤油、柴油、汽油、燃料油、天然气、焦炭。2013年这些能源所排放的二氧化碳高达8 328.57万t,比上一年上升了1 168.31 t,每年平均增长8.72%。

10.2.3 产业布局不均衡

我国造纸产业布局不均衡,主要分布于东部地区,中西部地区分布较少。根据中国造纸协会数据显示,2016年纸与纸板生产量在东部地区达到8 153万t,占全国产量的75.1%,比上一年相比上升1.4%;中部地区占比16.2%,同比增加1.5%;西部地区产量为944万t,占全国产量8.7%,同比上升了2%。按省份来看,2016年我国16个省区的纸与纸板总生产量达到10 370万t,占我国纸与纸板产量的95.53%,并且各个省区的纸与纸板产量均大于100万t,这些省区分别是广东省、山东省、浙江省、江苏省、福建省、河南省、河北省、湖南省、重庆市、广西壮族自治区、天津市、安徽省、四川省、湖北省、海南省、江西省,见表10-2。

表10-2 2016年我国纸与纸板产量超过100万t的省市

省(市、区)或区域	产量/万t	比例/(%)
山东省	1 850	17.04
广东省	1 840	16.95
浙江省	1 690	15.57
江苏省	1 285	11.84
福建省	705	6.49
湖南省	310	2.86
安徽省	295	2.72
海南省	165	1.52
江西省	185	1.70
湖北省	215	1.98
河北省	275	2.53
天津市	230	2.12

续表

省(市、区)或区域	产量/万 t	比例/(%)
河南省	610	5.62
重庆市	280	2.58
四川省	195	1.80
广西	240	2.21
合计	10 370	95.46

(数据来源:中国造纸工业年度报告)

10.2.4 企业规模偏小,发展不平衡

我国大部分造纸企业规模较小,发展不平衡。通过国家统计局数据显示,2016年我国规模以上纸制品生产企业共计6 586家,其中,大中型纸制品生产企业仅891家,占全国纸制品生产企业13.5%,小型造纸企业5 695家,占86.5%。在纸制品生产企业利润总额中,大中型造纸企业占64.1%,小型造纸企业占35.9%(数据不包括规模以下企业数),显然,我国造纸产业发展极度不平衡,生产能力大部分集中在大中型企业上。

10.3 低碳经济背景下我国造纸企业核心竞争力的特征

低碳经济背景下我国造纸企业核心竞争力应具有价值性、成长性、环境友好性、排他性的特征。

10.3.1 价值性

造纸企业核心竞争力必须具有价值性,这种价值可以是高质量的纸及纸产品、生产技术等可以使企业获得高额利润的事物。在市场竞争中,具有高价值的造纸企业核心竞争力可以通过低成本或者差异化来获得,价值性的结果往往体现在财务方面,比如盈利能力、偿债能力。

10.3.2 成长性

成长性说明了企业长远发展的能力,是造纸企业核心竞争力的核心特质之一。良好的成长能力使企业具有更好的发展前景,与竞争者相比,在有限的市场内,可以快速获得更大的市场份额,具有良好成长性的造纸企业在未来也更有可能获得高额的利润回报,这是投资者所看重的一点。成长性可以由发展能力和营运能力等财务数据体现。

10.3.3 环境友好性

对于我国造纸企业核心竞争力来说,环境友好性体现了其污染物排放能力、资源利用能力和节能减排能力,也体现我国低碳经济"低耗能、低污染、低排放"的特征。具有环境友好性的造纸企业符合我国目前发展要求,长远来看可以解决环境和资源对我国造纸企业产生的压力,在促进经济稳步增长的同时,具有良好的社会效益和资源环境效益。

10.3.4 排他性

排他性是企业核心竞争力重要的特征,具有不可复制的特点,是只属于某一组织的能力。对于造纸企业来说,本研究认为排他性体现在规模、产品、人力资源和科技研发方面;规模是造纸企业长期发展、累积的成果,很难在短期内被其他组织所复制;产品指产品质量、类型、产量等因素;对各个企业来说,人一直是企业发展的根本,高水平的人才可以为企业的管理、运营等方面可以注入源源不断的活力;科技方面,企业具有高科技的设备、造纸方面的专利等都可以提高企业的效率,降低成本,获得更强的竞争力。

10.4 低碳经济对我国造纸企业核心竞争力的影响

10.4.1 我国造纸企业面临更大的挑战

经过国家统计局数据计算得知,我国造纸产业的二氧化碳排放量从2002年开始进入了快速增长阶段,年均增长率为10.6%,并在2006年超过美国,碳排放量成为世界第一。2015年能源消耗量与上一年相比增加3.9%,总计4 027.67万t标准煤。我国造纸企业存在发展不平衡、原材料依赖性大、资源消耗大和碳排放量不断升高等问题,如今碳关税的提出,使得我国造纸产品出口面临更大挑战。

自"十二五"规划我国能源消耗目标顺利达成后,"十三五"规划对资源以及碳排放方面提出了新目标。自2016年《中华人民共和国环境保护法》的正式实施,按照新法要求,对环境标准作出了更严格的要求,与上一年相比处罚案件数量上升了56%。根据国际能源署(简称IEA)数据统计,2007年造纸产业温室气体排放量占全球的制造业温室气体排放总量的2%左右,严格控制温室效应的影响,达到国家规定的到2020年碳排放强度比2005年下降40%~45%,结合低碳经济背景研究我国造纸企业核心竞争力,对我国造纸企业获得可持续生产力、改善生态环境具有十分重大的意义。

10.4.2 我国造纸企业必须适应低碳经济发展要求

根据我国造纸企业现状以及存在的问题,提升我国造纸企业自身核心竞争力,应遵循低碳经济发展要求。

(1)经济效益的要求。经济效益体现了造纸企业竞争力的价值性和成长性,我国造纸企业属于营利性组织,获得利润是其最终目的,在不盈利条件下谈低碳发展是不现实的,因此我国造纸企业要首先保证自身的生存和发展,获得经济效益,扩大市场份额,才能为后续其他活动提供保障。

(2)资源效益的要求。资源包括物质资源、人力资源和科技资源,体现了排他性。企业增加生产要素投入比例时,产出增加值大于投入增加值,将会获得规模效益,企业员工受教育水平等也会影响企业未来发展和形象,而科技水平反映了企业创新水平,这几者对于我国造纸企业来说都有重要的意义,因此提升造纸企业核心竞争力,需要提高企业的规模水平、人力资源水平和科技创新水平。

(3)环境效益的要求。我国造纸企业存在原材料依赖进口、资源消耗大、污染物及碳排放量高等问题,在原始的粗放型经济增长方式下,我国造纸企业一味追求经济增长,如今随着资源短缺和环境承载量的临界值的到来,我国制定了一系列环境政策,使得我国造纸企业必须转变发展方向,注重环境效益,而公众对环境的关注也给了造纸企业一定压力,因此造纸企业必须发展低碳经济,降低污染物排放,提高环境保护能力的同时节约资源,降低成本,提升企业核心竞争力,使经济与环境和谐发展。

10.5 低碳经济背景下我国造纸企业核心竞争力评价体系的构建和评价方法

10.5.1 构建低碳经济背景下我国造纸企业核心竞争力评价体系的基本原则

评价指标的构建,是评估内容并挖掘潜在问题的关键所在。低碳经济要求企业降低能源消耗,减少污染物排放,减少环境污染,而公众对环境问题的关注,仅仅采用一般的经济性指标,不能综合全面评价我国造纸企业核心竞争力情况。要使这些指标能够全面而准确地反映出造纸企业的竞争力,需要综合考虑各方面的指标。而指标体系建立的科学性直接影响评价方法的可信度,因此在建立竞争力评价指标之前,一定要确立指标体系建立的基本原则,以此为依据,进行指标的选取。

(1)科学性。选取的指标体系要能充分体现出需要评价对象的内涵,能反映出我国造纸企业各方面能力的本质,所以要从科学的角度去建立指标体系。指标能清晰反映出其含义,可以对评价的某一方面有清晰的界定,同时可以量化,能够科学地表现出我国造纸企业核心竞争力的发展水平,不仅要真实反映出造纸企业的财务经营水平,也要切实反映出企业在环境和资源的发展情况。

(2)客观性。在选择评价指标的过程中,本研究将主要关注我国造纸企业定量方面的竞争力,因此指标体系将不会选取顾客满意度、管理水平、企业文化等主观评价指标,而采用年报、社会责任报告等中出现的客观数据,如资产负债率、吨纸耗电量、全年纸产量和年内新获得专利授权数量等,同时将选取熵权法作为指标体系的赋权方法。熵权法属于客观赋权法,这样会剔除定性指标量化误差对整体评价的影响,使得指标体系构建更客观。

(3)可获得性。评价指标体系的构建要从实际出发,遵循理论与实际相结合的原则,使得评价中数据可获得、评价标准可以量化、评价方法简单明了。首先确保可以选取足够的指标数据,使评价目标在每项指标上的表现可以量化,评价目标之间或者目标与标准之间可以比较,计算评价方法要简单明了,具有可操作性。

(4)系统性。在低碳经济背景下评价我国造纸企业核心竞争力,相应指标体系需要由多个有着一定内在逻辑关系的指标来建立,并尽可能地涵盖低碳经济下造纸企业核心竞争力的各个影响因素。因此在选取指标时,要能全方位反映造纸企业核心竞争力的经济竞争力、环境竞争力和资源竞争力。由于本研究选取2014—2016年三年的数据,因此构建的指标体系要兼顾内容完整和时间延续。

10.5.2 低碳背景下我国造纸企业核心竞争力指标体系

1. 指标体系的构成

各学者关于企业核心竞争力相关的研究有着各自的侧重点,相应从各自的角度设计了指标体系,数量和内容也都不尽相同,本研究通过对企业核心竞争力和我国造纸行业等相关研究进行调查和深入探索,结合低碳经济发展的背景,梳理不同专家学者关于企业核心竞争力的指标体系,从企业经济能力、环境能力和资源能力三方面来构建低碳经济背景下我国造纸企业核心竞争力的指标体系结构,最终确定3个一级指标、10个二级指标、21个三级指标(见表10-3)。

根据低碳背景下我国造纸企业核心竞争力的特征,本研究用经济竞争力体现了价值性和成长性,用环境竞争力体现了造纸企业的环境友好性,用资源竞争力作为排他性的体现。

遵守上述指标体系构建原则,通过梳理以往相关文献研究,进行了局部创新,制定出以上的指标评价体系。本研究将经济竞争力、环境竞争力和资源竞争力这3个指标作为指标体系的一级指标,用偿债能力、营运能力、盈利能力、发展能力、污染物排放水平、资源消耗水平、资源利用能力、规模资源、人力资源和技术资源这10个指标作为二级指标来描述3个一级指标。同时,将描述二级指标的21个指标称为三级指标,分别是资源负债率、流动比率、现金流量比、应收账款周转率、存货周转率、总资产报酬率、净资产收益率、主营业务收入增长率、净利润增长率、温室气体排放量、废水COD浓度、吨纸耗电、吨纸耗新水、水资源复用率、总资产、主营业务收入、全年纸产量、大专以上学历人员比重、在职员工数量、R&D投入比和年内新获专利授权。

表 10-3 低碳背景下我国造纸企业核心竞争力指标体系

目标层	一级指标	二级指标	三级指标	指标属性
低碳背景下我国造纸企业核心竞争力评价指标体系	经济竞争力	偿债能力	资产负债率	适度指标
			流动比率	适度指标
			现金流量比率	正向指标
		营运能力	应收账款周转率	正向指标
			存货周转率	正向指标
		盈利能力	总资产报酬率	正向指标
			净资产收益率	正向指标
		发展能力	主营业务收入增长率	正向指标
			净利润增长率	正向指标
	环境竞争力	污染物排放水平	温室气体排放量(tCO_2)	负向指标
			废水 COD 浓度(mg/L)	负向指标
		资源消耗水平	吨纸耗电(kW·h/t 纸)	负向指标
			吨纸耗新水(m^3/t 纸)	负向指标
		资源利用能力	水资源复用率	正向指标
	资源竞争力	规模资源	总资产(万元)	正向指标
			主营业务收入(万元)	正向指标
			全年纸产量(万 t)	正向指标
		人力资源	大专以上学历人员比重	正向指标
			在职员工数量	正向指标
		技术资源	R&D 投入比	正向指标
			年内获专利授权	正向指标

2. 指标的具体解释

低碳背景下我国造纸企业核心竞争力的评价指标体系中各级指标代表了我国企业核心竞争力的不同方面：经济竞争力体现企业的财务能力，可以直接反映出企业的经济水平，数据可以直接从企业年报或者财经网站中获取；环境竞争力反映了造纸企业污染物排放对环境的危害程度，对资源的消耗程度和资源的重复利用能力，企业环境竞争力表现好就说明其在这方面投入较大的时间及资金，短期会增加企业的经济成本，但长远来看可以缓解资源、环境方面的压力，为企业获得可持续竞争力；资源竞争力包括规模资源、人力资源和技术资源，从这三个方面综合反映企业的规模、高技术人才的占比和科技创新能力，合理的资源配置和良好的科技创新能力将为企业带来特有的竞争能力。

(1)经济竞争力。经济竞争力包括有偿债能力、营运能力、盈利能力、发展能力。

1)偿债能力。偿债能力是指在债务到期时即时偿还的能力，一定程度上反映了企业经营的风险程度,能够对企业财务状况和经营能力进行衡量。造纸企业对于原材料的需求量大,对上游产业的依赖性大。本研究使用以下3个指标来描述造纸企业的偿债能力。

a)资产负债率。该指标反映了债务融资占总资产的比率,是评价公司负债水平和风险程度的综合指标。对于不同行业,资产负债率的最佳标准不一样,一般认为资产负债率的适宜水平是40%～60%。本研究将采用造纸企业资产负债率的平均数作为最佳水平。计算公式为

$$资源负债率=(负债总额/资产总额)\times 100\%$$

b)流动比率。流动比率是衡量企业短期偿债能力的指标。一般来说,流动比率高说明企业资产的变现能力强,偿债能力也越强,但是并不是越高越好。流动比率过高有可能存在存货积压问题,说明企业经营不良,也有可能持有大量现金,资金利用率不高。流动比率为适度指标,不宜过高或过低,一般认为2∶1为适宜水平,而本研究将采用造纸企业的平均水平作为最佳水平。其计算公式为

$$流动比率=流动资产/流动负债$$

c)现金流量比率。该指标衡量企业使用现金收入来偿还债务或其他费用的能力。一般用来反映企业短期偿债能力。该比率与企业的短期偿债能力存在正相关关系。当现金流量比率低于50%时,贷款人将不会提供贷款,该项指标能很好地反映出企业的财务能力、经营状况。其计算公式为

$$现金流量比率=经营活动产生的现金净流量/期末流动负债$$

2)营运能力。营运能力反映企业资产运营的水平高低。通过营运能力分析可以看出企业在资产运作中存在的状况,据此来提升企业资产运营的效果,做到减少资产占用,利用短时间的资产周转获得更多的利润,营运能力的强弱关系到企业的盈利能力和偿债能力。

a)应收账款周转率。该指标指企业在特定的时间内应收账款能及时收回转为现金的平均次数。该比率的高低决定了企业转化应收账款为现金的能力的强弱,以及营运能力的好坏。其计算公式为

$$应收账款周转率=赊销收入净额/应收账款平均余额$$

b)存货周转率。存货周转率是衡量存货转化为现金或应收账款速度的比率。该比率越高,则企业销售存货的速度越快,从而能够更快地回收资金。其计算公式为

$$存货周转率(次)=销售(营业)成本/平均存货$$

3)盈利能力。盈利能力是指企业获取利润的能力,是企业经营的主要目标。无论对于债权人、投资人还是经营者,企业的盈利能力都是至关重要的。通过对此方面的分析可以衡量企业的经营业绩,能否获得更高的利润,发现其经营过程中的缺陷,改善财务结构,以达到改善盈利水平,保障企业健康可持续发展的目的。

a)总资产报酬率。总资产报酬率是企业利润与总资产的比率,衡量了企业投入产出的效率。该比率越高,则说明企业对于资产的运用越有效,反之则越无效。其计算公式为

$$总资产报酬率=(利润总额+利息支出)/平均总资产\times 100\%$$

b)净资产收益率。该指标体现了企业自有资本的获利能力。该比率越高表明企业运用净资产,即自有资产获取利润的水平越高,对于利益相关者的保护能力越强,反之则越低。其计算公式为

$$净资产收益率=净利率/平均资产\times 100\%$$

4)发展能力。企业的发展能力又称为企业的成长能力。它是指企业获得更大的发展潜力

和发展空间的能力。企业具备良好发展能力是企业持续健康发展和价值的保障。在造纸行业日渐激烈的竞争环境下,发展能力是企业获得良好竞争力的重要因素。本研究从企业价值增长的角度选择以下两项指标来衡量我国造纸企业的发展能力。

a)主营业务收入增长率。主营业务收入增长率衡量了企业的发展阶段。若该比率大于10%,表示企业正快速发展,处于10%与5%之间则表示企业趋于稳定,而小于5%则表明企业处于衰退过程中。其计算公式为

主营业务收入增长率=(本期主营业务收入－上期主营业务收入)/上期主营业务收入×100%

b)净利润增长率。该指标是衡量企业发展能力经常使用的指标,是公司当期与前一期净利润之比,直接展示了公司盈利能力的发展速度。其计算公式为

净利润增长率=(本期净利润额－上期净利润额)/上期净利润额×100%

(2)环境竞争力。环境竞争力包括企业污染物排放水平、资源消耗水平、资源利用能力。

1)污染物排放水平。造纸企业最大的污染有两类,分别为废弃污染物和废水污染物。由于制浆工艺和漂白工程需要投入的原料和化学药品,很大一部分会变为污染物排放出去,这将对空气和水资源造成严重的损害。随着公众对环境问题的关注,及政府出台相关的政策,本研究将污染物排放水平纳入造纸企业的核心竞争力评价指标体系。

a)温室气体排放量。《京都议定书》中规定控制 6 种温室气体,即二氧化碳(CO_2)、甲烷(CH_4)、氧化亚氮(N_2O)、氢氟碳化合物(HFCs)、全氟碳化合物(PFCs)、六氟化硫(SF_6)。温室气体过度排放造成全球变暖问题,本研究将温室气体排放量作为评价企业环境竞争能力的负向指标。企业温室气体排放量越小,环境竞争能力越高;排放量越大,环境竞争能力越弱。其具体数据从相关企业社会责任报告中直接获取。

b)废水 COD 浓度。COD(化学需氧量)表示废水中有机物的含量,正向反映了水体有机物污染程度。其具体数据从相关企业社会责任报告中直接获取。

2)资源消耗水平。我国经济高速发展是牺牲大量资源所带来的,从我国进入经济建设的增长期到现在,资源消耗量达到原来的 40 倍以上。造纸产业一直被认为是高耗能产业,建立高效节能造纸企业,是我国造纸工业的必经之路,长远来看对于提高企业的效率、降低成本、获得更强的竞争力有一定帮助。本研究设计了吨纸耗电和吨纸耗新水这两项指标来评价企业资源消耗水平。

a)吨纸耗电。吨纸耗电是指造纸企业在该年度生产单位吨纸所消耗的电量。虽然目前我国有太阳能发电和风力发电技术,但是主要还是采用煤等可燃烧物发电,这对资源是一种消耗,同时烟气和粉尘的排放对环境的污染也不可忽视。该指标越低,说明该造纸企业消耗资源越少。该数据在相关企业社会责任报告中直接获取。

b)吨纸耗新水。吨纸耗新水主要指造纸企业在该年内生产单位吨纸所消耗的取水量(自来水和地下水)。水资源属于不可再生资源,造纸企业达到绿色生产的标准,水资源的消耗是其衡量的一大重要指标。该指标越低,则说明企业消耗水资源越少,环境竞争力越强。其计算公式为

吨纸耗新水=企业取水量/纸产品产出量

3)资源利用能力。长期以来,我国造纸企业沿用高速度、高增长和高消耗为特点的粗放型经济发展模式,在短时间内获取了较高的经济收益,但与此同时,其副作用也逐渐显现,如不可再生资源被大量消耗,生态平衡被破坏,资源的利用效率较低。造纸企业水资源消耗量较大,

本研究将资源的利用能力纳入我国造纸企业竞争能力评价体系中,而水资源为不可再生资源中的代表性资源,将作为评价造纸企业资源利用能力的指标。

水资源复用率指企业在生产过程中回收水量比取水量和回收再利用水量之和,以百分比计。该指标为正向指标,该指标越高说明企业的水资源重复利用率越高,资源利用能力越强。其计算公式为

$$水资源复用率 = 回收再利用水量 / (取水量 + 回收再利用水量) \times 100\%$$

(3)资源竞争力。资源是指企业生产经营过程中能够加以利用的各种物质、关系等的集合,是企业经营管理活动的基础,优势资源会使得企业获得更强竞争力。对于我国造纸企业来说,资源显得更加重要。企业的成长过程是企业资源累积的过程,除了自然资源,我国造纸企业属于技术密集型企业,技术资源、人力资源直接影响造纸企业的生产经营活动。因此根据资源优势不同的方面,将资源竞争力分为规模资源、人力资源和技术资源。

1)规模资源。企业的成长过程是企业资源累积的过程。造纸产业是一个资源密集型产业,规模扩大可以达到规模效应,可以增强企业的竞争优势、专业度和品牌影响力,有利于提高企业的竞争力。本研究通过前文对我国造纸企业的现状分析,并根据其特征,采用以下三个指标来评价我国造纸企业在规模资源方面的表现。

a)总资产。该指标是指个人或实体获得的资产总额。资产是具有经济价值的物品,且随着时间的推移,这些物品会为所有者带来收益。本研究默认总资产为正向指标,即总资产越多越好。该指标数据可从企业的年报中直接获得。

b)主营业务收入。该指标为公司在行业内进行生产经营活动获取的营业收入。不包括营业外收入和其他业务收入,反映出我国造纸企业的主营业务经营的现状。该指标数据一般从企业年报中直接获取。

c)全年纸产量。该指标指企业在该年生产出的纸和纸板的产量。纸产量越高,说明企业生产能力越强,在一定程度上可以反映出该造纸企业的规模。该数据可以在企业的年报或者社会责任报告中直接获取。

2)人力资源。人力资源是指一定时期内组织中的人为企业价值创造其贡献作用的一系列资源的总称,包括数量和质量两个方面。人力资源是各生产要素中活力与弹性最强的一项重要资源。优秀的人力资源可以从各个方面为企业带来源源不断的活力和竞争力。本研究采用以下两项指标来衡量造纸企业的人力资源能力。

a)在职员工数量。在职员工的数量可以从人力资源角度反映企业的规模大小,在职员工的数量大,说明企业规模大,也从侧面反映了企业具有吸引员工加入企业的影响力。该指标数据可从企业的社会责任报告中直接获取。

b)大专以上学历人员比重。该指标是指企业大专以上学历员工占企业在职员工的比率,反映企业员工的受教育程度,与企业员工的综合素质和知识水平正相关。一般来说,员工受教育程度越高,其应变能力和创新能力越高,综合素质越强,是企业最重要的资源,具有不可剥夺性、资本累积性,对企业未来的发展有很大的积极影响。其计算公式为

$$大专以上学历人员比重 = 大专以上学历人员的数量 / 企业在职员工总数 \times 100\%$$

3)技术资源。企业的长期发展依靠技术资源,良好技术创新能力可以为企业提供新的发展方向,使企业从资源依赖型转型为创新驱动型,从而提升我国造纸企业的竞争力。科技创新

可以使造纸企业的新工艺和新的生产方式可以开发出新产品,提高产品质量,使企业获得独占性的技术优势。本研究采用R&D投入比和年内新获专利授权数量来衡量企业的技术资源能力。

a)R&D投入比。该指标是指企业研发投入费用占销售收入的比重,是企业技术创新能力体现,包括产品创新、技术创新等方面。R&D投入比一方面反映了企业的创新能力,另一方面也反映了企业科技资源储备的多少。该比率越大,表明企业越重视科技创新能力。其计算公式为

$$R\&D投入比 = 全年研发费用/全年销售收入 \times 100\%$$

b)年内新获专利授权。该指标指企业在一个会计年度内向国家专利局申请专利后获得通过的数量。专利即专利权,发明人通过申请专利将受到国家专利权保护,发明人可以通过专利授权获得收入,这也是国家鼓励民众进行创新的办法。对于企业来说,年内新获得专利授权数量越多,说明企业的技术创新能力越强。该指标数据在中华人民共和国国家知识产权局官方网站上查询得出。

10.5.3 低碳背景下我国造纸企业核心竞争力的评价方法选取

不同的学者从不同角度采用不同方法对企业核心竞争力进行了分析,每种方法有自己的适用条件和使用范围,根据侧重点的不同,选择不同的评价方法。本书将各种主流研究方法进行了对比分析,选取最适合本研究的方法。

(1)因子分析法。因子分析法(Factor Analysis Method,FAM)是在多元统计描述中,将相关度比较高、信息有重叠的指标归类为一个因子,用这些归类后的因子来描述原有的数据的一种因素分析方法。其基本思想是:减少分析指标的个数,通过对研究指标相关矩阵内部变量间相关关系的探测,将原始观察变量分解为因子的线性组合,即将相关性高的指标分为一组,用公共因子代替该组指标来描述该组指标的共同特征。因子分析法最大的优点在于可以利用降维技术简化系统结构,抓住问题的实质,但是其缺点在于计算因子得分时,采用的数学方法有失效的可能,并且在KMO和barlette球度检验都符合因子分析法标准时才可以采用这种方法。

(2)层次分析法。层次分析法(Analytic Hierarchy Process,AHP),是一种结合定性和定量的系统化、层次化分析方法。该方法在深入分析实际问题时,将有关要素按照不同属性分为不同的层次(如目标层、策略层、实施层等),各层次因素之间相互影响,将各个要素进行两两比较,根据最终得分做出最优决策。层次分析法的优点在于可以将定性的要素与定量的要素相结合进行综合判断,但是要素选择的合理性、个人主观的偏好都会影响层次分析法的结果质量,从而降低科学性。

(3)数据包络分析法。数据包络分析(Data Envelopment Analysis,DEA),是一种线性规划模型,用来衡量投入产出比。需要比较相似单位之间的效率时,可以利用数据包络分析法,根据多项投入产出指标,对需要比较的单位进行有效性评价。DEA方法衡量单位的结果不受选取指标单位的影响,并且权重由数学模型产生,不受人为主观因素的影响,但是DEA方法容易受到数据随机干扰性的影响,并且从结果的角度来对单位进行评价,不能挖掘出内在影响

结果的因素。

(4)模糊综合评价法。模糊综合评价法以模糊数学作为基础,首先构建模糊综合评价的指标,通过专家打分或者 AHP 方法构建各指标的权重,通过建立适合的隶属函数构建好评价矩阵,最后根据合成因子合成结果进行解释。模糊综合评价法最大的特点在于可以将定性的指标转化为定量指标,从而很好地处理模糊的、定性的问题。但是模糊综合评价方法计算相对复杂,权重的确定较为主观,

(5)TOPSIS 评价法。TOPSIS 评价法(Technique for Order Preferenceby Similarity to Ideal Solution)又称为逼近理想解排序法、理想点法,是一种通过与理想目标的欧几里得几何距离接近情况的选优技术。其基本原理为,利用归一化后的数据规范化矩阵,求各目标中的最优与最差者,通过计算方案与目标的接近度对方案进行排序。距最优目标越近,最差目标越远,说明该方案最好;反之,则最差。该方法可以与环境标准相结合,进行不同评价对象间质量的优劣比较,评价结果客观,计算方法快捷,有很好的合理性和适用性,目前在很多领域都得到了应用。

本书将环境指标和资源指标纳入造纸企业核心竞争力评价体系中,希望能使我国造纸企业绿色清洁发展,进而提高企业的竞争力。由于评价体系符合多目标决策分析,而且应符合构建评价体系的原则,综合分析现有的关于企业核心竞争力的评价方法,TOPSIS 模型具有较少的限制条件,可以充分反映原始数据的信息,通过对比各样本方案,可以客观真实地反映出实际情况,并且本研究全部为定量的指标,TOPSIS 模型与上面其他方法相比更适合定量指标的分析,并且可以结合环境标准,对我国造纸企业各方面进行整体评价,对不同评价对象间质量的优劣进行比较。因此本研究采用 TOPSIS 分析方法来评价低碳背景下我国造纸企业的竞争力。

10.5.4 TOPSIS 模型步骤

(1)构建指标体系。构建低碳背景下我国造纸企业核心竞争力指标体系,这是进行竞争力评价的前提。首先构造原始评价矩阵,假设指标数为 N 个,我国造纸企业有 M 家,第 i 家造纸企业的第 j 项指标由 X_{ij} 表示($i=1,2,\cdots,M; j=1,2,\cdots,N$),则有

$$S = \begin{pmatrix} x_{11} & \cdots & x_{1j} & \cdots & x_{1n} \\ \vdots & & \vdots & & \vdots \\ x_{i1} & \cdots & x_{ij} & \cdots & x_{in} \\ \vdots & & \vdots & & \vdots \\ x_{m1} & \cdots & x_{mj} & \cdots & x_{mn} \end{pmatrix} = \begin{pmatrix} S_1(x_1) \\ \vdots \\ S_2(x_j) \\ \vdots \\ S_m(x_n) \end{pmatrix} = \begin{bmatrix} D_1(x_1) & \cdots & D_i(x_i) & \cdots & D_n(x_m) \end{bmatrix}$$

(10-1)

(2)建立规范化矩阵。建立好指标评价体系后会面临不同类型的数据处理和融合,由于各个指标之间的单位和标准不同,使指标不具有可比性,建立规范化矩阵也就是无量纲化,是为了解决指标间的不可比性。本研究构建的指标有正向指标、负向指标和适度指标。正向指标指该数据与我国造纸企业核心竞争力成正比;负向指标则指该数据越大,则企业核心竞争力越弱;适度指标指该指标数据应该保持在某一规定范围内。对于正向指标,利用下式标准化,即

$$X'_{ij} = \frac{x_{ij} - x_{\min}}{x_{\max} - x_{\min}} = \begin{cases} 1, & x_{\max} \leqslant x_{ij} \\ \frac{x_{ij} - x_{\min}}{x_{\max} - x_{\min}}, & x_{\min} \leqslant x_{ij} \leqslant x_{\max} \\ 0, & x_{ij} \leqslant x_{\min} \end{cases} \quad (10-2)$$

式中：X'_{ij} 为第 S_{ij} 项指标经过正向化后的数据；x_{ij} 为第 S_{ij} 项指标的原始数据；$x_{\max}$ 为第 S_{ij} 指标最大的原始数据；$x_{\min}$ 为第 S_{ij} 项指标最小的原始数据。

对于负向指标，利用下式标准化，即

$$X'_{ij} = \frac{x_{\max} - x_{ij}}{x_{\max} - x_{\min}} = \begin{cases} 1, & x_{ij} \leqslant x_{\min} \\ \frac{x_{\max} - x_{ij}}{x_{\max} - x_{\min}}, & x_{\min} \leqslant x_{ij} \leqslant x_{\max} \\ 0, & x_{\max} \leqslant x_{ij} \end{cases} \quad (10-3)$$

对于适度指标，利用下式标准化，即

$$X'_{ij} = 1 - \frac{|x_{ij} - x_0|}{\max|x_{ij} - x_0|} \quad (10-4)$$

式中：x_0 为第 S_{ij} 项指标的最适度值。

经过上述标准化处理后，可得标准化的数据矩阵为

$$\boldsymbol{S}' = \begin{bmatrix} X'_{11} & \cdots & X'_{1j} & \cdots & X'_{1n} \\ \vdots & & \vdots & & \vdots \\ X'_{i1} & \cdots & X'_{ij} & \cdots & X'_{in} \\ \vdots & & \vdots & & \vdots \\ X'_{m1} & \cdots & X'_{mj} & \cdots & X'_{mn} \end{bmatrix} \quad (10-5)$$

（3）确定指标权重。矩阵标准化后需要确定各指标的权重。不同的权重方法有不同的侧重点，因此赋权结果不同也影响到最终评价，如何选取合适的赋权方法是进行评价分析的基础。目前学者们使用的主流赋予权重方法分为主观与客观两种。

主观赋权法顾名思义，是依照决策主体的主观判断进行权重赋予的方法，主要有专家打分法、二项系数法、层析分析法等。这种方法依赖于决策者的主观意识，不同的人关于同一事物的观点可能不同，所赋权重也就有所不同。因此，在选用这种方法时，一般会请相关领域内的专家，依赖他们的专业度和丰富的经验对行业趋势做出判断。

客观赋权法则依照一定客观规则来计算所需赋予的权重，主要有熵权法、主成分分析法、多目标规划法等。客观赋权法不受人为因素影响，具有客观性，在描述定量性指标时，选取这种方法会更科学，但客观赋权法很大程度上依赖原始数据，因此数据的科学性和真实性对评价结果有着很大影响。由于本研究考虑到使评价结果尽可能客观，选取的指标均为定量指标，因此选取熵权法对指标进行赋权。

在信息论中，对于不确定性指标的计算可以采用熵。熵的概念是由德国物理学家克劳修斯于 1865 年提出的，表示任何一种能量在空间均匀分布的状态，分布越均匀，熵就越大。在社会科学研究中熵也用来说明人类社会的某些状态。熵亦被用于计算一个系统中的失序现象。信息量的大小，与不确定性和熵的大小成反比。熵权法是一种客观赋权法，因为它仅依赖于数据本身的离散性，根据指标变异性的大小来确定客观权重，变异性越大，对综合评价的影响也

就越大,从而分配较高的权重。比如样本数据在某指标下取值都相等,则该指标对总体评价的影响为 0,权值为 0。

熵权法的步骤如下。

1) 数据标准化。

首先将指标的数据进行无量纲化处理。设有 k 个指标 $X_1, X_2, \cdots, X_k$,其中 $X_i = \{x_1, x_2, \cdots, x_n\}$。其相应的标准化数值为 $Y_1, Y_2, \cdots, Y_k$,那么 $Y_{ij} = \dfrac{x_{ij} - \min(x_i)}{\max(x_i) - \min(x_i)}$。

2) 求各指标的信息熵。

一组数据的信息熵 $E_j = \ln(n)^{-1} \sum\limits_{i=1}^{n} p_{ij} \ln p_{ij}$。其中 $p_{ij} = \dfrac{Y_{ij}}{\sum\limits_{i=1}^{n} Y_{ij}}$,如果 $p_{ij} = 0$,则定义 $\lim\limits_{p_{ij} \to 0} p_{ij} \ln p_{ij} = 0$。

3) 确定各指标权重。

依据上步所计算的各指标的信息熵为 $E_1, E_2, \cdots, E_k$。通过信息熵计算各指标的权重: $W_i = \dfrac{1 - E_i}{k - \sum E_i} (i = 1, 2, \cdots, k)$。

4) 建立规范化的加权决策矩阵:

$$r_{ij} = w_j z_{ij}, \quad i = 1, 2, \cdots, m, \quad j = 1, 2, \cdots, n \tag{10-6}$$

5) 确定理想点 S^+ 与负理想点 S^-:

$$\left.\begin{array}{l} S^+ = \{s_j^+ \mid j = 1, 2, \cdots, n\} \\ S^- = \{s_j^- \mid j = 1, 2, \cdots, n\} \end{array}\right\} \tag{10-7}$$

通过最小-最大标准化得出的规范化矩阵数值被压缩在 $[0,1]$ 区间内,X'_{ij} 值总是越大越好,因此理想点 $S^+ = \{r_j^+ \mid j = 1, 2, \cdots, n\} = \max\{r_{ij} \mid j = 1, 2, \cdots, n\}$,负理想点 $S^- = \{r_j^- \mid j = 1, 2, \cdots, n\} = \min\{r_{ij} \mid j = 1, 2, \cdots, n\}$。

6) 计算 S^+ 与 S^- 的欧式距离,则有

$$\left.\begin{array}{l} \text{sep}_i^+ = \sqrt{\sum\limits_{j=1}^{n} (s_j^+ - r_{ij})^2} \\ \text{sep}_i^- = \sqrt{\sum\limits_{j=1}^{n} (s_i^- - r_{ij})^2} \end{array}\right\} \tag{10-8}$$

欧式距离是指在两点之间线段的最短距离,由公式可以看出,距离理想点越近,负理想点越远的方案越好。带入各方案数值计算得出。

7) 计算各方案与理想点的近似程度,则有

$$D_i = \dfrac{\text{sep}_i^-}{\text{sep}_i^+ + \text{sep}_i^-}, \quad i = 1, 2, \cdots, n \tag{10-9}$$

对造纸企业的综合竞争力进行排序。根据贴近度 D_i 的大小对各家造纸企业进行排序,根据总和得分进行排序。D_i 越大,企业 A 越接近理想点,表明该企业的综合评价值越好;反之,该企业的综合评价越差。

10.6 低碳背景下我国造纸企业核心竞争力实证评价与分析

10.6.1 样本选择与数据收集

(1)评价对象选择。根据中华纸业发布的《2017纸业上市公司蓝皮书》中统计的37家上市造纸企业(因为包括港澳台造纸企业,此处上市企业包括在上海证券交易所、香港交易所、台湾证券交易所的上市企业),为了能够较好地反映低碳背景下我国造纸企业的综合竞争力,逐家进行数据查询后,发现大部分造纸企业在涉及低碳环境方面的数据都有缺失,很多环境相关数据仅用模糊的语言进行描述,如"固废排放量达到国家排放标准""处于国家前列"等,没有准确的数字统计。

考虑数据的完整性和可获得性,本研究最终选取了具有完整数据的7家上市造纸企业作为研究对象,分别是浙江景兴纸业股份有限公司、民丰特种纸股份有限公司、荣成纸业股份有限公司、山东太阳纸业股份有限公司、维达国际控股有限公司、永丰余集团和正隆股份有限公司。

(2)数据收集。为了展开分析,对7家造纸企业2014—2016年连续3年的信息进行跟踪分析,以准确反映我国造纸企业核心竞争力动态发展的态势,形成21个分析样本,共441个数据。在对企业进行实证分析时,数据的准确性对于评价结果的客观性与科学性有着重要的影响。本研究的原始数据来自企业官网上公布的企业年度报告、企业社会责任报告、新浪财经网、新浪财经网(港股)、锯亨网(台股)等。由于各企业年度报告经过了会计师事务所的严格审查,数据更具可靠性。当数据有差别时,以企业年度报告为准。当企业某项数据缺失时,则根据前后两年数据的变化趋势平滑推算得出;当某项环境指标缺失时,如污染物排放水平,则以国家规定最低标准进行替代。

10.6.2 低碳背景下我国造纸企业核心竞争力评价过程

(1)确定指标权重。根据熵权法步骤确定各指标权重,由于原始数据量大,计算过程复杂,本研究所有数据处理均通过Microsoft Excel 2013进行。由于各指标的含义不同,可以将指标分为正向指标、逆向指标和适度指标。

正向指标指该指标数据与企业的竞争力呈现正相关关系;逆向指标指该指标数据与企业的竞争力呈现负相关关系;适度指标指该指标数据不是越大或越小更好,而是越接近该指标最佳值越好。

在使用TOPSIS模型对企业核心竞争力评价分析时,需要对各指标进行标准化。对不同性质的指标,本研究按最小-最大标准化对数据进行标准化处理,而后按熵权法计算步骤,得出各指标权重,计算结果见表10-4~表10-7。

表 10-4 2014—2016 年各指标权重

一级指标	二级指标	三级指标	2014 年权重	2015 年权重	2016 年权重
低碳背景下我国造纸企业核心竞争力	经济竞争力				
	偿债能力	资产负债率	0.031 269	0.039 372	0.034 985
		流动比率	0.028 187	0.048 229	0.045 98
		现金流量比	0.050 44	0.033 28	0.034 076
	营运能力	应收账款周转率	0.063 361	0.066 374	0.054 759
		存货周转率	0.047 978	0.067 728	0.051 781
	盈利能力	总资产报酬率	0.094 545	0.025 819	0.039 726
		净资产收益率	0.098 996	0.026 719	0.042 549
	发展能力	主营业务收入增长率	0.054 841	0.075 085	0.037 675
		净利润增长率	0.031 34	0.058 359	0.138 01
	环境竞争力				
	污染物排放水平	温室气体排放量	0.025 238	0.024 905	0.022 097
		废水 COD 浓度	0.028 077	0.029 859	0.027 32
	资源消耗水平	吨纸耗电	0.028 132	0.030 573	0.033 879
		吨纸耗新水	0.033 574	0.027 325	0.030 442
	资源利用率	水资源复用率	0.038 963	0.040 627	0.034 639
	规模资源	总资产	0.044 114	0.048 611	0.036 823
		主营业务收入	0.046 976	0.044 042	0.035 802
		全年纸产量	0.037 559	0.039 472	0.033 385
	资源竞争力				
	人力资源	大专以上学历人员比重	0.052 865	0.081 562	0.046 125
		在职员工数量	0.053 778	0.055 111	0.050 279
	技术资源	R&D 投入比	0.035 166	0.053 13	0.037 857
		年内新获专利授权	0.074 601	0.083 76	0.131 811

(数据来源:国家统计局,由 Excel 软件计算得出)

对于适度指标的最适度值 X_0,本研究结合造纸行业的特征以及各造纸企业的平均值等,将 2014—2016 年资产负债率的最适值分别设置为 56.1%,58.44%,55.85%,流动比率的最适值分别设置为 109,103,116.5。

表 10-5 2014 年前 15 位指标权重排名

指 标	权 重
净资产收益率	0.098 996
总资产报酬率	0.094 545
年内获专利授权	0.074 601
应收账款周转率	0.063 361

续表

指　标	权　重
主营业务收入增长率	0.054 841
在职员工数量	0.053 778
大专以上学历人员比重	0.052 865
现金流量比	0.050 44
存货周转率	0.047 978
主营业务收入/万元	0.046 976
总资产/万元	0.044 114
水资源复用率	0.038 963
全年纸产量/万 t	0.037 559
R&D 投入比	0.035 166
吨纸耗新水/(m^3/t 纸)	0.033 574

表 10-6　2015 年前 15 位指标权重排名

指　标	权　重
年内获专利授权	0.083 767
大专以上学历人员比重	0.081 562
主营业务收入增长率	0.075 085
存货周转率	0.067 728
应收账款周转率	0.066 374
净利润增长率	0.058 359
在职员工数量	0.055 111
R&D 投入比	0.053 13
总资产(万元)	0.048 661
流动比率	0.048 229
主营业务收入(万元)	0.044 042
水资源复用率	0.040 627
全年纸产量(万 t)	0.039 472
资产负债率	0.039 372
现金流量比	0.033 28

表 10-7　2016 年前 15 位指标权重排名

指　　标	权　　重
净利润增长率	0.138 01
年内获专利授权	0.131 811
应收账款周转率	0.054 759
存货周转率	0.051 781
在职员工数量	0.050 279
大专以上学历人员比重	0.046 125
流动比率	0.045 98
净资产收益率	0.042 549
总资产报酬率	0.039 726
R&D 投入比	0.037 857
主营业务收入增长率	0.037 675
总资产(万元)	0.036 823
主营业务收入(万元)	0.035 802
废水 COD 浓度/(mg/L)	0.034 985
水资源复用率	0.034 639

2008 年以前我国经济繁荣发展,很多行业都大幅度投产,导致产能过剩,经济进入慢增长阶段,根据我国供给侧改革政策,从 2013 年起我国造纸行业进入加速去产能阶段。由表 10-5～表 10-7 可以看出盈利指标占比在缓慢减少,经济竞争力更偏向发展指标,说明我国造纸企业在政策指导下加快兼并重组,像水资源复用率、吨纸耗新水、废水 COD 浓度等环境指标比重也在逐渐增加。从"十二五"到"十三五"规划以来,《中华人民共和国环境保护法》(2016 年)的正式实施以及《制浆造纸行业清洁生产评价指标体系》等一系列法规出台,使得环境相关指标越来越被企业所关注。另外,从以上指标排名可以看出,R&D 投入比和年内获得专利授权两项描述企业科技研发能力的指标排名在前八,说明企业在科技创新能力方面差异较大,因此企业应该在这方面加大投入,来缩小和其他造纸企业的差距。

(2)综合评价。在熵权法定权的基础上,结合 TOPSIS 评价模型对造纸企业核心竞争力进行实证分析如下:

1)建立规范化矩阵(无量纲化)。按照上述的 TOPSIS 模型,首先建立规范化矩阵,则有

$$S' = \begin{pmatrix} X'_{11} & \cdots & X'_{1j} & \cdots & X'_{1n} \\ \vdots & & \vdots & & \vdots \\ X'_{i1} & \cdots & X'_{ij} & \cdots & X'_{in} \\ \vdots & & \vdots & & \vdots \\ X'_{m1} & \cdots & X'_{mj} & \cdots & X'_{mn} \end{pmatrix} \qquad (10-10)$$

2)计算加权矩阵,则有

$$r_{ij}=w_j z_{ij}, \quad i=1,2,\cdots,m, \quad j=1,2,\cdots,n \tag{10-11}$$

3）确定理想点 $\boldsymbol{S}^+$ 与负理想点 $\boldsymbol{S}^-$，则有

$$\left.\begin{aligned}\boldsymbol{S}^+&=\{s_j^+\mid j=1,2,\cdots,n\}\\ \boldsymbol{S}^-&=\{s_j^-\mid j=1,2,\cdots,n\}\end{aligned}\right\} \tag{10-12}$$

4）计算各理想点与负理想点的欧式距离，则有

$$\text{sep}_i^+=\sqrt{\sum_{j=1}^n(s_i^+-r_{ij})^2} \tag{10-13}$$

$$\text{sep}_j^+=\sqrt{\sum_{j=1}^n(s_i^--r_{ij})^2}$$

5）计算各方案与理想点的相对贴近度，则有

$$D_i=\frac{\text{sep}_i^-}{\text{sep}_i^++\text{sep}_i^-}, \quad i=1,2,\cdots,m \tag{10-14}$$

根据贴近度 D_i 的大小对各家造纸企业进行排名，之后再根据总和得分进行排名。D_i 越大，企业 A 越接近理想点，表明该企业的综合评价值越好；反之，该企业的综合评价越差。通过计算得出 2014—2016 年样本造纸企业与理想点的相对贴近度结果见表 10-8～表 10-10。

表 10-8　2014 年各造纸企业与理想点的相对贴近度

企业名称	相对贴近度
景兴纸业	0.295 102
民丰特纸	0.269 844
荣成	0.622 478
太阳纸业	0.571 286
维达集团	0.658 475
永丰余	0.500 948
正隆纸业	0.338 418

注：数据由 Excel 软件计算整理所得。

表 10-9　2015 年各造纸企业与理想点的相对贴近度

企业名称	相对贴近度
景兴纸业	0.284 561
民丰特纸	0.303 814
荣成	0.495 189
太阳纸业	0.547 793
维达集团	0.599 666
永丰余	0.502 358
正隆纸业	0.405 93

注：数据由 Excel 软件计算整理所得。

表 10-10 2016 年各造纸企业与理想点的相对贴近度

企业名称	相对贴近度
景兴纸业	0.486 385
民丰特纸	0.240 484
荣成	0.373 526
太阳纸业	0.422 024
维达集团	0.545 933
永丰余	0.344 106
正隆纸业	0.254 676

注：数据由 Excel 软件计算整理所得。

(3)综合评价结果分析。通过对经济、环境和资源三方面的指标分别进行测算,可以更清楚地看出各企业在各方面的表现力情况,并根据综合测算结果,得出各样本造纸企业的得分和排名情况,具体结果见表 10-11～表 10-13。

表 10-11 2014 年我国造纸企业排名情况

	景兴纸业	民丰特纸	荣成	太阳纸业	维达集团	永丰余	正隆纸业
经济竞争力	0.237 029	0.222 675	0.606 233	0.628 722	0.668 153	0.485 505	0.288 918
排名	6	7	3	2	1	4	5
环境竞争力	0.573 161	0.638 185	0.811 877	0.855 097	0.728 642	0.449 35	0.411 749
排名	5	4	2	1	3	6	7
资源竞争力	0.272 208	0.172 113	0.615 649	0.432 719	0.552 667	0.773 515	0.413 912
排名	6	7	2	4	3	1	5
综合竞争力	0.295 102	0.269 844	0.622 478	0.571 286	0.658 475	0.500 948	0.338 418
排名	6	7	2	3	1	4	5

注：数据由 Excel 软件计算整理所得。

表 10-12 2015 年我国造纸企业排名情况

	景兴纸业	民丰特纸	荣成	太阳纸业	维达集团	永丰余	正隆纸业
经济竞争力	0.295 606	0.290 463	0.422 385	0.497 84	0.532 866	0.449 06	0.444 966
排名	6	7	5	2	1	4	3
环境竞争力	0.558 726	0.606 158	0.807 921	0.866 936	0.758 001	0.491 674	0.468 996
排名	5	4	2	1	3	6	7
资源竞争力	0.162 276	0.224 19	0.534 128	0.552 637	0.674 611	0.546 189	0.351 051
排名	7	6	4	2	1	3	5
综合竞争力	0.284 561	0.303 814	0.495 189	0.547 793	0.599 666	0.502 358	0.405 93
排名	7	6	4	2	1	3	5

注：数据由 Excel 软件计算整理所得。

表 10-13 2016 年我国造纸企业排名情况

	景兴纸业	民丰特纸	荣成	太阳纸业	维达集团	永丰余	正隆纸业
经济竞争力	0.676 774	0.213 816	0.377 51	0.386 305	0.352 822	0.228 982	0.225 844
排名	1	7	3	2	4	5	6
环境竞争力	0.591 769	0.571 521	0.788 004	0.843 42	0.638 602	0.470 579	0.402 417
排名	4	5	2	1	3	6	7
资源竞争力	0.176 781	0.158 36	0.291 827	0.406 144	0.817 349	0.432 026	0.257 357
排名	6	7	4	3	1	2	5
综合竞争力	0.486 385	0.240 486	0.373 528	0.422 024	0.545 869	0.344 107	0.254 678
排名	2	7	4	3	1	5	6

注：数据由 Excel 软件计算整理所得。

民丰特纸成立于 1998 年，主要生产卷烟配套用纸和特种工业用纸，品种比较单一，在 7 家造纸企业之中规模最小，总资产与其他企业相差 2~10 倍，成立时间也最晚，因此在经济与资源竞争力方面排名稍后，在环境竞争力方面排名稳定在 4~5 名，在人力资源、规模和技术资源方面也相对较弱，因此综合排名基本在 6~7 名。

景兴纸业 2016 年营业总收入为 36.81 亿元，与去年相比增长 24.61%，净利润为 3.1 亿元，与去年相比大增 2 639%。主要原因在于第四季度，尤其是 11 月以后，企业提高了其主要产品的销售价格，并且其价格的上涨程度大大高于原料成本的上涨，使得产品盈利能力得到恢复；同时公司投资的股票为公司贡献了较大利润。资源能力和环境能力仅稍好于民丰特纸，然而净利润的大幅提升使得景兴纸业在经济竞争力排名位居第一，综合排名也一跃成为第二位。

荣成 2015 年经济竞争力排名第五，2016 年实现营业总收入 325.12 亿新台币，同比增加 21.19%，实现净利润 24.07 亿新台币，同比增加 160%，其中大陆地区营业收入占总营业收入的 76%，利润占总利润的 83%，排名回到第三名。荣成纸业在环保方面的工作一直比较好，大量运用回收纸作为原料，与传统使用原木纸浆造纸相比，每千克瓦楞纸箱产量可减少二氧化碳排放 5.3 kg。2014 年减碳量达到 1 083 万 t，温室气体比前一年减少 8.66%；2015 年工业用纸再生原料占生产原料比例 98.2%；2016 年瓦楞纸再生原料占生产原料比例 99.22%。在资源竞争力方面，2014 年荣成纸业排名第二，大专以上学历人员占比达到 61.3%，年内新获得专利授权达到 26 项。由于各方面出色表现，2014 年荣成纸业综合排名第二，2015—2016 年，由于经济竞争力和资源竞争力都稍有退后，综合排名稳定在第四。

根据 RISI 发布的"2014 年全球制浆造纸行业 100 强"企业名单中，太阳纸业排名第 60 位，2015 年太阳纸业以 15.889 亿美元的销售额跃居至 48 位，2016 年位列第 39 名。在环境方面，截至 2016 年底，太阳纸业累计投入 40 多亿元用于环保工作，废水 COD 出境水质达到 30 mL/L 以下，BOD 达到 10 mg/L 以下，化机浆废水全部实现零排放，平均吨纸耗水为 3~5 m³，与此同时也在不断进行科技研发，从各个方面降低对环境的影响。太阳纸业在经济竞争力和环境竞争力方面一直分别维持在第二和第一，在资源竞争力方面，太阳纸业研发投入占比三年都处于第一位，到 2016 年为止，公司的科技研发费用投入占销售收入均在 3% 以上。虽然太阳纸业每年的经济竞争力都稳定在第二，然后受到环境竞争力和资源竞争力的影响，综合排名在 2～3 名波动,从侧面反映综合竞争力不只受到经济竞争力影响,环境和资源也在很大程度上影响一个企业的综合排名。

2014 年维达集团的经济竞争力在 7 家企业中排名第一,环境竞争力和资源竞争力排名第三,综合排名第一,可以看出 2014 年综合排名主要由经济能力决定,在 2015 年,经济能力和资源能力排名第一,综合能力排名第一,2016 年经济能力排名第四,而综合能力排名第一,说明经济竞争力不再是决定因素,环境和资源能力也逐渐影响一个企业的综合竞争力。总体来说,维达集团综合实力在 7 家造纸企业中最强,尤其在科技创新能力方面,2014 年维达集团年内新获得专利授权有 17 项,2015 年年内获得专利授权有 18 项,而 2016 年年内新获得专利授权达到 44 项。其水资源循环利用率也是 7 家企业中数值最高的,三年内综合排名均为第一。

2014—2016 年,永丰余在总资产、主营业务收入、全年纸产量、在职员工数量的表现规模因子方面一直排名第一,是 7 家造纸企业中规模最大的企业,2014 年,永丰余在技术创新方面投入大量精力获得专利授权 27 项,2015—2016 年对研发的重视程度降低,因此资源竞争力排名有所下降;在环境方面,永丰余在水资源复用率和吨纸耗新水这两项指标中,排名最后,其他环境因子表现也处于中下游,环境竞争力三年排名都处于第六名;在经济方面,资产负债和流动比率方面表现良好,但收入与利润的增长以及盈利能力不强,总体经济能力处于 4～5 名,受这些因素影响,综合竞争力下滑。

由于正隆纸业连续 2 年不断传出异味污染,2015 年受到台中市环保局连续处罚,罚款金额累计 4 761 万新台币(折合人民币 1 000 万元),创下台中市污染源罚款金额纪录。2016 年,正隆纸业在环境方面的问题也没有得到实际的改善,中国国内越来越严格的环保法规和经营不善,2017 年 5 月正隆纸业子公司上海中隆纸业全面停产,计划将纸箱业和造纸业转移到越南。这与文章分析结果相符,正隆纸业自 2014—2016 年环境竞争力一直处于末位。在经济与资源方面正隆纸业的表现也不尽人意,2015 年正隆纸业 10 家子公司共亏损 1.4 亿新台币(折合人民币约 3 000 万元),2015—2016 年正隆大陆员工减少 833 人。由于正隆纸业在经济、环境和资源方面的总体表现一般,综合排名处于 5～6 位。

10.7 低碳背景下提升我国造纸企业核心竞争力的建议

10.7.1 政府方面

(1)加大淘汰过剩产能和落后造纸企业的力度。根据国家统计年鉴数据,2016 年我国规模以上造纸企业共 6 586 家,其中,大中型企业有 891 家,占全国纸制品生产企业的 13.5%,小型企业 5 695 家,占比 86.5%。在纸制品生产企业利润总额中,大中型造纸企业占 64.1%,小型造纸企业占 35.9%(数据不包括规模以下企业数),显然,我国造纸产业发展极度不平衡,生产能力大部分集中在大中型企业上。一般来说,大企业碳排放水平更低,因为他们具有更多的资金、更强的技术、更先进的生产设备,可以为林纸一体化、热电联产的实现创造条件。我国造纸企业应该发展集团化模式,走兼并及联合的道路,扩大其规模。因此,政府应该加大淘汰过剩产能和落后造纸企业的力度,提高产业集中度,促使企业走向低碳环保之路。例如:河南省关闭了多家环保不达标的造纸企业,山东省为了解决原料结构性污染问题关闭了多家麦草纸浆生产线,鼓励大型企业走生态纸业道路。

(2)对我国造纸企业污染物排放制定严格的标准。虽然目前达成了"十二五"期间关于我国碳排放降低的目标,然而我国造纸企业COD排放约占行业排放总量的47%,无论产品质量、能耗、污染负荷与英国、日本等发达国家相比都有一定的差距。因此,政府应该对造纸企业的生态环境提出更高的要求,促使企业走向低碳环保之路。除此之外,还应监督企业定期公示企业的污染物排放的确切数据,这样避免企业在污染物排放方面数据造假,以便公众进行监督。

(3)加大对造纸产业的扶持力度。造纸企业所需资金大,项目建设周期长,属于资金密集型产业,对造纸业来说转型的关键因素为资金支持。不少企业在实施"林纸一体化"的同时,还要为低碳环保进行资金投入,而我国的造纸企业大部分还是小规模,没有充足的资金保障,这无疑增加了造纸企业的实施难度。为此,政府应该加大对造纸产业的资金扶持力度,扩宽造纸企业的融资渠道,吸引资本投资中国的造纸企业。足够的资金是企业在引进先进的人才、技术、设备等方面的保障,更加有效率地实现清洁生产,提升自己的核心竞争力。

10.7.2 行业协会方面

(1)发挥桥梁作用,及时传递信息。造纸协会作为企事业单位自愿组织成立的服务性组织机构,介于政府和企业中间,发挥着重要的桥梁作用。造纸协会一方面应及时向企业传递政府对于造纸产业清洁生产和节能减排等的相关政策、法律、法规的信息,提升企业对国家政策的认识程度,符合国家的相关要求;另一方面,通过在线服务、调研、发送宣传单等形式与企业进行互动,了解企业发展过程中遇到的困难,指导企业朝着正确的方向发展。同时,还应该及时向政府回馈信息,让政府了解到企业的处境,再及时传递给企业。最终,实现企业与政府之间的良好沟通。

(2)加强行业培训,促进公平贸易。由于我国相关产品出口价格低,企业对国外相关的法律法规不熟悉,企业会遭受国外的反倾销、反补贴(简称"双反")调查。2013年12月和2016年2月8日,澳大利亚与巴基斯坦对自中国进口的复印纸与涂布白纸板展开反倾销调查。"双反"调查不仅使国家相关造纸企业遭受巨大损失,并且会间接地影响我国的国际形象,造成国际贸易摩擦。行业协会在遇到此类事件时,应该及时通知造纸企业,并提供专业的法律知识和指导,帮助我国企业应对诉讼,提高企业的应对能力。为了预防"双反"调查,行业协会应该加大对这方面法律、法规的宣传力度,不至于等事件发生时才知道,遭受不必要的损失。

(3)建立国际市场信息网络。造纸协会应该建立国际市场信息网络。由于在低碳经济方面,国外的造纸企业已经有了成熟的体系,尤其是英国、日本、美国。据调查,美国有51种废纸回收质量标准,日本有25种,均对产品进行了分类,并制定了统一达标标准,买卖也严格按照标准执行。我国的行业协会可以建立国际件市场信息网络,发挥桥梁和纽带作用,定期分享国外的先进技术、新信息,也可以组织国际合作交流,效仿这些发达国家的做法,完善其相关市场信息,使我国造纸企业法发展过程中有所参考,找到更适合我国造纸企业低碳化发展的方向,从而提升我国造纸企业核心竞争力。

10.7.3 企业方面

(1)实现清洁生产,发展低碳经济。废水、废气中的污染物大量排放及资源的高消耗是造纸企业造成环境污染问题的主要原因,与我国低碳经济发展方向相悖。温室气体排放量、出境水质中 COD 和 BOD 浓度、废气中二氧化硫等的浓度以及固体废物的处理都是造纸企业需要重视的环境影响因素。生物质原材料的消耗和造纸生产过程中所需的大量热能、电能等也给我国造纸企业带来了资源压力。

发达国家的造纸企业已经从造纸、技术、废弃物处理等方面进行了生产的清洁化。如使用更高端的机器和药品,使用更先进的制浆技术与废弃物处理系统,这不仅提高了生产效率并节约资源,也从源头上也解决了污染物的排放,实现了环境无负担生产。我国造纸企业应效仿发达国家,清洁生产,从源头上减少污染,从而提高资源利用效率,减少生产过程中产生的环境负担,实现低碳发展。

提高废纸回收利用水平,必须提高消费者废纸回收意识。企业可以通过举办有关环保讲座等方式加大对废纸回收的宣传力度,让消费者了解废物回收的效益,也可以通过适当提高回收废纸价格等措施,使公众具备回收废纸的意识,逐渐改变人们的行为。

(2)加大林纸一体化实施力度,提高资源利用水平。我国造纸企业的原材料主要依靠进口,"碳关税"的提出也在一定程度上增加了我国造纸企业的成本。因此实现林纸一体化,除了对我国森林覆盖面积有所贡献,提高当地生态系统环境,使"固碳"能力提高外,还可以自给自足,减少对上游渠道的依赖性,实现造纸、林业、生态的协调发展。据了解,以生长 50 年的一棵普通的树为例,每年有 3 个季度可以进行光合作用,那么这样一棵树平均每天吸收二氧化碳约 5 023 g,这虽然只是一个估算数值,但也能反映出树的"固碳"能力。加大林纸一体化的实施力度,需要与林业联合。如瑞典、芬兰等国家的造纸企业都硬性规定每年木材的种植量必须大于采伐量,为了满足自身的需要并且符合国家的要求,这些国家的造纸企业基本上都建有各自的丰产速生林原料基地。而我国由于森林资源匮乏,长期以来造纸企业的原材料主要是草浆。我国《造纸业"十二五"规划》中提及,中国造纸业木浆用量由 2005 年的 1 130 万 t 增加到 2010 年的 1 859 万 t,占总用浆的 22.0%。到 2015 年的目标是,木浆比重要增加到 24.3%。目前全国规模以上大约 3 000 多家造纸企业,但是实行林纸一体化的只有四五十家。我国造纸企业应该实施林纸一体化的方法,植树造林,提高木浆自给能力的同时改善生态环境。在生产过程中,加大各种资源的回收利用,如从废液中可回收一些有机物、无机物,将废纸回收再造纸。各种资源回收利用,也能节省生产成本。

(3)引进和培养高质量人才,提高科技创新能力。"以人为本",是企业长足发展的关键。各行各业都应该有属于自己的发展核心,而高质量人才可以更好地引领企业未来发展。因此企业应该注重内部激励机制,建立一套完整的绩效考核标准,点燃员工工作热情,激励员工高效率地完成工作,提高企业对高质量人才的吸引力。在企业达到一定规模之后,就要重视科技创新能力的提升,科技创新可以提高壁垒,获得一定时间的竞争优势。通过自主创新或者引进更先进的专业化设备,提高生产效率,加大对新产品和新技术的研发力度,进行科技创新,可以达到污染治理,降低单位产品所需的生产、物耗、能耗成本,从而达到节约能源、减少碳排放的目的,提高企业核心竞争力,从而使企业可持续发展,获得长久的竞争优势。

第十一章 西部地区传统产业生态化发展战略

11.1 传统产业集群生态化发展战略

11.1.1 产业集群概述

产业集群的概念由迈克尔·波特(1990)在《国家竞争优势》中正式提出,是指在一个主导产业为主的某个特定领域中,空间上集聚大量产业联系紧密的企业和相关支撑机构,且产生强劲、持续竞争优势的状态。国际上主要从空间集聚、竞争、环境的创新、经济增长和社会资本等方面对产业集群进行分析。

(1)从空间集聚的角度研究产业集群。这类观点主要强调企业间的物质联系,关注企业的生产成本与所得利益。马歇尔将产业区看成是一个集聚大量产业相关的小企业、进行专业化生产的区域。克鲁德曼建立了一个中心-外围的模型,说明区域或地理在竞争和要素配置中的作用。弗郎索瓦·佩鲁最早提出"增长极"概念,指出空间集聚和寡头垄断会诱使经济增长。

(2)从竞争的视角研究产业集群。这类观点的代表人物是 Michael E. Porter 和 Chintz,把竞争看作形成产业集群的重要原因。20世纪90年代后,为提高竞争力,很多国家或地区都采取培育产业集群的方式。Kucer(1998)主要研究产业集竞争和合作的关系。21世纪初,Meyer Stamer 研究了产业集群内阻碍企业合作的原因,提出通过合作来提高集群的竞争优势和创新能力。

(3)从创新环境的角度研究产业集群。产业集群重视区域创新环境,从这个角度而论,创新环境可被看成是一种企业创新的管束和学习系统。艾德洛特(1984)和卡玛格尼(1991)分别提出"创新环境"和"创新网络"。迈克尔·波特(1990)提出"产业集群"后,对创新体系的研究日益深入,提出创新体系更加注重主体间学习和合作的互动。

(4)从经济增长的角度研究产业集群。经济增长理论的研究脉络从哈马德-多马构建的增长模型到 Solow 模型。Romer(1986)和 Lucas(1998)在 Solow 模型引入人力资本和技术进步等因素。Nicholas Craft 和 Anthong J. Venables(2001)讨论了企业在地理上集聚产生的经济、区位和规模效用。C. J. Caniels 和 A. Romijn 在中观及微观层面探讨集群优势,给出对应的集群政策建议。

(5)从社会资本的角度研究产业集群。从信息、网络、信任等方面运用社会资本理论分析了产业集群的发展。普特南(1993)将社会资本分为三个方面,即协会、信任、一致的规范。Grootavert 和 Bastelaer(2002)提供了三类替代指标:集体行动,会员团体或地区网络,规范和信任。Meier 和 Stiglitz(2001)指出协调、信任、互惠互利、人脉及合作可看作是一种民间社会资本,同年,扎克与莱克提出非同质群体在交易中面对的道德危机问题。

我国对产业集群的研究从 20 世纪八九十年代开始,进入 21 世纪后更加深入广泛,取得了重要进展,主要在形成原因、竞争、创新环境、中小企业集群、企业网络、风险与防范等方面进行研究。

(1)从形成原因的角度研究产业集群。仇保兴(1999)从专业化分工和生态学的角度分析了产业集群的形成机制。叶建亮(2001)认为知识溢出是形成产业集群的重要因素。许庆瑞和毛凯军(2003)提出了产业集群的形成条件,认为产品和服务具有较长价值链。王珺(2005)研究了珠江三角洲西岸的产业集群,提出了"衍生集群"的概念。张乾(2009)对区域资源型产业集群形成与优化发展进行了研究。

(2)从竞争的视角研究产业集群。石碧华和魏守华(2002)探讨产业集群的竞争优势,引入了直接和非直接经济要素。张辉(2003)认为形成产业集群的正面经济效应和对负效应的规避能力,二者是集群竞争的根源。黄珍(2004)认为集群的竞争优势主要有资源获取、创新创业、市场效率、扩张优势等。陈继荣和刘恒江(2005)认为获得持续竞争优势的根源在于集群动力机制。蒋录全等(2006)系统分析了产业集群竞争力。

(3)从创新环境的角度研究产业集群。王辑慈(2001)指出提升国力的关键要素包括创造区域竞争氛围、增强区域竞争优势、培养有区域特色的企业集群。盖文启(2002)分析了产业集群网络及其创新。魏江(2003)系统探究了集群的技术学习和创新系统。虞锡君(2005)认为选择产业集群内关键共性技术可增强集群自主创新能力及建立区域创新体系。

(4)从中小企业的视角研究产业集群。我国改革开放后南方的一些县域乡镇企业迅速发展,形成了一些小商品生产的区域群,主要集中在江浙与广东一带,学者对这些区域中小企业集群进行了研究。仇保兴(1999)从中小企业集群的分类入手分析产业集群。陈雪梅、赵珂(2001)认为由跨国公司对外投资从而形成中小企业集群。姚先国(2002)从产业集群演化特性研究中小企业集群。姚向军、钟朋荣(2006)详尽描述了浙江嵊州领带产业集群的发展模式,将产业集群总结为"小企业大集群、小区域大产业、小产品大市场、小政府大服务"。

(5)从风险与防范的角度研究产业集群。仇保兴(1999)认为中小企业集群内部过度竞争导致产品质量不断退化的主要原因在于信息不对称。耿帅和吴晓波(2003)以区域集群为研究基础建构了自稔性风险成因模型。蔡宁等(2003)分析了集群网络型风险的机理。朱瑞博(2004)提出了模块集群抵抗集群内生性风险的原理。我国在吸收国外理论研究的基础上结合实践,对产业集群的形成过程、创新意义、制约因素和演化趋势进行了系统分析。

11.1.2 传统产业集群存在的问题

产业集群是企业在共同利益驱使下,在市场机制发生作用下发展起来的,如果没有外力强力推动,很难朝生态化方向发展。在资源和环境约束条件下,传统产业集群可持续发展动力明显不足,主要存在以下问题。

(1)传统产业集群对环境的破坏。传统产业集群在发展过程中主要是产业集聚和规模化发展,并未充分顾及传统的产业集群过度发展所带来的环境负载容量问题,大规模传统产业集群带来了巨大的环境压力,反而破坏了生态环境。

(2) 传统产业集群未形成产业链闭环。传统产业集群由于产业链单一,不能对各类资源和废弃物进行循环再利用,在生产过程中不能对产生的废弃物进行及时处理。

(3) 传统产业集群缺乏先进理念支持。传统产业集群发展并未引入先进的循环经济理念,各类资源和废弃物未形成循环再利用,各类资源的利用率低,存在资源和能源的较大浪费,对生态环境造成的破坏较为严重,传统产业集群的发展受到严重制约。

(4) 传统产业集群未形成产业共生关系。传统产业集群发展只是相关或同类企业的简单集聚,并未形成产业共生关系。传统产业集群内的企业各自为战,缺乏产业整体发展战略,未形成协同发展的有效机制。

传统产业集群能够促进区域经济快速增长,但这是以牺牲环境资源和能源消耗为代价的经济增长,缺乏可持续发展根基。传统产业的生存与发展必须以循环经济为基础,形成产业生态化共生关系,实施传统产业集群生态化改造。

11.1.3 传统产业集群的形成与演进

传统产业集群的形成路径有多种,下述从三个角度进行分析。

(1) 从政府作用和人为自发的视角,有政府单独作用、仅人为自发形成、政府和人为共同作用三种模式。如:我国东北重工业产业集群凭借政府的力量规划形成;浙江温州低压电器产业集群是由亲属邻里间开办家庭作坊式小工厂发展形成;台州缝纫机产业集群是从当地农民走村入户推销和修理缝纫机开始,自发走向集聚而形成;我国造纸产业集群的形成既有政府的政策作用,也有集群中企业的积极参与互动。

(2) 从产业集群内外视角,有外源型、内生型、外源和内生结合三种模式。外源型最典型的是广东的产业集群,主要依靠外来企业投资形成,如广东形成了以珠江三角洲为核心的造纸产业集群带,第一家造纸厂——江门造纸厂是由侨资创建的,外源引入后,广东逐渐成为了我国造纸原料、纸及纸板、纸制品业进出口贸易的最大窗口;内生型的典型是浙江的产业集群,大部分是由本地的民营企业集聚和演化而成,如长江三角洲的浙江富阳造纸产业集群,主要是依靠自然资源、历史文化等内生因素促成的,属于内生型;环渤海集群中的山东造纸产业,主要借助外源和内生两股力量共同作用而发展起来,属于外源和内生结合。

(3) 从产业集群组织形式视角,有龙头带动、市场聚集、龙头和市场相结合三种模式。日本的汽车产业集群就是龙头带动的典型,龙头企业通过在周边建立大批配套企业形成集群;义乌小商品产业集群主要通过市场集聚,众多中小企业以平等的市场交换关系聚集在一起,逐步形成小商品产业集群;造纸产业集群是龙头与市场相结合的产物,在造纸产业集群中,有造纸企业作为龙头引领,横向和纵向相关企业联系起来良性发展。

产业集群形成的力量之源为企业为寻求自身生存环境所形成的结盟,该生存环境能促使交易成本下降,企业利润提高。市场环境和制度环境是产业集群形成的主要环境条件。专业市场的形成和发展是分工发展的具体表现,随着专业市场的成长,交易效率提高,分工得以深化,形成最终产品市场、中间品市场、劳动力市场,共同构成产业集群的竞争优势。专业市场与产业集群的关系如图 11-1 所示。

奥地利区域经济学家 Tichy G. 提出了产业集群的生命周期理论,将产业集群的生命周期依次分为诞生、成长、成熟、衰退四个阶段。产业集群的演进过程如图 11-2 所示,先进驻的企业进行孵化,垂直分离,示范和模仿,集群获得持续成长能力,在集群企业的数量达到最低临界规模之前,则是产业集群的诞生阶段;当越过临界点,进入产业集群的新成员企业数快速增长,产业集群的竞争力增强,产业集群进入成长阶段;随着新企业的进入,产业集群网络接近饱和,产业集群进入成熟阶段,产业集群竞争力趋于稳定;由于市场容量和环境承载力的限制,当产业集群内企业超过某一限度时,各种负面作用叠加,使得产业集群进入衰退阶段。

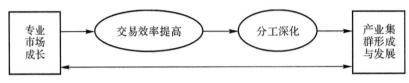

图 11-1 专业市场与产业集群的关系图

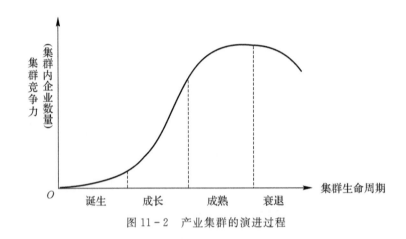

图 11-2 产业集群的演进过程

传统产业集群是一个动态的开放系统,政府应该更好地发挥宏观管理职能,加大技术研发投入,行业协会应起到协调引领作用,企业应重视传统产业集群的发展与更替,才能把握好传统产业集群的生命周期规律。

11.1.4 产业集群发展的经济与社会基础

产业集群这个组织不仅包含各主体之间的经济联系,还渗透着浓厚的产业文化、地域文化以及复杂的"人缘"关系,这些社会文化因素是集群内部各主体之间相互联系的纽带。产业集群发展就是建立在特定的经济与社会基础之上的。

产业集群是现代产业分工协作的网络体系,网络层中政府、行业协会、科研机构及相关组织各自承担不同的职能,核心的生产经营网络层提供了信息、服务和技术支持平台。核心网络层包括横向和纵向分工协作,是产业集群发展的经济基础。纵向分工是集群内企业之间生产链垂直分解形成的上下游关系,上游包括原料、机器设备、零部件、专用性基础设施及相关服务的供应商等,下游为销售渠道和各级客户。横向分工扩展到互补产品的制造商和有着共同投入的企业。产业集群的形成增加了由分工协作产生的报酬而降低了专业化分工发生的交易费用。

产业集群的网络关系不仅是纯经济性的产业网络关系,还包含了大量的社会网络关系。

经济组织的各种形式根植于各种文化与制度当中。社会网络是指社会团体当中,人际的社会关系总和,链接方式大致可以用"五缘"(即血缘、亲缘、地缘、行缘、业缘)来概括。20世纪初,台山籍华侨余乾甫、余觉之等人集资12万元创办江门造纸厂,产品远销到南洋开了广东省内近代造纸业之先河,早期的侨汇成了与国外联系的纽带,血缘和亲缘关系顺应如今商业关系的变化。浙江富阳造纸业是已有1900多年的历史的传统产业,曾有"京都状元富阳纸,十件元书考进士"之美誉,地缘作用造就了富阳造纸的长期稳步发展。

11.1.5 循环经济促进传统产业集群生态化发展

(1)循环经济是产业集群生态化发展的基础。产业集群对我国造纸工业规模化、现代化的发展起了重要作用,而其也面临污染严重,水、原料等资源日益紧缺,技术创新滞后的不利局面。造纸产业坚持发展环境污染少、资源消耗低、经济效益好的循环经济是产业集群实现可持续发展的必由之路。

企业的零散布局难以实现资源的循环利用,而循环经济的目的是实现资源的最大化利用,因此,企业需要集群化发展才能推行循环经济。集群内的企业和项目关联互补,企业连接成的产业链形成类似于自然界的生物链,经过各种资源、能源、副产品和废弃物的互换,企业间形成代谢共生的生态网络。群内各种资源共生平衡,将"三废"排放降至最低,实现群内资源的最优配置,夯实了循环经济的基础,降低了治污费用,提高了治污效率,企业获得了可观的环境经济效益。

(2)传统产业集群生态化发展为实现循环经济提供了可能。传统产业集群生态化发展的结构特征为循环经济发展打下了坚实基础。传统产业集群生态化发展为产业集群组织形式进一步拓展了生存和发展空间,使传统产业集群中生产者、消费者、分解者完成了生态化的专业分工,使企业间物质、信息、能量传递便利,企业间的合作共生延伸了互动链条,促使传统产业集群生态化升级。

从资源节约而言,企业将回收利用废弃物及副产品产生的费用与直接购买新的原料对废弃物较简便地处理产生的费用对比,若实施循环技术增加了成本投资,即便循环技术可用,企业也不愿积极使用此技术。除非政府给予补贴和税后优惠,或者优先采购,或者调高自然资源的价格,对企业利润形成挤压,实现从耗费资源技术到节约资源技术来支持工业竞争力的转变。

从污染治理而言,企业将自身治污产生的费用与治污外包共同治理产生的费用相比较,若外包治污价格过高,集群内仅有少数的企业会将污染物外包给治污企业来回收处理;当外包治污价格下降时,愿意通过外包方式治污的企业增多;治污企业在进入传统产业集群的开始阶段需要政府的支持和推动,后面治污市场达到一定规模,传统产业集群中的治污与制造业互利共生,会形成新的平衡状态。若有污染排放的企业能够通过购买其他低污或无污染排放企业的部分排污权来减少企业自身治污成本,同样能推动传统产业集群生态化发展。

11.1.6 传统产业集群生态化发展战略

我国一些传统产业依然呈现中高速发展的态势,这在一定程度上为推动传统产业集群生态化发展奠定了基础。如造纸产业依然高速发展,已形成了三大造纸产业集群——长江三角洲产业集群、珠江三角洲产业集群和环渤海产业集群,且已成为广东、浙江、山东、江苏等省的支柱产业。传统产业集群经济快速发展的同时,面临着资源和环境的威胁。东部地区造纸产业集群已形成并在发展,西部地区面临着形成造纸集群的问题,如何在环境和资源约束条件下促进传统产业集群生态化发展是面临的十分紧迫的问题。对我国造纸产业发展的内部条件和外部环境进行分析,为我国造纸产业集群生态化发展提供一些战略性建议。

(1)实施造纸产业集群生态化发展战略必须提高行业竞争和创新能力。造纸产业集群生态化发展,实施清洁生产,才能使造纸产业这样的传统产业可持续发展。大量与造纸联系密切的企业和机构在空间上集聚,并形成以循环经济和清洁生产为基础的生产经营生态体系,这将有利于提升传统造纸企业的竞争优势,降低生产成本和交易费用,树立区位品牌,且提高各类资源的综合利用率。企业间频繁往来,强化了企业生态化发展的新观念、新知识和新技术的传播,产业内竞争使企业积极创新,产业集群生态化协同发展有利于创新成果扩散和新企业成长。产业集群生态化发展必将催生产业生态化发展的龙头企业,有利于打造区域生态化发展经济中心,形成特有的生态化产业结构和区域特色,发挥规模经济效益,促进企业提升竞争和创新力。通过产业集群的力量,企业可以共享由规模经济衍生的市场、原料、人力、设备、金融、信息和基础设施等资源,从而降低风险和交易成本,提高行业的竞争和创新能力。

(2)实施造纸产业集群生态化发展战略可促进国民经济可持续发展。造纸产业关联度强,市场潜力大,造纸产业集群生态化发展将有效带动农林、化工、包装、印刷、电气自动化、机械制造、交通运输、环保等产业发展,成为促进国民经济可持续发展的重要力量。集群化的发展模式推动上下游产业发展,促进国民经济增长。我国经济增长的40%是靠消费品的出口,而纸包装对于消费品出口起到了积极的支撑作用。我国产的近6 000万t纸中,有1/3作为消费品出口到国外。造纸产业集群生态化发展将使上游经济发展"林纸一体化"战略,能有效减少我国木浆原料的进口量,节省大量外汇。造纸产业是我国国民经济的重要产业,造纸原料为木材、竹等植物纤维及废纸再生纤维,能部分替代钢铁、塑料等不可再生资源,许多特种纸已成为工业生产的重要原材料,符合国民经济可持续发展的要求。

(3)造纸产业集群生态化发展战略将带来更多就业机会。2010年我国仍在调整造纸企业的经济结构,规模以上造纸企业数量与2009年相比由3 686家上升至3 724家。随着纸的用途越来越广,对纸的需求量越来越大,且造纸产业集群延伸了与造纸相关的产业链,吸纳的就业人口越来越多。2000—2010年造纸及纸制品行业从业人员人数保持平稳上升的趋势,由113.41万人上升至152.64万人,如图11-3所示。造纸产业是典型的资金密集型和劳动密集型产业,造纸产业集群生态化发展战略将为科研、行政管理人员,技工及当地农民提供充裕的就业机会。

造纸产业具有技术密集型产业的特性,大都是24小时连续流水线作业且大批量生产。原料复杂,水、热、电流量大,"三废"的回用和处理要求高,整个过程需要在线监控和协调。保证生产线正常运转需要高精装备,还需要大量高级人才,他们对企业进行技术指导,引入生态化发展的循环经济生产模式,传统产业将具备可持续发展潜力。新的造纸产业政策的出台,许多污染大、规模小的造纸企业将被取缔,这些企业的很多下岗工人将被吸收到生态化发展的造纸企业中来。在清洁技术指导和生态化管理理念的引领下,生态化造纸企业将进一步发展壮大。

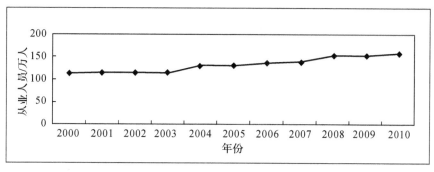

图 11-3 2000—2010 年造纸及纸制品行业从业人员人数

造纸产业和林产业同属劳动密集型产业。林纸一体化工程为林产工业提供了劳动力的保障。造纸生产基地多建于市郊或乡镇的工业园区中,不仅能够推动当地经济的发展,而且能够为当地提供大量的就业机会。我国当前劳动力成本较低,传统产业普遍劳务工资低,约为发达国家的 1/20。我国较低的劳动成本对劳动密集型产业来说,构成明显的成本竞争优势。造纸产业集群生态化发展使林纸产业协调运行,能够有效带动就业。

(4) 轻工业相关政策为造纸产业生态化发展战略实施提供了支持。2009 年出台《轻工业调整和振兴规划》指出轻工业将成为继钢铁、汽车、船舶、纺织、装备产业之后中国政府积极支持和重点发展的行业,其中包含了造纸产业发展的多项内容,强调淘汰落后产能,产能向规模企业集中,提高国产木浆比重,推进林纸一体化发展等。2011 年 12 月发布的《造纸工业发展"十二五"规划》与《轻工业调整和振兴规划》观点契合,还强调优化创新能力、调整产业和产品结构、产品升级换代及装备自主化、清洁生产等,为积极推动造纸产业生态化发展战略创造了条件。

(5) 造纸产业集群生态化发展战略是造纸产业可持续发展的必由之路。为促进造纸产业集群生态化战略实施,必须加强政府政策干预,形成落后产能淘汰机制,措施包括政府有关部门出台的环保政策,鼓励造纸企业建立生态化生产经营体系。为解决生态化产业集群资源的紧缺,除提请政府有关部门在审批大型造纸生态化建设项目时,要结合当地实际,对原料和能源做好充分的考虑外,造纸产业必须要做好原料的生态循环使用,包括林纸产业结合大循环和废纸回收利用小循环两方面。目前我国林纸产业间生态大循环还只停留在概念上,用于造纸的树木未到砍伐时间且育林面积有限,小循环也未步入正常轨道。需将林纸产业的经营与销售结合,形成林纸产业互动的发展环境。构建完备的废纸回收体系,有效提高废纸的回收利用率。推进林纸产业集群生态一体化发展,调整林纸产业结构,提高清洁生产水平,加快技术的生态化改造,变劣势为优势,抓机遇,规避风险。实施造纸产业集群生态化发展战略将使造纸产业焕发新的生机,是造纸产业可持续发展的必由之路。

11.2 产业一体化发展战略

产业一体化发展战略就是产业中由相关企业所构成的、具有相同或相近企业目标的企业利益共同体所形成的共同发展战略,是相关企业能够充分利用自己在产品、技术、市场上的优势,相互协作,资源共享,不断向深度和广度共同发展的一种产业发展战略。产业一体化发展战略又可分为横向一体化战略、纵向一体化发展战略以及横向和纵向一体化相结合的发展战略。

11.2.1 横向一体化发展战略

横向一体化发展战略是为提高企业竞争优势,降低成本、扩大规模、增强实力而与同行企业或互补企业联合的战略。横向一体化发展模式中,产业集群内的联系主要体现在具有互补关系或竞合关系的企业间,它们为实现战略目标相互合作、共担风险、共享利益。造纸产业集群中有专门从事机械设备制造、能源供应、物流、包装、印刷及"三废"处理等的企业,与制浆造纸企业之间形成互补的关系;造纸集群网络中同一节点的企业有多个,它们生产同类产品或提供同种服务,地理位置相对集中,面临共同着原材料、产品和劳动力市场,这些企业间具有竞合关系,如图11-4所示。

图11-4 造纸产业集群中横向一体化企业间的关系

横向一体化发展战略有利于产业集群中关联企业的互补协作,在传统产业集群中,具有互补关系的企业指企业生产的产品具有互补性,或新的企业类型是该企业的相似产业链的扩充。在造纸产业集群中,以造纸生产为主流产业,造纸机械设备制造企业提供装备保障生产的正常运行,这些制造企业有相应的维修和维护工人即时提供服务,保障设备的正常使用;造纸过程还需能源的供应,水、煤、热、电、汽的顺利提供才能确保造纸各个环节的完善,能源转换系统有汽电厂、水站、热站、燃气站等;运输涉及造纸的物流系统,集群内企业间的联络有群内物流,产品与群外市场交易需外部物流,废弃物的回用需逆向物流;包装业生产包装盒、包装袋等;印刷业也与造纸业相关,每件产品都缺少不了印制品;"三废"的处理和纵向一体化密切联系;各类咨询公司为集群企业提供商业策划、人力资源管理等服务。

竞争是一个互动过程,企业在竞争中意识到和对手的差距,能借鉴对手经验,模仿对手的技术;竞争又是一个学习的过程,给企业持续改进和不断创新的动力。若企业能让竞争激发创新,开创市场的蓝海,进行持续的技术和管理创新,突出产品的个性,提升产品的质量,让竞争企业不易模仿,竞争就能促进企业自身和产业集群的发展。造纸产业中,具有竞合关系的是各类造纸企业,生产纸的种类包括印刷用纸及纸板,文化、艺术、生活用纸及纸板,包装用纸及纸板等。产业集群内的横向合作是这些存在利益冲突的企业间的合作,需要法律和制度的保障。企业的声誉很重要,完善的机制能避免群内企业的违约行为。产业集群内同类企业间存在着业务转包联系,生产能力不会闲置。

11.2.2 纵向一体化发展战略

纵向一体化包括后向一体化和前向一体化。后向一体化通过收购一个或若干上游供应商以增加盈利或加强控制,造纸企业在林纸一体化过程中与林业结合共生发展。前向一体化是通过兼并和收购若干个处于生产经营环节下游的企业实现公司的扩张和成长,造纸企业下游环节涉及"三废"回用,需相关产业支撑。造纸产业集群在纵向一体化方向的发展与循环经济相生相息,是一个闭合的循环系统。

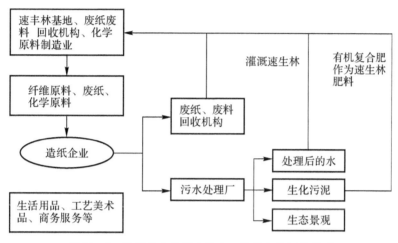

图 11-5 造纸产业集群中纵向一体化企业间的关系

整个造纸产业生产流程涉及多个环节,如图 11-5 所示,上游环节中涉及林业、基础化学原料制造业和废纸废料供应商等,下游环节中涉及"三废"的回收利用,包括污水处理厂、废纸回收机构和热电厂等,经污水厂处理后的水用来浇灌速生林,产生的生化污泥用来作为速生林肥料的有机复合肥,构成造纸生产循环系统。下游产业还涉及文化生活用品、工艺美术品等加工制造业和各种商务服务。

发展林纸一体化是造纸产业纵向一体化发展战略的具体体现,建设造纸用速生林基地,将营林、制浆和造纸这几大生产要素相统一,形成林纸结合、协同发展的良性产业循环。造纸产业集群用大片林地来建设木浆原料基地,需做好林地流转制度的改革,实现经营权的转让。充分利用全国各地可造林的荒山、荒地,建造速丰林、竹林,实现森林资源循环更新,永续不竭。管理好速生林基地,明确轮阀周期,为制浆造纸提供木材原料。化学原料制造业为造纸提供造纸辅料。废纸废料回收机构提供废纸原料,在进口大部分木浆、废纸浆的基础上,进行制浆造纸。生态化的纵向一体化造纸产业集群可建设人工观赏林、人工生态景观湖等,以此来发展附属传统产业观光旅游业。

11.2.3 横向和纵向一体化相结合的发展战略

将横向和纵向一体化模式综合,便能形成传统产业间的生态工业网络。将传统产业集群内各类企业横向和纵向联系起来,使各类企业产生的"三废"既可自身循环回用,也能转化为其他企业的生产资源,形成共享资源和互换副产品的产业间生产组合。图11-6所示为造纸过程中三废处理方式,通过三废的科学循环处理延伸了造纸生态产业链,以此形成横向和纵向一体化相结合的造纸生态产业集群。

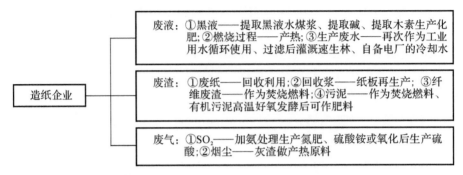

图11-6 造纸过程中的"三废"处理

(1)造纸工业废水的处理。造纸工业废水主要是黑液,其中含多种有机物和无机物,黑液形成于制浆环节中,具备一定的热值。木素是黑液的最重要成分,可用于生产化肥。碱回收既能治理黑液污染又能增加碱的回用率。黑液中的有效成分可作为供锅炉燃烧的燃料,而锅炉燃烧可有效处理黑液且能利用黑液的热值。脱墨车间的污水处理后部分回用作原水,制浆和造纸车间的白水提取纤维后送至污水处理厂。污水处理厂处理后的水可灌溉速生林也可直接作为自备电厂的冷却水。

(2)造纸工业废渣的处理。废纸回用作废纸浆,污泥和纤维废渣可用作燃料,经高温好氧发酵后有机污泥可用于生产废料。回收浆可用于纸板再生产。生化污泥富含各类生长素,能沃化土壤,促进林木生长。

(3)造纸工业废气的处理。造纸废气来自焚烧炉和热电联产企业烧煤排放的SO_2和烟尘。SO_2可加氨处理生产硫酸铵、氮肥,也可经氧化后生产硫酸。烟尘中的灰渣等可以做产热原料。

11.3 传统产业大企业集团战略

11.3.1 大企业集团发展概述

大企业集团其实就是通常所说的企业战略集团,是指在一个产业内某个战略方面采取相同或相近的战略,并具有相似企业战略特征的各企业所构成的企业集团。一般认为企业集团的营业收入和资产总计均在5亿元及以上规模的就可以称为大企业集团。我国的大企业集团与国外还存在一定差距,西方一些发达国家在传统产业领域,一些关键产业的集中度在90%以上,可以说西方的大企业集团在产业发展中占了绝对的主导地位。我国的大企业集团规模较小,产业集中度较低,竞争力较弱,迫切需要兼并重组,通过各种有效战略联盟方式组建大企业集团,这样可形成利益相关、产业融合的产业链,提升产业和大企业集团的竞争力。

近年来,我国大企业集团与国外大企业集团的差距在进一步缩小,不论是在大企业集团的规模和数量方面,还是在产业集中度和效益方面,都取得了长足的发展,大企业集团的盈利能力、技术创新能力和国际化经营能力都显著提升。我国内地进入世界500强企业在2004年有17家,2019年达到了129家。经过10多年的发展,我国一批大企业集团脱颖而出,加快了产业发展,提升了大企业集团的国际竞争力。加快培育一批具有产业领导力和国际竞争力的大企业集团有利于提高我国国际竞争力。

根据统计数据显示,2018年中国进入世界500强的企业数量为120家,美国为126家,位居第三位的日本为52家,可见中国同美国的差距在缩小。到了2019年,中国进入世界五百强企业达到了129家,首次超过美国的121家。相较于2018年增长了9家,美国则少了5家,中国世界500强企业首次位居榜首。

(1)国际造纸大企业集团发展趋势。国际造纸跨国公司加快了企业兼并重组的步伐,实施了产业结构调整,并有步骤地实施向新兴经济体国家的产业战略转移。20个世纪90年代末,瑞典斯道拉公司和芬兰恩索公司成立了斯道拉·恩索森林工业公司,完成了跨国的兼并重组,成为世界造纸工业的巨无霸。近年来,世界范围的造纸企业兼并重组更是风起云涌,纸业跨国公司加快了向中国、印度、巴西、俄罗斯等新兴经济体国家进行产业战略转移的进程。

以美国造纸大企业集团——国际纸业公司为例。2011年3月,国际纸业以公司2.26亿美元收购了印度Andhra Pradesh造纸公司的53.5%的股份。2011年9月6日,国际纸业公司以34.8亿美元收购了Temple-Inland公司这家瓦楞纸和建筑包装材料制造商。2011年10月17日,国际纸业公司以1.05亿美元从二级市场收购了印度Andhra Pradesh造纸公司21.5%的股份。国际纸业公司2011年共收购印度APPM造纸公司的3/4股份,从而实现了在印度造纸行业的扩张。

与此同时,国际纸业的巨头们也纷纷以合资或直接投资方式进入中国市场,如APP、国际纸业、芬欧汇川、斯道拉恩索、金鹰集团等。国际纸业和太阳纸业在兖州共建合资公司,投资1.6亿美元上30万t液体包装纸生产线;斯道拉·恩索与华泰集团在山东东营合资建设年产20万t的高级超压纸项目,与高峰浆纸在广西北海投资220亿元成立浆纸公司;瑞银骏麒参股泰格林纸,出资额高达1.87亿美元;日本王子纸业投资160亿来华生产铜版纸;芬欧汇川公司在中国投资总额已超过10亿美元;金鹰集团增资60亿美元拓展其在中国造纸业务;美卓公司收购上海晨鸣纸业机械公司;等等。国际纸业大企业集团布局中国是其全球战略的重要组成部分。

(2)我国造纸产业组织结构现状。我国造纸产业绝大多数企业规模小,实力弱,无法适应传统造纸产业向可持续发展的现代造纸产业转变的要求。具有国际竞争力的造纸大企业集团数量少,影响力和带动力有限,造纸产业存在规模偏小的问题。根据相关数据,我国规模以上造纸企业中,大型企业仅占0.89%,中型企业占10.42%,小型企业占88.69%。绝大多数的小型造纸企业没有能力担当产业生态化转型的重任,因此急需加快对众多小型造纸企业的淘汰、整合、兼并和重组力度。在资源、能源和环境约束日益突显的背景下,加快产业结构调整,提高产业集中度,优化造纸产业组织结构,促进造纸企业向集团化和规模化方向发展,建设一批具有较强竞争力的现代化造纸大企业集团是造纸产业发展的当务之急。

1)小型造纸企业众多加剧了造纸原材料供需矛盾。原料供应仍然制约我国造纸产业发展,造纸企业对木浆原料仍依赖进口,价格上也受到国际纸浆价格波动的影响,成本的不确定性影响了企业利润。我国进口废纸数量约占全球废纸贸易的一半以上,废纸原料仍然供不应求,使废纸价格不断上升,2000年每吨约数十美元,2010年平均每吨219.80美元,进口废纸资源利用已接近极限。不能不说众多小型造纸企业争夺原料是加剧造纸原材料供需矛盾的一个重要根源。由于前几年纸张市场需求的高速增长,产量增长也相当迅速,众多小型造纸企业也都想在此行业分一杯羹。由于企业规模较小,过于分散,不仅造成了落后产能过剩,还造成污染严重,直接导致了造纸原料的争夺和短缺。加快造纸企业兼并重组,组建大型造纸企业集团是缓解原料供需矛盾的有效途径。

2)小型造纸企业众多导致造纸工业资源、能源消耗严重。当前我国造纸工业资源、能源消耗严重。造纸工业是木材消耗量最大行业之一。2010年,我国木浆总消耗量(1 859万t)中,进口木浆(1 115万t)和国产木浆(708万t)分别占61.92%和38.08%;在纸浆的总消耗量(8 461万t)中,进口木浆和国产木浆分别占13.60%和8.37%。世界造纸产业每年要消耗7~8亿m^3用材,很多国家已把木材作为重要战略性物资限制出口。我国造纸产业发展仍将很大程度依赖进口纤维原料,世界纤维原料供应量在相当程度上影响我国造纸产业发展。

对物耗、水耗和能耗都居高的小型造纸企业,急需加大改造或淘汰力度。提高造纸产业集中度,加快产业结构调整,资源、能源将得到更加有效的利用,发展造纸大企业集团是节约资源、降低能耗的有效途径。

3)小型造纸企业是造成环境污染的主要来源。我国造纸工业是污染环境需要重点监控的行业之一,造纸企业SO_2排放、废水、固体废料及其他废气排放对周围环境污染有较为严重影响,环境保护压力较大。2009年,我国造纸工业产生的废水量39.26亿t,占全国工业废水总排放量209.03亿t的18.78%,污水排放居全国第三位。排放废水中化学需氧量(COD)109.7万t,占全国工业COD总排放量379.2万t的28.93%,居第一位。众多小型造纸企业是造成环境污染的主要来源,这些小型造纸企业很难实现污染物达标排放的要求。造纸企业如果不走上一条可持续发展之路,继续粗放发展,势必对环境保护造成恶劣影响,造纸工业的发展也会受到极大的限制,造纸工业污染防治刻不容缓,小型企业治污能力有限,企业兼并重组是必然的趋势。

4)小型造纸企业众多影响造纸产业整体技术创新能力。我国造纸产业整体技术创新能力不强,主要是产学研一体化发展机制还没有形成,还没有形成以企业为主导的技术创新主体,特别是作为技术创新的主体——企业的技术创新能力不强,小型造纸企业众多没有形成技术创新合力也是重要因素。造纸工业是较为典型的资金密集型行业,企业的技术升级和改造需要大量资金,同时技术创新还具有一定的风险,小型造纸企业受到资金、技术等条件的限制,很难在技术创新上有所突破。目前我国造纸工业的关键技术设备基本上依赖进口,造纸工业的整体创新能力的提升需要大型造纸企业集团的引领,淘汰落后产能,做大做强龙头造纸企业,才能有效提升造纸工业整体创新能力,实现产业升级。

11.3.2 大企业集团战略是造纸产业发展的战略方向

大企业集团战略是造纸产业发展的战略方向,做大做强有实力的造纸大企业集团,加快企业兼并重组,有助于造纸企业向集团化和规模化方向发展,有助于提高造纸产业集中度,优化造纸产业组织结构,有助于实现造纸产业发展的战略目标,并有助于发展科技创新型、资源节约型、环境友好型的现代造纸产业。

(1)实施大企业集团战略有利于扩大我国造纸产业规模。我国造纸产业近些年发展迅猛，已经成为国民经济发展中的重要基础产业，但与发达国家相比其产业影响力还比较弱，许多发达国家的造纸产业已成为其国民经济十大支柱产业之一。从造纸产业组织结构看，缺陷较为突出，主要表现在企业规模水平偏低，产业集中度偏低，市场分散竞争程度较为严重，缺少一批具有较强国际竞争力的现代化造纸大企业集团，难以参与日益激烈的国际市场竞争。实施大企业集团战略有助于扩大我国造纸产业规模，优化造纸产业组织结构，实施造纸产业生态化发展，提升造纸产业整体的国际竞争力。

(2)实施大企业集团战略有利于我国造纸企业间专业化协作。我国造纸企业间专业化协作水平较低，造纸产业企业间组织结构较为松散。全能型造纸企业占相当数量，表现为"大而全""小而全"模式，造纸产业企业之间没有形成合理的专业化分工协作，重复性建设和生产较多，有限的资源没有得到合理配置。企业间分工层次不明显，在产品结构、技术结构和劳动组织等方面有很多相似性，没有形成专、精、特、新的特色，不能有效发挥各自的优势，实施大企业集团战略，大企业集团有能力协调集团内关联企业，实现企业的纵向一体化和横向一体化，发挥产业集群效应。

(3)实施大企业集团战略有利于参与全球化竞争。从全球化的角度看，我国造纸企业进行跨国经营的能力还不强，与发达国家的造纸企业还有较大差距。发达国家的造纸大企业集团已在全球范围内开展了专业化协作生产，建立起了全球化的纸业生产、研发和销售网络，中国已成为其全球化经营战略的重要目标市场。而国内严重的市场分割和较低的专业化协作，限制了造纸企业国际竞争力的提升。造纸产业是重要的战略性基础原料产业，对国家战略安全有重要影响。实施大企业集团战略，增强全球化竞争实力，能有效避免战略性风险。

(4)实施大企业集团战略有利于我国造纸企业提高资金利用率，推动技术创新和技术进步。造纸产业是典型的资金、技术密集型产业，造纸企业由于缺乏资金，已成为企业技术创新和技术进步的瓶颈。企业通过跨地区、跨行业、跨所有制的兼并重组，可以拓宽融资渠道，打破专业技术限制，形成专业化协作关系，以适应现代造纸技术综合发展的要求，树立技术出新的主体地位，推动造纸企业技术创新和技术进步。

(5)实施大企业集团战略有利于抑制分散竞争，形成有序的市场竞争环境。近些年，造纸产业也存在较为严重的过度竞争，这种过度竞争，恶化了市场竞争秩序，降低了资源配置效率。实施大企业集团战略，能够有效抑制过度竞争，优化市场竞争秩序，形成合理有序的市场竞争环境，实现企业利润最大化。

造纸产业与国民经济发展和社会文明息息相关，这类传统产业通过生态化发展，转型升级，将极有可能成为国民经济发展新经济增长点。造纸产业要实现可持续发展，必须优化造纸产业组织结构，加快推动造纸产业生态化发展，加快实施跨地区、跨行业、跨所有制的企业兼并重组，造纸产业建立一批具有产业领导力和国际竞争力的大企业集团，能够有效推动造纸产业优化升级，实施造纸产业生态化发展，实现造纸大国向现代化造纸强国转变。

第十二章　西部地区传统产业生态化发展的实践、启示与展望

西部地区传统产业生态化发展才刚刚起步,传统企业进行产业生态化发展充满着各种坎坷和艰辛,存在这样那样的问题,但西部传统产业要生存和发展就必须走生态化发展之路,实施循环经济绿色发展,这样才能可持续发展。西部传统企业不乏生态化发展的开拓者和实践者,涌现了一批敢为天下先的优秀企业和企业家,其中宜宾天原集团股份有限公司就是传统产业生态化发展的积极探索者。

12.1　西部地区传统产业生态化发展实践案例

12.1.1　宜宾天原集团股份有限公司概况

(1)公司历史沿革。宜宾天原集团股份有限公司(以下简称"天原集团")是著名爱国实业家、中国氯碱化工创始人吴蕴初先生于1944年创办的,是我国最早的氯碱化工企业之一,现为中国氯碱工业协会理事长单位,是一家集氯碱化工、钛化工、煤化工、化工建材、新材料、新能源等多个产业领域的综合现代化工上市公司。

近代中国伟大的民族实业家,中国氯碱化工创始人吴蕴初先生(1891—1953年)是公司的创办人,是江苏嘉定(今属上海嘉定区)人,名葆元,字蕴初,清宣统三年(1911年)于兵工学堂的化学专业毕业,是著名的化工专家,先后建立了天厨、天原、天盛、天利4家工厂,被誉为味精大王。吴蕴初先生与天津爱国实业家范旭东被人们称为"南吴北范"。

公司1944年为天原电化厂宜宾分厂,归属上海总管理处。1950年10月16日以后,公司又先后划归川南区公营企业管理局、川南工业厅、四川省人民政府工业厅化学工业管理局。1953年1月1日以后,公司先后更名为四川省合营天原电化厂宜宾工厂、公私合营天原电化厂宜宾分厂以及公私合营天原化工厂宜宾工厂。

1956年1月1日公司归属重工业部化工局,同时接受天原公司总管理处的双重管理。1956年7月以后,公司又先后更名为公私合营宜宾天原化工厂、四川省宜宾化工厂。1958年1月1日以后,公司又先后划归四川省工业厅、宜宾市工业局、宜宾专区化工局、四川省化工厅。1985年1月1日以后,公司更名为四川省宜宾天原化工厂。1985年5月25日以后公司又先后划归宜宾地区轻化工局、宜宾地区化工局。1991年10月16日以后,公司更名为四川省宜宾天原化工总厂。

1994年1月1日以后,公司进行股份制改制,更名为宜宾天原股份有限公司。2001年公司行政主管部门为宜宾市经济贸易委员会。2005年5月25日以后,行政主管部门变更为宜

宾市国有资产管理委员会。2007年2月1日至今,公司更名为宜宾天原集团股份有限公司。

(2)公司发展现状。经过70多年的艰苦奋斗与创业发展,天原集团已成为中国制造业500强企业、国家认定企业技术中心、中国石油和化学工业百强企业、中国名牌产品企业等。2010年4月9日,天原集团人民币普通股股票在深圳证券交易所成功上市,证券简称为"天原集团"。成功上市增强了公司的资本实力和发展后劲,为公司加快生态化战略进程奠定了坚实的基础。

天原集团作为西南最大的优势氯碱企业,致力于做"绿色化工专家",坚持走循环经济发展之路。公司主营PVC、离子膜烧碱、水合肼、水泥、氯化法钛白粉、PVC-O管材、LVT地板、三元正极材料、塑胶管路系列等核心产品。公司产品"江水牌"悬浮法聚氯乙烯树脂、烧碱、水合肼,"天材牌"复合硅酸盐水泥、三氯乙烯,"天原牌"塑料管材管件板材产品等,被认定为四川省名牌产品,"江水牌"合成树脂、烧碱、水合肼被认定为四川省著名商标。

天原集团秉承"天原核心竞争力必须建立在科技领先上"的创新理念,持续推进科技创新,创建有国家级认定企业技术中心和博士后科研工作站,建立有系统、完善的技术创新体系,拥有授权有效专利147件(其中发明专利51项,实用新型专利96项),荣获省市科技进步奖24项,核心技术覆盖全产业链。

公司坚持实践化工企业"责任关怀"理念,以创建氯碱行业典范企业为目标,以推动氯碱工业管理和技术发展为己任,从2001年开始探索走清洁生产、资源综合利用、循环经济可持续发展的生态化发展道路,围绕"能源、环保、技术和文化"实施垂直一体化密集型增长战略,在全国首家建成了国内最大的环保型全废渣制水泥回转窑生产线,创建了清洁型、效益型电石原料基地,并成为四川省电石协会电石生产技术培训基地。

2005年,公司被国家发展改革委、环境保护总局、科技部、财政部、商务部、统计局等六委部局联合批准为全国首批国家循环经济试点单位,并先后获得循环经济标准化试点企业、国家知识产权优势培育企业、国家技术创新示范企业、全国聚氯乙烯标准化工作先进单位、全国实施卓越绩效模式先进企业、中国质量诚信企业、中国石油和化学工业企业文化建设示范单位、能效领跑者标杆企业(聚氯乙烯)等荣誉。天原集团独创的"以提高竞争力为目标的国企整体重塑"及精细管理模式,荣获第八届全国企业管理现代化创新成果国家级一等奖,创建以"人本、理性、创新、激情"为特征的学习型个性化文化成果两次荣获全国企业文化优秀成果奖。此外,天原集团经营班子被四川省委、省政府授予"四川省企业优秀经营团队"称号。

天原集团近年来坚持推进"一体两翼"发展战略,在现有氯碱产业循环基础上进行产业链拓展和价值延伸,不断拓展现代化工新材料及新能源业务,进入钛化工和锂电材料产业。公司利用产业链延伸,通过资源整合不断进行原有产业转型升级,通过发展高端绿色钛化工、高分子材料和锂电产业,实现了更大范围的产业循环生产,设备装置在更大范围实现了协同利用,所有项目实施绿色清洁生产,构建了"资源能源+基础化工产品+化工新材料及新能源电池材料"为一体的循环经济产业链,实施了绿色清洁生产发展模式,有效推动了产业发展和行业技术进步,形成了氯碱化工产业纵向一体化协同发展效应。

(3)公司未来发展战略。未来天原集团将坚持"远见引领、创新为本、善集大成、追求卓越"的核心价值观,紧紧抓住宜宾作为四川南向开放枢纽和加快建成四川省经济副中心,打造以新能源汽车和智能终端等为重点的高端成长型新兴产业的战略契机,全力聚焦公司"绿色化学材料和先进化学电池技术公司"的战略目标,紧扣转型升级和高质量发展主题,按照既定的"十三五"发展战略规划及高质量发展"十化"路径,全面实施"一体两翼"发展战略,坚持一手抓好传统优势产业和装置的巩固提升、运营能力水平的提高,一手抓好已经布局的战略性新兴产业项目建设进度及其配套产业、延伸产业,形成更加协同完善的产业链,实现公司由基础氯碱化工向精细化工拓展,由精细氯碱化工向钛、高分子材料化工、电池材料化工等综合化工拓展,由化工原料供应商向化工材料供应商拓展的"三个战略拓展"。

绿色发展是天原集团确保长期经营和实现转型升级大发展的必由之路。公司提出了"二次创业、跨越发展、百年天原、基业长青"的新战略定位,未来将坚持科学创新引领,坚持绿色发展理念,坚持推进产业发展新兴高端化、项目绿色化的可持续发展路线,加快推进原始创新、集成创新及创新成果转化应用,进一步实现产业与绿色创新技术有机结合。公司规划在未来五年内形成年产 30 万 t 氯化法钛白粉及配套项目,计划再投资建设年产 3 万 t PVC-O 管道系统和 1 000 万 m^2 LVT 地板,锂电产业按照年产 5 万 t 三元正极材料及前驱体规划,同时围绕新能源及三元正极材料的上下游和相关产业做好规划和布局的准备工作,还要积极做好环保等新兴产业和供应链管理等现代服务业的规划和布局。

12.1.2 宜宾天原集团股份有限公司生态化发展模式

宜宾天原集团股份有限公司领导层高度重视企业的生态化发展,将落实科学发展观与企业的生态化发展紧密结合,走出了一条振兴传统国有老工业企业和精细管理相结合的企业生态化发展之路。公司秉承"清洁生产、绿色化工、环境友好、责任关怀"的环保理念,始终坚持企业生态化发展,以优化资源利用为核心提高企业竞争力,以降低废弃物排放为目标提高资源生产率,技术创新和管理创新双轮驱动,实施资源开发、节能降耗和清洁环保等措施,在生产过程中全面推行清洁生产,完善循环经济模式,促进环保产业发展,全面有效推进了新型工业化发展。

天原集团按照新型工业化要求,上马的项目均是科技含量高、经济效益好、资源消耗低、环境污染少的绿色发展项目,人力资源优势在各个岗位都得到充分发挥。天原集团坚决贯彻"减量化、再利用、再循环"的生态化发展原则,大力提倡节能、节水、节材、节约各种资源,实现以最少的资源消耗创造最大的经济效益,提升循环经济发展模式,进一步推动中国氯碱工业技术和管理的发展,加快创建具有国际竞争能力的中国优势氯碱企业的进程。

(1)创建独具特色的循环经济绿色清洁生产发展模式。天原集团坚持自主创新与引进吸收结合开发循环经济和清洁生产技术,烧碱配套热电联产,聚氯乙烯配套电石渣和煤渣制水泥,充分利用生产过程中产生的废料和废渣,实现了清洁生产和资源全部综合利用,大幅降低了成本和资源消耗,实现了传统产业的生态化发展战略,进一步巩固了天原集团低成本竞争优势和市场竞争能力,实现了环境效益、经济效益和社会效益的协调统一。

天原集团按照原子经济性的原则,追求原料的(元素)原子 100% 转化成产物、不产生废弃物、实现(元素)原子"零排放"的绿色化学理念,从化学原理上自主研发循环经济、清洁生产专有技术,实现了绿色化工原子经济理论,循环经济模式得到进一步拓展应用,原料利用率和能源利用率得到有效提高,创建了国内氯碱化工产业烧碱、聚氯乙烯生产的完整循环经济产业链和绿色清洁生产模式,形成了集能源、热电、电石、化工、建材为一体的循环经济绿色清洁生产发展模式。天原集团也成为发展环保型循环经济的先行者和示范企业,创建中国电石法聚氯乙烯典范企业，实现了传统产业生态化发展。

天原集团所处的氯碱化工行业是以煤、电、盐卤为起始原料的传统基础化工产业，主要产品烧碱、盐酸等是常用的酸碱产品，聚氯乙烯是五大通用树脂之一，它们都是国民经济发展中不可或缺的重要的基础化工原料，用途十分广泛，生产规模和消费需求与 GDP 同步增长。

2000 年以后，随着我国制造业的快速发展，氯碱产业也进入了发展的快速通道。但是，随着生产规模的不断扩大，天原集团与其他化工企业一样都面临着两大困境，即资源问题和可持续发展问题，这两大因素制约着天原集团和行业的发展，这是关系到传统企业的生存和发展问题。传统企业要生存和发展必须走生态化发展之路。

长期以来我国石油和乙烯高度依赖进口，如果我国的聚氯乙烯生产照搬国外的"石油-乙烯法"模式，势必会受到石油进口的限制，不能发挥我国煤炭资源的优势；如果按照传统的"电石-乙炔法"工艺，虽然可以解决用煤替代石油的资源问题，但是大量电石渣的处理和资源利用率低的问题又制约了行业的可持续发展。是直接扩大生产规模快速获利，还是投资解决行业和天原集团可持续发展的问题，是摆在天原集团面前的两条道路。最终天原集团着眼未来的可持续发展，选择了在加快产业发展的同时，全力构建符合天原集团可持续发展的氯碱化工清洁生产循环经济产业体系。

天原集团通过持续创新形成了一套完整的氯碱化工清洁生产循环经济产业体系，形成了集能源、热电、电石、化工、建材为一体的循环经济绿色清洁生产发展模式，并围绕循环经济产业链的每个关键节点，创造了一整套具有自主知识产权的核心先进技术群。

天原集团清洁生产循环经济模式以宜宾地区的煤炭、盐卤资源为依托，为整个氯碱化工系统提供原料支撑，以氯碱化工系统为核心，形成了产业链上下游延伸发展的完整氯碱化工循环经济产业链，产业链内元素综合利用，有效提高资源循环利用次数和效率，提升了企业氯碱化工全产业链竞争力。利用企业自身煤炭和石灰石资源，建设电石和热电生产装置，为氯碱化工系统提供原料和能源支撑。同时，围绕氯碱化工产业链循环经济发展模式，研发出了全废渣制水泥、电石尾气烧石灰、水合肼副产淡盐水回用、湿法高含硫烟气脱硫工艺技术、氯乙烯精馏尾气回收等资源综合利用等关键核心技术，实现了氯碱化工全生产过程废弃物的资源化再利用，构建了完善的氯碱化工循环经济产业模式，如图 12-1 所示。

(2) 循环经济绿色清洁生产发展模式的实施。天原集团在循环经济绿色清洁生产发展模式的实施过程中，围绕循环经济产业链大力推进精细化管理，着力完善循环经济产业链，依托国家级企业技术中心和博士后科研工作站，建立了完整的技术创新体系。公司多项核心技术领军国内同行，自主创新研发的本体法聚氯乙烯新工艺，填补了国内技术空白，达到了国际先进水平，成为我国本体法聚氯乙烯行业标准的主要制定者；自主研发的水合肼新工艺，成功地解决了 22%~25% 高浓度次氯酸钠溶液的生产难题，并且自行研制了带浆循环连续蒸发提浓技术与设备，实现了水合肼工艺系统的清洁化生产、副产物综合回收利用技术难题，技术水平处于国内行业中领先地位；自主创新研发国内首家全废渣旋窑制水泥装置，并建成投产最大规模生产线。利用在聚氯乙烯生产过程中产生的电石废渣与煤渣灰为原料生产水泥，成为国家首批循环经济企业的典范，制定的内燃式电石炉工艺和环保排放标准已成为国内电石行业标准依据。

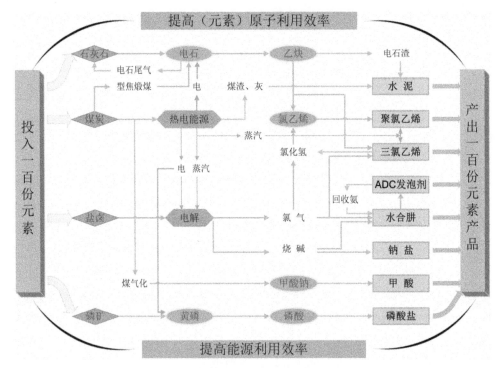

图 12-1　天原集团股份有限公司循环经济示意图

1)加强顶层设计,统筹规划实施。为强有力推进循环经济工作,天原集团专门成立了以党委书记、董事长罗云为组长,党委副书记、CEO 兼总裁邓敏为副组长的循环经济试点工作领导小组,明确责任,加强组织领导。建立循环经济工作例会制度,负责审定循环经济建设规划,制定有关制度和办法,协调和解决工作中的问题,促进循环经济工作的顺利实施。2005 年,发布宜宾集团天原股份有限公司《关于成立循环经济试点工作领导小组的通知》(〔2005〕262 号),标志着循环经济试点工作方案的正式启动。在编制《宜宾天原集团股份有限公司"十一五"发展战略规划》中,也将循环经济试点工作方案中的相关内容、项目列入其中;2007 年 2 月编制《宜宾天原集团股份有限公司节能规划》,指导集团公司有效推进循环经济各项工作的实施。

通过加强组织管理,各项规章制度落实到位。为保障项目方案技术的可靠性和经济的可行性,优化和完善了公司项目管理构架及相关管理制度。所有项目均由技术中心负责技术方案评审论证管理,项目管理部负责项目具体实施管理,项目所在单位负责监督、试车、验收管理,各司其职,各尽其责。循环经济试点工作方案得到全面实施,总体目标全面完成。主要指标综合能耗下降幅度显著,固体废弃物综合利用率达 98% 以上,所实施项目充分获得各级政府的肯定和奖励,大大激发了员工的创新积极性。

2)建立循环经济评价统计指标体系。天原集团于 2006 年发布了《统计管理手册》,建立了覆盖全集团公司的统计管理体系,对各类指标的统计和评价进行了规范要求。循环经济评价统计指标体系的建立和有效运行,对确保天原集团循环经济实施方案总体目标的实现起到了积极作用。

3)完善循环经济科技支撑体系。以天原集团国家级企业技术中心、博士后科研工作站为平台,成立专业研究机构,建立了完善的项目研发管理机制,制定了项目评审管理办法、科技人员激励管理机制等,围绕技术创新与人才培养开展了一系列工作,极大调动了科技人员的积极性、主动性和创造性。

围绕循环经济试点工作方案内容要求,从各个部门和分厂抽调骨干,有针对性地组织项目研发团队,开展各项技术创新研发课题。天原集团先后完成了一批具有代表性的研发课题,如:电石干法乙炔的研究,被授权了 10 项发明专利和实用新型专利;电石渣湿法高含硫烟气脱硫技术研究,成功地解决了利用电石渣为原料脱出锅炉中二氧化硫的技术难题,获得四川省环保厅颁发的科技二等奖;利用全电石渣制水泥技术研发,实现了国家首家采用全电石渣制水泥产业化;新型复合低汞触媒及成套应用技术研究,其成果成功通过"国内领先水平"科技成果鉴定,并被授权形成发明专利;酮连氮水合肼新技术研究,该项成果成功通过"国内领先水平"科技成果鉴定。这些科技成果为公司完善循环经济提供了强有力的科技支撑。

天原集团实施循环经济试点工作以来,先后获得多项授权专利,并在生产作业中运用,取得了良好的经济效益和社会效益。同时,通过研发项目课题工作的开展,有效解决了实施循环经济过程中的实际问题,又培养和锻炼了一大批工程技术人才,增强了工程技术人员的自信心,极大地调动了广大工程技术人员开展循环经济研究的积极性。

4)持续推行 ISO 管理体系,提高清洁生产水平。以 ISO 管理体系为基础,以清洁生产指标为标杆,持续推进天原集团循环经济各项工作。ISO 管理体系注重过程控制管理,清洁生产指标以结果为导向,两者相辅相成。在基础管理方面,天原集团先后制定了目标管理、技术管理、运营管理、项目管理等 18 大专业管理体系,规范生产经营环节的工作要素,使员工业务素质有明显提升。在推进循环经济实施方案过程中,找准参照物,对比分析,根据指标难易程度,制定科学合理的目标和技术方案,提高公司清洁生产水平,有效实施各项工作。

5)走"产、学、研"一体化之路,推进技术创新上台阶。天原集团一直非常重视走"产、学、研"一体化发展之路,结合企业实际情况,依托大专院校和研究机构的研发平台,有效开展各项技术研发合作,实现科技项目的开发和转化。通过多渠道与高校和科研院校进行合作,共谋发展,以形式多样的合作方式推动公司技术创新工作发展,缩短公司自主创新的工作进程。天原集团与清华大学、南开大学、华东理工大学、北京化工大学、四川大学、重庆大学、大连理工大学、浙江大学、西南化工研究设计院、太原理工大学、太原赛鼎工程公司、华陆工程公司、中国科学院成都有机化学研究所、晨光化工设计院、西南化工研究院等高校和科研院所开展多种形式的合作,加速科研成果转化为生产力的进程。如天原集团与中国科学院成都有机化学研究所合作开发的"非石油路线大宗含氧化合物综合技术利用"项目已被国家科技部列入"863"计划项目。

6)加强宣传,创造良好的创新文化氛围。加强对循环经济和实施《宜宾天原循环经济试点方案》过程中涌现出来先进事迹的宣传,创建循环经济发展的良好文化氛围。充分利用报刊、广播、电视、信息平台等宣传舆论工具,广泛开展宣传《中华人民共和国清洁生产促进法》,在产品开发、工艺技术、工程设计、装备制造和生产服务管理等生产环节中落实清洁生产。大力开展以"我为节约做贡献""我为环境做贡献""我为循环经济做贡献"为主题的节约资源、节约能源活动,营造发展循环经济的浓厚氛围和环境。

7)强化员工培训,提升业务技能。根据公司战略发展,并结合当期生产实际情况,通过外聘专家、教授与内部培训和外送培训相结合的方式,逐级提升员工素质和技能。外送培训主要有高级职业经理人培训、企业领导干部高级培训和人力资源管理、财务税收管理知识、特种作业、安全任职资格、消防知识、工程造价、危化品、会计继续教育、计量检定员、锅炉水处理、船舶申报员、煤样制备方法及商品煤样采取方法最新国家标准、质量内审员、法律、保安、工程造价、会计继续教育等培训,每年约 300 人次。内部培训主要有作业类岗位认证、高级工、技师等级达标、员工技能提升、公司生产工艺知识、消防知识、安全知识、法律法规知识、财务知识、贯标知识等培训,每年约 5 万人次。实时结合生产需要开展一系列的专题培训,如煤矿专题知识、电石炉专题知识、知识产权、塑料管道知识等培训。自行编制《宜宾天原循环经济实践知识读本》,开展员工专项培训,提高员工对循环经济理念的理解和认识,增强节约资源、保护环境的责任意识、危机意识,提高员工综合素质,提升企业凝聚力和战斗力。

(3) 循环经济绿色清洁生产发展模式的实施效果。2005 年天原集团被国家发展改革委、环境保护总局、科技部、财政部、商务部、统计局联合确认为首批国家循环经济试点单位。天原集团通过循环经济绿色清洁生产发展模式的实施,实现氯碱行业关键环节核心技术的革命性突破,形成了代表行业先进水平的、完整的技术体系,创建形成了集热电、电石、化工、建材为一体的循环经济产业链和清洁生产发展模式。2014 年 11 月,天原集团作为全国首批循环经济试点单位正式通过了国家发展改革委、工信部、环保部、财政部等七部委联合验收。

天原集团实施循环经济试点方案以来,广大科技和工程技术人员围绕循环经济积极、主动开展各项技术创新工作,取得了非常大的成效,烧碱生产中盐水钙法除硝新技术等多个项目获省级以上科技奖。随着循环经济试点工作方案实施推进,以 2005 年发布〔2005〕262 号文件《关于成立循环经济试点工作领导小组的通知》为标志性起点,成立了以董事长为组长、总裁为副组长,集团公司各分管领导和生产、环保能源负责人为成员的组织机构,动员全公司员工参与,2010 年全面完成了试点工作方案中的总体目标,重点项目按期完成,主要任务项目全面完成,并完成了试点方案以外的多项节能工作,取得了良好的经济效益和社会效益,在生产经营活动中,持续推行循环经济管理思想、经营理念,取得良好效果。

1) 以技术创新为先导,全面完成循环经济各项指标。在推进循环经济试点工作方案期间,以技术创新为先导,以挖潜技改为基础,梳理生产过程中各环节可能存在的机会,充分发挥工程技术人员的积极性和主动性,加大项目投入和投资控制管理,使每个项目都按期完成并发挥效益。

2010 年全面完成了试点工作方案中的总体目标,万元产值综合能耗降到 0.865 t 标煤/万元(目标值为不大于 1.7t 标煤/万元),水耗降到 22.1 t/万元(目标值为不大于 62.22t/万元),重复用水率达到 95.77%(目标值为大于 95%),固体废弃物综合利用率为 98.61%(目标值为大于 91%),废水排放量为 432 万 t/年(目标值为不大于 500 万 t/年)。

2) 循环经济实施经济效益和社会效益显著。推进循环经济实施试点工作方案,配套天原集团的精细管理,强化过程控制与结果控制相结合,绩效考核与荣誉相结合,员工培训与晋升相结合,将天原企业文化根植于员工心中,在完全市场竞争恶劣的环境条件下,取得了良好效益。循环经济试点方案实施的各项重点项目经济效益和社会效益显著提高,如实施 40 万 t/年全电石渣制水泥综合利用项目,经济效益显著,新增销售收入 12 000 万元/年,利税总额 900 万元/年,其他循环经济试点项目也取得了良好的经济效益。同时,循环经济试点方案实施也取得显著的社会效益,每年可综合利用电石渣、煤渣、粉煤灰约 70 万 t,实现了公司固体废弃物综合利用,利用率达 98.61%,全面达标。其他各类项目也大大提高了资源的综合利用率,降低了各种资源消耗,循环经济项目的经济效益和社会效益效果明显。通过循环经济试点方案的全面实施,生产系统运行更加平稳,产品质量得到提升,同时也减少了各类废弃物排放,减少了对环境造成的污染,树立了良好的社会形象。

3)循环经济实施节能减排效果显著。天原集团强力推进氯碱化工清洁生产循环经济模式的实施和完善工作,坚持走清洁生产循环经济发展之路,大力引进、合作开发、自主研发各种先进清洁生产循环经济关键核心技术,不断促进公司产业链延伸和生产装置技术升级,全面完成了各项循环经济指标,节能减排效果显著。

2005—2015年,天原集团已累计综合利用电石渣、粉煤灰、脱硫石膏、煤渣等各类工业废渣2 500余万t,减排CO_2 1 500余万t,对工业废水进行阶梯循环利用后集中处理,达标排放。万元产值水耗从2005年的108.61 t/万元降低到15.78 t/万元,重复用水率提升为95.9%,固体废弃物综合利用率从2005年的53.74%增至98.46%,废水排放量从2005年的1 346万t/年降至196万t/年,万元产值综合能耗从2005年的2.03 t标煤/万元降至0.421 t标煤/万元,各项指标都处于行业领先地位。2012年至今连续多年被中国石油化工联合会评为"聚氯乙烯能效领跑者标杆企业"。

4)循环经济实施取得科技创新成果显著。天原集团高度重视技术创新工作,以技术创新持续推动循环经济模式完善。天原集团在引领行业"去两高"和产品"差异化"方面加大研发投入,逐步建立"无形垄断空间"竞争优势。一是围绕氯碱化工产业整合产业链价值和潜力,重点研究行业核心共性技术,实现对原有工艺技术的革命性突破,以提升企业核心竞争力;二是积极进行氯碱化工上、下游产业链技术研究,延伸和拓展公司产业链,优化公司产品结构;三是坚定不移地推进一体化战略,实现氯碱化工与热电、建材一体化发展,充分挖掘产业链整合价值和潜力,坚持"减量化、再利用、再循环"的节能减排原则,实现煤、电、化资源循环利用,建立和完善氯碱化工、精细化工、能源、电石、建材一体化的循环经济示范企业。

天原集团开展氯碱化工清洁生产循环经济技术创新工程工作以来,技术创新工作成果斐然,被授权有效专利147件,获省市科技进步奖24项,核心技术覆盖全产业链,多项技术成果填补了国内空白,其技术水平处于国内领先水平,为氯碱化工清洁生产循环经济的实现提供了强力技术支撑。

5)循环经济实施支撑企业战略发展目标的实现。实施循环经济产业模式以来,天原集团以技术创新为先导,以挖潜增效为基础,结合企业当期生产经营情况,强势推进循环经济项目实施工作。近年来,逐步加大循环经济项目投入力度,由技术中心组织项目可行性论证评审、由项目管理部统管项目实施管理,确保项目实施的可行性、可靠性,循序渐进有效推进各个循环经济项目的落实。实施循环经济产业模式以来,完成循环经济相关项目投资20多亿元,每年为公司实现经济效益约5.2亿元。2001年天原集团主导产品聚氯乙烯产能为12万t,烧碱产能为9.3万t,水合肼产能为1万t,经过循环经济创新工程的实施,天原集团主导产品产能和市场占有率逐年提升,到2014年底天原集团主导产品聚氯乙烯产能达到50万t,烧碱产能达到48万t,水合肼产能达到2万t,天原集团发展成为四川省最大的氯碱化工生产企业。天原集团产品规模不断壮大,循环经济产业链日趋完善,为天原集团战略发展目标的实现提供了强力支撑。

6)循环经济实施对行业和区域的示范效应显著。天原集团开创的集热电、电石、化工、建材为一体的循环经济产业链和清洁生产发展模式,获得了国家和氯碱行业高度认可,对国内电石法聚氯乙烯行业可持续、健康发展具有积极推动作用,在行业循环经济产业链开发、清洁能源生产等方面具有重要行业引领作用和示范效应。天原集团自主研发的全国首创全电石渣制水泥技术,是氯碱化工清洁生产循环经济关键核心共性技术,成为国家发展改革委《氯碱(烧碱、聚氯乙烯)行业准入条件》重要准入条件之一,为推动氯碱行业清洁生产和循环经济技术起到积极作用。

12.2 西部地区传统产业生态化发展的启示与展望

12.2.1 西部地区传统产业生态化发展的启示

(1)生产体系全过程贯穿循环经济理念。西部传统产业生态化发展贯彻循环经济理念是基础。一个传统企业将循环经济理念贯穿在生产体系全过程,应很好地实践传统产业生态化发展,将生产经营管理与循环经济产业链紧密结合,围绕循环经济产业链大力推进企业的精细化管理,完善生态化产业链,通过精细化管理实施循环经济,建立循环经济评价指标体系,建立完整生产技术创新支撑体系,建立推进清洁生产的全过程控制管理体系,创建推进循环经济理念的宣传文化体系,建立完善员工培训体系。只有全方位将循环经济理念贯穿于生产体系全过程,传统企业生态化发展之路才能越走越宽。

(2)在传统产业集群基础上进行生态化改造。在传统产业集群或产业价值链基础上,对传统产业进行生态化改造,淘汰现有污染较严重的项目,建设资源和废弃物可循环综合利用的新项目,以循环经济理念构建生态产业链,对现有生产体系进行生产流程生态化再造。通过政府引导,以市场运作方式进行传统产业生态化改造,构建生态化产业链,对传统产业集群缺乏的关键性静脉链条,政府应出资补链。对传统产业集群企业进行生态化改造,鼓励采用先进工艺和绿色加工技术,实施污染和废物统一排放和治理,重点进行生态技术改造和生产生态流程再造,实现清洁生产。

在传统产业生态工业园上、下游的某些突出节点上培植新的集群,形成产业集群网络。大力发展物流业,进一步鼓励区外企业来生态工业园设立销售中心及投资发展。积极发挥行业协会作用,提供多方服务,引导产业集群内企业市场与生产的联动。完善产学研合作机制和社会服务体系,建立开放性产业体系。

(3)加强传统产业龙头企业的引导作用。大力支持传统产业生态工业园龙头企业发展,以大企业集团带动产业共同发展,促进生态园工业园循环经济发展,加大政府引导,鼓励市场运作,加大资金投入力度,提升生态工业园产业竞争优势,集聚各种生产要素,扩大传统产业生态工业园的产业规模,构建循环生态产业链。加大生态工业园专业化分工,构建传统产业集群技术创新网络体系,加强传统产业集群企业之间的协调合作。科学、合理地对传统产业生态工业园进行规划设计,营造良好产业聚集和产业集群运行环境。政府应加大公共品或准公共品的投入,加大教育和科技投入,促进传统产业集群关键要素的生成,使生态工业园成为传统产业聚集核。

培育产业的龙头企业,引导产业配套。在构建传统产业集群的过程中,需要选择使用和传输的物质最多,能量流动的规模最大,且处于中心地位,横向和纵向联结长,能带动和牵制其他企业乃至行业的发展的这类企业作为基于循环经济的造纸产业集群的关键种企业。对它们进行重点培育,积极引导支持各类中小企业加入龙头企业的共生网络中,建立产成品与供应商、零部件厂商、循环机构的战略联盟,努力提高共生网络的产业配套效率。积极吸引外资企业或行业翘楚充当龙头,鼓励龙头企业不断将一些配套措施和特定的生产工艺及流程分离出来,形成一批专业化的配套企业,健全传统产业集群的专业化分工体制。

12.2.2 西部地区传统产业生态化发展的展望

(1)西部地区传统产业生态化发展将有效促进传统产业转型升级。西部地区传统产业只有坚持生态化发展,发展循环经济,走可持续发展道路,才能继续焕发生命力,成为我国经济发展的重要支柱产业。传统产业生态化发展是传统产业生存和发展的必然之路。西部地区传统产业生态化发展,生态工业园、生态化产业集群是工业生态化发展新形式,是传统产业生态化发展的重要途径。传统产业生态工业园、生态化产业集群建设是用发展的办法解决资源约束和环境污染矛盾,从重视工业发展数量向发展的质量及效益转变,提高资源利用效率的同时,实现经济发展与环境保护的有机统一。

与发达国家传统产业生态化发展的理论与实践相比,我国传统产业生态化发展还处于初期,特别是目前西部地区传统产业生态化发展还处于探索和起步阶段。本研究以造纸产业为切入点对传统产业生态工业园、生态化产业集群的新型工业组织形式进行了探索性研究,希望能为我国传统产业实现经济化、规模化、绿色化发展提供借鉴。西部传统产业应明确定位以产业龙头企业为核心建设传统产业生态工业园、生态化产业集群,确立生态化发展路径和模式,这将极大促进西部传统产业转型升级发展。促进产业纵向一体化协作发展和横向一体化融合发展,形成围绕产业龙头核心企业的完整产业链条,共同构建传统产业生态工业网络和服务网络,促进传统产业的一体化、集成化、规模化发展。在增加经济、社会效益的同时,实践清洁生产,促进西部地区传统产业生态化发展,带动西部地区传统中小企业的共同发展,促进西部地区经济发展和环境保护。

(2)西部地区传统产业生态化发展需要通过有效途径和引导长期进行。西部地区传统产业集群的生态化改造,必须要构建生态化产业链,以生态产业链带动传统产业集群的生态化改造和发展,将生态产业链向上游和下游产业延伸,以实现传统产业生态化发展,形成以产业龙头企业为主的生态化产业集群发展方式。利用循环经济模式来延伸传统产业链,鼓励传统产业集群内企业建立新产品研发机构,开发科技含量高的造纸设备,生产出附加值高、污染小、市场潜力大的产品。建立传统产业集群生态核心体系,如:以热电厂为中心,实现产业集群内热电联供,能量梯级使用,提高热电利用率;以污水处理为中心,建立产业集群内污水排放管网,实现水资源高效、循环使用,降低水耗;构建产业集群内固废处置机构,对废弃物进行汇集再处理;以产业原料基地为辐射中心,实现产业纵向一体化,规划和建立稳定的各类回收资源的回收加工基地,提高回收再生原料的供应量;建立统一的产业物流集散地等,在产业集群内上、下游的某些突出节点上培植新的相关产业集群,形成产业集群网络;进一步鼓励区外企业进入产业集群内设立销售中心及投资发展;积极发挥行业协会作用,提供多方服务,引导传统产业集群内企业市场与生产的联动;完善产学研合作机制和社会服务体系,建立开放性的传统生态化产业新体系。

加强传统产业龙头企业的引导作用。传统产业集群的生态化发展需要引领产业发展的龙头企业,以带动区域经济中心的发展,这样有利于吸引各种要素向产业集群中心集聚,使各要素能有效地协调并发挥作用。传统产业生态化产业集群在龙头企业的带动作用下,能够有效提高产业自身核心竞争力,引导传统产业生态化发展。传统产业集群生态化发展需要优化资源配置,满足龙头企业提供更多的配套所需,从而带动其他企业发展。对产业龙头企业进行重点培育,积极引导支持各类中小企业加入以龙头企业为中心的生态共生网络中,建立产成品与供应商、零部件厂商、循环机构的生态战略联盟,就能够有效提高生态共生网络的产业配套效率。

生态创新、技术创新、制度创新是传统产业集群可持续发展的三大支柱。生态创新需要政府的激励,生态技术创新的特性决定了政府必须努力创造一个鼓励生态创新的良好环境,以保护创新者的积极性;政府作为一种非市场的力量,在传统产业集群内生态技术创新过程中起着关键性作用,包括出台税收优惠等具体措施;市场在激励生态创新的过程中具有局限性,要求政府在传统产业集群的生态创新中发挥积极作用。政府应加强经济政策的支撑作用,加大对产业集群的产业一体化发展、废弃物处置、循环经济及清洁生产技改项目的支持力度;加强集群与环保、财政部门以及科研机构的合作交流,共建生态技术的相关项目;积极引导企业进行跨区域、跨国界的合作,学习、借鉴传统产业生态化发展的成功经验,加快推进我国西部传统产业的生态化发展。

参 考 文 献

[1] SHEPHARD R W. Cost and production functions [M]. Princeton: Princeton University Press, 1953.
[2] FARRELL M J. The measurement of productive efficiency[J]. Journal of the Royal Statistical Society, 1957, 120(3):253-290.
[3] BURBIDGE J L. Production flow analysis[J]. Production Engineer, 1963, 42(12): 742-752.
[4] AIGNER D, LOVELL C, SCHMIDT P. Formulation and estimation of stochastic frontier production function models[J]. Journal of Econometrics, 1977, 6(1):21-37.
[5] CHARNES A, COOPER W W, RHODES E. Measuring the efficiency of decision making units[J]. European Journal of Operational Research, 1978, 2(6):429-444.
[6] FROSCH R A. GALLOPOULOS N E. Strategies for manufacturing[J]. Sci. Am., 1989, 261(3):94-102.
[7] LEONARD-BARTON D. Core capabilities and rigidities: a paradox in managing new product development[J]. Strategic Management Journal, 1992(13):111-115.
[8] PATEL C K. Industrial ecology[J]. Proceedings of the National Academy of Sciences, 1992, 89(3):798-799.
[9] MORIWAKI T, SUGIMURA N, LUAN S. Combined stress, material flow and heat analysis of orthogonal micromachining of copper[J]. CIRP Annals - Manufacturing Technology, 1993, 42(1): 75-78.
[10] GRAEDEL T E, ALLENBY B R. Industrial Ecology[M]. Upper Saddle River: Prentice Hall Press, 1995
[11] LOWE E A. Creating by-product resource exchanges: strategies for eco-industrial parks[J]. Journal of Cleaner Production, 1997, 5(1/2):51-65.
[12] LOWE E A. Creating by-product resource exchanges: strategies for eco-industrial parks[J]. Journal of Cleaner Production, 1997, 5(1/2):51-65.
[13] LOWENTHAL M D, KASTENBERG W E. Industrial ecologyandenergysystems: a firststep[J]. Resources Conservation & Recycling, 1998, 24(1):51-63.
[14] MichaelE. Porter. Cluster and the new economies of competition[J]. Harvard Business Review, 1998(11):95-98.
[15] CHERTOW M R. The eco-industrial park model reconsidered [J]. Journal of Industrial Ecology, 1998, 2(3):8-10.
[16] DUYSTERS G, HAGEDOORN J. Core competences and company performance in the world-wide computer industry[J]. Journal of High Technology Management Research, 2000, 11(1):75-91.

[17] HENDRIKS C, OBERNOSTERER R, MÜLLER D, et al. Material flow analysis: a tool to support environmental policy decision making: case – studies on the city of Vienna and the Swiss lowlands[J]. Local Environment, 2000, 5(3): 311 – 328.

[18] ZAIM O, TASKIN F. Envirinmental efficiency in carbon dioxide emissions in the OECD: a non – parametric approach[J]. Journal of Environmental Management, 2000 (58): 95 – 107.

[19] SCHEEL H. Undesirable outputs in efficiency evaluation[J]. European Journal of Operational Research, 2001(132): 400 – 410.

[20] TONE K. A slacks – based measure of efficiency in data envelopment analysis[J]. European Journal of Operational Research, 2001, 130(3): 498 – 509.

[21] JONON P. Value at risk: the new benchmark for managing financial risk [M]. New York: McGraw – Hill, 2001.

[22] BEAUCHAMP C J, CHAREST M H, GOSSELIN A. Examination of environmental quality of raw and composting deinking paper sludge[J]. Chemosphere, 2002(46): 887 – 895.

[23] BRINGEZU S. Industrial ecology and material flow analysis[J]. Perspectives on Industrial Ecology, 2003, 1(71): 19 – 34.

[24] HEERES R R, VERMEULEN W J V, DE WALLE F B. Eco – industrial park initiatives in the USA and the Netherlands: first lessons[J]. Journal of Cleaner Production, 2004, 12(8): 985 – 995.

[25] HASHIMOTO S, MORIGUCHI Y. Proposal of six indicators of material cycles for describing society's metabolism: from the viewpoint of material flow analysis[J]. Resources, Conservation and Recycling, 2004, 40(3): 185 – 200.

[26] JAHANSHAHLOO G R, LOTFI F H, SHOJA N, et al. Undersirable inputs and outputs in DEA models[J]. Applied Mathematica and Computation, 2005 (169): 917 – 925.

[27] ALLENBY B R. A dsign for environment methodology for evaluating materials[J]. Journal of Total Quality Environmental Management, 2005(4): 69 – 84.

[28] LIU X, TANAKA M, MATSUI Y. Generation amount prediction and material flow analysis of electronic waste: a case study in Beijing, China[J]. Waste management & research, 2006, 24(5): 434 – 445.

[29] WOHLGEMUTH V, PAGE B, KREUTZER W. Combining discrete event simulation and material flow analysis in a component – based approach to industrial environmental protection[J]. Environmental Modelling & Software, 2006, 21(11): 1607 – 1617.

[30] DAVIS J, GEYER R, LEY J, et al. Time – dependent material flow analysis of iron and steel in the UK: Part 2. Scrap generation and recycling [J]. Resources, Conservation and Recycling, 2007, 51(1): 118 – 140.

[31] BERNON M, CULLEN J. An integrated approach to managing reverse logistics[J].

International Journal of Logistics Research and Applications,2007(3):15-17.

[32] HAWKINS T, HENDRICKSON C, HIGGINS C, et al. A mixed-unit input-output model for environmental life-cycle assessment and material flow analysis [J]. Environmental Science & Technology, 2007, 41(3):1024-1031.

[33] SENDRA C, GABARRELL X, VICENT T. Material flow analysis adapted to an industrial area[J]. Journal of Cleaner Production,2007,15(17):1706-1715.

[34] BINDER C R. From material flow analysis to material flow management: Part I. social sciences modeling approaches coupled to MFA [J]. Journal of Cleaner Production, 2007, 15(17): 1596-1604.

[35] HASHIMOTO S, TANIKAWA H, MORIGUCHI Y. Where will large amounts of materials accumulated within the economy go?: a material flow analysis of construction minerals for Japan[J]. Waste Management, 2007, 27(12):1725-1738.

[36] ANDRE F J, GONZALEZ P, PORTEIRO N. Strategic quality competition and the Porter Hypothesis[J]. Journal of Environmental Economics & Management, 2009, 57(2):182-194.

[37] DOWLATSHAHI S. A cost-benefit analysis for the design and implementation of reverse logistics systems: case studies approach [J]. International Journal of Production Research,2010(1):19-23.

[38] 斯密.国民财富的性质和原因的研究[M].北京:商务印书馆,1979.

[39] 周玖,黄修武.在重力作用下的我国西南地区地壳物质流[J].地震地质,1980(4):1-10.

[40] 马世骏,王如松.社会-经济-自然复合生态系统[J].生态学报,1984(1):1-9.

[41] 魏权龄.评价相对有效性的DEA方法:运筹学的新领域[M].北京:中国人民大学出版社,1988.

[42] 刘则渊,代锦.产业生态化与我国经济的可持续发展道路[J].自然辩证法研究,1994(12):38-42.

[43] 波特.竞争战略[M].陈小悦,译.北京:华夏出版社,1997.

[44] 波特.竞争优势[M].陈小悦,译.北京:华夏出版社,1997.

[45] 波特.国家竞争优势[M].陈小悦,译.北京:华夏出版社,1997.

[46] 蔡志坚,张智光,陈国梁.中国造纸工业经济规模研究的DEA聚类分析方法[J].管理工程学报,1998(1):15-20.

[47] 杨建新,王如松.产业生态学的回顾与展望[J].应用生态学报,1998(5):108-114.

[48] 刘世锦,杨建龙.核心竞争力:企业重组中的一个新概念[J].中国工业经济,1999(2):64-69.

[49] 魏煜,王丽.中国商业银行效率研究:一种非参数的分析[J].金融研究,2000(3):88-96.

[50] 韩中和.企业竞争力:理论与案例分析[M].上海:复旦大学出版社,2000.

[51] 黄志斌,王晓华.产业生态化的经济学分析与对策探讨[J].华东经济管理,2000(3):7-8.

[52] 陈效逑,乔立佳.中国经济-环境系统的物质流分析[J].自然资源学报,2000(1):17-23.
[53] 韩凌.建立与环境和谐(一体)的新经济体系:对循环型经济的思考[J].中国发展,2001(1):43-47.
[54] 段宁.清洁生产、生态工业和循环经济[J].环境科学研究,2001(6):1-4.
[55] 邓南圣,吴峰.国外生态工业园研究概况[J].安全与环境学报,2001(4):24-27.
[56] 陈炎生.谈上海造纸工业的可持续发展[J].中华纸业,2001(2):33-34.
[57] 柯金虎.工业生态学与生态工业园论析[J].科技导报,2002(12):33-35.
[58] 李忠波,黄素文.盘锦市发展生态农业循环经济模式探讨[J].环境保护科学,2003(2):51-52.
[59] 孙英杰,邹传波.生态工业的研究进展及其评价的探讨[J].青岛建筑工程学院学报,2002(4):43-46.
[60] 吴伟,陈功玉,陈明义,等.生态工业系统的综合评价[J].科学学与科学技术管理,2002(1):72-74.
[61] 王波,李成.试谈生态工业园[J].工业建筑,2002(7):81-83.
[62] 宋德龙,邝仕均.用于草浆黑液的流化床碱回收技术[J].国际造纸,2002(1):44-47.
[63] 王波,张群.环境约束下不同生产效率模型研究[J].系统工程理论与实践,2002(1):1-8.
[64] 姚惠芳,陈国梁.电子商务:增强中国造纸企业竞争力的有效途径[J].南京林业大学学报(人文社会科学版),2002(2):68-71.
[65] 张金昌.国际竞争力评价的理论和方法[M].北京:经济科学出版社,2002
[66] 李友俊,李桂范,康喜兰,等.企业竞争力的模糊评价[J].大庆石油学院学报,2002(1):87-89.
[67] 厉无畏,王慧敏.国际产业发展的三大趋势分析[J].上海社会科学院学术季刊,2002(2):53-60.
[68] 郭守前.产业生态化创新的理论与实践[J].生态经济,2002(4):34-37.
[69] 王兆华.生态工业园工业共生网络研究[D].大连:大连理工大学,2002.
[70] 李有润,胡山鹰,沈静珠,等.工业生态学及生态工业的研究现状及展望[J].中国科学基金,2003(4):18-20.
[71] 韩宝平,孙晓菲,白向玉,等.循环经济理论的国内外实践[J].中国矿业大学学报(社会科学版),2003(1):58-64.
[72] 元炯亮.生态工业园区评价指标体系研究[J].环境保护,2003(3):38-40.
[73] 罗上华,马蔚纯,王祥荣,等.城市环境保护规划与生态建设指标体系实证[J].生态学报,2003(1):45-55.
[74] 王瑞贤,罗宏,彭应登.国家生态工业示范园区建设的新进展[J].环境保护,2003(3):35-37.
[75] 薛东峰,罗宏,周哲.南海生态工业园区的生态规划[J].环境科学学报,2003(2):285-288.
[76] 张健华.我国商业银行效率研究的DEA方法及1997—2001年效率的实证分析[J].金

融研究,2003(3):11-25.
- [77] 金碚.竞争力经济学[M].广州:广东经济出版社,2003.
- [78] 张晓文,于武,胡运权.企业竞争力的定量评价方法[J].管理评论,2003(1):32-37.
- [79] 肖智,冉松.21世纪企业竞争力评价指标体系[J].统计研究,2000(7):64.
- [80] 郭永新.影响纸业竞争力的关键因素分析[J].中华纸业,2003(7):6-9.
- [81] 孙春雷,张智光.造纸企业核心竞争力实证研究[J].中华纸业,2003(10):18-22.
- [82] 刘正志.斯达模式:提高造纸企业整体竞争力:黑龙江斯达造纸有限公司企业信息化建设系列报道:之四[J].中华纸业,2003(11):6-10.
- [83] 金涌等.生态工业:原理与应用[M].北京:清华大学出版社,2003.
- [84] 王兆华,尹建华,武春友.生态工业园中的生态产业链结构模型研究[J].中国软科学,2003(10):149-152.
- [85] 耿勇,武春友.国内外生态工业园发展评述[J].产业与环境(中文版),2003(增刊):111-113.
- [86] 吴一平,段宁,乔琦,等.全新型生态工业园区的工业共生链网结构研究:新疆石河子国家生态工业(造纸)园区的设计分析[J].中国人口·资源与环境,2004(2):126-131.
- [87] 虎海峰.可持续发展经济学研究综述及与相关学科关系探讨[J].社科纵横,2004(3):35-36.
- [88] 彭少麟,陆宏芳.产业生态学的新思路[J].生态学杂志,2004(4):127-130.
- [89] 樊海林,程远.产业生态:一个企业竞争的视角[J].中国工业经济,2004(3):29-36.
- [90] 郭莉,苏敬勤.产业生态化发展的路径选择:生态工业园和区域副产品交换[J].科学学与科学技术管理,2004(8):73-77.
- [91] 袁增伟,毕军,王习元,等.生态工业园区生态系统理论及调控机制[J].生态学报,2004(11):2501-2508.
- [92] 袁增伟,毕军,张炳,等.传统产业生态化模式研究及应用[J].中国人口·资源与环境,2004(2):109-112.
- [93] 黄珍.产业集群及其竞争优势的研究[D].北京:对外经济贸易大学,2004.
- [94] 王海刚.实施造纸工业的可持续发展[J].纸和造纸,2004(2):5-8.
- [95] 冯云.中国造纸产业集群的发展瓶颈及解决对策[J].特区经济,2005(2):280-281.
- [96] 朱蓓,王焰新,肖军.生态工业园的发展与规划[J].中国地质大学学报(社会科学版),2005(3):47-51.
- [97] 龚慧,厉成梅.国外生态工业园区的建设及其对我国的启示[J].世界地理研究,2005(3):45-49.
- [98] 胡宗渊.用科学发展观思考我国造纸工业的发展[J].中华纸业,2005(3):6-10.
- [99] 吴福骞.谈造纸工业循环经济:一[J].中华纸业,2005(6):12-14.
- [100] 顾民达.循环经济在我国造纸工业中的应用[J].上海造纸,2005(3):3-8;38.
- [101] 顾民达.用循环经济模式加快造纸工业发展[J].造纸信息,2005(3):5-9.
- [102] 顾民达.采用循环经济模式实现绿色生态纸业[J].中华纸业,2005(4):6-10.
- [103] 徐一剑,张天柱,石磊,等.贵阳市物质流分析[J].清华大学学报(自然科学版),2004(12):1688-1691.

[104] 李刚.基于可持续发展的国家物质流分析[J].中国工业经济,2004(11):11-18.
[105] 胡大立.企业竞争力决定因素及其形成机理分析[M].北京:经济管理出版社,2005.
[106] 徐大伟,王子彦,李亚伟.基于工业代谢的工业生态链梯级循环物质流研究[J].环境科学与技术,2005(2):43-44;53;117.
[107] 安郁滋.造纸企业物流战略浅析[J].中华纸业,2005(9):26-28.
[108] 马正兵.基于数据包络分析方法的上市公司业绩评价[J].统计与决策,2005(18):52-54.
[109] 邱德胜,钟书华.生态工业园区理论研究述评[J].科技管理研究,2005(2):175-178.
[110] 王兆华,尹建华.生态工业园中工业共生网络运作模式研究[J].中国软科学,2005(2):80-85.
[111] 谢家平,孔令丞.基于循环经济的工业园区生态化研究[J].中国工业经济,2005(4):15-22.
[112] 吴松毅,吴林海.生态工业园区理论研究现状与展望[J].江海学刊,2005(3):225-229.
[113] 徐明,张天柱.中国经济系统中化石燃料的物质流分析[J].清华大学学报(自然科学版),2004(9):1166-1170.
[114] 于春兵,王新阳.在造纸业发展循环经济的实践探讨[J].山东经济,2006(5):67-69.
[115] 吴季松.循环经济综论[M].北京:新华出版社,2006.
[116] 姚向军,钟朋荣.集群的力量[M].北京:中华工商联合出版社,2006.
[117] 吴福骞.谈造纸工业循环经济:十三:生态工业园[J].中华纸业,2006(8):15-19.
[118] 陈嘉川.我国造纸工业的自主创新:问题与对策探讨[J].中华纸业,2006(5):6-10.
[119] 沈威,尹贻林,金钰.基于物质流分析的公共工程项目评价[J].天津理工大学学报,2006(1):43-46.
[120] 石建平.良性循环的理论及其调控机制:循环经济研究新视角[M].北京:中国环境科学出版社,2006.
[121] 薛德升,闫小培,张成智.生态工业园:理论基础、发展阶段与竞争优势[J].城市规划,2006(8):47-51.
[122] 郭德英.发展循环经济建设生态工业园[J].中国环境管理干部学院学报,2006(4):7-9.
[123] 马荣,周宏春.生态工业园的实践与经验[J].经济研究参考,2006(46):21-24.
[124] 吴季松.循环经济的由来与内涵[J].科技术语研究,2006(1):51-54.
[125] 秦书生,邓文钱.生态文明观视野中的循环经济[J].江南论坛,2007(7):16-18.
[126] 李连军.循环经济:一个不能停止探讨的课题[J].环境经济,2006(6):47-48.
[127] 芮雪琴,赵树宽.国内循环经济内涵研究述评[J].生产力研究,2006(4):271-273.
[128] 蔡守秋.当代中国的环境资源法学研究[J].中国人口·资源与环境,2006(6):36-39.
[129] 蔡九菊,王建军,陆钟武,等.钢铁企业物质流与能量流及其相互关系[J].东北大学学报,2006(9):979-982.
[130] 刘滨,向辉,王苏亮.以物质流分析方法为基础核算我国循环经济主要指标[J].中国人口·资源与环境,2006(4):65-68.

[131] 陆钟武.物质流分析的跟踪观察法[J].中国工程科学,2006(1):18-25.
[132] 刘毅,陈吉宁.滇池流域磷循环系统的物质流分析[J].环境科学,2006(8):1549-1553.
[133] 陈洪容,司瑞红,陈琪.逆向物流的战略价值及管理探讨[J].铁道运输与经济,2006(2):37-39.
[134] 王军,周燕,刘金华,等.物质流分析方法的理论及其应用研究[J].中国人口·资源与环境,2006(4):60-64.
[135] 陈定江,李有润,沈静珠,等.工业生态学的系统分析方法与实践[J].化学工程,2004(4):53-57.
[136] 章桂琴.用工业生态学理论优化工业生产体系[J].中国环境管理干部学院学报,2010,20(3):5-8.
[137] 魏强,王少华.基于层次分析法(AHP)的物流模式选择研究[J].市场周刊(新物流),2006(9):50-51.
[138] 杨家兵,吴利华.基于DEA的钢铁行业上市公司效率评价[J].工业技术经济,2006(2):90-93.
[139] 吴福骞.简析纸业上市公司2005年业绩及前景[J].中华纸业,2006(6):80-87.
[140] 龚巧云,何飞平.上市公司经营业绩综合评价分析:以造纸行业为例[J].财会通讯(学术版),2006(8):40-42.
[141] 方晓辉,刘俊巧,翟银波.基于生态学理论的工业生态系统比较研究[J].科技信息,2012(5):88,105.
[142] 袁增伟,毕军.产业生态学最新研究进展及趋势展望[J].生态学报,2006(8):2709-2715.
[143] 成娟,张克让.产业集群生态化及其发展对策[J].经济与社会发展,2006(1):102-105.
[144] 冯薇.产业集聚与生态工业园的建设[J].中国人口·资源与环境,2006(3):51-55.
[145] 张天柱.从清洁生产到循环经济[J].中国人口·资源与环境,2006(6):169-174.
[146] 张小兰.对产业集群与循环经济关系的研究[J].改革与战略,2007(7):16-18.
[147] 张聪群.产业集群互动机理研究[M].北京:经济科学出版社,2007.
[148] 马世忠.循环经济指标体系与支撑体系研究[M].北京:中国经济出版社,2007.
[149] 陈帆,祝秀莲,黄国忠.生态工业园区对于我国造纸工业的可持续发展适用性研究[J].中国资源综合利用,2007(1):14-17.
[150] 刘莉莉.我国自销自产电子产品的回收模式研究[D].重庆:重庆交通大学,2007.
[151] 游金松,钟骏杰,范世东.循环经济理论下的再制造逆向物流研究[J].商场现代化,2007(19):127-129.
[152] 熊正德,刘永辉.效率测度方法DEA的研究进展与述评[J].统计与决策,2007(20):149-151.
[153] 傅沂,隋广军.生态管理的产业生态基础研究[J].科学学与科学技术管理,2006(4):86-91.
[154] 朱玉林,何冰妮,李佳.我国产业集群生态化的路径与模式研究[J].经济问题,2007

(4):48-50.

[155] 商华,武春友.基于生态效率的生态工业园评价方法研究[J].大连理工大学学报(社会科学版),2007(2):25-29.

[156] 邓伟根,陈林.生态工业园构建的思路与对策[J].工业技术经济,2007(1):31-38.

[157] 吴志军.我国生态工业园区发展研究[J].当代财经,2007(11):66-72.

[158] 姜苹,范兴昌,孙薇薇.造纸企业绿色供应链管理策略[J].中国市场,2008(36):88-90.

[159] 蒋衔武,孙菁.基于系统动力学的煤矿工业生态系统仿真研究[J].生态经济(学术版),2010(1):160-163.

[160] 苗泽华,彭靖.工业企业生态系统及其共生机制研究[J].生态经济,2012(7):94-97.

[161] 周永姣.产业集群:富阳纸业发展的必然选择[J].中华纸业,2008(20):17-19.

[162] 吴飞美.基于循环经济视角的产业集群生态化探析[J].东南学术,2008(6):151-156.

[163] 郑新立,李量.论我国的大企业集团战略[J].中国工业经济,1995(11):25-30.

[164] 徐益钧,王芳媛,吴宏.富阳造纸行业发展的SWOT分析[J].现代商贸工业,2008(12):100-102.

[165] 周永姣.产业集群语境下的富阳纸业集群模式[J].现代商贸工业,2008,20(13):42-44.

[166] 李云燕.论循环经济运行机制:基于市场机制与政府行为的分析[J].现代经济探讨,2010(9):10-13.

[167] 环境无害化技术转移中心.生态工业园规划与管理指南[M].北京:化学工业出版社,2008.

[168] 陈帆,吴波,祝秀莲.造纸工业循环经济模式评价指标体系研究[J].环境污染与防治,2008(5):97-100.

[169] 蔡九菊,王建军,张琦,等.钢铁企业物质流、能量流及其对CO_2排放的影响[J].环境科学研究,2008(1):196-200.

[170] 张音波,陈新庚,彭晓春,等.广东省环境经济系统的物质流分析[J].环境科学学报,2008(5):1021-1031.

[171] 侯庆喜,刘苇,洪义梅.我国废纸回收利用情况及发展趋势[J].中华纸业,2008(14):10-14.

[172] 毕泗锋.经济效率理论研究述评[J].经济评论,2008(6):133-138.

[173] 付允,马永欢,刘怡君,等.低碳经济的发展模式研究[J].中国人口·资源与环境,2008(3):14-19.

[174] 孙桂娟,叶峻.社会·生态·经济复合系统解析[J].社会科学研究,2008(3):92-95.

[175] 杨金廷,张砚,王孟磊.我国能源企业核心竞争力评价模型研究[J].河北工程大学学报(社会科学版),2008(1):3-5.

[176] 齐振宏.生态工业园企业共生机理与运行模式研究[J].商业经济与管理,2008(3):36-43.

[177] 冯之浚,刘燕华,周长益,等.我国循环经济生态工业园发展模式研究[J].中国软科学,2008(4):1-10.

[178] 王海刚,许华,牛婷婷.人民币升值对我国造纸工业的影响及对策[J].中华纸业,2009,30(8):13-17.

[179] 陆辉.基于循环经济视角的产业集群演进的战略选择[J].改革与战略,2009,25(9):121-123.

[180] 郑健壮.产业集群、循环经济与可持续发展[M].上海:上海三联书店,2009.

[181] 张芳,丁海军.循环经济与区域经济可持续发展的实证研究:以浙江富阳造纸业为例[J].生态经济(学术版),2009(1):80-83.

[182] 熊艳.生态工业园发展研究综述[J].中国地质大学学报(社会科学版),2009,9(1):63-67.

[183] 毛玉如,沈鹏,李艳萍,等.基于物质流分析的低碳经济发展战略研究[J].现代化工,2008(11):9-13.

[184] 张亚明,邢圣飞,刘海鸥.企业实施逆向物流的策略与模式研究[J].消费导刊,2009(24):17-19.

[185] 江芳.铝的逆向物流的网络构建研究[J].福建商业高等专科学校学报,2009(5):35-39.

[186] 邱燕.循环经济模式下农产品逆向物流研究[J].资源开发与市场,2009,25(9):823-826.

[187] 张成考,孙会.基于循环经济的逆向物流研究[J].淮海工学院学报(社会科学版),2009,7(2):61-65.

[188] 江芳.基于循环经济的铝逆向物流的对策研究[J].山西煤炭管理干部学院学报,2009,22(3):139-140.

[189] 曹西京,张婕.我国废品回收物流有效化管理建议[J].物流科技,2009,32(5):122-124.

[190] 孔洁,王桂荣,王燕蓬.我国废纸回收利用现状及发展前景分析[J].上海造纸,2009,40(1):55-59.

[191] 赵莲芳.电子商务平台下逆向物流模式研究[J].消费导刊,2009(21):68,84.

[192] 李静,程丹润.基于DEA-SBM模型的中国地区环境效率研究[J].合肥工业大学学报(自然科学版),2009,32(8):1208-1211.

[193] 孙源远.石化企业生态效率评价研究[D].大连:大连理工大学,2009.

[194] 王剑,雷晓峰,皮向红,等.技术效率测度方法研究综述[J].沿海企业与科技,2009(9):28-31.

[195] 李谷成.技术效率、技术进步与中国农业生产率增长[J].经济评论,2009(1):60-68.

[196] 李静.中国区域环境效率的差异与影响因素研究[J].南方经济,2009(12):24-35.

[197] 曹朴芳.新中国造纸工业六十年的回顾与展望[J].中华纸业,2009(19):6-12;15-19.

[198] 庄贵阳.中国发展低碳经济的困难与障碍分析[J].江西社会科学,2009(7):20-26.

[199] 金乐琴,刘瑞.低碳经济与中国经济发展模式转型[J].经济问题探索,2009(1):84-87.

[200] 范莉莉,马军.基于无形资产组合系统的企业核心竞争力评价方法[J].管理科学,

2009,22(2):49-56.

[201] 李慧明,左晓利,王磊.产业生态化及其实施路径选择:我国生态文明建设的重要内容[J].南开学报(哲学社会科学版),2009(3):34-42.

[202] 武春友,吴荻.产业集群生态化的发展模式研究:以山东新汶产业集群为例[J].管理学报,2009,6(8):1066-1071.

[203] 肖华茂,彭剑.基于循环经济的中部产业集群生态化路径和模式研究综述[J].湖南人文科技学院学报,2009(3):17-19.

[204] 张雪梅.中国西部地区产业生态化的发展路径研究[D].兰州:兰州大学,2009.

[205] 许华,王海刚.资源约束条件下中国造纸业的现状分析与发展思考[J].中华纸业,2009(15):32-34.

[206] 许林军,钱丹丹.产业生态化对企业竞争力构成因素的影响评价[J].环境污染与防治,2009,31(1):90-93.

[207] 张新年,达庆利.基于循环经济视角的产业集群规模和阈值研究[J].南京航空航天大学学报(社会科学版),2008(2):38-41.

[208] 赵云君.基于循环经济模式的产业集群生态化转型研究[J].经济纵横,2010(2):58-61.

[209] 陈金山.技术创新助推泰格发展[J].中华纸业,2010(2):6-9.

[210] 王海刚,贺宝成,许华.陕西造纸产业发展战略的思考[J].中华纸业,2010(17):32-36.

[211] 蔡绍洪.循环产业集群:西部地区生态化发展的新型产业组织模式[M].北京:人民出版社,2010.

[212] 曹娓,刘亚东,王渊.论生态园的分类及存在的问题[J].安徽农业科学,2010,38(6):3262-3263.

[213] 董文海.全球造纸工业发展趋势分析[J].造纸信息,2010(1):44-49.

[214] 孙优贤.高速纸机运行控制系统关键技术装备[J].中华纸业,2010,31(21):24-27.

[215] 程晓多.我国生态工业园建设与发展存在问题及对策[J].低温建筑技术,2010,32(4):104-105.

[216] 李世新.2010年造纸行业需求与供给分析[J].造纸信息,2010(3):34-38.

[217] 王磊,马龙,吴汉舟,田宋江.废纸回收利用现状及策略探析[J].中国市场,2010(36):19-21.

[218] 余贻骥.造纸产业的低碳发展之路[J].纸和造纸,2010,29(7):1-4.

[219] 彭涛,李志健,缪爱园,等.造纸废水深度处理的研究进展[J].纸和造纸,2010,29(1):53-57.

[220] 王磊,马龙,吴汉舟,等.废纸回收利用现状及策略探析[J].中国市场,2010(36):19-21.

[221] 魏洪茂,翁怡.逆向物流在中国企业的发展对策研究[J].新乡学院学报(社会科学版),2010,24(6):65-67.

[222] 孟繁华,林广学.大漠边缘的绿金之路 中冶美利建设资源节约型、环境友好型企业的实践[J].中华纸业,2010(3):38-44.

[223] 张继,周建勤.废旧手机逆向物流成本效益分析[J].物流技术,2010,29(16):86-89.
[224] 李玉忠.纸业基地循环经济发展模式[J].节能,2009,28(8):9-12.
[225] 王玉荣.农产品逆向物流的运作模式及对策研究[J].物流工程与管理,2010,32(4):63-64.
[226] 宋马林,王舒鸿,刘庆龄,等.一种改进的环境效率评价ISBM-DEA模型及其算例[J].系统工程,2010,28(10):91-96.
[227] 成金华,杜春丽.中国钢铁企业循环经济研究综述[J].理论月刊,2010(3):153-157.
[228] 刘勇,李志祥,李静.环境效率评价方法的比较研究[J].数学的实践与认识,2010,40(1):84-92.
[229] 谢晶莹.低碳经济:世界各国未来发展的战略重点[J].国际资料信息,2010(1):24-27.
[230] 陈晓峰.产业生态化视角下传统产业集群的转型升级研究:以江苏苏中地区为例[J].企业经济,2010(4):46-50.
[231] 蒋云霞,肖华茂.基于博弈视角的产业集群生态网络稳定性分析[J].科技管理研究,2010,30(1):137-139.
[232] 陆辉,陈晓峰.基于循环经济理念的传统产业集群生态化研究:以江苏省南通市为例的分析[J].生态经济,2009(10):123-126.
[233] 张文龙,邓伟根.产业生态化:经济发展模式转型的必然选择[J].社会科学家,2010(7):44-48.
[234] 蒋云霞.产业集群生态化发展的三方博弈分析[J].系统工程,2010,28(8):105-108.
[235] 雷明,钟书华.国外生态工业园区评价研究述评[J].科研管理,2010,31(2):178-184;192.
[236] 张莉莉.广西生态工业园区发展政策探析[J].法制与经济(中旬刊),2010(5):119-120.
[237] 彭诗言.低碳经济发展模式下的企业生态行为路径分析[J].商业时代,2010(27):86-87.
[238] 张培.基于物质流分析的工业园生态效率研究[J].中国市场,2010(23):46-48.
[239] 杨帆,杨力,韩静.基于物质流和数据包络分析的煤炭洁净化技术发展战略研究[J].煤炭经济研究,2011,31(2):47-51.
[240] 张艳.生态工业园评价系统中模糊统计聚类模型的建立[J].武汉大学学报(工学版),2011,44(1):104-106.
[241] 李永平,邹志勇,李传军.我国造纸产业经济增长影响因素与趋势分析[J].中华纸业,2011(7):30-33.
[242] 王海刚,周一瑄,邬鹏.基于循环经济的造纸产业集群发展探析[J].中华纸业,2011(13):48-51.
[243] 王海刚,邬鹏,周一瑄.造纸企业逆向物流相关问题的探讨[J].中华纸业,2011(9):78-81.
[244] 王海刚,陈钢,程旭.造纸生态工业园的评价指标体系研究[J].工业安全与环保,2013,39(7):79-82.
[245] 朱明许.浅析我国废纸回收利用中的问题及对策[J].再生资源与循环经济,2011,4

(3):39-42.

[246] 童勇.对我国废纸回收利用的几点思考[J].湖南造纸,2011(2):23-24.

[247] 贺宝成,王海刚,郗楠.造纸产业全要素生产率增长实证分析:基于"十五"与"十一五"期间产业发展的经验数据[J].中华纸业,2011(21):46-49.

[248] 陶良虎,李昌碧.企业低碳化的经济风险及其防范[J].理论视野,2011(9):63-64.

[249] 朱国宇,熊伟.模糊评价法与综合指数法在生态影响后评价中的应用比较研究[J].东北农业大学学报,2011,42(2):54-59.

[250] 刘焕彬,李继庚,陶劲松.发展低碳造纸工业的几点思考[J].中国造纸,2011(1):51-56.

[251] 吴荻,武春友.产业集群生态化及其模式的构建研究[J].当代经济管理,2011,33(7):64-68.

[252] 胡孝权.产业生态与产业集群生态化发展策略研究[J].天津商业大学学报,2011,31(1):28-32.

[253] 曹磊,江明.中国循环经济和生态工业园发展中的问题辨析[J].环境科学与管理,2012,37(3):118-121.

[254] 王琦.生态工业园循环经济发展分析[J].社科纵横(新理论版),2012,27(1):56-57.

[255] 潘权骁,俞江磊,黄承明.循环经济理论视角下造纸业集群的实证研究:以富阳市春江街道"中国白纸板基地"为个案[J].中国造纸学报,2012,27(1):58-62.

[256] 陆根尧,盛龙,唐辰华.中国产业生态化水平的静态与动态分析:基于省际数据的实证研究[J].中国工业经济,2012(3):147-159.

[257] 郭新伟,牟文谦.我国高效生态经济发展趋向及对策建议[J].改革与战略,2012,28(6):34-36.

[258] 张文龙,邓伟根,余锦龙.产业生态化的外部性及其内部化研究[J].湖南社会科学,2012(3):121-124.

[259] 刘向华.基于DEA的河南省生态效率改善途径探析[J].河南农业大学学报,2012,46(6):710-714.

[260] 刘巍,田金平,李星,等.基于DEA的中国综合类生态工业园生态效率评价方法研究[J].中国人口·资源与环境,2012,22(增刊):93-97.

[261] 曹永辉.生态工业园共生网络运作模式研究[J].生态经济,2013(11):136-139.

[262] 赵武,马一丹,王汝涛,等.区域产业生态化:理论演进、评价方法及实现路径[J].中国人口·资源与环境,2013,23(增刊):259-260.

[263] 陈卫东.制浆造纸废水的处理实践[J].纸和造纸,2013,32(5):56-57.

[264] 岳文喜,刘一山,伍安国,等.碱回收白泥综合利用的现状分析及建议[J].纸和造纸,2013,32(8):71-74.

[265] 张进财,左小德.企业竞争力评价指标体系的构建[J].管理世界,2013(10):172-173.

[266] 裴云龙,江旭,刘衡.战略柔性、原始性创新与企业竞争力:组织合法性的调节作用[J].科学学研究,2013,31(3):446-455.

[267] 杨国梁,刘文斌,郑海军.数据包络分析方法(DEA)综述[J].系统工程学报,2013,28(6):840-860.

[268] 程晓娟,韩庆兰,全春光.基于PCA-DEA组合模型的中国煤炭产业生态效率研究[J].资源科学,2013,35(6):1292-1299.

[269] 卞丽丽,韩琪,张爱华.基于能值的煤炭矿区生态效率评价[J].煤炭学报,2013,38(增刊):549-556.

[270] 王磊,龚新蜀.产业生态化研究综述[J].工业技术经济,2013,32(7):154-160.

[271] 刘纪远,邵全琴,樊江文,等.中国西部地区生态保护建设路径的探讨[J].中国人口·资源与环境,2013,23(10):38-43.

[272] 杨润钰,孙银华.我国西部地区生态环境问题及治理对策研究[J].资源节约与环保,2013(11):122,125.

[273] 谢丽,徐波.基于产业生态化视角的生态文明建设路径思考[J].金融经济,2013(22):149-151.

[274] 刘炳春,李健.服务型制造网络的生态效率增长模型研究[J].电子科技大学学报(社科版),2013,155:43-45.

[275] 王海刚,李兴庭,程旭.我国造纸生态工业园的发展及生态产业链构建[J].纸和造纸,2014,33(1):71-74.

[276] 刘晶茹,吕彬,张娜,等.生态产业园的复合生态效率及评价指标体系[J].生态学报,2014,34(1):136-141.

[277] 苏世伟,杨咏明,聂影.基于ISBM-DEA模型的造纸上市公司环境效率评价[J].林业经济,2014,36(7):85-88.

[278] 王健,张晓媛.企业竞争力指标体系研究[J].山东社会科学,2014(11):135-140.

[279] 李瑾,陈晓暾.我国瓦楞纸板价格波动研究[J].价格理论与实践,2014(7):117-119.

[280] 陈诚,邱荣祖.我国制浆造纸工业能源消耗与碳排放估算[J].中国造纸,2014,33(4):50-55.

[281] 蔡绍洪,施立伟,陆阳.西部欠发达地区后发赶超的产业组织模式选择及对策[J].商业时代,2014(23):132-133.

[282] 王海刚,黄伟丽,程旭.造纸生态工业园发展研究综述[J].中国造纸学报,2014,29(4):56-62.

[283] 张敏.我国化工产业生态化发展水平评价研究[J].中小企业管理与科技(中旬刊),2014(3):159-160.

[284] 刘蓓.促进生态文明建设的西部地方政府绩效评价指标体系研究:以广西为例[J].学术论坛,2014,37(1):31-35.

[285] 贾国柱,刘圣国,孟楷越.基于改进DEA模型的建筑业循环经济效率评价研究[J].管理评论,2014,26(4):14-21.

[286] 费威,刘心,杨晨.基于MFA和DEA的区域经济环境效率评价:以辽宁省为例[J].生态学报,2015,35(11):3797-3807.

[287] 刘业业,崔兆杰,于斐.园区生态文明建设水平评价指标体系[J].环境科学与技术,2015,38(12):276-282.

[288] 邱跃华.产业生态化理论研究的困境及出路[J].湖南工业大学学报(社会科学版),2015,20(4):26-30.

[289] 王海刚,王永强,周一瑄.新常态下对造纸工业发展的认识和思考[J].中国造纸学报,2015,30(3):57-62.

[290] 徐思远.金融危机后我国造纸上市公司动态效率分析:基于DEA-Malmquisit全要素生产率指数[J].中华纸业,2015(15):43-47.

[291] 陈翔,肖序.中国工业产业循环经济效率区域差异动态演化研究与影响因素分析:来自造纸及纸制品业的实证研究[J].中国软科学,2015(1):160-171.

[292] 郭永新.中国制浆造纸行业变革趋势与战略对策[J].造纸信息,2015(5):9-12.

[293] 高山行,李妹,江旭.能力二元性对企业竞争力的影响研究:组织冗余的调节效应[J].科学学与科学技术管理,2015,36(5):137-147.

[294] 吕明元,陈维宣.产业结构生态化:演进机理与路径[J].人文杂志,2015(4):46-53.

[295] 项国鹏,宁鹏,黄玮,等.工业生态学研究足迹迁移:基于Citespace Ⅱ的分析[J].生态学报,2016,36(22):7168-7178.

[296] 常玉苗.基于物质流分析的区域水资源环境承载力与结构关联效应评价[J].水利水电技术,2017,48(12):34-40.

[297] 刘淑茹,韩世芳.西部地区产业生态化评价研究[J].生态经济,2017,33(3):90-94.

[298] 韦欣,龙文静,王于鹤.循环经济的风险识别、评估与控制[J].生态经济,2017,33(3):81-84.

[299] 张雯玥.中国、日本"世界500强"企业竞争力比较分析[J].金融经济,2017(2):44-47.

[300] 王海刚,曹丹.低碳视角下我国造纸产业国际竞争力实例分析[J].中国造纸,2017,36(10):74-78.

[301] 陈洪波."产业生态化和生态产业化"的逻辑内涵与实现途径[J].生态经济,2018,34(10):209-213.

[302] 张治栋,王亭亭.长江经济带世界级产业集群建设的风险及化解路径研究:基于全球价值链角度[J].管理现代化,2018,38(4):26-29.

[303] 钟维琼,代涛,李丹.钢铁产业链全球物质流网络分析[J].中国矿业,2018,27(5):61-65.

[304] 秦曼,刘阳,程传周.中国海洋产业生态化水平综合评价[J].中国人口·资源与环境,2018,28(9):102-111.

[305] 林恩惠,郑义,陈秋华.生态效率的研究进展与热点评析:基于中英文文献比较的视角[J].生态与农村环境学报,2019,35(12):1497-1504.

[306] 董书恒,逯承鹏,邢冉,等.中国镁产业生态系统物质流与价值流的生命周期分析[J].中国环境管理,2019,11(6):50-56.

[307] 杜真,陈吕军,田金平.我国工业园区生态化轨迹及政策变迁[J].中国环境管理,2019,11(6):107-112.

[308] 赵普.重污染行业产业生态化的环境成本分担机制与路径研究[J].价格理论与实践,2019(10):4-8.

[309] 埃尔克曼.工业生态学[M].徐兴元,译.北京:经济日报出版社,1999.